武汉大学国际法研究所

# 中国促进国际法治报告

(2015年)

主　编/曾令良　冯洁菡

本报告系教育部人文社会科学重点研究基地重大项目"中国促进国际法治报告"（14JJD820019）研究成果。

# 中国促进国际法治报告（2015年）编委会

**主　　编**　曾令良　冯洁菡

**编写成员**（以姓氏笔画为序）

甘　勇　冯洁菡　乔雄兵　李仁真　李雪平
杜志华　肖　军　肖永平　余敏友　杨泽伟
郭玉军　罗国强　何其生　张庆麟　张　辉
秦天宝　聂建强　梁雯雯　黄志雄　黄德明
崔晓静　漆　彤　曾令良　廖　丽

# 前　言

党的十八大报告明确提出"全面推进依法治国","法治是治国理政的基本方式"。2013年，习近平总书记多次发表重要讲话，强调"坚持法治国家、法治政府、法治社会一体建设"。十八届三中全会做出的《中共中央关于全面深化改革若干重大问题的决定》提出"建设法治中国"，"全面推进国家治理体系和治理能力现代化"。十八届四中全会做出的《关于全面推进依法治国若干重大问题的决定》向世界庄严宣布：中华民族复兴的伟大"中国梦"和中国和平发展的伟大征程步入法治中国的新时代。在国家间相互依存日益增强和全球化问题日趋突出的世界里，一国的稳定与振兴离不开世界的整体和平与发展，而国际和平与发展又必须建立在包括国内法治在内的国际法治的基础上。可见，国家的稳定与发展同国际和平与发展紧密相连，国内和国际两级法治密不可分，相互支撑。因此，"法治中国"建设是整个国际法治的组成部分。中国在全面推进依法治国的同时，应为促进国际法治做出应有的贡献，从而在已经确立的"政治大国"和"经济大国"的基础上，树立起做负责任的"法治大国"乃至"法治强国"的国际正面形象。

为此，武汉大学国际法研究所2013年底对科研选题做出调整，除了继续保持国际法理论与实践研究的传统优势之外，决定举全所之力，将研究重心贴近国家治国理政的重大急需的领域和问题。于是，我们将撰写和出版发行《中国促进国际法治报告（2014年）》确定为年度基地重大项目，并获得了教育部批准。本报告始以中文撰写，从2015年起，每年增补新的信息和研究成果，并同时用中文和英文撰写，陆续在国内外出版发行新版本。

《中国促进国际法治报告》（简称《报告》）旨在系统梳理近年来国际法治的新发展，尤其是近两年来的新动向，着重阐述中国在国际法治的各个重要领域所表明的理念、坚持的原则与立场和采取的具体行动，系统地展示中国对促进国际法治做出的重要贡献，并有力地回击某些西方国家对我国在践行国际法治方面的无端指责，从而用大量和充分的事实向国际社会表明：中国不仅一贯诚信地遵守国际法律规则，而且一直积极参与国际法律规则的制定和各种国际机制的建构与运行以及其他具体促进国际法治的行动。

《中国促进国际法治报告》注重实用，它的发布与出版可以作为已经发布的《中国法治建设白皮书》的补充。国务院新闻办公室在中国法学会组织有关政法院校联合研究的基础上，先后于2009年和2011年两度发布了《中国法治建设白皮书》。不无遗憾的是，这两次白皮书只局限于中国国内法治建设，没有包括中国改革开放30余年来践行国际法治的内容。其实，中国的法治进步贯穿于中国改革开放的整个过程之中。如果说中国的对内改革始终与国内的法治建设相伴而行，那么中国的对外开放无疑与中国践行国际法治密不可分。因此，对中国法治建设成就及其挑战的阐述，必须包括国内法治和国际法治两个层面。因此，《中国促进国际法治报告》的出版可以在一定程度上弥补这一缺憾。

《中国促进国际法治报告》的出版和国内外发行可以增强我国践行国际法治的透明度。它作为中国民间智库的成果，可为国家机关和政府部门及其领导人提供全面、系统、与时俱进的国际法治信息，为治国理政提供参考；便利各级地方政府和企业开展对外贸易、投资、金融合作以及其他民商事交往与合作。与此同时，《中国促进国际法治报告》的出版和公开发行，有助于世界各国、国际组织、非政府组织、国际行业协会、国际民间社团、跨国公司和国际公众客观认识和评价中国促进国际法治的事实。

《中国促进国际法治报告》阐述的是中国特色的国际法治实践。它在一定程度上克服了我国国际法研究长期以来理论脱离实际的弊端，不仅为我国的国际法教学与研究提供了系统的国家和政府实践的信息资料，而且开辟了新的研究路径，从而有利于促进我国的国际法学在全球范围内逐步形成中国风格和中国气派，提升中国在国际法治进程中的话语权和影响力。

《中国促进国际法治报告（2015年）》以中国为视角，广泛涉及全球治理范畴的法治问题。该报告由四部分构成。第一部分为中国与国家间关系法治，内容主要包括中国与国际法基本原则，中国与国际和平与安全法治，中国与国际发展法治，中国与国际环境法治，中国与国际能源法治，中国与领土、边境和南北极地区法治，中国与国际海洋法治，中国与航空和外层空间法治，中国与网络空间法治，中国与国际人权法治，中国与国际人道法，中国与国际刑事法治以及中国与其他领域国际法治。第二部分为中国与国际经济关系法治，内容主要包括中国与国际贸易法治、中国与国际投资法治、中国与国际金融法治、中国与国际税收法治、中国与国际海事法治、中国与国际知识产权法治以及中国与区域贸易协定。第三部分为中国与国际民商事关系法治，内容主要包括中国与法律适用法、中国与国际私法统一化进程、中国与涉外民事诉讼和国际民商事司法协助、中国与国际商事仲裁，以及中国与文化遗产保护、消费者保护及食品安全。第四部分系统阐述中国国际法的教学和传播，重点突出改革开放30多年来中国在国际法的人才培养和社会传播等方面的迅速发展。

武汉大学国际法研究所成立于1980年，是我国高校系统最早成立的国际法研究机构之一，1987年被国家教委确定为重点研究所，2000年9月被教育部批准为普通高等学校人文社会科学重点研究基地，2014年以其为依托成立的"武汉大学国家领土主权与海洋权益协同创新中心"入选国家"2011计划"，2015年本所被中宣部批准为国家高端智库首批试点单位。30多年来，本所一直同时注重国际公法、国际私法、国际经济法的交叉和综合研究，在学科发展、人才培养、科学研究、信息和社会服务等方面形成了鲜明的特色和优势。

《中国促进国际法治报告》（2015年）是2014年版的续编，是由武汉大学国际法研究所研究人员集体撰写的，武汉大学环境法研究所秦天宝所长参与了有关章节的撰写。编撰《中国促进国际法治报告》在我国是一种尝试，缺乏经验，无论是编撰结构，还是编撰内容，必定存在疏漏和不足，有待相关部门、学界同行指正，以便编撰新的版本时修改和完善。本报告中、英文版的出版得到了社会科学文献出版社的大力支持，特此致谢！

曾令良　冯洁菡<br>
二〇一六年元月

# 目　录

## 第一部分　中国与国家间关系法治

**第一章　中国与国际法基本原则** ……………………………… 001
- 一　国际法基本原则的历史沿革与现状 ……………………… 001
- 二　中国对国际法基本原则的贡献 …………………………… 002
- 三　关于中国促进国际法基本原则构建之意见 ……………… 003

**第二章　中国与国际和平与安全法治** ………………………… 008
- 一　国际和平与安全的原则和新特点 ………………………… 008
- 二　中国倡导新的安全理念和原则 …………………………… 009
- 三　中国注重和强调安理会在促进国际和平与安全中的重要作用 … 009
- 四　中国重视法治在和平解决国际争端中的重要作用 ……… 010
- 五　中国强调法治和正义在维持和建设和平中的至关重要性 … 011
- 六　中国积极参与联合国维持和平行动 ……………………… 013
- 七　中国积极促进冲突和冲突后社会的和平与法治建设 …… 013
- 八　中国倡导和促进亚太区域安全法治 ……………………… 014
- 九　几点建设性意见 …………………………………………… 018

**第三章　中国与国际发展法治** ………………………………… 020
- 一　全面落实千年发展目标 …………………………………… 020
- 二　顺利通过2015年后发展议程 ……………………………… 022

三　积极推动国际粮食、教育、公共卫生发展活动⋯⋯⋯⋯⋯⋯⋯ 024
  四　中国参与2015年后发展议程的承诺和建议⋯⋯⋯⋯⋯⋯⋯⋯ 026

## 第四章　中国与国际环境法治⋯⋯⋯⋯⋯⋯⋯⋯⋯⋯⋯⋯⋯⋯⋯⋯⋯ 031
  一　中国参与国际环境法治的历史概况⋯⋯⋯⋯⋯⋯⋯⋯⋯⋯⋯ 031
  二　中国对国际环境法治发展的贡献⋯⋯⋯⋯⋯⋯⋯⋯⋯⋯⋯⋯ 033
  三　对未来中国参与国际环境法治的建议⋯⋯⋯⋯⋯⋯⋯⋯⋯⋯ 038

## 第五章　中国与国际能源法治⋯⋯⋯⋯⋯⋯⋯⋯⋯⋯⋯⋯⋯⋯⋯⋯⋯ 041
  一　国际能源秩序的新变化⋯⋯⋯⋯⋯⋯⋯⋯⋯⋯⋯⋯⋯⋯⋯⋯ 041
  二　国际能源秩序的发展趋势⋯⋯⋯⋯⋯⋯⋯⋯⋯⋯⋯⋯⋯⋯⋯ 044
  三　中国在国际能源秩序变革中的角色定位⋯⋯⋯⋯⋯⋯⋯⋯⋯ 047

## 第六章　中国与领土、边境和南北极地区法治⋯⋯⋯⋯⋯⋯⋯⋯⋯⋯ 050
  一　国家领土、边境法治概况⋯⋯⋯⋯⋯⋯⋯⋯⋯⋯⋯⋯⋯⋯⋯ 050
  二　中国的领土、边境法治现状⋯⋯⋯⋯⋯⋯⋯⋯⋯⋯⋯⋯⋯⋯ 053
  三　中国的领土、边境法治的发展方向⋯⋯⋯⋯⋯⋯⋯⋯⋯⋯⋯ 054
  四　中国与南极地区法治⋯⋯⋯⋯⋯⋯⋯⋯⋯⋯⋯⋯⋯⋯⋯⋯⋯ 058
  五　中国与北极地区法治⋯⋯⋯⋯⋯⋯⋯⋯⋯⋯⋯⋯⋯⋯⋯⋯⋯ 059

## 第七章　中国与国际海洋法治⋯⋯⋯⋯⋯⋯⋯⋯⋯⋯⋯⋯⋯⋯⋯⋯⋯ 061
  一　国际海洋法治的历史发展⋯⋯⋯⋯⋯⋯⋯⋯⋯⋯⋯⋯⋯⋯⋯ 061
  二　中国海洋法治的现状⋯⋯⋯⋯⋯⋯⋯⋯⋯⋯⋯⋯⋯⋯⋯⋯⋯ 063
  三　中国海洋法治的发展方向⋯⋯⋯⋯⋯⋯⋯⋯⋯⋯⋯⋯⋯⋯⋯ 065

## 第八章　中国与航空和外层空间法治⋯⋯⋯⋯⋯⋯⋯⋯⋯⋯⋯⋯⋯⋯ 069
  一　航空和外层空间法治的历史沿革与现状⋯⋯⋯⋯⋯⋯⋯⋯⋯ 069
  二　中国对航空和外层空间法治的贡献⋯⋯⋯⋯⋯⋯⋯⋯⋯⋯⋯ 070
  三　对中国促进航空和外层空间法治之意见⋯⋯⋯⋯⋯⋯⋯⋯⋯ 074

## 第九章　中国与网络空间法治⋯⋯⋯⋯⋯⋯⋯⋯⋯⋯⋯⋯⋯⋯⋯⋯⋯ 076
  一　网络空间法治的发展与现状⋯⋯⋯⋯⋯⋯⋯⋯⋯⋯⋯⋯⋯⋯ 076

二　中国的参与、主张和贡献 …………………………………………… 078
　三　问题与前瞻 …………………………………………………………… 082

## 第十章　中国与国际人权法治 …………………………………………… 085
　一　中国大力倡导国际人权保护的基本理念 …………………………… 085
　二　中国高度重视并积极参与人权领域国际规则的制定 ……………… 087
　三　中国积极参与审议和磋商各项人权议题 …………………………… 089
　四　中国全面推进国际人权文书在国内的实施 ………………………… 091
　五　中国高度重视国际人权文书履约工作 ……………………………… 092
　六　中国积极推动联合国人权条约机构和报告制度的改革 …………… 093
　七　中国大力促进各个层面的国际人权交流与合作 …………………… 094

## 第十一章　中国与国际人道法 …………………………………………… 097
　一　国际人道法的历史沿革与现状 ……………………………………… 097
　二　中国积极参与国际人道法的制度构建 ……………………………… 098
　三　中国全面推进对国际人道法的遵守与实施 ………………………… 105

## 第十二章　中国与国际刑事法治 ………………………………………… 110
　一　中国积极参与国际刑法的制度构建 ………………………………… 111
　二　中国全面实践国际刑法 ……………………………………………… 116
　三　中国高度重视国际刑事司法与执法领域的国际合作 ……………… 120

## 第十三章　中国与其他领域国际法治 …………………………………… 121
　一　中国与国家豁免法治 ………………………………………………… 121
　二　中国与国际法律责任法治 …………………………………………… 123
　三　中国与国籍、外国人的待遇和难民法治 …………………………… 125
　四　中国与引渡和庇护法治 ……………………………………………… 128
　五　中国与外交关系法治 ………………………………………………… 130

# 第二部分　中国与国际经济关系法治

## 第十四章　中国与国际贸易法治 ………………………………………… 133
　一　概述 …………………………………………………………………… 133

二　外贸立法 134
　　三　外贸执法 139
　　四　外贸司法 143

### 第十五章　中国与国际投资法治 147
　　一　概述 147
　　二　中国投资协定的新发展与影响 147
　　三　与中国有关的投资仲裁案件 152
　　四　中国外资法的新发展 153

### 第十六章　中国与国际金融法治 157
　　一　中国系统提出国际金融体系改革的主张 157
　　二　中国积极促进G20峰会及其机制建设 159
　　三　中国有力促进金融稳定理事会及其机制建设 161
　　四　中国有效促进国际金融监管体系改革 162
　　五　中国积极促进国际货币基金组织改革 165
　　六　中国大力推进新兴多边金融机构建设 167
　　七　中国稳步推进国际货币体系改革及人民币国际化 170

### 第十七章　中国与国际税收法治 175
　　一　中国税收协定网络与税收情报交换体系的构建 175
　　二　中国加入《多边税收征管互助公约》面临的挑战与应对 177
　　三　自动信息交换国际标准的确立 180
　　四　全球反避税工作的合作 183

### 第十八章　中国与国际海事法治 189
　　一　中国参与国际海事法治建设概述 189
　　二　中国与国际多边海事立法 191
　　三　中国与双边海运协定 193
　　四　中国参与国际海事法治的国内实践 194

### 第十九章　中国与国际知识产权法治 196
　　一　概述 196

二　中国参与知识产权国际交流与合作的实践…………………………… 197
　三　中国对国际知识产权法治的作用与贡献…………………………… 199
　四　挑战和建议…………………………………………………………… 204

## 第二十章　中国与区域贸易协定……………………………………… 207
　一　区域贸易协定发展概况……………………………………………… 207
　二　中国签署的区域贸易协定…………………………………………… 208
　三　中国区域贸易协定的特点与建议…………………………………… 217

# 第三部分　中国与国际民商事关系法治

## 第二十一章　中国与法律适用法……………………………………… 219
　一　中国国际私法立法历史、沿革和现状……………………………… 219
　二　中国国际私法的立法成就…………………………………………… 220
　三　不足与建议…………………………………………………………… 224

## 第二十二章　中国与国际私法统一化进程…………………………… 226
　一　海牙国际私法会议2015年工作进展………………………………… 226
　二　中国参与联合国国际贸易法委员会的情况………………………… 233
　三　中国参与国际统一私法协会的情况………………………………… 236
　四　存在问题及建议……………………………………………………… 239

## 第二十三章　中国与涉外民事诉讼和国际民商事司法协助………… 240
　一　中国与涉外民事诉讼………………………………………………… 240
　二　中国与国际民商事司法协助………………………………………… 251

## 第二十四章　中国与国际商事仲裁…………………………………… 257
　一　概述…………………………………………………………………… 257
　二　制度上的新发展……………………………………………………… 257
　三　仲裁机构的新发展…………………………………………………… 259
　四　无涉外因素案件国外仲裁问题……………………………………… 264
　五　结论…………………………………………………………………… 268

**第二十五章　中国与文化遗产保护、消费者保护及食品安全** 269
 一　中国与文化遗产保护国际法治 269
 二　中国与国际消费者保护法治 276
 三　中国与国际食品安全法治 280

# 第四部分　中国国际法的教学和传播

**第二十六章　中国与国际法的教学和传播** 286
 一　中国国际法教学和传播的历史与现状 287
 二　中国对国际法教学和传播的理解与运用 291
 三　中国对国际法教学和传播的参与与贡献 294
 四　中国国际法教学和传播的不足及改进建议 295

# 第一部分　中国与国家间关系法治

## 第一章
## 中国与国际法基本原则[*]

### 一　国际法基本原则的历史沿革与现状

国际法基本原则，是指用以说明国际法基础的，指导其他国际法的抽象性、普遍性国际法规范。

欲构成国际法基本原则，需要具备以下几个特点：第一，普遍性，即各国都接受、公认有拘束力，没有持续的反对者；第二，抽象性，即无法直接用到具体的案件中，而只能起指导、评价作用；第三，全局性，即总揽国际法全局性的问题，规范对国际法具有全局意义的基本问题，而非着眼于一般性的、具体的、细枝末节的问题。

当前国际社会公认的国际法基本原则，一般是指《联合国宪章》第2条所体现的7项原则，包括：第一，主权平等原则；第二，善意履行国际义务原则；第三，和平解决国际争端原则；第四，禁止使用武力或武力威胁原则；第五，集

---

[*] 本章作者罗国强，法学博士，武汉大学国际法研究所教授，主要研究方向：国际公法。

体协助合法行为原则;第六,共同遵循国际法原则以维护国际和平与安全原则。第七,不干涉内政原则。

## 二 中国对国际法基本原则的贡献

长期以来,中国对西方国际法基本原则及其理论,都是处于一种单维度的、未经批判的复制状态,鲜有自己的创新与发展。进入21世纪以来,一个中国逐渐崛起、中华民族历史复兴的新时代已经到来,对中国国际法理论发展的主客观两方面上的制约有机会逐步解除。中国可以逐渐为国际法基本原则的发展做出自己的、有中国特色的贡献。

新中国成立以来,中国对国际法基本原则的贡献,主要包括以下两方面。

### (一)和平共处五项原则

和平共处五项原则包含以下内容:第一,互相尊重主权和领土完整;第二,互不侵犯;第三,互不干涉内政;第四,平等互利;第五,和平共处。

这五项原则是由中国提议,印度、缅甸等国共同倡导的。中国对和平共处五项原则的倡导是一以贯之的。2015年9月3日,中国国家主席习近平在"纪念中国人民抗日战争暨世界反法西斯战争胜利70周年招待会"上强调,基于对历史的惨痛感知,中国人民将始终不渝走和平发展道路,始终不渝奉行互利共赢的开放战略,在和平共处五项原则基础上发展同一切国家的友好合作,坚定不移维护世界和平。

在国际层面,和平共处五项原则自提出之后,无论是在深度还是广度上都得到了较大发展。在20世纪50年代,和平共处五项原则已基本成为中国与周边国家间关系的基本原则。20世纪60年代,和平共处五项原则的确认与接受已超出了亚洲的范围。20世纪70年代,一些发达国家也开始逐步了解和认知了这五项原则。如今,和平共处五项原则已逐步为世界大多数国家所认识,其所含内容不仅在各国大量的双边条约中得到体现,而且被许多国际多边条约和国际文献所确认。和平共处五项原则不仅成为中国奉行独立自主和平外交政策的基础,而且被世界上绝大多数国家认知,逐渐成为规范国际关系的重要准则,成为现代国际法基本原则体系的重要组成部分。

### (二)和谐原则

和谐是指和而不同,天人合一,它是源自中国传统文化的实践理性。中国传统的和谐观包括两方面，即人与人之间的和谐（和而不同）以及人与自然之间的和谐（天人合一），其主旨是组织起一种为刑罚所保障的、稳定的道德秩序。

新中国成立以来，和谐观在当今中国仍然得到了创造性的继承与运用。步入 21 世纪，中国相继提出了"和平崛起""和平与发展""和谐世界"等战略，既体现了中华民族要复兴的决心，又表明中国不走近代以来列强通过战争崛起的老路的信念，还彰显了在更高层次上重塑国际秩序、实现国际和谐的愿望。2013 年 3 月 19 日，中国国家主席习近平在接受金砖国家媒体联合采访时指出，中国将坚定不移走和平发展道路；我们也希望世界各国都走和平发展道路，国与国之间、不同文明之间平等交流、相互借鉴、共同进步，齐心协力推动建设持久和平、共同繁荣的和谐世界。2015 年 9 月 3 日，习近平在"纪念中国人民抗日战争暨世界反法西斯战争胜利 70 周年招待会"上指出，纪念中国人民抗日战争和世界反法西斯战争的胜利，是要唤起善良的人们对和平的向往和坚守；中国的发展壮大必将是世界和平力量的发展壮大；我们也真诚希望，各国都更好从历史中汲取智慧和力量，坚持和平发展，共同开创世界和平充满希望的未来。

"和而不同"可以带来既和平又发展的双赢局面，这在中国历史上也不算是新鲜事物。中国走和平发展道路，不是权宜之计，更不是外交辞令，而是从对历史、现实、未来的客观判断中得出的科学结论，是思想自信和实践自觉的统一。

## 三 关于中国促进国际法基本原则构建之意见

随着中国国家综合实力的逐渐增强，其在国际法舞台上发挥着越来越重要的作用，对于国际法基本原则的参与和贡献也在深度和广度上不断增加。同时，由于中国真正在国际舞台上发挥较大作用的时间并不长，中国国际法学的发展时间也较为有限，故而在国际法基本原则领域内，还存在着一些不足与值得改进之处。

### （一）不足之处

首先，和平共处五项原则是特定时代的产物，其对中国传统法律文化特色的彰显不够鲜明，在西方主流社会中的接受程度仍有待提高。

五项原则提出之时，正是新中国政府被人为排除在联合国体系之外、唯有以独立自主的双边与多边合作替代联合国集体安全机制的特殊时期，但基于中方一贯秉持的和平外交立场，五项原则必然以国际社会所公认的、旨在维护国际和平与安全的《联合国宪章》基本原则为主要元素。尽管五项原则对当代国际法发展有着不可低估且具中国元素的贡献，但是作为本质上从《联合国宪章》延伸而来的"实然法"，与以《联合国宪章》为基础的全球性国际法仍属于一个体系。

和平共处五项原则是在现有国际法原则体系框架内，选择一系列重要原则予以整合并加以适当升华与拔高的产物。这种整合在表述形式上虽然颇有新意，但在实质内容上仍然属于既有国际法原则，仍然是对西方社会所主导的国际法理论的排列组合，尚未从实质内容上体现出中国对国际法理论的独有贡献。"互相尊重主权和领土完整"其实就是主权平等原则及其衍生出来的尊重领土完整原则的叠加。"互不侵犯"其实就是主权平等原则与禁止使用武力原则的必然推论。"互不干涉内政"其实就是不干涉内政原则的双向强化。"平等互利"的前半部分是在重复主权平等原则，后半部分则是加入了国际经济法上的公平互利原则的一部分内容。由于和平共处五项原则的提出早于国际经济法的形成，故而"互利"概念在内容上也是较有新颖性的，但需要注意的是，"互利"通常仅适用于调整国际经济流转关系的国际经济法领域而不适用于国际人权法、国际人道法、国际刑法等意识形态性较强的国际公法领域，故而在全局性上有所欠缺。"和平共处"其实就是和平解决争端原则以及维护国际和平与安全原则的整合性表述。

正是因为如此，尽管在广大亚非拉地区和平共处五项原则获得了较为广泛的采用并取得了较为明显的认可度，然而当今欧美国家主导的主流国际社会对于和平共处五项原则的认知，仍然停留在中国政府倡导、亚非拉多国接受的基础上，距离真心实意地接受、肯定和运用和平共处五项原则，还是颇有差距。

其次，和谐原则的含义没有得到清晰明确的梳理和表述，其在内涵和外延上存在较为明显的混乱现象，尚未获得国际社会的广泛认同。

源于中国传统法律文化这一点，使得和谐原则具有鲜明的中国特色，从而有效地弥补了和平共处五项原则的不足。然而，对于和谐原则的准确认识，涉及中国传统法律文化和西方主流法治观的冲突与融合、自然法的否定之否定以及国际法的运作模式等复杂问题。中国政府对于该原则的倡导才刚刚起步，也属于摸着石头过河，很难在一开始就将认识统一到最为正确的路径上来。和谐原则的内涵与外延从一开始就没有一个合理而权威的说法，而是众说纷纭、见仁见智，导致了较为明显的混乱现象。正因为如此，尽管中国一再倡导"和谐世界"理念，然而有的国家对该理念的解读与中方完全背道而驰。

国际法基本原则的构建，可谓"牵一发而动全身"，不仅将给国际关系带来巨大影响，而且涉及整个国际法理论体系的调整乃至重构，绝非一朝一夕之事，更不可能仅凭一两个概念的提出就得以实现。只有从最为基本的国际法原理入手，深入探讨国际法原则体系及其内在逻辑，准确界定和谐原则及其与当代国际法治观的契合之处，才能为实现中国特色国际法基本原则的构建打下坚实的基础。显然，中国要将自身传统法律文化的优秀因子注入看似不相容的西方国际法治观中，并非易事。"和谐"理念的被认识和倡导，只是近些年的事情，要准确地认识并在实践中正确地运用这一理念，还需要全社会付出很大的努力。

## （二）改进建议

我们建议的改进总思路，就是以中国传统法律文化的精髓为立足点，将"和平共处五项原则""和平崛起""和平与发展""和谐世界"等理念整合到一个更为基础的"和谐"原则中，首先阐明和谐原则的内涵与外延，将其与当代西方国际法治观结合起来；然后从中推导出"和平崛起""和平与发展""和谐世界"等原则的具体含义，并在国际社会中践行之；最后要倡导和谐原则为国际法的基本价值、促进国际社会对该原则的认同，从而构建完善的国际法基本原则体系。

第一，将源自中国的实践理性——和谐，与西方的法治理念相结合，并阐明该原则的确切内涵与外延。

虽然由于社会形态的差异，中国在历史上不能发展出较为完整的国际法理论，但是中国传统文化中所特有的和谐观，仍然含有符合社会发展规律的元素。和谐，正是西方自然法体系所缺少的最后一项基本原则。西方法律文化没有能够充分体现和谐原则，使得自然法基本原则体系存在一个漏洞。在承认西方自然法体系及其基本原则（正义、公平、平等、善意）的基础作用的前提下，和谐原则应当被接纳为另一项自然法基本原则。

和谐是指和而不同，天人合一，它是源自中国传统文化的实践理性。和谐包括人与人的和谐及人与自然的和谐两方面。"和而不同"是和谐原则的核心内容之一，它是指人与人之间的和谐状态，它主张存异的、不强求同一的和谐；它把对大局的把握和对细节的宽容相结合，把对长远的期待和对短期的权衡相结合。由此不难看出，西方的和平观与中国的和谐观是有一定差距的，前者的维度比较单一，主要集中于和平解决争端、避免战争与武装冲突方面。相比之下，中国的和谐观从一开始就以"存异"为前提，它不仅包含了和平的理念，而且全面关注社会主体的共处状态；其不仅仅包含以规则抑制发动战争的想法，而且更加致力于消除冲突和战争的源头。"天人合一"是和谐原则的另一项核心内容，它是指人与自然之间的和谐状态；它采用与众不同的人与自然关系视角，主张人类要尊重自然、顺应自然。

中国优秀传统文化与西方文化的结合，将为国际法及其基本原则在21世纪的发展带来契机。目前国际法发展陷入瓶颈，与其基本价值体系的不完善有很大关系。各基本价值定义含糊，经常相互冲突，这就需要加入新的元素、重新整合并理清它们之间的层级关系。构成现有国际法基础的西方文化具有强调正义、崇尚自由的特点，而中国传统文化具有强调和谐、善于包容的特点，这种和谐与包容不仅具有更为广博的内涵，而且是出于实用而非宗教动因，并且适用于一切外来文明。这就为国际法及其基本原则的发展取向提供了一个新的选择。也只有上述两种文化及其精髓的结合，才能既促进主权国家的充分发展，又保障相对弱势国家的利益，从而实现国际社会的稳定与持续发展。

第二，从和谐原则中推导出"和平崛起""和平与发展""和谐世界"等原则，阐明其具体含义并在国际社会中践行之。

无论是"和平崛起"，还是"和平与发展"抑或"和谐世界"，都是和谐原则适用于国际关系的具体体现，只不过三者的侧重点略有不同。"和平崛起"侧重于表达中国成长为负责任大国的方式，"和平与发展"侧重于表达中国实现民族复兴和重新崛起过程中所注重的实质内容，"和谐世界"侧重于表达和谐观被正确适用于国际关系之后的应然状态。

中国在国际社会倡导和践行上述原则对于整个国际法律体系的发展将具有里程碑式的意义。与缺乏和谐价值观的国际法律体系相适应，以往国际关系史上每个大国的兴起都伴随着战争、强权、奴役等血腥气息，原有国际秩序的打破和新的国际秩序的建立总要借助暴力手段才能完成。早在格劳秀斯时代，为了争夺海上霸权，荷兰和葡萄牙之间就频发武装冲突；拿破仑的法国通过一系列大战方在欧洲大陆确立了霸主地位；英国通过残酷的殖民政策和奴隶贸易建立了所谓"日不落帝国"；美国则通过参加两次世界大战登上了超级大国的宝座……这一切都给国际社会和广大人民带来了深重苦难。时至今日，实际上很少有国家会真正地相信，一个大国会和平地、不通过损人利己的方式实现崛起。这也充分表明，目前的国际社会根本不存在和谐的价值观。因此，将源自中国文化的和谐与源自西方文化的其他原则相结合，就能建立完善的国际法基本原则体系，就能实现国际法乃至法学基本理论的重大突破。

第三，将和谐原则倡导为国际法的基本价值，并促进国际社会对该原则的认同。

实在法的价值对实在法具有的直接的甚至是立竿见影的影响。只要某种价值被建构了起来，那么就意味着社会主体在意识上已经预设了一种信念与倾向，社会主体仅凭这一信念与倾向，就可以立即对有关实在法的情势做出判断与选择。在国际法发展的实践中，只要主观信念与倾向正确，那么实在国际法也就是正确的。而根据建构主义的说法，认同构成利益与行为，也就是说，国际社会只有充分认同某项价值，才会纷纷依此行事并构成某种利益共同体。因此，只要将和谐原则成功建构为国际法基本价值并获得国际社会的认同，遵守和谐原则就将符合各国的利益，并成为各国的普遍行为。

中国的和平发展是符合和谐的单方法律行为，将为国际社会带来共赢的局面，将证明中国不是国际社会的威胁，将为其他国家的发展开辟一条新的、有更多机会的道路。接下来最重要的就是让其他国家也接受和践行这一点。

要让国际社会明白，中国所寻求的，不仅是某种"例外"的发展道路，而且是适用于国际社会的一种全新的发展理念与价值——和谐地发展。它主张在和平、包容、宽待、互助中深化国际竞争，既使各国各得其所又不损伤其他国家的利益；它符合自然国际法，并将成为国际社会的普遍价值与追求。要将和谐原则构建为国际法基本价值之一，促使和谐的价值在国际上越发地深入人心，最终有助于整个世界的和平稳定与有序发展。要以实际行动践行和谐原则，反对霸权主义违反国际法的单方面行为，反对强权国家以不符合自然国际法的方式修改实在国际法，倡导通过友好合作制定符合21世纪国际发展规律的实在国际法，并积极推动实在国际法的合理修改。

和谐原则的确立，为国际社会在追求正义的同时兼顾和平与友善提供了理论依据，也为国际社会在寻求发展的同时尊重自然、顺应自然提供了规则保障。"和而不同"将为人们带来和谐，"天人合一"将为世界带来和谐，和谐的国际社会将有助于实现真正的正义。这将是中国的国际法理论能够为世界带来的最大贡献。

# 第二章
# 中国与国际和平与安全法治*

## 一 国际和平与安全的原则和新特点

维持国际和平与安全是《联合国宪章》确立的首要宗旨。它是这个世界上最具有普遍性的国际组织及其193个会员国必须履行的国际法律义务，甚至也是联合国非会员国必须遵守的国际法规则。为此，《联合国宪章》在吸取前国际联盟教训的基础上，建立了新的集体安全体制。这个集体安全体制确立的基本原则是尊重国家主权平等、不干涉内政、禁止使用武力或以武力相威胁、和平解决国际争端。在维持国际和平与安全方面，《联合国宪章》除了赋予联大广泛的审议职权之外，还将安理会设置为负首要责任的执行机关。

冷战结束之后，国际和平与安全出现了一些新的特点。除了传统安全威胁以外，大量的非传统安全问题构成国际和平与安全新的挑战。进入21世纪以来，联合国一系列新的重要文件确立了维持和平与安全的新的目标。2000年《联合国千年宣言》为和平、安全与裁军确立了新的目标。除了制止国内战争和国家间战争外，各国承诺消除大规模杀伤性武器造成的危险；在国家事务和国际事务中增强法治，加强联合国维持和平与安全的效力；采取协调行动打击恐怖主义；加倍努力打击毒品、走私、贩卖妇女儿童、偷运人口、洗钱等跨国犯罪行为；确保军控、裁决、国际人道主义和人权条约的执行和《国际刑事规约》的签署与批准；以及促进联合国与区域性组织的合作。

《2005年世界首脑会议成果文件》确认"和平与安全、发展和人权是联合国系统的支柱，也是集体安全和福祉的基石"；"发展、和平与安全、人权彼此关联、相互加强"。首脑们"决心按照《宪章》的宗旨和原则在全世界建立公正持久的和平"，并强调"集体安全取决于按照国际法有效合作应付跨国威胁"。

---

\* 本章作者曾令良，法学博士，武汉大学人文社会科学资深教授，武汉大学国际法研究所执行理事长，主要研究方向：国际公法、国际经济法、欧洲联盟法。

## 二 中国倡导新的安全理念和原则

2012年7月7日，习近平在中国首次举办的非官方高级别"世界和平论坛"上表示，中国主张在新的时期应树立新的安全理念和原则，即①以发展求安全，因为经济发展繁荣是维护安全的重要保障；②以平等求安全，因为平等相待是维护安全的基本前提；③以互信求安全，因为增进互信是维护安全的必要条件；④以合作求安全，因为对话合作是维护安全的根本途径；⑤以创新求安全，因为当前世界范围的安全问题呈现多样性、传染性、联动性、突发性特点，一国与他国、国内与国际、传统与非传统等各种安全因素相互交织，种种新问题新挑战层出不穷。2014年6月28日，习近平在"和平共处五项原则"发表60周年纪念大会上重申中国倡导共同、综合、合作、可持续安全的理念。2014年7月7日，他在北京举行的第三届"世界和平论坛"上的致辞中再次强调中国倡导以发展促国际和平与安全，中国既通过维护世界和平发展自己，又通过自身发展维护世界和平，同国际社会一道推动建设持久和平、共同繁荣的和谐世界。

2015年9月28日，习近平在联合国维和峰会上发表讲话，注重就联合国的维和行动表明中国的主张：①恪守维和基本原则，即《联合国宪章》和"哈马舍尔德原则"[①] 是维和行动的根本指南；②完善维和行动体系，即维和行动既同预防外交、建设和平纵向衔接，又同政治斡旋、推进法治、民族和解、民生改善等横向配合；③提高快速反应水平，支持联合国实施新的"维和能力待命机制"；④加大对非洲的帮扶，即支持非洲国家提高自身维和维稳能力。

## 三 中国注重和强调安理会在促进国际和平与安全中的重要作用

2015年是联合国成立和世界反法西斯战争胜利70周年，中国充分利用2015年2月担任安理会轮值主席国的契机倡议举办维护国际和平与安全公开辩论会，并将主题定为"维持国际和平与安全：以史为鉴，重申对《联合国宪章》宗旨

---

[①] 前联合国秘书长哈马舍尔德在1956年建立第一支联合国维和部队时提出了著名的维和三原则：①维和行动不得妨碍有关当事国之权利、要求和立场，需保持中立，不得偏袒冲突中的任何一方；②维和行动必须征得有关各方的一致同意才能实施；③维和部队只携带轻武器，只有自卫时方可使用武力。

和原则的坚定承诺"。联合国秘书长潘基文和80多个国家的外交部部长出席，并发表讲话。中国外长王毅主持了这次辩论会，并在发言中提出了四点主张，即要和平，不要冲突；要合作，不要对立；要公平，不要强权；要共赢，不要零和。得到了广泛的国际赞誉和支持。

中国在担任安理会轮值主席国期间就国际和平与安全议题组织和主持了2场闭门会、审议了包括叙利亚、中东、伊拉克、也门、利比亚、几内亚比绍、索马里、南苏丹、乌克兰问题等的20多项议题，通过7项决议和2份主席声明，发表了15份主席新闻谈话，促进解决世界热点问题。

中国作为安理会常任理事国在安理会重大事项决议上享有否决权。中国一贯慎用否决权，自中华人民共和国1971年10月25日恢复在联合国合法席位以来，一共只行使过10次否决权。但是，2011年10月至2015年5月，中国先后就英国和法国提交的关于叙利亚（中东）问题的决议草案，连续4次行使否决权，表明中国一贯坚决捍卫国家主权和领土完整原则，坚持用和平方法解决国际争端。

## 四 中国重视法治在和平解决国际争端中的重要作用

2013年，中国常驻联合国副代表王民大使在第68届联大第六委员会关于"国内与国际法治"议题的发言中明确表示，中国政府欢迎联大在"国内和国际法治"议题下讨论"法治与和平解决国际争端"专题，并着重强调了中国的如下立场。

首先，中国政府认为，法治是各国普遍追求的目标，但是在建设国内法治方面，世界上不存在适用于一切国家的法治模式，各国有权选择适合本国国情的法治道路，同时各国的法治实践可以相互借鉴，取长补短，共同发展。在加强国际法治方面，各国必须维护《联合国宪章》的权威，严格遵守国际法规则，坚持国际法的统一适用，不断完善"国际立法"，促进国际关系民主化。

其次，《联合国宪章》是国际法治建设的出发点和试金石。《宪章》及其确立的国际法原则是现代国际法律秩序的核心，各国在处理国际事务过程中，应铭记《宪章》的宗旨和原则，维护国家主权平等、善意履行国际义务、和平解决争端，推动加强国际法治建设，维护世界和平与安全。

再次，和平解决国际争端是法治原则的必然要求。和平解决国际争端是国际法基本原则，与国际法治建设密不可分。《联合国宪章》和多项联大决议均强调,各国应"以和平方法且依正义及国际法之原则"解决争端。同时,和平解决国际争端意味着在国际关系中禁止使用武力或以武力相威胁。正如联大《不使用武力宣言》指出的,"各国应遵守其对和平解决争端原则的承诺,这同国际关系上不进行武力威胁或使用武力原则是不可分的"。和平解决国际争端原则与禁止使用武力原则是国际法治的应有之义,构成《宪章》的核心和当代国际秩序的基础,是各国必须遵守的国际法义务。

最后,选择和平解决国际争端的方法须依法尊重当事国的自由选择权。国际法确立了和平解决国际争端的方法,既有政治方法,也有法律方法。国际争端解决方法的选择和适用应严格按照国家主权平等原则,充分尊重当事国的意愿,不得强加于任何国家。中国认为,是否采用仲裁或司法机构解决国际争端,也应以国际法治原则为依归,以国家平等自愿为前提。任何违背国家意愿或国际条约规定,强行将争端提交仲裁或司法机构解决的行为,都是违背国际法治原则的,是中国政府不能接受的。

## 五 中国强调法治和正义在维持和建设和平中的至关重要性

2014年9月27日,中国外交部部长王毅在第69届联大一般性辩论中,做了题为《共谋和平发展,共守法治正义》的发言,对于世界上发生的各种战争和武装冲突,如何才能打开一扇和平大门,给出了中国的如下回答。

第一,坚持政治解决。历史和现实反复证明,以暴制暴,不会换来持久和平;使用武力,产生的问题多于答案;采取强制行动应由安理会授权。

第二,兼顾各方利益。冲突各方应摒弃"零和思维",在谈判中相向而行;在协商中实现合理诉求;国际社会的斡旋调解应主持公道正义。

第三,推进民族和解。武装冲突大多与民族宗教矛盾相互交织,各方各派要践行《联合国宪章》的精神,培育力行容恕的文化,铲除仇恨报复的种子,让冲突后的土壤生长出包容和亲善的果实。

第四,践行多边主义。发挥联合国的作用,恪守国际法和国际关系基本准则。《联合国宪章》第七章不是安理会维持国际和平与安全的唯一手段,要用好第六章赋予的预防、斡旋和调解工具,要发挥区域组织和地区国家的优势,支持通过地区方式解决地区问题。

在叙利亚问题上,中国一直主张尊重叙利亚的主权、独立、统一和领土完整，有关冲突各方通过谈判与协商的和平方式解决争端，反对任何形式的武力制裁。中国一直敦促叙利亚各方各派立即停火止暴，全面配合联合国的人道主义援助行动，积极支持联合国秘书长及其特使的斡旋努力。

在乌克兰问题上，中国欢迎和支持《明斯克停火协议》，并敦促乌克兰各方切实执行，通过政治对话和谈判寻求全面、持久、平衡的政治解决方案。中国支持联合国为妥善解决乌克兰危机所发挥的作用，支持国际社会为缓解乌克兰东部人道局势所做的建设性努力。

在巴勒斯坦问题上，中国一直呼吁以色列和巴基斯坦实现持久停火，一方面敦促以色列解除对加沙地区的封锁，停止修建定居点；另一方面表示以色列的合理安全关切应得到尊重。中国认为，推动中东和平进程要发挥联合国安理会应有的作用，以响应巴勒斯坦和阿拉伯国家联盟的要求。

在伊拉克问题上，2013年6月安理会通过决议终止对伊拉克的制裁。中国支持伊拉克维护国家主权、独立和领土完整的努力，希望伊拉克政府带领人民本着包容与和解精神，共同致力于国家建设和发展。中国呼吁加大对伊拉克人道援助力度，实现国家和平稳定，强调这是国际社会的共同责任。

在伊朗核问题谈判上，中国呼吁各方在诚意的基础上，本着互相尊重、互谅互让的精神，努力达成一项公正、平衡、共赢的全面协议。

在南苏丹冲突问题上，中国主张南苏丹冲突双方立即停火，开展政治对话，并在伊加特的斡旋下，与国内各族各派一道，尽快达成公平合理的解决方案，实现全国和解与民族团结。

在阿富汗问题上，中国欢迎和支持阿富汗通过民主选举产生的新的国家和政府领导人，继续支持阿富汗人民平稳实现政治、安全和经济过渡，共建一个团结、稳定、发展、友善的阿富汗，支持"阿人主导、阿人所有"的和平进程。

在朝鲜半岛问题上，中国呼吁各方秉持客观公正立场，坚定致力于实现半岛无核化目标，坚定致力于维护半岛和平稳定，坚定致力于通过对话协商解决问题。中国认为，六方会谈仍然是解决朝鲜半岛核问题的唯一现实有效途径，应尽快重启。中国主张应通过全面平衡解决各方关切，把朝鲜问题纳入可持续、不可逆、有实效的对话进程。

在打击恐怖主义问题上，中国坚决反对一切恐怖主义行径，支持国际社会根据安理会有关决议，协调一致应对恐怖势力的威胁。中国主张，国际反恐合作应该多措并举、标本兼治，充分发挥联合国及其安理会的主导作用。中国特别强调反恐不能搞双重标准，更不能把恐怖主义与特定民族、宗教挂钩。中国认为，应重点打击宗教极端主义和网络恐怖主义，着力铲除、封堵恐怖极端思想的根源和传播渠道，坚决打击恐怖分子利用互联网等新的通信手段煽动、招募、资助或策划恐怖袭击。

## 六　中国积极参与联合国维持和平行动

中国参加联合国维和行动已经 25 年，是维和行动主要出兵国和出资国。为了支持改进和加强联合国维和行动，习近平主席在 2015 年 9 月 30 日联合国维和峰会上郑重宣布了中国六项新的举措：①中国将加入新的联合国维和能力待命机制，决定为此率先组建常备建制维和警队，并建设 800 人规模的维和待命部队；②中国将积极考虑应联合国要求，派遣更多工程、运输、医疗人员参加维和行动；③今后 5 年，中国将为各国培训 2000 名维和人员，开展 10 个扫雷援助项目，包括提供培训器材；④今后 5 年，中国将向非盟提供总额为 1 亿美元的无偿军事援助，以支持非洲常备军和危机应对快速反应部队建设；⑤中国将向联合国在非洲的维和行动部署首支直升机分队；⑥中国—联合国和平与发展基金的部分资金将用于支持联合国维和行动。

## 七　中国积极促进冲突和冲突后社会的和平与法治建设

建设和平这一概念自 1992 年以来在联合国系统广为使用，并不断发展。联合国秘书长潘基文在 2014 年 9 月发表的有关报告中阐释，建设和平是我们为冲突后的持续和平奠定基础的各项努力的总和。它由联合国各维和行动、政治特派团和国家工作队负责开展，其中包括各机构、基金和方案。建设和平需要会员国提供坚定和持续的支持，是刚摆脱冲突国家力图达到的核心目标。

中国是 2005 年建立的联合国建设和平委员会的永久成员，在联合国建设和平委员会的建立与运作过程中发挥着重要的作用。2015 年 6 月 25 日，中国常驻联合国代表刘结一在联合国举行的审议建设和平委员会报告公开会上表示，当事国主导是联合国建设和平工作的基础，国际社会应切实尊重当事国主权和主导地位，应当事国要求介入，根据当事国确定的优先领域、制定的路线图提供帮助。他进一步指出，建设和平工作应根据具体情况和当事国需求，形成一国一策的建设和平战略。建设和平工作涵盖安全、发展和社会等领域，当事国政府及社会各界、联合国相关机构及国际和区域组织、国际金融机构等都是重要参与方。各方既要分工，也需协作。希望联合国建设和平委员会推动各方就建设和平工作加强协调，根据授权各司其职，发挥优势，形成合力。

## 八 中国倡导和促进亚太区域安全法治

### （一）倡导新的亚洲安全观

2014年5月21日，习近平主席在上海举行的第四次亚信峰会上发表主旨讲话，首次系统地阐述了中国主张的新亚洲安全观，即共同、综合、合作、可持续的亚洲安全观。新的亚洲安全观的核心要素是：①安全应该是亚洲各国及其人民共同享有的，即尊重和保障每一个国家安全，"大家共同生活在亚洲这个大家园里，利益交融、安危与共，日益成为一荣俱荣、一损俱损的命运共同体"；②"安全应该是普遍的，不能一个国家安全而其他国家不安全，一部分国家安全而另一部分国家不安全，更不能牺牲别国安全谋求自身所谓'绝对安全'"；③"安全应该是平等的，各国都有平等参与地区安全事务的权利，也都有维护地区安全的责任"；④"安全应该是包容的，应该把亚洲多样性和各国的差异性转化为促进地区安全合作的活力和动力，恪守尊重主权、独立和领土完整、互不干涉内政等国际关系基本准则，尊重各国自主选择的社会制度和发展道路，尊重并照顾各国合理安全关切"；⑤安全应该是综合的，"要统筹维护传统领域和非传统领域安全"，"通盘考虑亚洲安全问题的历史经纬和现实状况，多管齐下、综合施策，协调推进地区安全治理"；⑥应"通过对话合作，促进各国和本地区安全"；⑦"要发展和安全并重以实现持久安全"，"发展是安全的基础，安全是发展的条件……对亚洲大多数国家来说，发展就是最大的安全，也是解决地区安全问题的'总钥匙'"。

### （二）弘扬万隆精神，推动新兴国际关系和人类命运共同体建设

1955年，亚非29个国家的领导人出席了著名的万隆会议，在和平共处五项原则基础上，提出了处理国家间关系的十项原则，为推动亚非合作、南南合作发挥了历史性作用。2015年4月22日，亚非领导人汇聚雅加达，共同纪念万隆会议召开60周年。习近平主席在讲话中指出，在新的形势下，万隆精神仍然具有强大的生命力，要大力弘扬万隆精神，不断赋予其新的时代内涵，推动构建以合作共赢为核心的新型国际关系，推动国际秩序和国际体系朝着更加公正合理的方

向发展,推动建设人类命运共同体。为此,他提出了三点倡议。

第一,深化亚非合作,尤其强调坚持求同存异、开放包容、共赢的合作。

第二,拓展南南合作,特别强调加强机制建设,发挥好不结盟运动、七十七国集团、金砖国家平台等的作用,提高发展中国家在国际体系内的代表权和发言权。

第三,推进南北合作,特别强调南北关系不仅是一个经济发展问题,而且是一个事关世界和平与稳定的全局性问题。

### (三)发展与周边国家的睦邻友好合作关系

中国一直奉行睦邻政策,改革开放后,又将传统的睦邻政策发展成为"睦邻、安邻、富邻"的外交政策。中国与邻国通过签署睦邻友好合作条约构建持久、稳定的安全关系。睦邻友好合作条约被称为不结盟、不对抗、不针对第三国的"新世纪条约",它彻底摒弃那种不是结盟就是对抗的冷战思维,体现以互信求安全、互利求合作的新型国家间关系,将两国及其人民"世代友好、永不为敌"的和平思想用法律形式确定下来。21世纪以来,中国先后与俄罗斯(2001年)、吉尔吉斯斯坦(2002年)、哈萨克斯坦(2002年)、巴基斯坦(2005年)、阿富汗(2006年)、塔吉克斯坦(2007年)等邻国签署了睦邻友好合作条约。此外,中国还分别与乌兹别克斯坦、蒙古签署了友好合作关系条约,与朝鲜签署了《中朝友好合作互助条约》。

2013年10月9日,李克强总理在出席第16次中国—东盟(10+1)领导人会议期间建议,应积极探讨签署中国—东盟国家睦邻友好合作条约,为中国—东盟战略合作提供法律和制度保障,引领双方关系发展。习近平主席在万隆会议60周年纪念大会上表示,中国愿同所有周边国家商签睦邻友好合作条约。

### (四)依照国际法和平解决与有关国家的领土争端

中国是世界上拥有邻国最多的国家,陆地边界22000多千米,海岸线18000多千米,周边国家多达29个,其中直接接壤邻国就有14个。截至2008年底,经过60年的努力,除印度和不丹(未与中国建立外交关系)外,中国已与12个邻国确定了陆地边界,改变了数千年来"有边无界"的状况,结束了几百年来的边界纷争。中国的边界曾被西方某些国家称为"动荡之源",如今它们不得不承认,中国边界的稳定已成为亚洲安全与发展之本。

目前,虽然我国与个别国家之间仍然存在陆地边界争端、与有关国家之间存在海洋权益争端,但是我国一如既往地主张和坚持通过友好谈判和协商解决相关的争端。在南海问题上,中国政府的立场是一贯的、明确的:中国对南海诸岛及附近水域拥有主权具有充分的历史和法律依据。对于南海部分岛礁的主权争议和南海部分海域的海洋权益主张的重叠,应直接由有关当事国在尊重历史事实和国际法的基础上,通过直接谈判和友好协商加以处理和解决。对于菲律宾所提南海仲裁案管辖权问题,中国政府于2014年12月7日发表了鲜明的立场文件:菲律宾提请仲裁事项的实质是南海部分岛礁的领土主权问题,超出《公约》(《联合国海洋法公约》)的调整范围,不涉及《公约》的解释或适用;以谈判方式解决有关争端是中菲两国通过双边文件和《南海各方行为宣言》所达成的协议,菲律宾单方面将中菲有关争端提交强制仲裁违反国际法;即使菲律宾提出的仲裁事项涉及有关《公约》解释或适用的问题,也构成中菲两国海域划界不可分割的组成部分,而中国已根据《公约》的规定于2006年做出声明,将涉及海域划界等事项的争端排除适用仲裁等强制争端解决程序。因此,仲裁庭对菲律宾提起的仲裁明显没有管辖权。基于上述,并鉴于各国有权自主选择争端解决方式,中国不接受、不参与菲律宾提起的仲裁有充分的国际法依据。

### (五)中国积极建立和参与各种次区域安全平台和机制

在亚太地区,虽然在经贸领域已经建立了亚太经合组织,但在政治与安全领域,迄今尚未形成覆盖整个区域的组织或机制。尽管如此,各种次区域的安全组织或机制分别发挥着各自特殊的作用。目前,比较有影响的有上海合作组织(简称"上合组织")、亚洲相互协作与信任措施会议(简称"亚信会议")、东南亚国家联盟、东亚峰会、东盟地区论坛、香格里拉对话会、东盟防长扩大会等。在通过法治方式构建亚太次区域安全方面,中国发挥了积极的促进作用。

#### 1. 建立上合组织及其政府首脑会晤与合作机制

上海合作组织不仅是第一个由中国参与创建,而且是第一个以中国城市命名、总部设在中国的区域性国际组织。它是在上海五国会晤机制的基础上,于2001年6月15日,由中国、俄罗斯、哈萨克斯坦、吉尔吉斯斯坦、塔吉克斯坦、乌兹别克斯坦六国元首举行首次会议并签署《上海合作组织成立宣言》而正式成立。

上合组织尤其重视并尽一切必要努力保障地区安全,并在吉尔吉斯斯坦比什凯克建立了上合组织反恐中心。此外,为遏制非法贩卖武器、毒品、非法移民和其他犯罪活动,上合组织一直致力于制定相应的多边合作文件。例如,2009年6

月16日，上海合作组织成员国元首分别代表本国在叶卡捷琳堡签署了《打击恐怖主义、分裂主义和宗教激进主义公约》。截至目前，各成员国已完成国内批准程序，《公约》已于2012年1月14日生效。2014年12月28日，十二届全国人大常委会第十二次会议表决批准了《上海合作组织反恐怖主义公约》。该《公约》是一项较为全面和系统的反恐条约，为打击"三股势力"、维护地区安全奠定了坚实的国际法律基础、提供了强有力的机制保障。

**2. 促进中国与东盟安全合作机制的建立与完善**

中国和东盟各国的繁荣与稳定关系到本地区的利益，也与世界的和平与发展相关联。在各国政府的共同努力下，中国与东盟国家的安全合作不断深化。中国与东盟的合作已涵盖防务、灾害救援、反恐维和、维护海上通道安全、打击跨国犯罪等诸多非传统安全领域。

2002年11月，中国与东盟领导人发表《中国与东盟关于非传统安全领域合作联合宣言》，启动中国与东盟在非传统安全领域的全面合作。2004年1月，双方签署《中国与东盟关于非传统安全领域合作谅解备忘录》。中国倡议并参加了2004年1月在曼谷举行的首届东盟与中日韩（10+3）打击跨国犯罪部长级会议，并提交了概念文件。会议同意建立"10+3"打击跨国犯罪合作机制，并首次通过了《东盟与中日韩打击跨国犯罪部长级会议联合公报》。

防务合作是中国与东盟合作的重要内容。近年来，双方在防务领域的交流与合作不断深化，形式丰富多样。在双边领域，中国不仅与一些东盟国家建立了防务磋商机制，还和一些国家军队举行了联演联训。在多边框架下，中国在东盟地区论坛倡导召开了安全政策会，举办了"10+3"武装部队救灾研讨会、"10+3"武装部队非传统安全论坛等。

针对中国与东盟海域抢劫、走私和偷渡、毒品枪支贩运等海上违法犯罪活动时有发生，中国与东盟曾于2006年8月在中国大连举行海上执法合作研讨会，商讨建立中国和东盟各国海上执法机构有效的合作机制，联合打击海上跨国犯罪，共同维护本地区海上安全和稳定。

2003年，中国成为东盟外第一个加入《东南亚友好合作条约》的国家。目前，双方形成了多层次的政治与安全合作机制，它们分别是：①东盟与中国（"10+1"）领导人会议；②部长级会议机制；③中国与东盟（10+1）防务与安全对话会；④工作层对话合作机制，它是中国—东盟高级官员磋商机制，具体商讨政治与安全领域的了解与互信问题。

2015年，李克强总理出席第十届东亚峰会，专门就南海问题阐述中方原则立场，并就各国共同维护南海和平稳定提出如下五点倡议。

一是各国承诺遵守《联合国宪章》的宗旨和原则，捍卫二战成果和战后秩序，珍惜来之不易的和平，共同维护国际和地区包括南海地区的和平与稳定。

二是直接有关的主权国家承诺根据公认的国际法原则，包括1982年《联合国海洋法公约》，通过友好磋商和谈判，以和平方式解决领土和管辖权争议。

三是中国和东盟国家承诺全面有效完整落实《南海各方行为宣言》，加快"南海行为准则"磋商，在协商一致的基础上尽早达成"准则"，并采取措施不断完善地区互信合作机制建设。

四是域外国家承诺尊重和支持地区国家维护南海和平稳定的努力，发挥积极和建设性的作用，不采取导致地区局势紧张的行动。

五是各国承诺依据国际法行使和维护在南海享有的航行和飞越自由。

#### 3. 参加和举办亚信会议

亚洲相互协作与信任措施会议是一个有关安全问题的多边论坛，其宗旨是在亚洲国家之间讨论加强合作、增加信任的措施。峰会和外长会议均为每四年举行一次，两会交错举行，间隔两年。亚信会议现有成员国26个、观察员国和组织12个，横跨亚洲各区域，涵盖不同制度、不同宗教、不同文化、不同发展阶段的国家，具有广泛代表性。亚信的宗旨是通过制定多边信任措施，加强对话与合作，促进亚洲和平、安全与稳定。现已制定军事政治、新威胁新挑战、经济、生态、人文五大领域信任措施。中国不仅积极参加了历届亚信会议，而且于2014年5月21日在上海举办了亚信会议第四次峰会。在此次峰会上，习近平主席发表主旨讲话，倡导共同安全、合作安全和综合安全，形成新的亚洲安全观，共同建设和平、稳定、合作的新亚洲。

## 九　几点建设性意见

中国作为一个负责任的大国，在建立、维护和促进国际和平与安全法治方面一直发挥着重要作用，并做出了突出贡献。展望未来，维护全球和地区和平与安全将是整个国际社会永恒的首要使命。法治一直是维持国际和安全的重要方式和途径，并有很大的潜在空间有待填补和完善。随着中国和平发展的推进，中国在促进国际和平与安全法治方面应该有更大的作为，发挥更大的影响力。为此，我们提出如下建议。

在促进国际和平与安全法治方面，首先，中国在集体安全机制的改革方面应向联合国提出中国的主张和方案,并努力使中国的方案赢得绝大多数联合国会员国的赞成和支持。集体安全体制改革的核心和焦点是联合国安理会的组成和决策方式的改革。中国提出的改革建议应兼顾多种因素的考虑和平衡。例如,在扩大安理会常任理事国的问题上,中国应主张候选国在不同地域、不同类型国家(发达国家、发展中国家、新兴经济体国家)的代表性、爱好和平的国际信誉和对维持国际和平与安全的贡献等综合因素的考量。在安理会的决策方式上,中国应坚持大国一致原则与适当增强非常任理事国的决策权相结合。其次,中国除了继续积极参与联合国的维和行动之外,还应适当增强参与联合国的建设和平行动,尤其是联合国在冲突和冲突后国家或地区的法治项目,提升中国在联合国维持和平与建设和平行动中的法治话语权和影响力。

在促进区域和次区域和平与安全法治方面,除了继续发挥上海合作组织和各种区域、次区域安全对话和论坛机制的作用之外,中国应着重从法治角度来构建和增强区域安全体系,从而有利于区域安全的稳定性和持久性。在南海问题上,中国应坚持在继续全面落实《南海各方行为宣言》的基础上,积极促进《南海各方行为准则》的谈判和缔结。同时,应积极启动中国与东盟国家谈判和缔结睦邻友好合作条约,实现中国—东盟全面战略伙伴关系的建立。在有关南海和东海领土与海洋权益争端方面,应继续坚持与有关国家通过和平方式解决,并坚持主张通过对话、协商与谈判方式,始终掌握争端解决的主动权和灵和性。

# 第三章
# 中国与国际发展法治*

作为当今世界最大的发展中国家以及联合国安理会常任理事国之一，中国始终将发展作为第一要务。中国参与国际发展法治事业是随着第二次世界大战结束，发展中国家为争取民族独立和发展民族经济等各国共同关心的问题而开始的。1955年，周恩来总理率领中国代表团参加在印尼万隆召开的亚非会议。这次会议通过的《亚非会议最后公报》确认了《联合国宪章》的宗旨和原则，提出了谋求自身经济发展的纲领性主张。1960年第15届联大通过《为经济不发达国家的发展而采取联合行动的决议》指出，联合国的首要任务之一是加快不发达国家的经济和社会进步。1961年12月，联合国大会通过决议，决定把60年代定为"联合国发展十年"，呼吁全体会员国共同努力，采取措施缩小国家间经济上的巨大差距和不平等状况。从1990年起，由于以中国为代表的发展中国家的努力推动，联合国人权委员会把实现发展权作为单独议题优先进行审议。总体而言，中国参与国际发展法治经历了开创期（1955~1990年）、发展期（1990~2000年）和成熟期（2000~2015年）。① 2015年是国际发展法治领域不平凡的一年，它既是千年发展目标全面落实之年，也是2015年后发展议程启动之年。

## 一 全面落实千年发展目标

2000年9月联合国千年首脑会议，中国和其他188个联合国会员国共同签署了促进发展的《联合国千年宣言》。《联合国千年宣言》成为国际发展法治进程中的一个里程碑，各国承诺将建立新的全球合作伙伴关系以降低极端贫穷人口比重，并设立了一系列以2015年为最后期限的目标，即"千年发展目标"（MDGs），包括八个方面：消除极端贫困和饥饿，普及初等教育，促进性别平

---

\* 本章作者廖丽，法学博士，武汉大学国际法研究所讲师，主要研究方向：WTO法、国际知识产权法、海洋法。
① 参见曾令良、冯洁菡主编《中国促进国际法治报告》，武汉大学出版社，2014，第38~40页。

等和提高妇女权利,降低儿童死亡率,改善产妇保健,与艾滋病、疟疾和其他疾病做斗争,确保环境的可持续能力,全球合作促进发展。中国派代表参加了联合国举办的历次千年发展目标高级别会议,2010年千年发展目标首脑会议上,中国代表指出,一定使每一个人实现发展权,千年发展目标一定会在中国如期实现。此外,中国和联合国驻华系统合作编写了《中国实施千年发展目标进展情况报告》2003年版、2005年版、2008年版、2010年版、2013年版和2015年版。根据《中国实施千年发展目标报告(2000~2015年)》,1990~2011年,中国贫困人口减少了4.39亿,为全球减贫事业做出了巨大贡献。2004年以来,中国粮食产量连续11年增长,用占世界不足10%的耕地,养活了占世界近20%的人口。中国大力推进卫生、教育等民生工程,2000年以来解决了4.67亿农村居民的饮水安全问题,男、女小学学龄儿童净入学率稳定维持在99%以上。中国实现自身发展的同时,积极开展南南合作,先后为120多个发展中国家落实千年发展目标提供了力所能及的帮助。[①] 过去15年,中国全力落实千年发展目标,取得了举世瞩目的成就,已经实现或基本实现了13项千年发展目标(见表1)。

表1 中国实施千年发展目标进展情况*

| 具体目标 | 实现情况 |
| --- | --- |
| 目标1:消除极端贫困与饥饿 | |
| 目标1A:1990~2015年,将日收入不足1.25美元的人口比例减半 | 已经实现 |
| 目标1B:让包括妇女和年轻人在内的所有人实现充分的生产性就业和体面工作 | 基本实现 |
| 目标1C:1990~2015年,将饥饿人口的比例减半 | 已经实现 |
| 目标2:普及初等教育 | |
| 目标2A:2015年前确保所有儿童,无论按男女,都能完成全部初等教育课程 | 已经实现 |
| 目标3:促进两性平等和赋予妇女权利 | |
| 目标3A:争取到2005年在中、小学教育中消除两性差距,最迟于2015年在各级教育中消除此种差距 | 已经实现 |
| 目标4:降低儿童死亡率 | |
| 目标4A:从1990~2015年将5岁以下儿童死亡率降低三分之二 | 已经实现 |
| 目标5:改善孕产妇保健 | |
| 目标5A:1990~2015年,将孕产妇死亡率降低四分之三 | 已经实现 |
| 目标5B:到2015年使人人享有生殖健康服务 | 基本实现 |

---

① 参见《中国实施千年发展目标报告(2000~2015年)》。

续表

| 具体目标 | 实现情况 |
|---|---|
| 目标6:与艾滋病病毒/艾滋病、疟疾和其他疾病做斗争 | |
| 目标6A:到2015年,遏制并开始扭转艾滋病病毒和艾滋病的蔓延 | 基本实现 |
| 目标6B:到2010年,实现为所有需要者提供艾滋病病毒/艾滋病的治疗 | 基本实现 |
| 目标6C:到2015年,遏制并开始扭转疟疾和其他主要疾病的发病率 | 基本实现 |
| 目标7:确保环境的可持续性 | |
| 目标7A:将可持续发展原则纳入政策和计划,扭转环境资源损失趋势 | 基本实现 |
| 目标7B:降低生物多样性丧失,到2010年显著降低生物多样性丧失的速度 | 没有实现 |
| 目标7C:到2015年将无法持续获得安全饮用水和基本环境卫生设施的人口比例降低一半 | 已经实现 |
| 目标7D:到2020年,明显改善约1亿棚户区居民的居住条件 | 很有可能 |
| 目标8:建立全球发展伙伴关系 | — |

\* 参见《中国实施千年发展目标报告（2000～2015年）》。

## 二 顺利通过2015年后发展议程

2015年9月25日,联合国发展峰会在纽约联合国总部开幕,大会通过了具有里程碑意义的2015年后发展议程——《改变我们的世界:2030年可持续发展议程》。联合国秘书长潘基文称,新的可持续发展目标是各国领导人对全世界人民的承诺,是为人类消除各种形式贫困的议程,是为在地球创建共同家园的议程,是为共享繁荣、和平与合作的议程。2015年后可持续发展议程系统规划了今后15年世界可持续发展的蓝图,设立了17大目标,169项子目标,涵盖经济、社会、环境等诸多领域。这些目标寻求巩固发展千年发展目标,完成千年发展目标尚未完成的事业。新议程依循《联合国宪章》的宗旨和原则,充分尊重国际法。它以《世界人权宣言》、各项国际人权条约、《联合国千年宣言》和《2005年世界首脑会议成果》为依据,并参照了《发展权利宣言》等其他文书。新议程在范围上远远超越千年发展目标,除了保留除贫、保健、教育及粮食安全和营养等发展优先事项外,它还提出了各种广泛的经济、社会和环境目标。新的目标和具体目标相互紧密关联,有许多贯穿不同领域的要点,不仅承诺建立更加和平和包容性更强的社会,还提出了执行手段。新的目标和具体目标于2016年1月1日生效。

这17项大目标包括:①在全世界消除一切形式的贫穷;②消除饥饿,实现粮食安全,改善营养和促进可持续农业;③让不同年龄段的所有人都过上健康的生活,促进他们的福祉;④提供包容和公平的优质教育,让全民终身享有学习机会;⑤实现性别平等,增强所有妇女和女童的权能;⑥为所有人提供并以可持续方式管理水和卫生系统;⑦每个人都能获得价廉、可靠和可持续的现代化能源;⑧促进持久、包容性的可持续经济增长,促进充分的生产性就业,促进人人有体面工作;⑨建设有韧性的基础设施,促进包容性的可持续工业化,推动创新;⑩减少国家内部和国家之间的不平等;⑪建设包容、安全、有韧性的可持续城市和人类住区;⑫采用可持续的消费和生产模式;⑬采取紧急行动应对气候变化及其影响;⑭养护和可持续利用海洋和海洋资源以促进可持续发展;⑮保护、恢复和促进可持续利用陆地生态系统,可持续地管理森林,防治荒漠化,制止和扭转土地退化,阻止生物多样性的丧失;⑯和平、包容的社会以促进可持续发展,让所有人都能诉诸司法,在各级建立有效、可问责和包容的机构;⑰加强执行手段,恢复可持续发展全球伙伴关系的活力。

中国外交部副部长李保东指出,2015年后发展议程是一份立足当前、面向未来的纲领性文件。它的核心就是可持续发展目标。可持续发展目标是千年发展目标的全面升级版,它根据全球发展的新形势和新需要,将可持续发展作为指导各国发展和国际发展合作的主要方向。概括起来,2015年后发展议程主要有以下四个突出特点。一是涵盖了更全面的发展领域。2015年后发展议程不再局限于减贫等传统发展领域,大幅增加了经济、环境等领域的目标,提出要促进可持续的经济增长,应对气候变化,消除不平等现象等,大大拓展了发展的内涵和外延。二是体现了更高远的雄心水平。2015年后发展议程在减贫、教育、健康、卫生等多领域设定了比千年发展目标更高的目标,也对各国的后续落实工作提出了更严格的要求。三是覆盖了更广泛的适用国家。千年发展目标旨在保障民众的基本生存和发展需求,主要面向发展中国家。2015年后发展议程兼顾"兜底"和"前瞻"功能,不少领域的目标设定标准较高,面向所有国家,不仅发展中国家要执行,发达国家也要执行。四是制定了更有效的后续落实框架。2015年后发展议程要求建立国别、区域和全球三个层面的落实框架,定期监督落实进程,并赋予了联合国更大的监督职能,以建章立制的方式全面强化了后续工作。

## 三 积极推动国际粮食、教育、公共卫生发展活动①

粮食发展方面,中国于1979年正式参加世界粮食计划署(WFP)活动。《中华人民共和国政府与联合国和联合国粮农组织合办的世界粮食计划署关于世界粮食计划署提供援助的基本协定》于1980年10月4日签字并生效。1987年中国当选为粮食援助政策和计划委员会成员。1979~2005年26年间,粮食计划署与中国政府密切合作,在中国成功实施了70个援助项目。2015年2月9~10日,世界粮食计划署在其总部罗马召开WFP 2015年第一次例会,会议批准了2015年74.5亿美元预算水平,为WFP继续开展人道主义紧急救援、推动实现零饥饿世界提供了保障。中国代表强调,中国政府一贯重视与WFP的合作,2015年中国政府对WFP的重视程度不减,对WFP的支持力度不减,与WFP的合作深度不减。希望继续加强与WFP的合作,特别是深化"南南合作"、与公共私营部门的合作(PPP),以及人力资源合作。5月25~28日,WFP执行局2015年年会在罗马总部召开。此次年会涉及年度报告、政策问题、财务与预算事项、评估报告以及国家项目等议题。审议并批准了包括年度业绩报告、性别政策、年度财务审计报告、年度评估报告、抗力策略、南南和三方合作政策等文件。中国代表指出,在对尼泊尔地震的救助中,WFP响应迅速,发挥了独特的作用。中国是尼泊尔震后最早对其提供援助的国家之一,通过政府民间联动,目前共提供了总价值6000万元人民币(960万美元),546吨的救灾物资。中方期待今后在尼泊尔灾区以及其他脆弱地区的重建与发展中,充分开展与WFP的技术合作,同时也愿意协助WFP在各类发展项目中发挥更为重要的作用。11月,WFP接受了中国政府捐赠的500万美元,用于支持其在南苏丹开展的应对粮食安全形势恶化紧急援助行动。WFP表示,将用中国政府提供的援助资金购买谷物、豆类、油和盐,帮助南苏丹团结州、上尼罗州和琼莱州等受冲突影响地区的人们。此外,世界粮食计划署和中国政府在2015年初签订了南南合作谅解备忘录,共同促进双方与其他发展中国家的三方合作,特别是建立伙伴国和受益国在农业生产、产后减损和防灾准备上的能力。

教育发展方面,中国是联合国教科文组织创始国之一,1971年恢复在联合国的合法地位,1972年即恢复在该组织的活动。1998年10月,教科文组织在巴

---

① 关于环境、能源、人权以及经济发展方面的内容,可参见本报告其他部分,本章不再赘述。

黎首次召开了规模空前的"世界高等教育大会",中国政府代表团参会,会议对高等教育的质量、目标、资金筹措和管理、国际合作等问题进行了专题研讨,通过了《面向21世纪高等教育宣言:观念与行动》及《高等教育变革和发展的优先行动纲领》。2015年6月28日至7月8日,第39届世界遗产大会在德国波恩召开,191个国家的千余名代表出席大会。在提交大会审议的41个申遗项目中,中国项目中国土司遗址(湖南、湖北、贵州三省)联合申报世界文化遗产。2015年9月19日,甘肃敦煌地质公园与贵州织金洞地质公园入选联合国教科文组织世界地质公园网络名录。2015年10月26日,第九届联合国教科文组织青年论坛在联合国教科文组织总部法国巴黎正式开幕。本届论坛的主题是"推动可持续发展,塑造全球公民",来自教科文组织195个会员国的近千名青年代表汇聚一堂,就"截至2015年可持续发展取得的成就"和"气候变化"两大核心议题展开热烈讨论。本届论坛,中国共派出31位青年代表参与活动,中国代表积极参与全球话题讨论也成为本届联合国青年论坛的一大亮点。2015年11月10日是联合国教科文组织设立的"世界和平与发展科学日",其于当天在总部巴黎发布《2015年科学报告:面向2030》。此次报告的首要结论是,尽管全球经济受到2008年经济危机的冲击,但全球范围内用于研究与发展的国内总支出仍取得大幅增长。2007～2013年,这项支出从11320亿美元上涨至14780亿美元,增幅达31%,高于同期全球国内生产总值20%的增幅。目前,美国用于研发的投资占全球的28%,依旧处于领先位置,中国紧随其后(20%),超越欧盟(19%)和日本(10%)。

公共卫生发展方面,中国是世界卫生组织的创始国之一。2015年1月26日至2月3日,世界卫生组织执行委员会第136届会议在瑞士日内瓦举行。34个执委会成员国、73个非执委会成员国以及联合国儿童基金会、艾滋病规划署等有关机构、区域经济组织和非政府组织的约700人参加会议。作为执委会成员,中国推动会议通过了《全球癫痫负担和为应对其卫生、社会和公众知识影响在国家层面采取协调行动的必要性》的EB136-R8号决议,敦促各国重视癫痫这一不能忽视的公共卫生问题,这是中国对全球抗癫痫事业的一个重大贡献,彰显了中国在癫痫防治领域的国际影响力。2015年9月26日,中国国家主席习近平在联合国南南合作圆桌会上宣布,向联合国世界卫生组织提供200万美元的现汇援助。为积极落实习近平主席宣布的援助承诺,2015年10月13日,中国商务部与联合国世界卫生组织驻华代表就中国政府向世界卫生组织应急基金捐款200万美元签署协议,以响应世界卫生组织关于建立应急基金的倡议。2015年12月9日,世界卫生组织表示,中国食品药品监督管理总局批准了世界首个可导致手足口病的肠道病毒71型疫苗的生产注册申请。世界卫生组织表示,由于肠道病毒71型引起的手足口病可导致幼儿重病和死亡,且目前尚无治疗方法,该疫苗投入生产是一个重大突破。世界卫生组织指出,研发出全世界第一个EV71手足口病疫苗,值得中国科学家们骄傲。这表明中国通过疫苗研发生产方面的创新,已在全球卫生中发挥着越来越重要的作用。

## 四 中国参与2015年后发展议程的承诺和建议

### (一)中国参与2015年后发展议程的承诺

2000~2015年,和平与发展的时代主题没有变,世界多极化、经济全球化、文化多样化、社会信息化深入发展,世界经济在深度调整中曲折复苏,新一轮科技革命和产业变革蓄势待发,全球治理体系深刻变革,发展中国家群体力量继续增强,国际力量对比逐步趋向平衡。中国在国际政治经济舞台及国际发展法治中的地位和作用进一步增强。目前中国是世界上最大的发展中国家,同时是世界第二大经济体、世界第一货物贸易大国和主要对外投资大国,十三亿多人口的人均国内生产总值增至约7800美元。在国际发展法治方面,中国也充分参与到2015年后发展议程的制定和后续的实施过程之中。

2013年9月22日,中国外交部发布了《2015年后发展议程中方立场文件》(简称"立场文件"),阐述了中国对2015年后发展议程的基本指导原则、重点领域和优先方向、实施机制等的立场和看法,并于2015年5月21日再次发布立场文件。立场文件指出,中国是第一个提前实现减贫目标的发展中国家。中国极端贫困人口减少数量占全球减贫总数的三分之二,为世界减贫事业做出了巨大贡献。中国所有省、自治区和直辖市已全面普及九年义务教育,就业稳定增长,基本实现了教育与就业中的性别平等。中国医疗卫生服务体系不断健全,儿童和孕产妇死亡率分别下降80%和73.9%,在遏制艾滋病、肺结核等传染性疾病蔓延方面取得积极进展。中国扭转了环境资源持续流失的趋势,获得安全饮水的人口增加五亿多人,保障性安居工程全面启动。2015年9月26日,中国国家主席习近平在纽约联合国总部出席联合国发展峰会并发表题为《谋共同永续发展 做合作共赢伙伴》的重要讲话,强调国际社会要以2015年后发展议程为新起点,共同走出一条公平、开放、全面、创新的发展之路,努力实现各国共同发展。中国以落实2015年后发展议程为己任，团结协作，推动全球发展事业不断向前。

习近平强调，本次峰会通过的2015年后发展议程，为全球发展描绘了新愿景，为国际发展合作提供了新机遇。我们要争取公平的发展，让发展机会更加均等。在同一目标下，各国应该承担共同但有区别的责任。要完善全球经济治理，提高发展中国家代表性和发言权，赋予各国平等参与规则制定的权利。我们要坚持开放的发展，让发展成果惠及各方。各国要共同维护多边贸易体制，构建开放型经济，实现共商、共建、共享。我们要追求全面的发展，让发展基础更加坚实。要维护社会公平正义，实现人与社会、人与自然和谐相处。我们要促进创新的发展，让发展潜力充分释放。各国要以改革创新激发发展潜力，增强增长动力，培育新的核心竞争力。此外，国际社会要加强合作，共同落实2015年后发展议程，努力实现合作共赢。国际社会要增强各国发展能力，帮助发展中国家加强能力建设。要改善国际发展环境，共同维护国际和平，以和平促进发展，以发展巩固和平。国际金融机构要加快治理改革，多边开发机构要增加发展资源。要优化发展伙伴关系，坚持南北合作主渠道地位，深化南南合作和三方合作。要健全发展协调机制，加强宏观经济政策协调。区域组织要加快一体化进程，通过域内优势互补提升整体竞争力。

中国承诺将设立"南南合作援助基金"，首期提供20亿美元，支持发展中国家落实2015年后发展议程。中国将继续增加对最不发达国家投资，力争2030年达到120亿美元。中国将免除对有关最不发达国家、内陆发展中国家、小岛屿发展中国家截至2015年底到期未还的政府间无息贷款债务。中国将设立国际发展知识中心，同各国一道研究和交流适合各自国情的发展理论和发展实践。中国倡议探讨构建全球能源互联网，推动以清洁和绿色方式满足全球电力需求。中国也愿意同有关各方一道，继续推进"一带一路"建设，推动亚洲基础设施投资银行和金砖国家新开发银行早日投入运营、发挥作用，为发展中国家经济增长和民生改善贡献力量。中国郑重承诺以落实2015年后发展议程为己任，团结协作，推动全球发展事业不断向前。

## （二）未来中国参与2015年后发展议程的建议

60年来，中国积极参与国际发展合作，基本实现了千年发展目标，贫困人口减少了4.39亿，在教育、卫生、妇女等领域取得显著成就。共向166个国家和国际组织提供了近4000亿元人民币援助，派遣60多万援助人员。尽管在经济社会发展方面取得了巨大成就，但中国仍是一个发展中国家。当前，中国经济进入新常态，经济下行压力加大，发展不平衡、不协调、不可持续问题依然突出，农业基础依然薄弱，资源环境约束加剧，创新能力不足，转变经济发展方式和调整经济结构任务艰巨。面对涵盖17大目标、169项子目标的2015年后发展议程，中国应从以下几个方面加以落实。

1. 转变发展理念

2015年10月29日中国共产党第十八届中央委员会第五次全体会议通过的《中共中央关于制定国民经济和社会发展第十三个五年规划的建议》明确提出，发展是硬道理，发展必须是科学发展。我国仍处于并将长期处于社会主义初级阶段，基本国情和社会主要矛盾没有变，这是谋划发展的基本依据。必须坚持以经济建设为中心，从实际出发，把握发展新特征，加大结构性改革力度，加快转变经济发展方式，实现更高质量、更有效率、更加公平、更可持续的发展。创新是引领发展的第一动力；协调是持续健康发展的内在要求；绿色是永续发展的必要条件和人民对美好生活追求的重要体现；开放是国家繁荣发展的必由之路；共享是中国特色社会主义的本质要求，在实施2015年后发展议程中，要树立创新、协调、绿色、开放、共享的发展理念。2015年8月21日习近平在召开党外人士座谈会时指出，发展理念是发展行动的先导，是发展思路、发展方向、发展着力点的集中体现。要直接奔着当下的问题去，体现出鲜明的问题导向，以发展理念转变引领发展方式转变，以发展方式转变推动发展质量和效益提升，为"十三五"时期我国经济社会发展指好道、领好航。习近平明确反对以GDP论英雄的陈旧发展理念，他在印度尼西亚巴厘岛出席亚太经合组织工商领导人峰会时指出，我们不再简单以国内生产总值增长率论英雄，而是强调以提高经济增长质量和效益为立足点。习近平在中央政治局第六次集体学习中指出，要正确处理好经济发展同生态环境保护的关系，牢固树立保护生态环境就是保护生产力、改善生态环境就是发展生产力的理念，更加自觉地推动绿色发展、循环发展、低碳发展，决不以牺牲环境为代价去换取一时的经济增长。

2. 建立可持续发展指标体系

2015年后发展议程的主要内容是经济、社会和环境的可持续发展，可持续发展战略已经成为中国经济社会发展的重要战略。1999年，中国第一份可持续发展战略研究报告发布，明确提出"人与自然之间关系的平衡"与"人与人之间关系的和谐"是贯穿整个可持续发展的两大核心主线。进入21世纪，人类可持续发展面临诸多挑战，如气候变暖、恐怖活动、贫富差距、环境污染、地区冲突等。面对此种挑战，参与制定和实施可持续发展议程符合中国的根本利益和长远利益。建立可衡量的可持续发展指标体系，能够从总体态势上、具体操作上和统计数据上获得直观和稳定的评估。这类指标体系必须结合2015年后发展议程的基本精神和具体目标，制定出一套符合我国国情和发展阶段的指标体系。可持续发展指标体系必须兼顾经济发展、社会公平和环境保护三大核心内容，从而促进经济增长，推进社会公平正义，加强生态文明建设。

**3. 坚持"共同但有区别的责任"原则**

随着中国国家实力的上升和国际影响力的扩大，国际社会要求中国承担更多国际责任的呼声也在不断高涨。中国在联合国峰会上对于2015年后发展议程的承诺已经显示，中国正积极主动承担国际上"共同的责任和义务"。但不可否认的是中国仍然是一个发展中国家，与发达国家相比，中国和广大发展中国家应当继续坚持"共同但有区别的责任"原则。一方面，中国及其他新兴大国需要共同为全球发展义务做出贡献，确保在强调发展的普适性的同时，也强调不同发展水平的国家对于国际发展的不同义务，特别是推动新型全球发展伙伴关系的建立；另一方面，要尊重各国国情和发展阶段，为各国预留足够的政策空间，允许各国找到符合本国需要的发展道路。坚持环境与发展议题上，采取"共同但有区别的责任"原则，坚定不移地大力推进生态文明建设，加快转变发展方式，调整经济结构，努力走中国特色的发展之路。

**4. 将2015年后发展议程纳入国家发展战略**

过去十五年，中国已成功将千年发展目标整合到本国发展规划中，并实现了前所未有的转型和发展。正如《中国实施千年发展目标报告（2000~2015年）》指出的，中国在实施千年发展目标方面取得了显著进展。其中，中国为第一项千年发展目标——消除极端贫困和饥饿——在全球范围内的实现做出了巨大贡献。中国还通过南南合作继续支持其他发展中国家实现千年发展目标。鉴于此，最新出台的《中共中央关于制定国民经济和社会发展第十三个五年规划的建议》明确提出要积极承担国际责任和义务。坚持共同但有区别的责任原则、公平原则、各自能力原则，积极参与应对全球气候变化谈判，落实减排承诺。扩大对外援助规模，完善对外援助方式，为发展中国家提供更多免费的人力资源、发展规划、经济政策等方面咨询培训，扩大科技教育、医疗卫生、防灾减灾、环境治理、野生动植物保护、减贫等领域对外合作和援助，加大人道主义援助力度，主动参与2030年可持续发展议程。

环顾世界，和平与发展仍然是当今时代两大主题。要解决好各种全球性挑战，根本出路在于谋求和平、实现发展。在2015年后发展议程落实方面，如中方立场文件所指出的，要加强国际层面执行手段的监督，重点审议官方发展援助、技术转让和能力建设等承诺的落实情况。发挥联合国可持续发展高级别政治论坛的统筹协调作用。各国要将发展议程纳入本国发展战略规划，要具有一定的政策空间和灵活性，由各国根据本国国情，按照自愿原则落实并对执行情况进行评估。要加强数据统计。重点帮助发展中国家加强数据统计能力建设，提高数据的质量和及时性。联合国统计委员会可配合成员国做好技术支持工作。中国作为一个负责任的发展中大国，始终坚持将发展作为第一要务，将全面、积极地落实2015年后发展议程。中国也将继续坚持对外开放，加大对南南合作的投入，与各国分享中国的发展经验和发展机遇，为广大发展中国家落实2015年后发展议程提供支持和帮助，努力实现世界各国的共同发展。

# 第四章
# 中国与国际环境法治[*]

## 一 中国参与国际环境法治的历史概况

### (一)开创期(1972~1992年)

中国当代环境保护事业起始于1972年。1972年中国政府出席了联合国人类环境会议,这次会议促成了中国政府对国内和国际环境问题的关注。1979年9月,中国第一部《环境保护法(试行)》通过并开始实施。1989年12月通过的《环境保护法》第46条的规定,完成了中国国内环境立法与国际环境条约的对接,表明了中国积极履行国际环境义务、参与国际环境法治建设的决心。开创期以1992年联合国里约环境与发展大会的召开为结束的标志。

这一时期,中国批准或加入了多项与环境有关的多边公约或议定书,主要有:1969年《国际油污损害民事责任公约》;1973年《濒危野生动植物物种国际贸易公约》;1972年《防止倾倒废物及其他物质污染海洋公约》;1972年《保护世界文化和自然遗产公约》;1985年《保护臭氧层维也纳公约》;1989年《关于消耗臭氧层物质的蒙特利尔议定书》;1971年《关于特别是水禽栖息地的国际重要湿地公约》等。同时,中国与美国、日本、法国、英国、丹麦等国家开展了双边环保活动。

### (二)发展期(1992~2002年)

1992年,中国参加了里约环境与发展大会,在会上就环境与发展问题提出了中国的五项主张,并促成了《里约环境与发展宣言》、《21世纪议程》和《关于森林问题的原则声明》的通过。1997年关于气候变化的《京都议定书》产生后,中国于次年予以签署,展现了中国作为一个负责任的发展中大国的形象。

---

[*] 本章作者秦天宝,法学博士,珞珈特聘教授,武汉大学环境法研究所所长,主要研究方向:国际环境法。

2001年12月，中国加入世贸组织，在国际经济、贸易和环境等领域开始全面融入世界。该阶段中国积极主动参与国际环境法治建设，已经意识到自身作为一个环境大国的重要地位，开始成为许多重大国际环境会议的举办国，积极参与各种环境条约的磋商和谈判，中国的主张经常能够影响这些条约的内容。经过本阶段，中国开始逐渐成为国际环境法治建设的一支重要力量。

这一时期，中国积极参与国际环境保护活动，批准或加入了许多国际环境公约或议定书，主要有：1989年《控制危险废物越境转移及其处置巴塞尔公约》；1992年《生物多样性公约》；1992年《联合国气候变化框架公约》；1982年《联合国海洋法公约》；1994年《联合国防治荒漠化公约》；1978年《国际植物新品种保护公约》。

## （三）成熟期（2002年至今）

2002年8月，中国政府参加了在约翰内斯堡召开的可持续发展世界首脑会议，同时宣布中国批准《京都议定书》，在此之后中国参与国际环境法治进入成熟期。尤其是最近十年间，中国在国际环境法治方面的促进作用日益显著。2013年11月，联合国南南合作局为中国环境保护部颁发"联合国南南合作奖"，以表彰中国政府在推动南南环境合作，尤其是在东盟、非洲等区域合作方面所做的贡献。特别是，在2015年12月巴黎气候变化大会召开期间，中国国家主席习近平发表了重要讲话，中国代表团极大地推动了谈判进展，会议最终形成了有近200个缔约方签字的《巴黎协议》。这一阶段，中国参与和推动国际环境法治的政策和措施日渐成熟。当前，中国具有很强的国际环境法律意识，在促进国际环境保护的事业中，中国成为不可缺少的重要一员，甚至是某些领域的积极推动者和领导者。中国环境法治的现状和行动已经表明，国际环境法治发展离不开中国的参与，中国将继续向世界展现一个负责任的环境大国形象。

这一时期，中国已经全面参与到国际环境法治的发展中，继续批准或加入了一批国际环境公约或议定书，主要有：1997年《联合国气候变化框架公约京都议定书》；2001年《关于持久性有机污染物的斯德哥尔摩公约》；2000年《卡塔赫纳生物安全议定书》；《〈防止倾倒废物及其他物质污染海洋的公约〉1996年议定书》；2009年《哥本哈根协议》；2012年《关于汞的水俣公约》；2015年《联合国气候变化框架公约巴黎协议》等。

## 二　中国对国际环境法治发展的贡献

### （一）中国在国际环境立法方面的贡献

#### 1. 推动国际环境法基本原则的发展

第一，中国极大地促进了"尊重国家环境主权和不损害国外环境原则"的形成和确立。该原则同时包含了权利和义务两个方面，源自1972年《联合国人类环境宣言》（简称《里约宣言》）的原则21和1992年《关于环境与发展的里约热内卢宣言》的原则2。1972年，联合国人类环境会议在起草《联合国人类环境宣言》的过程中，中国提出了自己的十点原则意见，谴责了个别国家干涉别国环境主权的行为，推动了"尊重国家环境主权和不损害国外环境"这一国际环境法基本原则的形成和发展。1989年，中国参与了《控制危险废物越境转移及其处置巴塞尔公约》的谈判和起草工作，推动了"尊重国家环境主权和不损害国外环境原则"在国际环境法具体领域的应用和发展。2014年6月，在"和平共处五项原则60周年纪念大会"上，中国强调，60年来，和平共处五项原则（由中国最早提出）作为一个开放包容的国际法原则，集中体现了主权、正义、民主、法治的价值观。

第二，中国对"可持续发展原则"的发展和完善起到了重大的推动作用。可持续发展原则是指"既满足当代人的需要，又不对后代人满足其需要的能力构成危害的发展"。该原则包括"需要"和"限制"两个方面，经过20多年的发展和完善，该原则已经成为多数国家和学者认可的一项国际环境法基本原则。1992年，在里约环境与发展大会上，中国就环境与发展问题提出了自己的五项主张，这些对1992年《关于环境与发展的里约热内卢宣言》的形成产生了重要影响。2002年，中国政府在可持续发展世界首脑会议上提出了促进可持续发展的五项主张，推动了可持续发展原则的完善。2012年，中国提出"生态文明建设"的理念，被视为"可持续发展"的中国化表达，由此推动了可持续发展原则的进一步发展。

第三，中国对"共同但有区别的责任原则"的发展和完善起到了巨大的促进作用。共同但有区别的责任原则指的是由地球生态系统的整体性和导致全球环境退化的各种不同因素，各国对保护全球环境负有共同的但是又有区别的责任。该原则集中体现在1992年《里约宣言》的原则7中。1991年，在北京举行的发展中国家环境与发展部长级会议通过了《北京宣言》，该宣言首先提出了发展中国家的发展权和在发展中解决环境问题的环境保护立场，这是发展中国家首次以集体的方式提出了环境正义的要求，并对1992年的里约环境与发展大会产生了重要影响。最终，1992年《里约宣言》确立"共同但有区别责任原则"为国际环境法的基本原则。

2. 推动国际气候大会谈判

气候变化问题首次引起国际社会关注是在1979年的第一届世界气候大会上。为了应对全球气候变化，国际社会制定了一些重要的条约和协议。主要有1992年《联合国气候变化框架公约》、1997年《京都议定书》、2007年"巴厘行动计划"、2015年《巴黎协议》等。1992年，中国在联合国环境与发展大会上签署了《联合国气候变化框架公约》。在该公约生效之后，从1995年举行第一次缔约方大会开始，中国积极参加了历届联合国气候谈判大会，并对每届会议法律文件的形成都起到了重要的推动作用。中国在本国发展的进程中高度重视气候变化问题，是最早主动做出减排承诺的发展中国家，中国牢固树立在可持续发展框架内应对气候变化的观念，并重视科学技术的作用。2010年10月，气候变化大会在天津举行，这是中国第一次承办国际气候谈判会议，展示了中国政府在气候变化问题上一直以来的积极态度。2015年12月，中国积极参加巴黎气候变化大会，主动向世界做出本国的减排承诺，推动各方达成了《巴黎协议》。

3. 推动国际生物资源保护公约和议定书的谈判

1992年通过的《生物多样性公约》第2条规定，"生物资源"是指对人类具有实际或潜在用途或价值的遗传资源、生物群体或生态系统中任何其他生物组成部分。早在1981年，中国就签订了《濒危野生动植物物种国际贸易公约》，并于同年对中国生效。中国积极参加了制定1992年《生物多样性公约》的历次谈判及公约生效后的历届缔约国会议和其他会议，中国是最早签署和批准该公约的国家之一。在2000年正式签署《卡塔赫纳生物安全议定书》之前，中国政府建立了生物安全议定书政府间会议联络点，对该议定书的通过发挥了重要的推动作用。中国一直积极推动《生物多样性公约》各项议题的谈判和进展，2014年10月《名古屋议定书》正式生效，中国政府已经制订计划，或将在几年内签订《名古屋议定书》，并准备在2020年承办《生物多样性公约》的第15次缔约方大会（COP15），进一步推动全球生物资源的国际法治建设。

4. 推动世界文化和自然遗产保护公约的发展

世界遗产包括文化遗产和自然遗产两种。世界遗产对全人类都具有重要价值,为了充分有效地保护珍贵的文化和自然遗产,联合国教科文组织于 1972 年通过了《保护世界文化和自然遗产公约》。中国于 1985 年加入该公约,截至 2015 年,中国已有 48 项自然遗产和文化遗产被列入《世界遗产名录》,世界遗产总数稳居世界第二位。中国一直以来高度重视对历史文化和自然遗产的保护和传承,在公约事务中的影响力日益提高。中国曾多次当选为世界遗产委员会成员国,并多次进入委员会的主席团,当选为副主席。2009 年,联合国教科文组织第 35 届大会审议并批准了由中国政府提议的"联合国教科文组织国际文化与自然遗产空间技术研究中心"计划。这是联合国教科文组织批准设立的第一个用于世界遗产研究的空间技术机构,其主要宗旨是利用空间技术开展文化与自然遗产、生态保护、自然灾害等领域的监测工作,支持可持续发展教育。在促进世界文化遗产和自然遗产保护方面,中国在国际社会起着举足轻重的作用。

### (二)中国在国际环境司法方面的贡献

#### 1. 积极主动解决国际环境争端

中国在国际环境领域的争端虽然不多,但积极高效的争端解决实践经验丰富和发展了国际环境争端解决机制。2005 年,中国发生了松花江水污染事件,在污水进入中俄界江黑龙江之前,中方已经数次向俄罗斯通报了污染情况,并采取了一切必要和有效的措施,最大限度地降低了污染和可能造成的损害。同时,中国还向俄罗斯赠送了监测和治理污染的设备,派出专业人员提供帮助。中国完全按照国际水法的相关原则、规则和要求采取行动,妥善解决了这次跨国环境污染事件。另一典型实例是澜沧江—湄公河开发与利用问题。澜沧江—湄公河是流经六个国家的一条国际性河流,中国与东盟五国在开发与利用问题上一直存有争议。但本着对六国人民高度负责的态度,自 1995 年起,中国就与东盟国家展开国际合作,发起了"东盟—湄公河流域开发合作行动"。2010 年,中国政府正式组建"中国—东盟环境保护合作中心",通过国际环境合作机制消除国家间的隔阂,抛弃成见,保障了各国的可持续发展。2012 年 4 月,李克强总理在博鳌亚洲论坛上指出:"中方愿推进中国—东盟战略伙伴关系不断深化,共同维护东亚地区稳定,促进经济发展,实现长久繁荣。"当前,"中国—东盟环境保护合作中心"这一平台已经成为全世界区域环境合作和环境治理的典范。

#### 2. 对国际司法机构管辖权的态度趋向积极

从 20 世纪 90 年代起,中国逐渐对国际法院采取了更加开放的态度,但在此之前,中国对国际司法机构的强制管辖权比较排斥,强调以谈判和协商的方式解决国际争端。而后,在WTO争端解决机制等框架下,中国接受了有关国际司法机构的管辖权。当前,除涉及中国重大国家利益的国际争端外,对于中国签署、批准或加入的国际公约,有关环境、经济、贸易、科技等专业性和技术性的公约规定争端由国际法院解决的,一般不做保留。如1993年,中国先后批准了《生物多样性公约》和《联合国气候变化框架公约》,这些公约均规定有关争端可提交国际法院解决,且不容许做任何保留。这表明中国已经开始有条件地接受国际法院的管辖。同时,中国也积极支持和参与国际司法机构的建立和运行。2005年,中国在对联合国改革问题的立场文件中指出,中国支持加强国际法院的作用,改进法院的工作方法,提高法院的效率。另外,中国籍国际法官的人数也日益增多,几乎在所有重要的全球性国际司法机构中均有来自中国的国际法官的身影,这也从另一个层面反映了中国对于国际司法机构管辖权态度的转变。

## (三)中国在国际环境执法方面的贡献

### 1. 积极推进环境公约和议定书的国内实施

历年来,中国一直积极主动、严格履行环境公约或议定书的各项义务,推进其国内的实施,定期提交相关方面的政府报告,在国际社会树立了良好的环境大国形象。

在可持续发展方面,中国一直以积极的姿态坚定不移地走可持续发展道路。1994年,中国发布了《中国21世纪议程》,中国是最早发布本国可持续发展战略框架的发展中国家。2003年,世界银行和联合国分别向中国颁发了"绿色环境特别奖"和"联合国环境署笹川环境奖",表达了国际社会对中国在环境保护和可持续发展领域所做的努力和取得的成就的肯定。2015年9月,联合国可持续发展峰会通过了2015年后可持续发展议程。在其中规定的一些方面,中国已经有了相当全面的规定或计划,例如中国当前的"水十条"已涵盖2015年后议程中水相关目标的各方面,而且更为严格、具体。

在气候变化方面,2007年6月,中国国家发改委发布了《中国应对气候变化国家方案》,中国是最早制定并实施国家方案的发展中国家,中国从本国人民和全人类长远发展的根本利益出发,为应对气候变化做出了不懈的努力。特别是2014年以来,中国在应对气候变化各个领域积极采取措施,取得了显著成效。中国于2014年9月发布了《国家应对气候变化规划(2014~2020年)》,提出了中国2020年前应对气候变化主要目标和重点任务,并向联合国气候变化框架公约秘书处提交了中国国家自主决定贡献文件。另外,中国持续大规模开展退耕还林和植树造林,大力增加森林碳汇,截至 2015 年,中国一直是全世界人工造林面积最大的国家。

在保护臭氧层方面,中国 1989 年加入《保护臭氧层维也纳公约》,1991 年加入《蒙特利尔议定书》。中国自加入议定书以来,逐步建立完善淘汰消费臭氧层物质(ODS)的法律法规和管理制度,积极开展淘汰活动。2015 年 9 月 16 日,中国环境保护部与联合国环境规划署(UNEP)联合举行大会,纪念《保护臭氧层维也纳公约》缔结 30 周年。大会表示,在过去的 30 年中,保护臭氧层行动得到了全球 197 个国家和地区的广泛参与,全球淘汰了 98% 的 ODS 的生产和使用。在这一过程中,中国通过多重举措,强化国际履约和环境合作,圆满完成《蒙特利尔议定书》各阶段规定的任务,所取得的成果得到了国际社会的充分肯定。UNEP 秘书处认为,中国臭氧层保护的成功经验为各国采取联合行动实现持续发展目标提供了很好的范例,中国走向绿色经济为世界的未来发展做出了贡献。

在国际土地资源保护方面,中国是 1994 年《防治荒漠化公约》的缔约国,自批准该公约以来,中国一直积极地履行该公约,在防治荒漠化方面取得了显著成就。首先,为加强防治荒漠化的机构建设,中国在不同层面建立了各种管理机构。其次,中国制定了防治荒漠化的国家战略和优先领域,为防治荒漠化工作提供资金保证,并将其纳入国民经济和社会发展计划。最后,中国在国家和地方多个层面建立和完善相关法律体系。中国创办的"库布其国际沙漠论坛"被作为实现全球《防治荒漠化公约》战略目标的重要手段和平台写入了大会报告。2014 年 2 月,中国批准库布其国际沙漠论坛为国家机制性大型涉外论坛。中国向来十分重视荒漠化防治工作,经过不懈努力,中国的荒漠化面积连续十年呈下降趋势,防沙治沙取得了显著成效,获得了国际社会的一致认可和高度赞扬。

在国际生物资源保护方面,中国积极履行《生物多样性公约》的各项义务,于 1994 年发布了《中国生物多样性保护行动计划》。2010 年 9 月,中国发布了新的《中国生物多样性保护战略与行动计划》(2010~2030 年),提出了今后一个时期中国生物多样性保护的战略思想、战略方针和指导原则,制定了近期、中期、远期战略目标任务,提出了多个优先保护领域、优先行动和优先项目,以及为做好相关工作的保障措施。

**2. 积极促进环境公约和议定书的国际实施**

早在 1989 年,中国就提出修改《蒙特利尔议定书》的建议——建立保护臭氧层国际基金,得到了发展中国家的有力支持,并促使发达国家接受这一方案,这在国际社会产生了重大影响,极大地激发了发展中国家的履约热情。1992 年,中国成立了环境与发展国际合作委员会(简称"国合会"),20多年来,国合会已经成为中国环境领域对外开放的重要场所、中外环境保护交流合作的重要平台。2005年,中国开启了为非洲培训环保人才的计划,此后每年中国都无偿为非洲发展中国家培训专业的环境保护人才,并为非洲国家提供资金和设备援助,使非洲国家切实履行环境公约或议定书的各项义务,中非的环境保护合作对全球的可持续发展做出了重要贡献。2010年,中国政府正式组建中国—东盟环境保护合作中心,这是我国建立的首个南南环境合作机构,之后中国环境保护部又开展了"中国—东盟绿色使者计划",将中国与东盟的区域环境合作推向了更高层面。而且,中国还建立了长效的中日韩环境保护合作、中非环保合作、金砖国家环保合作、APEC环保合作和中阿环保合作(推动"一带一路"沿线国家的环境保护事业)。另外,近年来,中国还积极推动气候变化国际交流与合作,分别与美国、欧盟、英国、印度、巴西等发表了气候变化联合声明,筹建气候变化南南合作基金,围绕2015年《巴黎协议》及后续制度建设采取具体的实施措施。

## 三 对未来中国参与国际环境法治的建议

### (一)对国际环境立法方面的建议

第一,中国应当更加深入理解并遵行共同但有区别的责任原则,推动国际环境法基本原则的完善。在国际环境事务中,中国向来十分重视"有区别的责任原则",强调发展中国家的发展权,并努力争取发达国家的资金和技术支持。但在今后的国际环境法治建设中,中国应当向既坚持"有区别的责任",又重视"共同的责任和义务"的方向转变,甚至应当主动地承担更多的国际环境责任,向世界展示一个负责任的环境大国形象。正如中国近年来在气候变化、臭氧层保护和土地荒漠化等领域所做出的贡献和牺牲一样,中国应当在接受国际援助的同时,为其他发展中国家提供更多的资金或技术上的帮助。

第二,当前国际环境谈判频度强度难度日增,中国应当积极推动国际环境规则的形成,主动发起国际条约或协议的制定。自联合国环境与发展大会召开以来,国际环境外交谈判的频率、级别和复杂性大大增加,达成的多边环境协议数量越来越多。上述情况表明,全球正在加快环境立法的步伐,这促进了全球环境领域的合作,国际社会也将更多的时间、资源和政治注意力放到了环境问题上。因此,国际环境立法在国际法治建设中的作用越来越大,中国应当紧跟世界潮流,在未来积极推动国际环境各领域的立法活动。在生物多样性方面,中国拟在2020年举办《生物多样性公约》第15次缔约方大会,作为东道国,中国可以主动发起相关协议或议定书的制定和通过。在国际水道法方面,由于《国际水道非航行使用法公约》已经生效,而中国并非缔约国,因此中国应当进一步完善中俄、中印、中国—东盟等跨界河流的双边或区域立法。在化学品和废物治理方面,中国国内也面临巨大挑战,为减少全世界人类遭受这些物品所带来的危害,中国应当推动国际社会建立良好的化学品和废物国际治理框架,防止更多悲剧的发生。

### (二)对国际环境司法方面的建议

第一,主动参与国际环境司法活动。近年来中国对国际司法机构管辖权的态度日趋积极,主动参与意味着,如果解决争端有多种途径,则应首选国际司法途径。通常国家之间发生争端时,当事国可以选择司法方法或者政治方法来解决。最终做出何种选择,视具体情况而定,但决定性的因素始终都是国家利益。从世界范围看,许多著名的国际环境案例,如"特雷尔冶炼厂仲裁案"等,都是依靠国际司法机构解决国际环境争端的成功案例,这些案件不仅为争端双方提供了公平的解决方法,同时也极大地推动了国际环境法治的发展。中国可认真学习和借鉴该方面的经验。

第二,加大国际化环境法律人才的培养,积极融入国际环境治理全球化潮流。专业人才是发展的基础,在国际环境法治领域,中国应当注重国际环境法学科的建设,重点培养既熟练掌握语言又精通国际法律,既熟悉司法实务又精通环境专业知识的高级人才,为中国参与国际环境司法活动和各种谈判提供智力支撑,同时也可以为国际法院和仲裁法庭输送国际环境法律专业人才,积极推动国际环境法治的全面发展。

### (三)对国际环境执法方面的建议

第一,继续推进国内环境法与国际环境法的衔接,严格履行环境条约或议定书的相关义务。当前,中国在环境保护的各个领域均签订有相关的环境条约或议定书,明确国家责任,建立长效的履约机制,能够促进中国践行承诺,促进国际环境法的实施。在应对气候变化领域,2015年的《巴黎协议》中明确要求了发展中国家的实质性减排义务,因此中国应当积极推动国内的产业升级、明确各阶段的减排任务、大力发展低碳技术,为履约做好准备。在生物多样性领域,中国计划在未来加入《名古屋议定书》，而该议定书明确规定了缔约国在遗传资源获取与惠益分享方面的国内立法任务。因此，中国应当尽快开展相关立法，为加入议定书做好充足的准备。

第二，中国应进一步深化国际环境合作，与各国携手促进国际环境法的实施。目前，中俄、中国—东盟的环境合作已经进入了深层次、多领域、全方位的合作阶段，已成为国际环境合作的典范。因此，中美、中欧、中日韩的环境合作应当进一步深化，中国应当继续加强从发达国家引进先进环境技术的力度，加强借鉴发达国家环境管理方面的成熟政策和制度。特别地，2015年中国发布了《推动共建丝绸之路经济带和21世纪海上丝绸之路的愿景与行动》，其中明确提出"在投资贸易中突出生态文明理念，加强生态环境、生物多样性和应对气候变化合作，共建绿色丝绸之路"。因此，中国在今后应当加强与"一带一路"沿线国家的环境合作，在"一带一路"战略实施过程中，充分考量环境因素，如及时研究制定"一带一路"对外投资贸易的一般环境质量标准、污染排放标准、行业环境和社会管理要求及程序规范等，推行符合"一带一路"国家现实状况的企业环境和社会责任战略，提高企业的环境自律和责任意识。同时，作为"一带一路"战略的发起国，中国还应当对沿线的发展中国家在环境法治建设方面提供力所能及的帮助。

# 第五章
# 中国与国际能源法治*

## 一 国际能源秩序的新变化

从人类历史发展进程来看，国际能源秩序的演变历经了四个阶段：第一阶段是从近代工业革命人类开始利用煤炭、石油等化石能源到19世纪末，这是国际能源秩序的萌芽时期；第二阶段是从20世纪初到70年代初，这是西方跨国石油公司主宰国际能源秩序的时期；第三阶段是从20世纪70年代下半期到90年代末，这是石油生产国组织和石油消费国集团两极能源格局对立的时期；第四阶段是从21世纪初到现在，这是国际能源新秩序的形成时期。近年来国际能源秩序的变化，主要体现在以下几个方面。

### （一）世界能源生产重心的变动

第二次世界大战以来，中东一直是世界能源的生产重心。然而，随着勘探与开采技术的不断进步，这一重心正在转向西半球，包括美国页岩油、加拿大油砂油、中美洲近海石油、巴西"盐下油"在内，一张新的世界石油版图隐约成型。国际能源署（International Energy Agency）在《2012世界能源展望》（*World Energy Outlook 2012*）报告中指出，就现在的技术而言，全球最丰富的可开采石油资源不在中东（1.2万亿桶），而在北美（2.2万亿桶，其中1.9万亿桶是非常规能源）。以美国为例，受益于包括通过水力压裂法开采的页岩油和页岩气在内的所谓非常规油气资源，2013年美国各类液态燃料的产量将达到日均1140万桶的水平，仅次于沙特1160万桶的日产量；在2017年美国将超越沙特阿拉伯成为世界头号产油国，到2030年成为石油净出口国，到2035年美国将基本实现能源自给自足。此外，到2015年，美国将以绝对优势超越俄罗斯成为全球最大的天然气生产国。另据美国能源情报署（the U.S. Energy Information Administration）公

---

\* 本章作者杨泽伟，法学博士，武汉大学国际法研究所教授，主要研究方向：国际能源法、海洋法。

布的信息，2011年美国日均石油产量约为1013万桶，位列世界第三（前两位分别为沙特1115万桶和俄罗斯1022万桶）；2012年激增7%，达到日均1090万桶。

## （二）世界石油消费市场的转移

在世界油气生产重心西移的同时，世界油气消费重心则正由发达国家转向以中国、印度为主的亚太地区。近20年来，随着中、印等国经济的快速发展，其油气消费量也增长迅猛。目前亚太地区的石油需求量已由占世界石油消费总量的10%上升到25%。以中国为例，2009年12月沙特对中国的石油出口达到了创纪录的120万桶/日的水平；而同期沙特对其传统的最重要石油出口国美国的石油出口量，在20年来首次降至100万桶/日的水平之下。中国取代美国成为沙特最大的石油出口国。另外，国际能源署也预测，从现在到2035年全球能源需求将增长1/3以上，其中60%的需求增长来自中国、印度和中东地区，印度将于2020年超过日本成为世界第三大油气进口国；尽管经合组织（OECD）的能源需求已明显由石油、煤炭以及一些国家的核能转向天然气和可再生能源，但是这些国家的能源需求几无增长。

## （三）新能源的快速发展

鉴于传统化石能源的大量消耗、环境问题的日益严重和应对气候变化的迫切需要，近年来新能源的地位不断上升并获得快速发展。到2011年初，全球已有119个国家制订了可再生能源发展目标或刺激计划，特别是中东产油国也开始追求能源结构多元化，大力发展新能源。例如，阿联酋政府在2006年就提出了名为"MASDAR行动计划"的新能源发展规划和"2030年综合能源战略"，加大了对新能源行业基础建设、教育科研和技术进步等方面的投入，并预计到2030年迪拜将实现从化石能源向生态能源的转化。值得注意的是，在2012年10月美国总统竞选辩论中，虽然奥巴马和罗姆尼的能源政策存在明显分歧，但是两位总统竞选人都宣称美国需要"完全独立"的能源政策。特别是奥巴马，其政策理念是大力投资发展清洁能源，主张限制甚至停止使用高污染的煤炭；他为刺激新能源的发展批准投资900亿美元，开启了真正的绿色革命；在他第一个任期内，风电发电量翻了一番，太阳能装机容量增加了六倍。

## （四）欧佩克影响力的降低

1960年成立的石油输出国组织（Organization of the Petroleum Exporting

Countries，简称，欧佩克 OPEC）是最具影响力的石油生产国组织，50 多年来对国际石油市场产生了重要影响。然而，随着俄罗斯、哈萨克斯坦等非欧佩克国家在世界石油市场份额的逐步扩大，加上欧佩克本身的协调问题，欧佩克对国际油价的控制能力已经大大降低。根据国际能源署的统计，1973 年欧佩克的石油产量占世界石油产量的 55.5%，2012 年仅占 42%；另外，未来十年非欧佩克产油国石油产量还将逐步上升，原因是非常规能源供应的增长，特别是美国轻质致密油产量和加拿大油砂油产量以及巴西深海石油产量的快速提升，将使 2015 年后非欧佩克国家的石油产量从 2011 年不到 4900 万桶/日增长到 5300 万桶/日，并维持到 21 世纪 20 年代中期，之后将下降到 2035 年的 5000 万桶/日。

### （五）国际能源市场的复杂多变

首先，绵延不息的能源地缘政治斗争将加剧国际能源市场的动荡。一方面，像利比亚、叙利亚、伊拉克和伊朗等非洲和中东国家的乱局持续、不稳定因素加剧，给国际能源市场带来不利影响；另一方面，诸如俄罗斯与乌克兰陆上能源过境的争端、波斯湾海上能源通道的摩擦以及苏丹与南苏丹油气权益的争夺等，给能源市场带来巨大隐患。其次，在新一轮国有化浪潮的推动下，国家石油公司迅速崛起，石油资源国对本国石油市场的垄断呈逐渐加强之势。据统计，在 20 世纪全世界探明油气储量的 85%（不包括中国）掌控在大型跨国石油公司的手中，除原苏联政府管理的 14% 以外，资源国直接控制的油气资源量仅占世界总量的 1%；而从 2002 年以来全球石油储量最大的 40 个国家在对外合作项目中的政府所得，从 2002 年的平均 55% 上升到 2007 年的平均 85%。最后，能源市场主体的多元化，石油金融衍生产品市场已经成为国际石油市场不可或缺的重要组成部分。

### （六）各国能源战略的调整

近年来，在能源需求增长、气候变化问题日益突出和能源格局逐步变动等因素的推动下，主要国家和地区正加快制定和调整其能源战略。例如，美国出台了未来能源安全蓝图，推出了"绿"与"新"的能源新政，并在众议院通过了《2009 年美国清洁能源与安全法案》（American Clean Energy and Security Act 2009）；英国相继出台了《低碳转型计划》（The UK Low Carbon Transition Plan：National Strategy for Climate and Energy）、《2009 年英国可再生能源战略》（UK Renewable Energy Strategy 2009）和《2010 年英国能源法》（UK Energy Act

2010);欧洲议会也在2009年通过了《欧盟第三次能源改革方案》(包括三个条例和两个指令),欧盟委员会还于2010年11月和2011年12月相继发布了《能源2020——竞争、可持续和安全的能源战略》(Energy 2020——A Strategy for Competitive, Sustainable and Secure Energy)和《2050能源路线图》(Energy Roadmap 2050);日本则在2010年公布了《日本能源战略计划》(Strategic Energy Plan of Japan)等,引起了世界各国的广泛关注。

## 二 国际能源秩序的发展趋势

基于国际能源秩序的上述新变化,未来国际能源秩序可能会呈现以下发展趋势。

### (一)北极地区和国际海底区域将成为能源布局的新领域

北极地区的能源资源相当丰富。据估计,北极地区潜在的可采石油储量有1000亿~2000亿桶,天然气为50万亿~80万亿立方米,被誉为"地球尽头的中东"。因此,近年来很多国家都不约而同地将目光投向北极。例如,2007年9月,英国声称对北极附近大西洋水域的大陆架拥有主权,试图获得与丹麦、冰岛有争议的罗卡尔岛附近地区丰富的油气资源的开采权;2009年俄罗斯制定了《俄联邦2020年前的北极政策及远景规划》,2010年俄罗斯安全委员会出台了北极战略,宣布2016年北极将成为俄罗斯战略能源基地。此外,美国、法国、德国、丹麦、瑞典、加拿大等国也纷纷在北极地区进行科考活动,并强化其在北极地区的存在。可见,北极地区资源争夺的帷幕已经拉开。

国际海底区域(简称"区域")约占海洋面积的65%,蕴藏着极其丰富的能源资源,如甲烷水合物(可燃冰)等。近些年来"区域"内资源的勘探开发活动,已经提上了议事日程。首先,国际海底管理局分别于2000年、2010年通过了《"区域"内多金属结核探矿和勘探规章》(Regulations for Prospecting and Exploration of Polymetallic Nodules)和《"区域"内多金属硫化物探矿和勘探规章》(Regulations for Prospecting and Exploration of Polymetallic Sulphides)。这两项规章的通过,为各方在"区域"内的相关探矿和勘探工作铺平了道路。同时,国际海底管理局与包括中国大洋协会在内的8个承包者签订了多金属结核勘探合同,核准了瑙鲁海洋资源公司和汤加近海采矿有限公司提出的两份多金属结核勘探申请,以及中国大洋协会和俄罗斯联邦政府自然资源与环境部提出的两份多金属硫化物勘探申请。其次，2009年国际海底管理局法律和技术委员会审结了《"区域"内富钴铁锰结壳探矿和勘探规章（草案）》，并提交理事会讨论。2012年8月，国际海底管理局第18届会议暂时通过了《"区域"内富钴铁锰结壳探矿和勘探规章》。另外，国际海底管理局还决定启动制定开采规章的准备工作。最后，2011年2月，国际海洋法法庭海底争端分庭对"海底活动中担保国的责任问题"（Responsibilities and Obligations of States Sponsoring Persons and Entities with Respect to Activities in the Area）发表了咨询意见，满足了"区域"资源勘探和开发活动深入发展的客观要求，为国际海底管理局和从事担保行为的国家的相关活动提供了法律依据。

### （二）非常规能源的开发将成为能源发展的新方向

非常规能源是与常规能源相对应的一个概念。常规能源又称传统能源，是"指在相当长的历史时期和一定的科学技术条件下，已经被人类大规模生产和广泛利用的能源，如煤炭、石油和天然气等"。世界上非常规能源潜力巨大。据统计，世界超重油地质储量为2945亿吨，油砂油地质储量为4560亿吨，页岩油资源储量约为6893亿吨，煤层气资源量为260万亿立方米，页岩气资源量为419万亿立方米，甲烷水合物资源量可能有3000万亿立方米。有学者估计，在油页岩和油砂中的石油有6万亿桶，如果这些石油被开采的话，将使可利用的石油总量增加两倍。地球上已知的页岩油和油砂油大多位于北美。可以预计，随着科学的进步、开发技术的突破和产量的大幅增加，加拿大的油砂油、委内瑞拉的超重油、美国的页岩油气以及国际海底区域的甲烷水合物等非常规能源，在未来的能源供给中将日益发挥重要作用。

### （三）应对气候变化、实现能源的低碳化将成为能源问题的新议题

英国学者安东尼·吉登斯（Anthony Giddens）曾经在《气候变化的政治》（*The Politics of Climate Change*）一书中指出，应对气候变化问题可能成为未来20年地区或者全球的主要议题。众所周知，目前与能源有关的二氧化碳和其他温室气体排放的上升之势难以阻挡，因而需要国际社会采取强有力的措施来遏制这种趋势。《哥本哈根协议》的签署、《坎昆协议》的达成、德班世界气候大会后绿色气候基金的启动以及2012年12月多哈气候变化大会通过的包括开启《京都议定书》第二承诺期在内的一揽子决议等，无不反映了国际社会在这方面的共识。因此，发展低碳经济、实现能源的低碳化逐渐成为世界性的潮流。由于低碳经济

发展方式的基础是能源生产和消费过程中的低碳化，因而低碳经济正在逐步主导世界能源技术的发展方向。事实上，发达国家已经把能源低碳化作为新一轮能源战略调整的重要内容，其"能源立法也呈现出低碳化的特点"。例如，2010年5月日本众参两院通过的《低碳投资促进法》，就是日本建设低碳社会的重要法律支持；2012年7月，日本正式开始实施"可再生能源电力全量购入制度"（FIT）。可见，应对气候变化和促进经济低碳转型的价值追求，将使国际能源秩序的规则、体系和制度逐步发生变化。

### （四）能源市场的话语权将成为争夺的新焦点

首先，一些石油生产国和消费国相继设立了石油交易所，以争夺国际石油市场的话语权。众所周知，目前国际原油价格体系主要有两种：一是在欧洲，交易原油基本上都参照英国北海布伦特（Brent）轻质原油定价，其主要交易方式为伦敦国际石油交易所（International Petroleum Exchange）交易；二是在北美，原油定价主要参照美国西德克萨斯中间基原油 WTI（West Texas Inter-medium）定价，其主要交易方式为纽约商业交易所（NYMEX）交易。为了更好地维护自身利益，部分国家加入了对石油定价权的争夺战。例如，2005年印度大宗商品交易所（MCX）上市了原油期货，2008年伊朗石油期货交易所正式开业。此外，阿联酋已经与美国纽约商业交易所合作建立了迪拜商品交易所（DME），俄罗斯原油期货交易所也正在准备成立。

其次，投资基金逐渐成为左右和操纵石油市场的主力。随着国际石油价格的波动，银行、对冲基金、养老基金、社会保险基金以及其他各类投资基金等大量介入石油期货市场，从而使石油工业主导的定价权在逐步让渡给投资基金。石油期货、期权已由单纯的套期保值工具，发展成为新型的金融投资载体。

最后，发达国家与新兴经济体围绕新能源领域主导权的争夺更加激烈。如前所述，全球范围内对新能源的控制和争夺已经展开。发达国家凭借其在新能源领域的优势地位，通过"引领世界能源未来"，主导世界能源领域的规则制定权，从而进一步巩固其国际地位和影响力。而以中国、印度为代表的新兴经济体，"有可能凭借其人力成本优势、市场优势和后发优势等，在新能源产业链条的某个环节或产品上，具有与发达国家一争高下的实力与地位"。因此，今后类似于中国与美国、欧盟在太阳能领域的光伏之战的竞争会日益增加，各国围绕新能源的技术标准、贸易规则和管理制度等方面的争夺更加凸显。

### (五) 多元化将成为能源秩序的新特征

首先,能源种类的多元化。目前人类利用的能源品种日益丰富,既有传统的石油、天然气、煤等化石能源,也有太阳能、核能、生物质能等新能源,还有油砂油、页岩油以及甲烷水合物等非常规能源。无疑,未来若干年可供人类利用的能源来源更加多种多样。

其次,能源市场的多元化。一方面,随着阿联酋、印度、伊朗、日本、俄罗斯等国石油期货交易所的建立,能源交易市场更加多元。另一方面,能源市场的主体也呈多元化发展,且其力量对比将发生显著变化:跨国石油公司的权力空间进一步压缩,对石油市场的控制力会逐渐弱化;国家石油公司伴随新一轮国有化浪潮而占据主导地位,并成为国际合作规则的制定者;同时,投资基金成为国际石油市场上一支不可忽视的力量。

最后,能源格局的多元化。一方面,美国、欧盟等国家和地区会继续保持其在能源领域的领先优势,主导国际能源秩序的话语权;另一方面,中国、印度等新兴经济体,随着力量的增强,特别是其在能源消费市场的崛起,将在国际能源秩序的变革中提出自己的诉求。因此,今后国际能源格局由生产国集团和消费国集团组成的两极格局向多极格局转变的趋势将更加明显。

## 三 中国在国际能源秩序变革中的角色定位

2011年,中国一次能源生产总量达到31.8亿吨标准煤,成为世界上最大的能源生产国。然而,中国能源发展面临诸多挑战:能源资源禀赋不高,煤炭、石油、天然气人均拥有量较低;能源消费总量近年来增长过快,保障能源供应压力增大,石油对外依存度已达到57%。因此,进一步加强能源国际合作,推动国际能源秩序的变革和促进国际能源新秩序的建立,对于保障中国能源安全具有非常重要的意义。为此,正确把握中国在国际能源秩序变革中的角色,尤为关键。

### (一) 观念的转变:从国际能源规则的被动接受者转变为主动革新者

长期以来,由于种种因素中国一直是国际规则的被动接受者,并且"表现良好";"中国政府力图使自己的行为与其公布的要求相符,并未为了自身的利益而极力改变国际制度中的决策方式";"中国所倡议的新规则寥寥无几"。如前所述，作为世界第二大石油消费国和第二大石油进口国的中国，被排斥在原油定价机制之外。中国进口原油的价格主要参照以布伦特、WTI 为基准油的原油价格，自己没有原油定价权，一般只能被动地接受国际油价。而国际油价剧烈波动，不但给中国石油石化企业和终端用户带来了巨大市场风险，而且对社会经济发展造成极大冲击，并影响着国家的能源安全。因此，从长远来看中国应积极参与国际石油贸易价格定价机制，形成自己的石油报价系统，以增强对国际油价的调控能力，从而影响国际石油市场和国际油价。特别是，目前中国正处于"亚太建立原油定价中心的战略机遇期"。在当今的亚太地区，虽有印度大宗商品交易所、迪拜商品交易所和日本东京工业品交易所等，但尚未完全形成成熟的原油期货市场和亚太石油定价中心。所以，推出中国自己的原油期货并形成一定的话语权已是刻不容缓。此外，在多边国际能源规则的制定过程中，中国应注意与能源生产大国和消费大国的协调，加强与利益共同体的合作，充分发挥中国作为能源消费大国的作用，积极参与国际能源规则的塑造。

### （二）角色的转变：从国际能源事务的冷眼旁观者转变为积极参加者

长期以来，中东地区对美国的能源安全战略举足轻重。然而，随着国际能源格局的变化，美国正在实现由主要依靠中东地区石油向国内石油和美洲国家石油的战略性转移。相反，中国越来越依赖中东的石油。中国比美国更需要一个稳定的中东。因此，虽然中国目前在国际能源外交事务中是后来者、旁观者或被动参与者，但是在将来必然要进行角色的转变，应摆脱传统的"超脱外交"和袖手旁观的惯性，应该积极参与、有所作为。诚如有学者所指出的："中国国际地位的提升，中国国家利益的日益扩展，使中国难以置身国际事务之外、始终坚持不干涉内政原则；'保护性干预'将成为中国应对不干涉内政原则挑战的必然选择。"

### （三）任务的转变：从国际能源公共产品的享受者转变为提供者

据国际能源署统计，中国在 2009 年消费了 22.52 亿吨油当量的能源，超过美国约 4%，成为全球最大能源消费国。然而，中国政府驳斥了国际能源署的这一说法。中国不愿意接受世界第一能源消费国的称号，在一定程度上反映了中国尚未做好承担更大的国际责任的心理准备。事实上，早在 2010 年中国国内生产总值（GDP）就超过日本，成为世界第二大经济体。中国经济实力的增强，使国际社会更加期待作为联合国安理会五大常任理事国之一的中国，能在全球治理、区域合作以及国内冲突等各个方面发挥更大的作用。因此，中国同样面临从国际能源公共产品的享受者转变为提供者的转变，中国应积极参与制定新能源的技术标准、贸易规则和管理制度等，争取国际能源规则的话语权。大国地位赋予的不仅是威望和影响力，还有分担国际安全和世界福祉责任的义务。

总之，国际能源秩序的急剧变化、中国能源安全面临的新挑战以及中国国际地位的提升等，表明改革国际能源秩序的时机开始显现。中国应该利用这一历史机遇，更多贡献"中国倡议"与"中国方案"，积极推动国际能源新秩序的早日建立。

# 第六章
# 中国与领土、边境和南北极地区法治*

## 一 国家领土、边境法治概况

### （一）国家领土概况

国家领土（state territory）是指隶属于国家主权的地球的特定部分。

领土对国家来说是非常重要的。国家领土的重要性主要表现在以下两个方面。第一，领土是国家的构成要素之一。领土是国家赖以存在的物质基础。没有领土，国家就不可能存在。因此，一个国家是不可能没有领土的，至于领土面积，则可以有大有小。第二，领土是国家主权活动和行使排他性权力的空间。国家领土是国际法的客体。国际法承认国家领土权力的最高性和排他性，就意味着国家在其领土内可以充分独立而无阻碍地行使其权力。没有领土，国家就没有管辖的空间。

1. 国家领土的构成

国家领土是由各种不同的部分组成的，包括领陆、领水、领陆和领水之下的底土以及领陆和领水之上的领空。

2. 领土取得

一般认为，传统国际法上领土取得的方式主要有五种：先占、时效、添附、割让和征服。然而，上述取得领土的方式有些已不符合现代国际法原则了。

随着国际关系的发展变化，现代国际法上产生了一些新的领土变更方式，主要包括民族自决和全民公决。

第一，民族自决。民族自决是现代国际法的一项基本原则。根据这一原则，一切处于外国殖民统治、外国占领和外国奴役下的民族，具有自己决定自己的命运与政治地位、建立独立的主权国家和自主地处理其内外事务的权利。民族自决

---

\* 本章作者杨泽伟，法学博士，武汉大学国际法研究所教授，主要研究方向：国际能源法、海洋法。

既可以采取和平的方式,也可以通过武装斗争来实现。民族自决是同第二次世界大战后殖民地人民争取民族解放和独立运动紧密相连的,它是当代国际关系中最常见的领土取得或变更的方式。

第二,全民公决。全民公决(referendum)又称公民投票,是指由当地居民以投票方式决定有关领土的归属。全民公决最先适用于18世纪末的法国。在现代国际关系的实践中,也有不少这方面的实例。例如,1935年1月德国萨尔区经过全民公决重新并入德国;1944年冰岛根据公民投票的结果获得独立;1972年巴布亚新几内亚的居民通过投票建国。最新的一例是2011年南苏丹通过公民投票的方式,获得独立。作为一种变更领土的方式,全民公决的合法性取决于居民的意志能否自由地表达。根据国际实践,通过全民公决的方式来决定领土的变更,应具备三个条件:其一,有合法和正当的理由;其二,没有外国的干涉、威胁和操纵,当地居民能够自由地表示意志;其三,应由联合国监督投票。例如,联合国对下述领土的公民投票或选举进行了监督:1956年不列颠多哥托管领土,1958年法属多哥,1959年和1961年北喀麦隆,1961年南喀麦隆,1962年西萨摩亚和1972年巴布亚新几内亚等。

### 3. 领土争端的解决

解决领土争端应坚持的一个基本原则是利用和平方法,而不是诉诸武力。在国际实践中,解决国家间领土争端的方式主要有以下两种。

第一,通过双方谈判,签订边界条约。争端当事国通过谈判协商、签订边界条约的方式,来解决国家间的领土争端,不但简单、易行,而且比较合理、有效。中华人民共和国成立以来,一直主张通过友好协商来解决与邻国间的领土争端问题,并取得了良好的成效。例如,2004年10月,中国政府与俄罗斯政府签订了《中华人民共和国和俄罗斯联邦关于国界东段的补充协定》。该协定进一步明确和确定了已达成一致的中俄国界东段第7至第8界点及第10至第11界点两地段的国界线走向。例如,按照该协议第1条的规定,从第10/1界点起,国界线沿上述垂线向南行,至第10/2界点;该界点在黑瞎子岛(俄罗斯地图为博利绍伊乌苏里斯基岛)上。

第二,提交仲裁或国际司法程序。提交仲裁或国际司法程序,也是一种比较常见的解决国家间领土争端的方式。通过这种方式解决领土争端,有利于实现边界的稳定性与确定性。在现代国际关系的实践中,有不少通过国际司法程序解决领土争端的著名案例,1962年柬埔寨和泰国之间的"柏威夏寺案"(the Temple of Preah Vihear Case)就是其中的一例。

## （二）边界和边境制度概况

### 1. 边界

边界又称国家边界（state boundary）或国界，是划分国家领土范围的界线。由于国家的领土是由各个部分所组成，因此国家边界也可以分为陆地边界、水域边界、海上边界、空中边界以及地下边界等。

根据国际实践，国家边界的形成主要有两种情况：一种是在长期的历史过程中根据双方历来行政管辖所及的范围而逐渐形成的传统边界线；另一种是有关国家依条约划定的条约边界线。在大多数情况下，国家边界是通过条约来划定的。条约边界线更具稳定性，可以减少边界争端。

国家之间划分边界线主要有三种方法，即自然划界法、几何学划界法和天文学划界法。

第一，自然划界法。自然划界法是指国家利用天然地形，如河流、湖泊、山脉、沙漠和森林等为界，来划定边界线的方法。采用自然划界法而形成的边界线，称为自然边界线或地形边界线。国家间在适用自然划界法的过程中，形成了以下一些习惯法规则：以山脉为界时，边界的划定一般以分水岭为准；以河流为界时，通航河流以主航道中心线为界，不通航河流则以中间线为界；界河上的桥梁以桥的中间为界；湖泊以中间为界。

第二，几何学划界法。几何学划界法是指以两个固定点之间的直线作为国家的边界线的方法。采用几何学划界法而形成的边界，称几何学边界。

第三，天文学划界法。天文学划界法是指以一定经纬度来确定国家边界的方法。采用天文学划界法而形成的边界，称天文学边界。

几何学划界法和天文学划界法多用于海上或人口稀少的地区。几何学边界、天文学边界、海上边界、空中边界和地下边界，都属于无形边界。

### 2. 边境制度

边境是国家边界线两边的一定区域。边境制度是指国家为了边境的安全、边界线的维护、边境居民生活的便利以及交通和经济的利益等，通过双边条约和国内立法的方式而确立的法律制度。一般说来，边境制度主要包括以下内容。

第一，边界标志的维护。有关边界问题的条约一般都规定，双方国家负有保护边界标志以免损坏或移动位置的责任，以及各自负责修理或恢复本国一方境内界桩的责任。

第二，地方居民的往来。由于边境居民的生活需要或民族、种族等关系，有关边境制度的条约一般都规定，边境居民在航运、小额贸易、探亲访友、治病、进香朝圣等方面进出国境时享有特殊便利，不受一般出入边境的正规手续的限制。

第三，界河和边境土地的利用。按照有关边境制度的条约的规定，沿岸国在界河的使用上不得有损害邻国利益的行为，如使得河水污染或毒化、使得邻国一方遭受河水枯竭或泛滥的危害等；沿岸国对界河航运享有平等的权利；沿岸国对界河生物资源的保养负有共同责任；国家对边境土地的利用不得损害邻国边境居民的安全，如不得在靠近边界线的地区鸣枪、爆破和进行战术演习等。

第四，边境争端的处理。邻国之间一般根据条约设立边界委员会或其他负责的边界当局和处理争端的程序，负责处理边境方面发生的事故或争端。除特别严重的事件必须通过外交途径解决外，边境地区的一般事件，都可以由上述机构处理。

## 二　中国的领土、边境法治现状

我国领土面积约为 960 万平方千米，陆地边界线长 22000 多千米，海岸线长 18000 多千米。同我国接壤的陆上邻国 14 个：朝鲜、俄罗斯、蒙古、哈萨克斯坦、吉尔吉斯斯坦、塔吉克斯坦、阿富汗、印度、巴基斯坦、尼泊尔、不丹、缅甸、老挝和越南。在海上与我国相邻或相向的国家 8 个：朝鲜、韩国、日本、菲律宾、马来西亚、文莱、印度尼西亚和越南。

由于历史原因，旧中国政府给新中国政府留下了许多棘手的边界问题。中华人民共和国成立后，本着友好协商精神，以和平的方式积极推进边界谈判，稳妥处理与我国相关的边界问题。

到目前为止，我国已与 12 个邻国签订了边界条约，全部或基本解决了与这些国家的陆地边界问题：缅甸（1960 年）、尼泊尔（1961 年）、朝鲜（1962 年）、蒙古（1962 年）、阿富汗（1963 年）、巴基斯坦（1963 年）、老挝（1991 年）、俄罗斯（东段 1991 年，西段 1994 年）、哈萨克斯坦（1994 年）、吉尔吉斯斯坦（1996 年）、塔吉克斯坦（1999 年）和越南（1999 年）。

海洋方面，1992 年 2 月我国颁布了《中华人民共和国领海及毗连区法》，1996 年 5 月通过了《中国政府关于领海基线的声明》，1996 年 5 月批准了《联合国海洋法公约》，1998 年 6 月通过了《中华人民共和国专属经济区和大陆架法》，从而确立了我国的领海、毗连区、专属经济区和大陆架制度。

值得注意的是，在批准《联合国海洋法公约》（简称《海洋法公约》）时，我国政府做出了四点声明，其中第二点声明是"中华人民共和国将与海岸相向或相邻的国家，通过协商，在国际法的基础上，按照公平原则划定各自海洋管辖权界限"。在1998年6月颁布的《中华人民共和国专属经济区和大陆架法》中，中国政府重申了根据《联合国海洋法公约》应享有的200海里专属经济区和大陆架的主权权利和管辖权，同时强调海域划界应在国际法的基础上，按照公平原则以协议划定。上述声明，体现了当今我国政府在海域划界问题上的原则立场。然而，我国与邻国的陆界问题尚未完全解决，特别是海域划界和岛屿归属面临复杂严峻的形势，因而全面彻底解决我国边界和海洋争端问题仍任重道远。

## 三　中国的领土、边境法治的发展方向

20世纪70年代末，中国提出了"搁置争议、共同开发"原则，试图以此来解决中国与周边邻国间的领土和海洋权益争端。然而，30多年过去了，迄今仍然鲜有成功运用"搁置争议、共同开发"原则的案例。

### （一）"搁置争议、共同开发"原则陷入困境的原因

自从1958年巴林与沙特阿拉伯签订《关于波斯湾大陆架划界协定》实施共同开发以来，国际社会已有20多个共同开发的案例。从这些有关共同开发的实践来看，促成共同开发的因素是多方面的。中国倡导的"搁置争议、共同开发"原则陷入困境，原因主要有以下几个方面。

（1）政治意愿缺乏。政治意愿是达成共同开发的关键因素。共同开发作为一项政治色彩浓厚的国际合作行动，无论是在之前的谈判，还是在共同开发协议的实施及其后续行动等各个环节，都受到双方政治意愿强弱的影响。例如，在1981年"冰岛与挪威关于扬马延岛海域共同开发案"中，两国之所以能达成协议且做出明显有利于冰岛的安排，是因为挪威希望冰岛继续留在北约，并使之作为抗衡苏联的前哨。同样，2008年中日《东海问题原则共识》的达成，也与两国高层的频繁政治互动以及两国领导人相继进行的"破冰"、"融冰"、"迎春"和"暖春"之旅密切相关。然而，无论是在东海还是在南海海域，有关国家都缺乏对共同开发的政治意愿。一方面，日本国内政治形势的变化、特别是其右派保守势力的不断增强，给包括钓鱼岛在内的东海问题的解决蒙上阴影；另一方面，中国与东盟各国虽然于2002年签署了《南海各方行为宣言》，但该宣言没有法律约束力，对相关国家在南海违反该宣言精神的行为缺乏惩罚机制。

（2）现实需要不强。国际实践表明，共同开发是基于现实的考虑，具有明

显的功能性特征。例如，1976年英国与挪威签订了联合开发协定——《关于开发弗里格油田和从油田向英国运送天然气的协定》，就是为了使两国尽快获取北海的石油和天然气，以有效应对1973年以来的第一次全球性能源危机。因此，国家急需油气资源等经济因素，会促使政府寻找办法先从开发上受益，而不至于使资源的开发利用由于有时甚至会影响国家关系的划界谈判而拖延。然而，目前中国与周边国家之间的大部分争议海域都处在邻国的实际控制、管理或开发利用之下，中国在这些争议海域的实际存在和油气资源开发活动十分有限甚至根本就没有，因而处于一种明显的劣势地位。所以，在这种情势下，对这些邻国来说，自然就不存在与中国进行共同开发的必要性和迫切性。

（3）岛屿主权争议。按照《海洋法公约》第121条的规定，能够维持人类居住或其本身经济生活的岩礁或岛屿，能拥有12海里领海、200海里专属经济区和大陆架。因此，岛屿的主权归属十分重要。从当前已有的国际实践看，共同开发大多数是在两国没有岛屿主权争议的海域重叠区进行的。所以，许多学者甚至认为，"共同开发的先决条件应是解决有关岛屿的主权冲突"。然而，在东海，中日之间存在钓鱼岛主权争端；在南海，中国与越南、菲律宾、马来西亚、文莱等国之间也存在岛礁主权争端。虽然中国无论从历史依据还是就法理基础来看，对这些岛屿都拥有无可争辩的主权，但是相关国家既不愿搁置争议也不愿做出让步。因此，共同开发难以实现。例如，早在1979年中方就正式向日本提出共同开发钓鱼岛附近海域资源的设想，但日本既不承认中日之间存在钓鱼岛主权争议，也不同意在其附近海域进行共同开发。

（4）争议海域（海区）模糊。共同开发的一个重要前提是双方存在明确承认的权利重叠海域（海区）。然而，东海和南海的争议海区比较模糊。一方面，有关国家权利主张的海洋区域不明确。例如，南海争端涉及六国七方，不但两国间的争议海区难以确定，而且争议海区一般还会涉及三国以上的权利要求。另一方面，中国的海洋权利主张也不具体。虽然中国批准了《海洋法公约》，并颁布了《中华人民共和国领海及毗连区法》和《中华人民共和国专属经济区和大陆架法》，但是中国政府仅笼统地指出中国对南沙群岛及其附近海域拥有无可争辩的主权，而没有明确中国在南海的领海、专属经济区和大陆架等海洋权利的详细范围；对中国传统断续线的含义，也没有公开予以准确地阐释。可见，在这种情况下，要划定共同开发区、进行共同开发就非常困难。

（5）外部势力干扰。美国等区域外势力的介入，使东海和南海问题更加复杂，它在某种程度上阻碍和干扰了共同开发的推进。就东海问题而言，美国不论是出于维护日美同盟的需要，还是遏制中国的目的，都偏向日本。例如，2001年12月美国助理国务卿福特就曾指出，"钓鱼岛一旦受到攻击，美国有可能对日本提供支持"。2010年10月28日，美国国务卿希拉里在会见日本外相前原诚司后公开表示，《美日安保条约》适用于钓鱼岛。从南海问题来看，南海问题国际化、多边化的发展势头明显。近些年来，越南、菲律宾和马来西亚等国纷纷与美、日等国开展军事、经济合作，以抗衡中国。此外，美国、日本、印度等大国也加强了向南海的军事渗透。例如，2014年末，美国国务院发表了《海洋界限：中国的南海主张》（*Limits in the Seas：China's Maritime Claims in the South China Sea*）的报告，毫不含糊地支持菲律宾所谓的"南海仲裁案"。

### （二）"搁置争议、共同开发"原则的发展前景

随着国际关系的发展变化，今后中国政府在解决与周边国家领土和海洋权益争端时，一方面仍然要倡导"搁置争议、共同开发"原则，并争取在实践方面有所突破；另一方面，也要做好利用其他和平方法解决国际争端的准备。

#### 1. 推动相关国家达成"搁置争议、共同开发"原则的共识

应该说，"搁置争议、共同开发"原则是得到中国周边国家的广泛关注的。南海的一些相关国家也有进行共同开发的国际实践。例如，1979年马来西亚与泰国签订了《关于为开发泰国湾两国大陆架划定区域海床资源而建立联合管理局的谅解备忘录》，1989年印尼与澳大利亚签订了《关于东帝汶省和北澳大利亚之间区域的合作区域条约》，1992年马来西亚与越南签订了《共同开发的谅解备忘录》等。鉴于"搁置争议、共同开发"原则的内容过于简略、缺乏具体实施步骤等缺陷，今后中国应推动与相关国家达成对该原则的具体共识，并把该原则制度化，明确对争议海区进行共同开发的操作规程等。

#### 2. 进一步明确中国的具体海洋权利主张

早在1958年9月，中国政府就发表了《中国政府关于领海的声明》，并宣布中华人民共和国的领海宽度为12海里。1992年2月，第七届全国人民代表大会常务委员会第24次会议通过了《中华人民共和国领海及毗连区法》。1996年5月，第八届全国人民代表大会常务委员会第19次会议还批准了《联合国海洋法公约》。1996年5月，中国政府宣布了大陆领海的部分基线和西沙群岛的领海基线，并正式发布了68个领海基点。1998年6月，第九届全国人民代表大会常务委员会第3次会议通过了《中华人民共和国专属经济区和大陆架法》。2009年5月，中国常驻联合国代表团向联合国秘书长提交了关于确定200海里以外大陆架

外部界线的初步信息,但这次提交的文件只涉及中国东海部分海域200海里以外大陆架外部界线。因此,今后中国政府还应进一步公布大陆领海的基线和南沙群岛的领海基线,向联合国秘书长提交黄海、南海等海域200海里以外大陆架外部界线划界案的法律文件,并公开阐明中国传统断续线的含义。只有这样,才能明确争议海区的范围,才有可能与相关的周边国家划定共同开发区,从而为共同开发创造条件。

3. 寻找突破、树立"搁置争议、共同开发"原则实践的典范

无论是在东海还是南海海域,各个争议海区的具体情况是完全不一样的,因而应采取不同的共同开发方式。本着先易后难、循序渐进的原则,在初始阶段,中国可先与个别国家选择比较容易达成共同开发的区域进行谈判,寻找突破、达成协议,以进行双边共同开发的尝试,从而达到产生"示范效应"的目的。此后,再把双边共同开发的实践,逐步扩大到多个国家存在争议的海区。值得一提的是,2005年4月,中国、菲律宾和越南的三家石油公司签署了《在南中国海协议区三方联合海洋地震工作协议》,被认为朝着"搁置争议、共同开发"迈出了历史性、实质性一步,也是三方共同落实《南海各方行为宣言》的重要举措。这种以民间形式为先导的共同开发的尝试,应予以积极推动。此外,2013年10月中国、越南两国发表了《新时期深化中越全面战略合作的联合声明》,双方同意成立中越海上共同开发磋商工作组,本着先易后难、循序渐进的原则,稳步推进湾口外海域划界谈判并积极推进该海域的共同开发。2014年11月,中国国家主席习近平分别会见前来参加亚太经合组织第22次领导人非正式会议的文莱苏丹哈桑纳尔、马来西亚总理纳吉布时也指出,中方愿意同文方加强海上合作,推动南海共同开发尽早取得实质进展;中、马双方要推进海上合作和共同开发,促进地区和平、稳定、繁荣。

4. 不过分依赖外交谈判的方法

长期以来,中国政府特别强调以友好协商和外交谈判的方式解决国家间的争端。这是符合和平解决国际争端的国际法基本原则的。事实上,外交谈判也是最常见、最基本的解决国际争端的方法。如能取得成功,外交谈判当然也是最简单和方便的方式。然而,外交谈判方法也有其固有缺陷,如在谈判和协商中,由于双方立场悬殊,或因一方缺乏诚意、漫天要价、故意拖延等,容易导致谈判陷入僵局。况且,"谈判的作用常常是使当事国一方承认他方的要求",因而涉及领土和海洋权益争端的谈判较为艰难。因此,中国政府不能将领土主权以及海洋权利的实现,全部寄希望于双边外交谈判,从而造成作茧自缚。

### 5. 做好用法律方法解决争端的准备

共同开发，作为一个临时性措施，当然不是解决领土争端的最佳途径。因此，中国政府有必要考虑采取其他解决国际争端的方法。实际上，解决国际争端的方法有两大类："和平的解决方法"和"武力或强制的解决方法"。其中，和平的解决方法不但包括外交谈判、协商，而且包括仲裁和司法解决等。从当代国际关系的实践来看，大部分海洋划界争端是通过国际法院解决的，也有海洋划界争端是通过国际仲裁法庭裁决的。况且，国际法院处理领土争端案的数量还呈上升趋势。更为重要的是，近些年来，来自中国的国际法官活跃于越来越多的国际司法机构，在国际司法决策和司法解释中发挥着自己独特的作用，中国对国际司法机构的管辖权正在表现出日趋积极的态度，中国与国际司法机构的关系也逐渐呈现出较为密切的趋向。因此，中国应做好用法律方法解决领土和海洋权益争端的理论与心理准备，特别是在外交谈判陷入困境时，可以考虑适时启动和平解决国际争端的法律方法。

## 四 中国与南极地区法治

南极洲是世界七大洲之一，总面积达1400多万平方千米。南极洲不但蕴藏着极其丰富的自然资源，而且在战略地位上也非常重要。从20世纪初开始，英国、法国、澳大利亚、新西兰、挪威、阿根廷、智利和南非等国家先后对南极提出领土要求，其中有些要求互相重叠，争执很大。美国和苏联虽然没有正式提出对南极的领土要求，但都声明不承认上述国家对南极地区的领土要求，并且保留本国提出领土要求的权利。

在这种争夺相持不下的情况下，由美国倡议，1959年12月1日，阿根廷、澳大利亚、比利时、智利、法国、日本、新西兰、挪威、美国、英国、苏联以及南非12国在华盛顿签署了《南极条约》。该条约于1961年6月23日生效。

自南极协商会议制度建立以来，已召开了多次会议，并订立了下列公约：1972年《南极海豹保护公约》、1980年《南极海洋生物资源保护公约》、1988年《南极矿物资源活动管理公约》和1991年《南极条约环境保护议定书》等。这些公约与《南极条约》一起，共同构成了"南极条约体系"。2001年7月，第24届南极条约协商会议在俄罗斯圣彼得堡举行。会议决定将《南极条约》秘书处总部设在阿根廷首都布宜诺斯艾利斯。2006年6月，第29届南极条约协商会议在英国爱丁堡举行，来自28个南极条约协商国、9个非协商国及12个国际组织的近300名代表与会。会议讨论了南极环保、生物勘探、旅游和非政府活动等问题，确定了3个特别保护区、1个特别管理区及相关管理计划。会议通过了《关于国际极地年的爱丁堡南极宣言》，号召南极条约协商国全面支持国际极地年科研活动并开展广泛国际合作。另外，为了致力于应对全球气候变暖问题，2007年11月，联合国秘书长潘基文访问了南极，成为有史以来第一位亲临南极的联合国秘书长。

1983年6月，我国加入了《南极条约》。1985年，我国成为《南极条约》的协商国，同年，我国在南极建立了第一个常年科学考察站——"长城站"。1989年2月，我国又设立了"中山站"。2008年，中国单独提出的格罗夫山哈丁山南极特别保护区管理计划，以及中澳联合提出的阿曼达湾南极特别保护区管理计划获得批准。2009年1月，中国首个南极内陆考察站昆仑站在南极内陆冰盖最高点冰穹A建成，实现了中国从南极大陆边缘向腹地挺进的历史性跨越，标志着中国从极地考察大国向极地考察强国迈出关键一步。

## 五　中国与北极地区法治

北极即北冰洋，面积1478万平方千米，除了少量岛屿外，并无陆地，气候严寒。美国、加拿大、丹麦（格陵兰岛）、冰岛、芬兰、挪威和俄罗斯等北冰洋沿岸国已划分了北极地区周围的陆地。一些国家对北极地区的领土权利主张的根据是所谓的"扇形原则"（sector principle），即毗连北极地带的国家拥有以该国海岸或某一纬线为底线，以北极为顶点，以从北极到该国东西两端的国界的两条经线为腰的扇形空间内的一切陆地和岛屿以及流动冰群。1926年4月，苏联根据上述原则，制定了有关法律。然而，苏联的这一单方面主张，遭到了美国、挪威等其他北冰洋沿岸国的反对。

迄今为止，还没有国际协议对北极的法律地位问题加以规定。1973年，加拿大、丹麦、挪威、美国和苏联签订了《保护北极熊协定》。1990年，北极地区有关国家成立了国际北极科学委员会。同年，加拿大、丹麦、芬兰、冰岛、挪威、瑞典、美国和苏联八个国家共同签订了《八国条约》。该条约主要规定的是各国在北极的科学研究行为规范和环保责任，并没有对各国领土和资源的分配做出界定。1991年，北极国家首脑会议发表了《保护北极环境宣言》，并制定了《北极环境保护战略》。

1996年9月，芬兰、瑞典、挪威、丹麦、冰岛、加拿大、美国和俄罗斯八个北极沿岸国家，在加拿大渥太华成立了北极理事会。北极理事会的宗旨是保护北极地区的环境，促进该地区在经济、社会和福利方面的持续发展。2011年5月，北极理事会在格陵兰岛首府努克举行外长会议，会上不但通过了该机构成立以来第一份具有法律约束力的文件——《北极空中和海上搜救合作协定》，而且还通过了一份规定理事会观察员权限和义务的文件。会议决定，在挪威设立北极理事会常设秘书处，将来北极理事会的建议会逐步有更大的效力；同时规定，申请成为北极理事会观察员的国家或国际组织，必须承认北极沿岸国家在北极地区拥有主权权利。目前，中国已成为北极理事会观察员国。

近年来，很多国家不约而同地将目光投向北极，再度引起有关北极地区主权和资源归属的热烈争论。据估计，北极地区潜在的可采石油储量有1000亿~2000亿桶，天然气有50万亿~80万亿立方米，被誉为"地球尽头的中东"。北极地区的矿产资源也相当丰富，蕴藏有大量优质煤，有世界上最大的铜、镍、钚复合矿基地；还盛产金、银和钻石，以及铀和钍等战略性矿产。此外，随着全球气候变暖、冰川的融化和航海季节的延长，西欧和东南亚之间最短的海上通道——"西北航道"可能彻底贯通。"西北航道"是指位于加拿大北极群岛沿岸，东起戴维斯海峡和巴芬湾，向西穿过加拿大北极群岛水域，到达美国阿拉斯加北面波弗特海，连接大西洋和太平洋的航道。与此相对应的北极地区"东北航道"或"北海航道"主要是指从俄罗斯西端的巴伦支海，沿西伯利亚岸边，向东到太平洋的楚科奇海，直至东北亚的航道。因此，近些年来北极地区的主权和资源争夺战悄然升温。

值得一提的是，近年来一些北极沿岸国对"东北航道"和"西北航道"主张主权，引发了国际争议。例如，俄罗斯、加拿大等国坚持邻近航道属于其内水航道，要求过往船只接受管辖、缴费及接受强制破冰服务等。2010年，加拿大实施了强制性的"加拿大海岸警备队北极交通系统"，要求在北纬60度以北航行的有关船舶必须向加方报告有关情况。而一些非北极沿岸国则主张，北极航道属于用于国际航行的海峡，适用《海洋法公约》规定的过境通行制度，各国有权不经批准自由航行。

近些年来，我国多次派遣科研人员赴北极进行科学考察活动。2004年7月，中国第一个北极科学考察站——"黄河站"建成并投入使用。鉴于南北极地区的地位日益重要，今后中国政府一方面要进一步加深对南北极的认识，尤其是南北极对全球气候变化的影响及其资源状况等；另一方面，要进一步强化中国在南北极地区的实质性存在，进行综合性的科学考察活动；同时，还要积极参与国际极地事务，确立中国在南北极事务中的战略地位。

# 第七章
# 中国与国际海洋法治\*

## 一 国际海洋法治的历史发展

海洋法的发展，经历了一个漫长的历史过程。在古代，海洋和空气一样，被认为是"共有之物"，处于共同使用的状态。

到中世纪，随着航海事业的发展，统治者认识到海洋的重要意义，宣布对海洋拥有权力。自10世纪起，英国国王就自称"不列颠海洋的主权者"，瑞典则主张控制波罗的海，丹麦—挪威联合王国主张控制北海，威尼斯宣称对亚得里亚海拥有主权，热那亚和底萨则要求利古利亚海，葡萄牙则主张对全部印度洋和摩洛哥以南的大西洋的主权，而西班牙则主张对太平洋和墨西哥湾的主权。

16世纪以后，资本主义国家争夺海洋权益，海洋法律制度也随之发展。17世纪初，荷兰的航海事业迅速发展。为了打破葡萄牙和西班牙对海洋的垄断，被称为近代国际法奠基人的格劳秀斯于1609年发表了《海洋自由论》，明确提出了海洋自由的观点。

到18世纪，许多国际法学者都采取了公海自由的立场。荷兰学者宾刻舒克（Bynkershoek），提出武器射程到达的地方为国家对海洋的权力范围。1782年意大利法学家加利安尼（Galiani）根据当时的大炮射程，提出3海里为领海的宽度。

1793年，美国第一个提出3海里的领海。此后，英国、法国也规定了3海里的宽度。1852年，《英俄条约》规定了公海自由的原则。

20世纪，特别是第二次世界大战以后，由于科学技术日益进步及国际关系发展变化的影响，海洋法有了重大的发展，现在已从过去的海面法规延伸到了海底开发制度，在深海资源、大陆架、专属经济区、领海范围、远洋捕鱼等方面，都有了很多新规定。海洋法的发展进入了一个新的阶段。

---

\* 本章作者杨泽伟，法学博士，武汉大学国际法研究所教授，主要研究方向：国际能源法、海洋法。

对海洋法编纂的首次尝试是 1930 年的海牙会议。这次会议是在国际联盟的组织下召开的，由于各国的利益和分歧太大，没有达成协议。第二次世界大战以后，在联合国的主持下，开始了海洋法的正式编纂。为此，联合国召开了三次海洋法会议。

第一次海洋法会议于 1958 年 2 月 24 日至 4 月 27 日在日内瓦召开，参加会议的有 86 国的代表。会议制定并通过了四个公约，即《领海与毗连区公约》、《公海公约》、《捕鱼和养护公海生物资源公约》以及《大陆架公约》。此外，会议还通过了一项关于强制解决这些公约可能产生的争端的任意签字议定书。

第二次海洋法会议于 1960 年 3 月 17 日至 4 月 27 日在日内瓦举行，有 88 个国家参加。会议的主要目的是解决领海的宽度问题。然而，由于各国存在重大分歧，会议未获得任何结果。

第三次联合国海洋法会议于 1973 年 12 月 3 日在纽约的联合国总部召开。经过多次协商与谈判，在 1980 年 8 月的第三次海洋法会议的第 9 期会议上，最后完成了《海洋法公约草案》。第三次联合国海洋法会议是一次全权的外交代表会议，是联合国成立以来最重要的国际立法实践。参加会议的有 167 个国家，还有一些未独立领土、民族解放组织和国际组织等 50 多个实体派观察员出席了会议。我国代表团自始至终参加了第三次海洋法会议的各期会议。1982 年 12 月 10 日，在第三次海洋法会议举行的最后一次会议上，100 多个联合国成员国的代表在《海洋法公约》上签字。

《海洋法公约》包括 1 个序言和 17 个部分，共 320 条，另有 9 个附件，涉及 12 海里领海宽度、200 海里专属经济区、海峡通行权利、大陆架的界线、国际海底的勘探和开发制度以及海洋环境保护、海洋科学研究等问题。它是第三次联合国海洋法会议历经九年艰苦谈判，经过不同利益集团之间的斗争和妥协所取得的结果，基本反映了当时国际社会在海洋问题上所能达成的共识。虽然公约中有不少条款是不完善的，甚至有严重缺陷，但无可否认的是，公约对海洋法领域的几乎所有问题都做了规定，它是当代国际外交的一次突出成就，是一个比以往的国际条约更广泛的多边条约。它体现了世界各国特别是广大发展中国家的共同愿望，是当代国际社会关系海洋权益和海洋秩序的基本文件，确立了人类利用海洋和管理海洋的基本法律框架，标志着新的海洋国际秩序的建立。

由于发达国家与发展中国家在《海洋法公约》第 11 部分国际海底区域的开发制度上存在严重分歧，因而直到 1989 年 8 月，批准加入公约的国家仅有 42 个，而且绝大多数是发展中的中小国家。除冰岛外，其他西方发达国家当时都未批准或加入公约。为了让公约在被广泛接受的前提下尽早生效，联合国秘书长连续多年在发展中国家和发达国家间进行协调。结果，77国集团在1989年发表声明，愿同任何已签署或未签署公约的国家谈判与《海洋法公约》有关的任何问题。以此为背景，在联合国秘书长的推动下，经过长达5年两轮15个回合的艰苦谈判，发展中国家与发达国家在如何执行公约第11部分方面取得了基本一致，并于1994年7月28日在联合国总部签订了《关于执行1982年12月10日〈联合国海洋法公约〉第11部分的协定》（以下简称1994年《协定》）。同时，联合国大会以111票赞成、7票弃权、无反对票而通过了执行《海洋法公约》第11部分的决议，从而在发展中国家做出巨大让步与牺牲的情况下，成功弥合了发展中国家与发达国家之间的诸多严重分歧。该协定为公约的生效及其实施排除了某些阻力，也为发展中国家与发达国家在公约的基础上，加强开发海洋资源领域的经济合作，创造了某些条件。1994年11月16日，《海洋法公约》正式生效。目前《海洋法公约》共有162个缔约方，其中包括欧洲共同体。

## 二　中国海洋法治的现状

我国海岸线很长，约18000多千米；另有约6500多个岛屿。在海上与我国相邻或相向的国家有8个：朝鲜、韩国、日本、菲律宾、马来西亚、文莱、印度尼西亚和越南。

旧中国一直未能自由行使领海主权，更谈不上建立自己的领海制度。第一次提到中国的领海是1899年，当时清政府和墨西哥政府签订了通商条约，规定彼此都以3力克为水界（每力克合10里，按此规定领海宽度为9海里）。在1930年海牙国际法编纂会议上，当时中国国民政府发表声明，赞成3海里领海宽度。1931年4月，经海军部提议，国民政府行政院颁发命令，决定中国的领海宽度为3海里，缉私区为12海里。

中华人民共和国成立以来，特别是进入20世纪80年代后，我国制定、颁布了一系列有关领海、专属经济区、大陆架、海峡、港口管理、船舶管理、防止海洋污染和保护水产资源等方面的法令、条例、规定和规则。

### （一）领海、毗连区、专属经济区和大陆架

1958年9月4日，我国政府发表了关于领海的声明；1992年2月25日，我国政府颁布了《中华人民共和国领海及毗连区法》；1996年5月15日，我国政

府公布了《中国政府关于领海基线的声明》；1998年6月26日，我国政府颁布了《中华人民共和国专属经济区和大陆架法》，从而确立了我国的领海、毗连区、专属经济区和大陆架制度。

### （二）海峡、海湾和海港

关于海峡、海湾，1964年6月8日，国务院发布了《外国籍非军用船舶通过琼州海峡管理规则》；1956年公布《关于商船通过老铁山水道的规定》。至于海港，1954年1月23日，政务院公布《中华人民共和国海湾管理暂行条例》；1976年1月1日，交通部颁布了《航行国际航线船舶及国外进出口货物海港费用规则》和《航行国内航线船舶及国内进出口货物海港费收规则》，1976年11月12日，颁布《中华人民共和国交通部海港引航工作规定》；2003年6月28日，全国人大常委会通过了《中华人民共和国港口法》等。

### （三）防止海洋污染和保护海洋环境

关于防止海洋污染、保护海洋环境方面，有1982年8月23日通过的《中华人民共和国海洋环境保护法》（1999年12月25日修订）；1983年12月29日国务院公布施行的《中华人民共和国防止船舶污染海域管理条例》和《中华人民共和国海洋石油勘探开发环境保护管理条例》；1985年3月6日国务院公布的《中华人民共和国海洋倾废管理条例》；1988年5月18日国务院发布的《中华人民共和国防止拆船污染环境管理条例》；1990年5月25日国务院发布的《中华人民共和国防治海岸工程建设项目污染损害海洋环境管理条例》和《中华人民共和国防治陆源污染物污染损害海洋环境管理条例》等。

### （四）海上交通安全和海洋科学研究

在海上交通安全、海洋科学研究方面，有1984年1月1日起施行的《中华人民共和国海上交通安全法》；1990年1月11日由交通部发布的《中华人民共和国海上交通事故调查处理条例》；1992年12月28日通过的《中华人民共和国测绘法》（2002年8月29日修改）；1993年2月1日起施行的《中华人民共和国海上航行警告和航行通告管理规定》；1993年2月14日国务院发布的《中华人民共和国船舶和海上设施检验条例》；1996年10月1日起施行的《中华人民共和国涉外海洋科学研究管理规定》等。

### (五)海洋资源的保护

有关保护我国海洋资源方面,有 1982 年 1 月 30 日国务院颁布的《中华人民共和国对外合作开采海洋石油资源条例》(2001 年 9 月 23 日修改、2011 年 1 月 8 日修改、2011 年 9 月 30 日修改);1986 年 7 月 1 日开始施行的《中华人民共和国渔业法》(2000 年 10 月 31 日修改、2004 年 8 月 28 日修改);1987 年 10 月 19 日农牧渔业部发布的《中华人民共和国渔业法实施细则》;1989 年 10 月 20 日国务院发布的《中华人民共和国水下文物保护管理条例》;1993 年 9 月 17 日国务院批准的《中华人民共和国水生野生动物保护实施条例》;2001 年 10 月 27 日全国人大常委会通过的《中华人民共和国海域使用管理法》;2009 年 12 月 26 日全国人大常委会通过的《中华人民共和国海岛保护法》等。

值得注意的是,经第八届全国人民代表大会常务委员会第十九次会议决定,我国于 1996 年 5 月 15 日批准了《联合国海洋法公约》。批准公约是我国适应新的海洋秩序,依据国际法更有效地维护海洋权益的正确选择,将对我国包括海洋事务在内的诸多方面产生广泛而深远的影响。

另外,2000 年 3 月,中日两国签订了新的《中日渔业协定》(2000 年 6 月 1 日生效);2000 年 8 月 3 日,中韩两国签署了《中华人民共和国政府和大韩民国政府渔业协定》(2001 年 6 月 30 日生效);2000 年 12 月 25 日,中越两国正式签署了《中华人民共和国和越南社会主义共和国关于在北部湾领海、专属经济区和大陆架的划界协定》和《中华人民共和国和越南社会主义共和国北部湾渔业合作协定》(两协定均在 2004 年 6 月 30 日生效)。2008 年 6 月,中日双方达成了《东海问题原则共识》,双方确认:第一,东海合作不损害各自法律立场;第二,在东海中北部选定的一个共同开发区块内进行共同开发;第三,日本法人按照我对外合作开采海洋石油资源的有关法律参与"春晓"油气田开发。此外,自 1996 年起,我国与朝鲜、韩国和日本相继启动了双边海洋法磋商机制,基本上每年举行一次,主要就海洋划界和海上合作问题交换意见。

## 三 中国海洋法治的发展方向

### (一)国际层面:构建中国在海洋法发展中的话语权

构建中国在海洋法发展中的话语权,对于避免国外媒体的炒作和国际社会的误解、改变东盟相关国家主导南海问题的被动局面、提升中国作为负责任大国的国际形象，从而进一步维护中国的海洋权益等，都具有重要意义。为此，我们应当在多边舞台上推动国际海洋法治的进一步发展与完善、在区域范围内主导或积极参与南海区域安全机制的构建。

### 1. 推动国际海洋法治的进一步发展与完善

1982年签署的《海洋法公约》是当代国际社会关系海洋权益和海洋秩序的基本文件，被誉为"海洋宪章"（Constitution for Oceans）。然而，不可否认的是《海洋法公约》在历史性权利、岛屿与岩礁制度、专属经济区的军事活动、群岛制度以及海盗问题等方面存在诸多缺陷。虽然中国政府代表团自始至终参加了第三次海洋法会议的各期会议，但不可否认的是中国在《海洋法公约》制定过程中参与程度并不高、所发挥的作用也非常有限。可以说，正是中国在构建以《海洋法公约》为核心的当代海洋法律体系中话语权的缺失，在一定程度上导致了维护海洋权益的被动局面。因此，在未来海洋法的发展中，中国应在坚持《海洋法公约》的宗旨和目的的前提下，明确提出进一步完善《海洋法公约》相关规定的主张，并创造出解决南海问题的国际法规范，从而逐步形成并取得海洋法发展的话语权。例如，群岛制度能否适用于远离大陆的南海诸岛？南海诸岛特别是南沙群岛可否运用群岛基线来测定其领海、毗连区、专属经济区和大陆架？这与中国对南海诸岛主权权利的行使是紧密相连的。在第三次联合国海洋法会议上，各国曾就群岛问题展开了激烈的辩论。菲律宾、印尼、斐济、毛里求斯、巴哈马等群岛国提出，只有像他们那样由岛屿组成的国家，在划定其领海或专属经济区时才适用群岛原则。但是，中国、印度、厄瓜多尔、葡萄牙等拥有远离大陆的群岛的国家，则持不同意见。目前从《海洋法公约》的规定来看，群岛制度的适用仅限于"群岛国"，而不适用于远洋群岛。然而，包括海洋法在内的国际法是不断发展的，况且《海洋法公约》已经制定了近30年，其中的一些制度和规则也有待进一步修改和完善。因此，我们可以基于南海诸岛的特殊情况，提出并主张"非群岛国的群岛水域"。

### 2. 主导或积极参与南海区域安全机制的构建

中国古代的先贤早就提出"克己复礼为仁"，意思是指带头倡导、共同形成一种秩序或制度安排，让各个国家遵从这种秩序或制度安排，并使它们从遵守这一秩序或相关的制度安排中获益。同样，在南海问题的形势日益复杂化的今天，中国政府应在加强双边对话的基础上，积极参与构建南海区域安全机制的活动，从而成为区域安全机制的倡导者或参与者，以更好地维护中国在南海问题上的海洋权益。正如2011年9月《〈中国的和平发展〉白皮书》中所强调的："中国以积极姿态参与国际体系变革和国际规则制定，参与全球性问题治理。"值得注意的是，中国政府在2014年提出了处理南海问题的"双轨思路"，即"有关争议由直接当事国通过友好协商谈判寻求和平解决；而南海的和平与稳定则由中国和东盟国家共同维护"。

## （二）国内层面：进一步完善中国海洋法律制度

中华人民共和国成立以来，特别是进入20世纪80年代后，中国制定、颁布了一系列有关领海、专属经济区、大陆架、海峡、港口管理、船舶管理、防止海洋污染和保护水产资源等方面的法令、条例、规定和规则。然而，目前中国的海洋法律制度还存在不少缺陷。为此，我们应当采取以下步骤来进一步完善国内相关的海洋政策与法律制度。

（1）制定《中国南海中长期发展纲要》。2011年3月，第十一届全国人大第四次会议批准了《中华人民共和国国民经济和社会发展第十二个五年（2011~2015年）规划纲要》。该纲要第十四章"推进海洋经济发展"明确指出："坚持陆海统筹，制定和实施海洋发展战略，提高海洋开发、控制、综合管理能力。"因此，我们在制定中国海洋资源开发战略的过程中，同时要编制《中国南海中长期发展纲要》，根据中国整体国家战略，进一步明确南海中长期发展的思路、目标及其重点。只有这样，才有可能改变中国在南海问题上疲于应付的被动局面，才能有效应对和妥善处理南海问题，以更好地维护中国对南海诸岛的主权权利和在南海的海洋权益。

（2）进一步明确中国的具体海洋权利主张。早在1958年9月，中国政府就发表了《中国政府关于领海的声明》，并宣布中华人民共和国的领海宽度为12海里。20世纪90年代，又分别制定了《中华人民共和国领海及毗连区法》和《中华人民共和国专属经济区和大陆架法》，并批准了《联合国海洋法公约》。1996年5月，中国政府宣布了大陆领海的部分基线和西沙群岛的领海基线，并正式发布了68个领海基点。2009年5月，中国常驻联合国代表团向联合国秘书长提交了关于确定200海里以外大陆架外部界线的初步信息，但这次提交的文件只涉及中国东海部分海域200海里以外大陆架外部界线。然而，在上述法律文件中，中国政府仅笼统地指出中国对南沙群岛及其附近海域拥有无可争辩的主权，而没有明确中国在南海的领海、专属经济区和大陆架等海洋权利的详细范围；对中国传统断续线的含义，也没有公开予以准确地阐释。因此，今后中国政府还应进一步公布南沙群岛的领海基线，向联合国秘书长提交南海等海域200海里以外大陆架外部界线划界案的法律文件，并公开阐明中国传统断续线的含义。只有这样，才能明确争议海区的范围，才有可能与相关的周边国家划定共同开发区，从而为最终解决南海问题创造条件。

（3）进一步健全政府管理体制，统一领导南海事宜。在中华人民共和国成立以前，中国国民政府设立了内政部方域司专管南海事宜。新中国成立后，南海诸岛由广东省海南行政区、1988年改由海南省管辖。关于南海问题，中央各有关部门都有权过问，① 但缺乏统一的南海问题领导机构。这对于维护我国在南海诸岛的主权和海洋权益是十分不利的。因此，设立一个有关南海问题的中央主管部门，加强统筹协调，统一领导南海事宜，是完全必要的。

---

① 目前中国的海洋管理是以海洋、环保、渔政、海事和边防为主的分散型管理。除国家海洋行政主管部门外，国家发展和改革委员会、外交部、国土资源部、环境保护部、科技部、交通运输部、农业部、公安部、工业和信息化部、教育部、国家旅游局、国家林业局、国家文物局、海关总署等多个政府部门和机构具有涉及海洋的职能。参见国家海洋局海洋发展战略研究所课题组《中国海洋发展报告（2011）》，海洋出版社，2011，第453~457页。

# 第八章
# 中国与航空和外层空间法治[*]

## 一 航空和外层空间法治的历史沿革与现状

### （一）航空法的历史沿革与现状

国际航空法是指调整跨国航空活动的法律规范的总和。国际航空法具有国际性、民用性和平时性的特点。

1944 年，国际民用航空会议在芝加哥召开，并签订了《国际民用航空公约》（《芝加哥公约》）。《芝加哥公约》是现代国际航空法的基础。1947 年 4 月 4 日，《芝加哥公约》生效，国际民用航空组织（International Civil Aviation Organization，ICAO）正式成立，总部设在加拿大的蒙特利尔。

20 世纪下半叶，有关航空安全的国际立法取得了很大发展，有关的国际公约包括：1963 年《关于在航空器上犯罪和其他某些行为的公约》（《东京公约》）、1970 年《关于制止非法劫持航空器的公约》（《海牙公约》）、1971 年《关于制止危害民用航空安全非法行为的公约》（《蒙特利尔公约》）。双边航空协定也成为重要的国际航空法渊源。

21 世纪的新形势要求国际航空法有进一步的发展。2014 年接连发生的 4 起大型空难、2015 年"德国之翼"空难与俄罗斯客机空难等，更是对世界各国加强国际合作、促进航空法治、维护国际航空安全提出了更为迫切的要求。为此，国际民航组织在 2014～2016 年全球航空安全计划中，明确提出了各缔约国在下一个 10 年中落实有效的安全监督系统并完全落实国际民航组织的国家安全方案框架的达标日期。国际民航组织国家安全方案（SSP）是一个国家层面控制和管理国家航空活动安全的管理控制系统。从某种意义上来讲，SSP 是未来全球航空安全管理的方向和重要组成部分。

---

[*] 本章作者罗国强，法学博士，武汉大学国际法研究所教授，主要研究方向：国际公法。

## （二）外层空间法的历史沿革与现状

联合国和平利用外层空间委员会通过其积极的工作已经向联合国大会提出了一系列有关外空法的国际法律文件，经联合国大会通过的有：1963年《各国探索和利用外层空间活动的法律原则宣言》；1966年《关于各国探索和利用包括月球和其他天体在内的外层空间活动原则条约》（简称《外空条约》）；1967年《营救宇航员、送回宇航员和归还发射到外层空间的物体的协定》（简称《营救协定》）；1971年《空间物体造成损害的国际责任公约》（简称《责任公约》）；1974年《关于登记射入外层空间物体的公约》（简称《登记公约》）；1979年《指导各国在月球和其他天体上活动的协定》（简称《月球协定》）；1982年《各国利用人造地球卫星进行国际直接电视广播所应遵守的原则》；1986年《关于从外层空间遥感地球的原则》；1992年《关于在外层空间使用核动力源的原则》；1996年《关于开展探索和利用外层空间的国际合作，促进所有国家的福利和利益，并特别考虑发展中国家的需要的宣言》。

外层空间法的主体部分是联合国和平利用外层空间委员会颁布的五个国际条约，即《外空条约》、《营救协定》、《责任公约》、《登记公约》和《月球协定》。这五个条约，特别是《外空条约》确立了外层空间的国际法律地位和重要作用。《外空条约》是外层空间的基本法，其他四个条约是补充某些条款的。这五个条约所规定的原则和规则由于得到大多数国家的接受而形成具有普遍约束力的法律规范。

## 二 中国对航空和外层空间法治的贡献

### （一）中国对航空法的贡献

中国已经成长为世界航空大国。中国民航年运输总周转量、旅客运输量连续多年排世界第二位，成为仅次于美国的全球第二大航空运输系统。相应的，在国际航空法的发展过程中，中国也发挥着越来越重要的作用。

#### 1. 中国在相关国际组织中的作用

中国是国际民航组织的创始国之一；中国政府于1974年正式开始参加国际民用航空组织的活动。自2004年以来，中国连续四次当选为该组织一类理事国。2015年8月1日，柳芳博士开始担任国际民航组织秘书长，这是国际民用航空组织历史上首位中国籍秘书长,也是首位女性秘书长。

中国积极参与国际民航组织各类活动和项目。中国加入了关于不对民用航空器使用武力的《芝加哥公约》第3分条和在包用、租用和换用航空器时由该航空器登记国向使用国移交某些安全职责的第83分条。自1980年以来,中国与国际民航组织合作,承办了多个技援项目;向该组织的航空保安行动计划、北亚地区运行安全及持续适航合作、非洲航空安全全面实施计划项目提供资金支持;并与国际民航组织合作为发展中国家培训航空专业人员。2009年,中国米制缩小垂直间隔高度层配备标准,正式被批准为国际民航组织公约《附件二》中的标准并得到适用。这是中国民航的运行标准首次被国际民航组织采纳。2015年9月,国际民航组织亚太地区航行系统规划与实施工作组第26次会议在泰国曼谷国际民航组织亚太办事处召开,中国民航代表团出席会议并首次在该级别会议上向国际民航组织亚太地区各成员国介绍与推广我国北斗卫星导航系统应用。

**2. 双边与多边航空合作**

截至2014年底,我国与其他国家或地区签订双边航空运输协定116个,其中亚洲43个国家以及中国—东盟航空运输协定,非洲23个国家,欧洲36个国家,美洲9个国家,大洋洲48个国家。

2015年,中国先后与柬埔寨等3个国家新签双边航空运输协定,与意大利等15个国家扩大了航权安排,简化了周边9个国家国际航线审批程序。

作为全球第二大民用航空运输系统,我国民航在编制民航"十三五"规划和制定"一带一路"建设方案的同时,已全面开始打造"一带一路"空中走廊。2015年,民航落实"一带一路"战略项目51个,总投资2000亿元人民币。我国将积极推进沿线省份航空基础设施的规划和建设,重点打造以"沪兰大通道"为主干的"空中丝绸之路",丰富和扩大亚太航路航线网络,积极与沿线各国加强沟通协商,确定民航基础建设的关键通道和重点工程。

在促进国际航空安全法制的多边合作方面,中国近来发挥了较为重要的作用。2010年,国际民航组织在北京举行了航空保安外交会议,会议最终通过了《制止与国际民用航空有关的非法行为的公约》(简称2010年《北京公约》)和《制止非法劫持航空器公约的补充议定书》(简称2010年《北京议定书》),这也是民航史上第一个以中国城市命名的国际公约。截至2014年9月,《北京公约》的签署国为30个,批准国为9个;《北京议定书》的签署国为32个,批准国为9个。《北京公约》和《北京议定书》扩大了国际航空犯罪的范围,对国际反恐的有关新内容进行了法律界定,将联合国反恐公约体系中的许多既有的法律制度移植到公约和议定书案文中,进一步从实体法和程序法的角度来完善国际航空刑法,以保障国际航空运输业安全、持续、健康、有序发展。《北京公约》及《北京议定书》弥补了旧有国际航空安全公约的空白和不足,推进了国际航空安保方面的国际合作,促进了国际航空安全法制的发展,标志着我国已经全面参与到了国际规则的制定中。

### 3. 国内航空法制建设

1995 年,中国制定了《中华人民共和国民用航空法》(简称《航空法》),该法于 1996 年 3 月实施。这是中国历史上第一部规范民用航空活动的法律。《航空法》明确了我国对领空享有完全的排他的主权,规定了外国民用航空器在我国境内从事民用航空活动时应遵守的规则,规定了劫持航空器和危害国际航空运输安全的行为方式并规定对这些行为追究刑事责任。

2015 年,民航局依据《国际民用航空公约》附件 19《安全管理》,制定并发布了《中国民航航空安全方案》。SSP 是国际民航组织(ICAO)倡导的在国家层面控制和管理国家航空活动的安全管理系统,是旨在改进安全的一套完整的规章和活动。它基于现代安全管理的基本理念和技术而建立,与国家航空活动的规模和复杂性相适应。在实施过程中要求国家负责航空的各职能部门之间统一协作,以确保国家建立必需的安全监管框架、各监管机构风险管理工作有效协调、国家航空整体的安全绩效得到有效的测量和监控、国家航空安全管理功能持续完善、支持与配合服务提供者 SMS 有效实施。它与 SMS 的发展平行进行,同时兼顾对 SMS 的有效监督,是未来全球航空安全管理的方向和重要组成部分。通过 SSP 的推进,民航局将进一步完善民航安全监管机制,提升民航生产经营单位安全管理体系(SMS)效能,使基于数据驱动的安全绩效管理成为未来国家航空安全管理的重要手段,为中国民航安全、健康发展奠定基础。

## (二)中国对外层空间法的贡献

中国一贯支持和平利用外层空间的各种活动,主张依据有关国际法,在平等互利、取长补短、共同发展的基础上,增进和加强空间领域的国际合作。

### 1. 中国关于外空法治的基本主张

中国政府认为,国际空间合作应遵循 1996 年第五十一届联合国大会通过的《国际空间合作宣言》中提出的基本原则。

中国政府在开展国际空间合作中采取以下基本政策:第一,坚持独立自主的方针,根据国家现代化建设的需要,以及国内外航天科技的市场需求,开展积极、务实的国际空间合作。第二，支持联合国系统内开展的和平利用外层空间的多边国际合作。第三，重视亚太地区的区域性空间合作，支持世界其他区域性空间合作。第四，重视与发达的空间国家的空间合作，同时加强与发展中国家的空间合作。第五，鼓励和支持国内外科研机构、工业企业和高等院校，在国家有关政策和法规的指导下，开展多层次、多形式的国际空间交流与合作。

在21世纪，中国政府将继续支持在空间技术、空间应用和空间科学等领域开展国际交流与合作。

### 2. 外层空间的国际合作

首先，在双边合作方面，1985年以来，中国先后与多个国家签订了政府间、政府部门间空间科学技术及应用合作协定、议定书或备忘录，建立了长期的合作关系。

其次，在区域合作方面，2005年10月28日，中国、孟加拉国、印度尼西亚、伊朗、蒙古国、巴基斯坦、秘鲁、泰国8个国家的政府代表在北京正式签署了《亚太空间合作组织公约》。2006年6月1日，土耳其在北京签署《亚太空间合作组织公约》，成为第9个条约签署国。2008年12月，亚太空间合作组织开始运行；2009年12月，亚太空间合作组织总部正式设在北京。这是继1975年成立的欧洲空间局（ESA）之后，全世界成立的第二个类似区域性空间合作组织。

最后，在多边合作方面，中国先后于1983年和1988年加入了联合国制定的《外空条约》、《营救协定》、《责任公约》和《登记公约》，并严格履行有关责任和义务。中国支持和参与了联合国空间应用方案的实施，并参加了数个多边合作项目。

### 3. 空间碎片的法律规制

1990年，中国科研、技术和政府有关部门的科学家和法学家组成空间碎片研究组，该研究组1991年和1993年的报告均被中国政府采纳并提交给联合国外空委员会。1995年6月，中国国家航天局正式加入了"机构间空间碎片协调委员会"，与各国共同探讨缓减空间碎片的途径和办法，积极推进这一领域的国际合作。

1998年，中国空间法学会召开首届空间碎片研讨会。2003年，国家航天局在京召开了空间碎片研究工作会，会上制定了《2006～2020年空间碎片行动计划发展纲要》。2013年，全国空间碎片交流研讨会在云南昆明召开。2014年，中国光学工程学会联合其他相关单位在苏州市召开了首届"空间目标与碎片监测、预警、清理技术"研讨会；2015年，又举办了第二届"空间目标与碎片监测、清理技术学术研讨会",邀请该领域的知名专家和学者到会共同交流,深入探讨空间目标与碎片监测、预警、清理技术领域所取得的最新研究成果。

## 三 对中国促进航空和外层空间法治之意见

### (一)不足之处

尽管中国已经发展为当之无愧的航空与航天大国,然而在相关的航空与外空法治方面却起步较晚,基于历史和国际政治等因素,尚未在其中发挥主导作用。

首先,在航空法方面,虽然中国在转化《芝加哥公约》《东京公约》等条约方面做得不错,但这些公约大多是20世纪80年代以前制定的,中国政府从未真正参与这些规范的制定,中方的立场和声音没有机会得到充分表达;更不用说在国际航空迅猛发展的21世纪,上述公约的很多规范已经显得落伍,中方如今仅止于转化所加入的公约的话,显然不能在促进有关法治建设方面取得令人满意的效果。尽管中国在推动制定《北京公约》和《北京议定书》方面贡献巨大,但上述两项文件尚未生效,且中国均处于签署但未批准的状态,这也使得中国努力的成果打了折扣。同时,中国《航空法》是在20世纪末制定的,已经远远不能适应当今的国际航空形势,亟待做出修订。

其次,在外层空间法方面,尽管中方积极参与国际合作,但其所主导的亚太空间合作组织尚无法同欧洲空间局相提并论,在《外空条约》等国际法的转化方面至今停滞不前。亚太空间合作组织虽然有9个成员,但除了中国,其他大部分成员在空间开发方面的实力都很有限,而亚洲其他两个已经成功实现了月球探测的国家——日本和印度,都没有加入这一组织。相比之下,欧洲空间局成立伊始,就集中了法国、英国、德国以及意大利等空间大国,因此更具代表性;该组织在区域合作的深度和广度上强于亚太空间合作组织。目前,世界上已有30多个国家制定了本国航天法,美、俄等国建立了较为完善的航天法律体系,我国是极少数没有航天立法的主要空间国家之一。同时,中国学术界对于中国关于外层空间立法的主张也不统一,客观上也增加了中国构建自身外层空间法制的难度。

### (二)改进意见

首先,修订《航空法》,促进国际航空合作,并力争在国际民航组织等机构中发挥更为重要的作用。

随着近年来国际航空业的飞速发展，国际航空关系发生了深刻变革，《航空法》的部分规定变得不适应国际航空关系发展的需要，因此亟待修订。而在国际航空合作问题上，我国不管是双边还是多边合作方面都还有潜力可挖。双边协议的数量尽管已经比较大，但也仅覆盖全球59%的国家；至于在国际民航组织以外的多边合作，则更是有必要予以加强；而对于《北京公约》和《北京议定书》，完全可以考虑适时批准之并将有关的新规定转化为国内法。在国际民航组织内部，中国应不仅仅满足于连任一类理事国或者中国籍人士担任秘书长，而应谋求与世界领先的航空大国相适应的更高地位。为此，中国有必要加强对国际民航组织各个项目计划的资助，推动更多的中国民航标准被该组织采纳为国际标准并在全球得到适用，并适时考虑加入《国际航班过境协定》。

其次，扩大亚太空间合作，统一对外层空间法的基本认识并制定专门的国内法律规范，在巩固航天大国地位的进程中进一步推动外空条约发展和国际航天合作。

尽管面临各种困难，但中国主导的亚太空间合作组织仍然具有较大的潜力，中国应当因势利导，大力推动该组织向更广泛、更紧密的合作方向去发展，令其成为国际空间问题不可忽视的一种区域力量。同时，没有专门规范外层空间活动的法律，显然是与中国航天大国的地位极不相称的，制定专门的法律规范，不仅是对中国国内法空白的填补，而且是对国际外空法治的促进。而要实现上述目标，就必须首先统一对外层空间法的基本认识。在立法内容方面，要注重以法律形式明确我国和平利用外层空间、维护外空安全的基本原则，明确空间资产的法律地位，为有效保障各类航天器安全提供坚实支撑。同时，要注重依据有关国际法，推动国际航天合作，使我国航天事业的发展得到双边与多边条约的有效保障。尤其是在对待《月球协定》的问题上，鉴于多数国家不赞成其中某些制度，中国可以积极推动其修订、达成更为合理的妥协、涵盖更为先进的内容，并在此后适时加入该协定。

# 第九章
# 中国与网络空间法治*

## 一 网络空间法治的发展与现状

尽管网络空间已经对人类生活的方方面面产生了深刻的影响,但国际法在网络空间治理中发挥重要作用和"网络空间法治"的提出,是比较晚近的事情。

迄今为止,关于网络空间秩序与规则的讨论,大体经过了三个阶段。从互联网的发明到20世纪90年代中后期,是互联网通过各种技术标准及行业准则进行"自我规制"和自发、自治发展的阶段。第二阶段始于20世纪90年代后期,其主要特点是随着网络用户群的急剧扩大和各种网络安全威胁的不断涌现,各国越来越多地通过各种国内立法和制定政策参与网络空间治理。主权国家进入网络空间并成为网络活动的重要主体,使现实世界的国际关系和国际秩序开始向网络空间延伸,这必然要求国际法在网络空间的秩序构建中发挥重要作用。因此,正如国家的活动范围进入空气空间、外层空间等领域后,催生了空气空间法、外层空间法等国际法新分支一样,国家在网络空间的存在,也需要有相应的国际法规范来调整各国在网络空间的活动。从21世纪10年代以来,网络空间进入了一个相关国际立法逐渐强化、国际法治悄然兴起的新阶段。

在2011年出台的《网络空间国际战略》中,美国奥巴马政府第一次提出了"网络空间法治"的概念,并强调"长期存在的在和平时期和冲突中指引国家行为的国际规范也适用于网络空间"。2013年6月,联合国信息安全政府专家组达成的一份共识性文件(A/68/98)指出:国际法特别是《联合国宪章》的适用,对国际维持和平与稳定及促进创造开放、安全、和平和无障碍的信息和通信技术环境至关重要。① 上

---

\* 本章作者黄志雄,法学博士,珞珈特聘教授,武汉大学国际法研究所副所长,主要研究方向:网络空间国际法、WTO法。

① See United Nations General Assembly, Report of the Group of Governmental Experts on Developments in the Field of Information and Telecommunications in the Context of International Security (24 June 2013), Sixty-eighth session, A/68/98, para. 11, paras. 19–20. 联合国信息安全政府专家组全称为"国际安全背景下信息和通讯领域的发展政府专家组",由中国、俄罗斯、美国、英国等主要国家的代表组成,具有广泛的国际代表性,并且在网络空间国际法规则的制定中发挥着越来越重要的作用。

述共识，在联合国和其他国际场合得到了广泛的接受。由此，网络空间的秩序构建离不开国际法的适用，已成为国际社会普遍接受的观念。但也应当看到，由于各国对网络空间的认识和相关实践还较为有限，也由于意识形态、价值观以及现实国家利益等方面的差异乃至对立，国际社会对于网络空间法治的具体主张仍存在很大分歧。与国际关系和国际法的大多数领域相比，网络空间法治仍处于起步阶段。

2015年，国际上围绕网络空间法治有一系列的讨论和博弈。本部分主要介绍海牙网络空间国际会议和联合国信息安全政府专家组取得的相关成果，其他一些重要发展将在下一部分予以分析。

2015年4月，海牙网络空间国际会议在荷兰举行，这也是"伦敦进程"下举行的第四次会议。① 共有来自90个国家、相关国际组织、非政府组织和媒体的1785名代表与会。与前几次会议相比，网络空间国际法治问题受到更多关注，并第一次设立了两个相关专题（"澄清现有国际法在网络空间的适用"和"网络空间国际和平与安全的规范"）。会议结束时发表的《主席声明》重申了对2013年联合国信息安全政府专家组关于国际法适用于网络空间的共识的欢迎，强调有必要就国家主权、和平解决国际争端、不使用武力等原则以及其他国际法规则如何适用于网络空间达成谅解，并制定自愿性、非约束性的负责任的网络空间国家行为规范。

2015年7月，根据联合国大会有关决议于2014年成立的第四届联合国信息安全政府专家组通过了一份新的共识性文件（A/70/174），提出了10项自愿性、非约束性的负责任的网络空间国家行为规范，包括各国不应蓄意允许他人利用其领土使用信息和通信技术实施国际不法行为、各国在确保安全使用信息和通信技术方面应保证充分尊重表达自由的人权、各国不应违反国际法规定的义务从事或故意支持蓄意破坏关键基础设施的信息和通信技术活动等。该文件还在2013年A/68/98号共识性文件的基础上，进一步就国际法如何适用于信息和通信技术的使用提出了六点意见，如各国对其领土内的信息和通信技术基础设施拥有管辖权；各国拥有采取符合国际法和得到《宪章》承认的措施的固有权利；各国不得使用代理人利用信通技术犯下国际不法行为，并应力求不让非国家行为体利用其领土实施这类行为；各国必须就按照国际法归因于它们的国

---

① "伦敦进程"发起于2011年，前三次网络空间国际会议分别在伦敦（2011年）、布达佩斯（2012年）、首尔（2013年）举行。

际不法行为履行国际义务。总体而言,该文件就国际法在网络空间的适用取得了新的重要进展。

## 二 中国的参与、主张和贡献

中国在1994年获准加入互联网,并在同年4月完成全部中国联网。在此后的二十年中,互联网在中国得到了长足的发展。目前,中国互联网是全球第一大网,网民人数最多,联网区域最广。

网络空间秩序构建的核心问题,是网络自由和网络安全之间的合理平衡。由于中国互联网的迅速发展和特殊的意识形态、社会制度,在网络自由和网络安全这两个方面,中国都被西方国家视为主要"假想敌"之一,并一直在互联网监管政策、网络黑客等问题上受到种种施压和指责。在此情况下,中国参与网络空间法治,首先是出于"被动应对"西方国家在某些具体问题上施压和发难的现实需要。

例如,2010年"谷歌退出中国事件"后,针对美国等西方国家以国际法(特别是国际人权法上有关表达自由的规定和WTO法上有关货物贸易和服务贸易自由化的规定)为依据对我国互联网监管措施进行的施压,中国政府在2010年6月8日发表的《中国互联网状况》白皮书中提出,"互联网是国家重要基础设施,中华人民共和国境内的互联网属于中国主权管辖范围,中国的互联网主权应受到尊重和维护";"中国恪守世界贸易组织成员应履行的普遍性义务和具体承诺义务……依法保障公民在互联网上的言论自由,保障公众的知情权、参与权、表达权和监督权"。这些政策宣示初步展现了中国对于网络空间法治的基本主张。

又如,一些西方国家政府和媒体持续炒作所谓的"中国网络威胁论",大肆渲染来自中国的网络黑客攻击,甚至指责中国政府和军队从事通过互联网窃取外国公司商业机密的行为,并主张受害国可以援引《联合国宪章》第51条规定的自卫权,通过单边军事行动来应对特定的网络攻击。对此,中国政府一再申明"反对任何形式的网络黑客攻击行为",并在其他场合一再对西方国家无中生有的指责加以否认和驳斥。2013年6月美国国家安全局承包商雇员爱德华·斯诺登叛逃引发"棱镜门"事件后,中国政府重申中方是网络安全的坚定维护者,中国政府一贯高度重视网络安全问题,反对任何形式的黑客和网络攻击行为。同时,对于美国极力对其网络情报活动和所谓网络经济间谍加以区分,认为前者符合国际法而后者违反国际法的主张，中国政府强调反对一切形式的网络攻击，反对一些国家在网络安全问题上采取双重标准，并再次倡议各国通过制定网络空间的国际规范和行为准则，构建和平、安全、开放、合作的网络空间。

除了对上述具体问题的表态外，近年来，中国政府也日益呈现出"主动出击"的姿态，在各种多边和双边场合提出了一系列有关网络空间法治的主张，其核心内容可以概括如下。①

第一，旗帜鲜明地支持网络空间的国际法治，主张法治应当成为网络治理的基本方式。在2012年网络空间布达佩斯会议上，中国代表团团长、外交部条法司黄惠康司长指出："'无规矩不成方圆'。当今世界是一个以规则为基础的世界，网络空间虽是虚拟空间，同样必须遵循公平、合理的规则。"在2013年中美互联网论坛上，中国代表进一步提出："我们需要一个国际法治的网络空间……互联网发展到今天，我们需要法律规则的引领。法治应当成为网络治理的基本方式。"

第二，强调联合国应成为讨论网络空间国际规则制定的主渠道，同时重视利用各种区域和双边场所作为有益补充。在上述2012年网络空间布达佩斯会议和2013年中美互联网论坛上，中国代表指出，联合国是当今世界最具代表性和权威性的国际组织，是网络国际治理和网络国际规则制定的最佳场所；中国支持进一步发挥联合国的主渠道作用，乐见在联合国框架下各国正在进行的关于信息安全国际行为准则、打击网络犯罪、国际电联有关网络管理授权等问题的探讨取得积极成果。与此同时，中国也积极参加了由美国、英国等西方国家发起的网络空间"伦敦进程"以及东盟地区论坛、亚非法律协商组织等区域性组织有关网络空间国际规则的讨论，并重视通过中美互联网论坛、中欧网络工作小组等多种双边机制来推动相关磋商和对话。

第三，倡导以《联合国宪章》确立的国家主权原则等国际法基本原则作为网络空间法治的基石。中国政府强调国家主权原则在网络空间的适用，认为网络主权是国家主权在网络空间的自然延伸，应受到尊重和维护；各国有权根据本国的网络发展水平、历史传统、文化语言和风俗习惯等，在充分考虑本国广大民众

---

① 如无特别说明，下文提及的中国政府有关网络空间法治的主张可见于：《黄惠康司长在网络问题布达佩斯国际会议上的发言》，载《中国国际法年刊（2012）》，法律出版社，2013；《中国代表在中美互联网论坛上的发言》，载《中国国际法年刊（2013）》，法律出版社，2014，第665～668页；《中国代表在网络空间首尔会议上的发言》，载《中国国际法年刊（2013）》，法律出版社，2014，第680～683页。

意愿和适当借鉴国际通行做法的基础上，制定本国的网络公共政策和法律，并依法管理互联网。中国政府还提出，互联网的发展并未改变以《联合国宪章》为核心的国际秩序，网络国际治理应遵循一般国际法，特别是《联合国宪章》所确立的国家主权原则、不干涉内政原则、禁止使用武力原则以及和平解决争端原则等，这是确保网络空间国际秩序公正合理的基石。

第四，主张网络空间法治不仅需要注重现有国际法的适用，也应当重视对新规则的探讨。中国认为，需要对现有的一般国际法和新的网络特别法各自的作用加以适当平衡。事实上，在网络空间治理的很多重要问题上，现有国际法要么大量存在模糊和有待澄清之处，要么没有相关规定。正因为如此，中国代表在2013年中美互联网论坛上指出："还应看到，互联网的发展也引发许多新的、复杂的问题，现有国际法和国际机制已难以满足网络空间发展的现实需要。例如，在惩治网络犯罪执法和司法合作、网络空间国际行为准则以及网络国际治理机制等方面，国际上还没有形成各国普遍公认的全球性规范，国际社会确有需要探讨制定新的法律规则加以应对。"

第五，强调对个人以及国家在网络空间的权利义务都需要加以平衡。中国政府认为，网络空间涉及不同个人之间以及个人与国家、社会之间的权利和义务，不仅要保护言论自由，也要保护个人隐私权和名誉权；不仅要保护网络交易畅通便利，也要保护知识产权和商业秘密不受侵犯；不仅要保护网络自由，也要维护社会秩序、公共利益和国家安全。根据《公民权利和政治权利国际公约》等国际法律文件的规定，言论自由（包括网络自由）并非是绝对的。网络空间不是一个不受监管的真空地带。各国在不违反公认的国际法的前提下，有权根据自身的国情依法管理网络空间。

第六，为网络空间法治提供"和谐""共进"等重要理念和目标。在2013年网络空间首尔会议上，中国代表指出，我们主张建立一个以"和谐"为本质，以"共进"为目的，以"携手共建"为成就之路的国际网络空间秩序，致力于构建和平、安全、开放、合作的网络空间，使各国人民在网络空间和谐共处，并倡导人类命运共同体意识，使各国在网络空间同舟共济、权责共担、实现共同繁荣。中国代表还指出，实现网络空间的法治化和民主化正是和谐共进的国际网络空间秩序的内在要求。

中国政府关于网络空间法治的上述主张，不仅是对西方国家有关主张的重要补充、牵制和抗衡，也是中国作为一个负责任大国，对网络空间法治做出的重要贡献。

2015年是中国参与网络空间国际法治进程中具有特殊重要性的一年。2015年10月29日中国共产党第十八届中央委员会第五次全体会议通过的《中共中央关于制定国民经济和社会发展第十三个五年规划的建议》,第一次明确提出"积极参与网络、深海、极地、空天等新领域国际规则制定",吹响了中国加大参与网络空间国际规则制定、推动完善网络空间国际法治的"冲锋号"。除了上文提及的海牙网络空间国际会议和联合国信息安全政府专家组外,中国在其他相关的多边、区域和双边舞台也表现活跃,亮点颇多。

第一,2015年12月16~18日在浙江乌镇举行的第二届世界互联网大会。习近平主席发表主旨演讲,提出了尊重网络主权、维护和平安全、促进开放合作、构建良好秩序的推动全球互联网治理体系变革的四大原则。他将"网络主权"阐释为各国自主选择网络发展道路、网络管理模式、互联网公共政策和平等参与国际网络空间治理的权利。习近平主席还提出了关于共同构建网络空间命运共同体的五点主张,呼吁"推动制定各方普遍接受的网络空间国际规则","完善网络空间对话协商机制,研究制定全球互联网治理规则"。

第二,中美、中英首脑会谈成果中有关网络问题的成果。2015年9月22~25日,习近平主席对美国进行国事访问。访问期间,中美两国就共同打击网络犯罪达成重要共识,双方同意加强案件协查和信息分享,各自政府都不从事或在知情情况下支持网络窃取知识产权,探讨推动制定国际社会网络空间合适的国家行为准则,建立两国共同打击网络犯罪及相关事项高级别联合对话机制。

2015年12月1日,首次中美打击网络犯罪及相关事项高级别联合对话在华盛顿举行,中美双方达成了《打击网络犯罪及相关事项指导原则》,决定建立热线机制,并在网络安全个案、网络反恐合作、执法培训方面取得积极成果,在落实两国元首达成的共识方面取得重要进展。

2015年10月19~23日,习近平主席应邀访问英国。中英同意建立高级别安全对话机制,就包括打击网络犯罪在内的安全议题加强交流合作,承诺不从事或者支持网络窃取知识产权、贸易秘密或者商业机密以获得竞争优势。

第三,亚非法协的相关发展。2015年4月,亚非法律协商组织第54届年会在北京举行。在此前的第53届年会上,根据中国政府的倡议,"网络空间国际法"首次被列入该机构正式议题。本届年会,在中国代表团的倡议下,各方决定设立不限名额的"网络空间国际法"工作组,讨论网空国家主权、和平利用网空、打击网络犯罪国际合作法律规则以及《联合国宪章》和其他国际文书相关的规定。年会期间还举行了"网络空间国际法"特别会议。中国代表团分析了网络空间国际法在国际互联网治理、网络主权与网络自由、和平利用网络空间、打击网络犯罪国际合作等方面面临的挑战,阐述了中国政府的原则立场。

第四,中、俄等国向联大提交信息安全国际行为准则更新草案。2011年9月,中国与俄罗斯、塔吉克斯坦和乌兹别克斯坦等国共同向第66届联合国大会提交了一份《信息安全国际行为准则》,呼吁制定相关国际规则来规范信息和网络空间行为;提出"不利用信息通信技术包括网络实施敌对行动、侵略行径和制造对国际和平与安全的威胁",并主张"在涉及上述准则的活动时产生的任何争端,都以和平方式解决,不得使用武力或以武力相威胁"。2015年1月,中国、俄罗斯等上海合作组织成员国又向第70届联大提交了该准则的更新草案,在2011年案文基础上补充了保障在线人权、加强信任措施建设及能力建设等方面内容。

第五,信息社会世界峰会十年成果进程。2015年12月15~16日,联合国信息社会世界峰会十周年成果审议高级别会议举行。会议通过的最终成果文件要求各方致力于弥合数字鸿沟,加强对通信技术发展的政策和财政支持,并提出设立开放式政府专家组,就落实"突尼斯议程"关于加强合作的授权提出建议。此外,文件还就网络安全、互联网治理、在线人权阐述了相应主张与要求。中国代表就完善国际互联网治理体系、制定网络空间国家行为规范等问题阐释了中国政府的立场。

此外,对于北约"网络合作防御卓越中心"在2014年发起的网络空间国际法"塔林手册2.0版"①,中国政府也予以较大重视,在2015年4月海牙网络空间国际会议期间应邀参加了"'塔林手册2.0版'咨询会",就该手册相关内容表达了中国政府的意见和关切。

## 三 问题与前瞻

随着国际关系和国际秩序向网络空间的延伸,网络空间的国际法治成为人类的共同目标。如何发挥国际法在网络空间治理中的作用,直接关涉国际社会能够在网络空间建立什么样的国际秩序、如何共同分享网络技术给人类带来的繁荣和福祉,对未来影响深远。从这个意义上说,如何推动网络空间法治既是当前国际

---

① "塔林手册2.0版"预计在2016年完成并由剑桥大学出版社出版。本章作者黄志雄是应邀撰写该手册的"国际专家组"20名成员之一。

法面临的一个重要的新课题和新挑战，也是网络空间国际秩序构建中的一个重大问题。

网络空间国际秩序的走向与我国未来的发展空间休戚相关，该领域相关国际法规则和制度尚未成型，这为我国参与网络空间法治提供了前所未有的契机。但同时，在网络空间这样的新领域，国际法是否适用、如何适用等诸多问题还存在不确定性，这对我国运用和塑造国际法的能力提出了更大的挑战。

当务之急，我国政府应在战略层面对网络空间法治的重要性和复杂性有充分的认识，并通过认真研究这一问题的发展态势和最新动向，更加深入地参与到网络空间国际对话和立法进程中，积极影响相关国际规则的制定和适用，充分反映自身的利益和主张。我们的主要对策建议包括五点。

第一，形象塑造。中国是网络黑客攻击的主要受害国之一，但是，一些西方国家政府和媒体出于树立"假想敌"的需要，在互联网监管、网络黑客攻击等方面对中国妄加指责，不断炒作所谓的"中国网络威胁论"，大肆破坏中国的国际形象，并对中国参与网络空间国际对话和规则制定产生了较为严重的消极、负面影响。中国政府应当利用各种多边、区域和双边渠道，更加积极有为地对外开展网络外交，从法理和事实层面驳斥西方国家对中国的无端指责，化解"中国网络威胁论"。与此同时，我国也应当在国内继续大力奉行"依法治网"，加快改革和完善互联网管理体制；加大力度打击各种网络犯罪和黑客攻击，加强网络犯罪国际合作。这些举措，将有助于我国在国际法治博弈中占据道义制高点，进一步树立中国负责任的网络大国的国际形象，从而增强我国的话语权和影响力，使我国有关网络空间国际法治的主张得到最大限度的宣扬和接受。

第二，理论研究。在当今国际社会，国际法已经成为国家之间交往和博弈的通行话语。我国深度参与网络空间国际规则制定，必须在准确定位我国国家利益的基础上，善于运用法律的逻辑、话语来表达、反映我国的利益和诉求，用法治的思维来传播中国话语，提出中国主张，形成中国方案。所有这些，都必然要求我国政府和学界共同加强相关问题的理论研究。例如，我国政府倡导的"网络主权"原则已经在国际上引发较大关注，国家主权适用于网络空间的理论依据是什么？"网络主权"包含哪些具体内涵？其确立和适用的标准是什么？如何认识和处理网络主权和网络人权的关系？这些问题，都有待通过深入、扎实的理论研究加以回答，以加强其说服力和影响力，从而为我国参与网络空间国际规则制定提供坚实的理论支撑。另外，我国国际法理论界和实务界人士在国际主流媒体和学术期刊上发出的声音也较为有限，这同样不利于我国有关网络空间法治的主张在国际上得到广泛认同。

第三，实践引领。国际法作为国际关系中的行为准则，始终在国家的交往和博弈的实践中不断发展、变革。中国作为网络空间的核心利益攸关方之一，应当立足于通过实质性地引领国际议题、主导规则内容、影响相关国际规则的制定和形成，使有关规则真正反映和维护本国利益。具体而言，在相关议题上，我国应当"有攻有防"，即着眼于推动制定网络反恐、打击网络犯罪等方面规则，防范西方国家将有关使用武力、人权保护等方面的现有国际法规则加以扩大解释并适用于网络空间；在谈判场所上，我国应当"区分主次"，充分发挥在乌镇世界互联网大会、上海合作组织、亚非法协等机制内的话语权和影响力，以引领谈判议题、引导规则内容；在规则形式上，我国应当"软硬兼施"，既重视国际条约、习惯等"硬法"规则，也要高度关注国际组织决议、非约束性行为准则等"软法"的重要影响。

第四，制度建设。网络空间国际规则制定中的话语权和影响力提升，既受制于一国经济、军事等方面的"硬实力"，同时也有赖于一国制度、观念等"软实力"的增强。这种软实力，必须通过持续的能力和制度建设方能得以形成。其中，特别应当注重的是通过政府、学界、企业等方面的资源整合和力量配置，形成优势互补、供需对接、高效协作、有序运转的机制体制。当前，我国需要优先考虑和解决的问题是：第一，在政府层面，国家网信办、外交部、公安部等实务部门在参与网络空间国际规则制定时的职责和分工尚不够明确、合理，各部门主管人员流动性偏大；第二，在学界层面，现有网络空间国际法领域的研究力量较为分散、单薄，难以形成合力；第三，在政学互动层面，除了有限的个例外，学者与政府部门的联系和协作较为有限，不利于二者优势互补。为此，我国亟须加大智库建设力度，重点在网络空间国际法领域建设2～3家有较强实力的专业化智库；同时，应当制度化、常态化地鼓励、吸收相关学者参与决策咨询和实际工作。

第五，人才培养。在当代国际竞争中，专业化的高端人才是一国软实力的"原点"。没有一支高素质的专业化队伍，我国在国际事务中的话语权和影响力将成为空中楼阁。因此，我国一方面要通过脱岗学习、定期不定期培训等多种形式，进一步提高相关实务部门业务主管人员的业务素质，另一方面要未雨绸缪，依托2012年启动的涉外卓越法律人才培养计划、2015年国务院学位委员会批准设立的"网络空间安全"一级学科以及国家建设高水平大学公派研究生项目等平台，加快培养一批通法律、擅外交、会外语、懂（网络）技术、能够代表中国参与相关国际规则制定的高端复合型人才。

# 第十章
# 中国与国际人权法治[*]

自《联合国宪章》通过以来，人权受到越来越多的关注。一系列国际人权条约和其他文书得以通过，国际人权机构得以发展。以《世界人权宣言》、《公民权利和政治权利国际公约》及《经济、社会及文化权利国际公约》为重要支柱，联合国核心人权条约和区域性或次区域性人权条约，以及保障履约或进行有效监督的相应程序机制，共同构建了国际人权促进和保护制度，也推动着法治在国内和国际层面的发展。

中国一贯秉承《联合国宪章》促进人权和基本自由的宗旨与原则，积极参与全球人权治理，认真履行国际人权条约规定的义务，积极推动在对话与合作中促进对人权的普遍尊重。

## 一 中国大力倡导国际人权保护的基本理念

在国际人权领域，中国始终秉持平等互信、包容互鉴、合作共赢的精神，倡导平等相待，谋求共同发展，坚持对话合作。

### （一）恪守《联合国宪章》的宗旨和原则

这一理念反映了尊重国家主权、维护国际和平与安全和尊重基本人权的统一性。早在1955年4月，中国倡导并为《亚非会议最后公报》（《万隆宣言》）所载明的和平共处十项原则第一条就宣布"尊重基本人权、尊重《联合国宪章》的宗旨和原则"。历年以来，在讨论人权议题的各个国际场合，中国一贯主张，尊重国家主权是有效促进和保护人权的根本前提，国际社会应恪守《联合国宪章》的宗旨和原则，不应以保护人权为借口干涉他国内政。中国认为，捍卫世界和平，坚决维护世界反法西斯战争胜利成果和以《联合国宪章》为基础的战

---

[*] 本章作者冯洁菡，法学博士，武汉大学国际法研究所教授，武汉大学人权研究院副院长，主要研究方向：国际公法、国际知识产权法。

后国际秩序,防止战争,消除暴力和冲突,人权才能得到根本保障。2015年9月16日,国家主席习近平在祝贺"2015北京人权论坛"开幕的致信中进一步指出,论坛以"和平与发展:世界反法西斯战争的胜利与人权进步"为主题,有利于推动各方对保障人类和平权、发展权的思考。

### (二)促进两类人权的共同平衡发展

中国主张,公民权利、政治权利与经济、社会、文化权利及发展权同等重要,不可偏废。国际社会应以2030年可持续发展议程为新起点,充分尊重发展中国家优先实现生存权和发展权的要求,平衡促进和保护公民权利、政治权利与经济、社会、文化权利及发展权。

从20世纪80年代初开始,中国积极参加了联合国人权委员会下起草《发展权宣言》政府专家组的历次会议,提出了许多建设性的意见。在中国与其他发展中国家的共同推动下,1986年12月,第41届联大通过了《发展权宣言》。20世纪80年代至21世纪初期,中国一直是人权委员会关于发展权问题决议的共同提案国。进入21世纪以来,中国在历届联合国大会、联大三委和联合国人权理事会人权议题的讨论中均不断重申,发展中国家人民的生存权和发展权是当今国际人权保护面临的突出问题。在经济金融危机的负面影响下,中国呼吁国际社会应更加重视发展权以及经济、社会和文化权利,并采取行之有效的措施实现《发展权宣言》所列目标及千年发展目标。在2015年4月25日亚非峰会通过的《万隆公报》中,中国和其他亚非国家共同承诺,将聚焦建设性国际对话与合作、能力建设和技术援助,以确保实现包括发展权在内的经济、社会、文化权利等所有公民政治权利及人权和基本自由。

### (三)尊重自主选择,尊重人权发展模式的多样性

中国一贯支持《世界人权宣言》和各项国际人权文书中确立的人权标准,同时主张国际社会应根据普遍性、公正性、客观性和非选择性原则促进和保护人权,应尊重人权发展的多样性,摈除当前联合国人权机制中的政治化和双重标准。2015年10月,在人权与预防和打击暴力极端主义问题上,中国反对在打击暴力极端主义和反恐中采取双重标准和选择性做法,因而对人权理事会的L.25/Rev.1号决议草案投了弃权票。

在国别人权审查问题上,中国主张国际社会应通过建设性对话与合作求同存异,妥善解决人权领域的分歧。中国历来反对利用国别人权问题施压,反对将国

别人权问题纳入安理会议程。2015年9月，国家主席习近平在祝贺"2015北京人权论坛"开幕的致信中指出，人权保障没有最好，只有更好。国际社会应该积极推进世界人权事业，尤其是要关注广大发展中国家民众的生存权和发展权。

### （四）在平等和相互尊重的基础上开展人权领域的对话与合作

国际合作是《联合国宪章》《世界人权宣言》《维也纳宣言和行动纲领》以及相关国际人权文书中确立的促进和保护人权的主要原则和方式。自恢复联合国合法席位以来，中国积极参与了联合国人权领域的各项活动，用自身的人权发展模式丰富了联合国的人权理念和实践。目前，中国已与近20个国家建立了年度人权对话与交流机制，并与联合国人权机构保持了良好的合作关系。此外，在区域、次区域、区域间和双边的框架下，例如在上海合作组织成立宣言、亚欧会议多边主义宣言、亚非新型战略伙伴关系宣言及上海合作组织元首宣言中，以及在与俄罗斯、欧盟、英国、巴西、葡萄牙、西班牙、德国等共同发表的40多份双边联合声明或联合公报中，中国都一再重申恪守尊重人权的原则，倡导在保护和促进人权问题上开展国际合作。

## 二 中国高度重视并积极参与人权领域国际规则的制定

20世纪80年代，中国积极参与了联合国系统内《儿童权利公约》、《禁止酷刑和其他残忍、不人道或有辱人格的待遇和处罚公约》、《保护所有迁徙工人及其家属权利国际公约》、《保护所有人免遭强迫失踪宣言》、《消除对妇女暴力宣言》、《个人、团体和社会机构在促进和保护世所公认的人权和基本自由方面的权利和义务宣言》以及《保护民族、种族、语言、宗教上属于少数人的权利宣言》等国际人权文书的起草、审议或修改，特别是在《发展权宣言》的酝酿、起草和制定过程中，中国发挥了至关重要的作用。

20世纪90年代，在联合国系统内，中国参加了《儿童权利公约关于儿童卷入武装冲突问题的任择议定书》、《〈儿童权利公约〉关于买卖儿童、儿童卖淫和儿童色情制品问题的任择议定书》、《〈禁止酷刑和其他残忍、不人道或有辱人格的待遇或处罚公约〉任择议定书》、《消除对妇女一切形式歧视公约的任择议定书》以及《联合国土著人民权利宣言》起草工作组会议。1993年，中国参加了维也纳世界人权大会，并积极和建设性地参与了《维也纳宣言和行动纲领》的起草。在妇女权利保护领域，1995年，中国主办了联合国第四届世界妇女大会

**中国促进国际法治报告（2015年）**

和非政府组织北京论坛，中国协调起草、磋商并由大会通过的《北京宣言和行动纲领》确立了12个优先领域的妇女发展目标，成为指导全球妇女权利保护的纲领性文件。在保障残疾人权利方面，突出的例子是1991年在第32届社会发展委员会会议上，中国提出了一项关于残疾人的"设立和加强国家残疾人问题协调委员会或类似的机构"的决议草案，得到了普遍的支持，中国还积极参与了《残疾人机会均等标准规则》的制定工作。在这个时期，中国还积极参与了制定各项劳工公约的工作，并与发展中国家联合对国际劳工大会的决议提出了相关修正案。

进入21世纪以来，中国更为积极地参与国际人权文书的起草与制定工作。在联合国第三届反对种族主义世界大会期间，中国参与了《德班宣言和行动纲领》的磋商和起草工作。2003年和2004年，中国参加了联合国《关于保护所有人不遭受强迫失踪的具有法律拘束力的规范性文书》起草工作组的会议。在禁止酷刑领域，中国自20世纪90年代以来自始至终参加了联合国《〈禁止酷刑和其他残忍、不人道或有辱人格的待遇或处罚公约〉任择议定书》的起草工作，并支持在这一领域加强国际合作。但由于《议定书》规定了可随时强制查访缔约国羁押场所的国际机制，明显没有充分尊重缔约国的主权，在2002年联合国大会对《议定书》进行表决时，中国投了反对票。① 2011年9月，中国就联合国禁止酷刑委员会起草的《对〈禁止酷刑公约〉第14条的一般性意见》（工作文件）向委员会提交中国政府评论，对"受害人"及"补偿"的定义、缔约国的民事赔偿义务、实现获得补偿权利的障碍等内容提出了建设性意见。②

在儿童权利保护领域，2009年12月，中国派团参加了《儿童权利公约》来文申诉机制任择议定书制定工作组召开的第一次会议，提交了"中国政府对议定书草案基本要点的非文件的评论"，与各国讨论制定这一任择议定书的相关事项。③ 2010~2011年，中国派团出席《儿童权利公约》关于提供来文程序的任择议定书问题不限成员名额工作组会议，并在人权理事会第17次会议和第66届联合国大会上协商一致通过了这一任择议定书。④

---

① 参见刘楠来《2002年条约法律工作与国际人权活动》，中国网，http：//www.china.com.cn/zhuanti2005/txt/2004-06/02/content_5577946.htm。
② 参见《中国法治建设报告（2011）》，光明网，http：//legal.gmw.cn/2012-07/17/content_4572487_20.htm。
③ 参见《中国法治建设年度报告（2009）》，人民网，http：//www.npc.gov.cn/npc/xinwen/2010-06/23/content_1578008.htm。
④ 参见《2012年中国人权事业的进展》白皮书，国务院新闻办公室，2013年5月14日。

在残疾人权利保护领域，中国于 2003 年 9 月参加了关于制定《残疾人权利公约》的特委会会议。2003 年 11 月，中国在北京承办了联合国亚太经社会关于制定《残疾人权利公约》的政府间会议，通过了《北京宣言》，对公约的制定进程产生了积极的促进作用。此后，中国参加了历次《残疾人权利公约》的起草工作。2007 年 3 月底，中国签署了这一公约。

## 三　中国积极参与审议和磋商各项人权议题

中国于 1981 年当选为联合国人权委员会成员，此后连选连任。自 20 世纪 90 年代以来，中国先后成为联合国社会发展委员会、麻醉品委员会、妇女地位委员会、联合国难民事务高级专员方案执行委员会以及联合国非政府组织委员会等机构的成员。2006 年 3 月，第 60 届联大通过第 60/251 号决议成立人权理事会，取代人权委员会。2006 年 5 月，中国当选为人权理事会首届成员，任期 3 年。2009 年 5 月，中国连任人权理事会成员。2013 年 11 月，中国再次高票当选为联合国人权理事会成员，任期 2014～2016 年。此外，自 1984 年起，中国专家在联合国人权委员会防止歧视和保护少数小组下属的土著居民问题工作组和来文工作组、经社文权利委员会、消除对妇女歧视委员会、消除种族歧视委员会、禁止酷刑委员会、人权理事会咨询委员会、残疾人权利委员会等联合国人权机构任职。

2015 年，中国代表团出席了联合国人权理事会常规会议、特别会议以及国别人权审查工作组会议，第 70 届联大三委相关会议，以及联合国 2015 年后发展议程峰会，2015 年全球妇女峰会，联合国妇女署执行局年会和联合国儿童基金会年会等多边人权会议，积极参与审议和磋商各项人权议题，阐述中国的立场，反映发展中国家的合理主张。

在促进和保护妇女权利问题上，中国支持将妇女问题纳入 2015 年后发展议程，支持在 2015 年后发展议程中促进男女平等和妇女赋权。中国主张，经济赋权始终是解决妇女领域问题的基础；妇女充分参与决策是实现妇女赋权的重要保障；教育是促进男女平等的有效途径；应正确处理好维护妇女权益和实现妇女发展之间的辩证关系；以及，国际社会应在妇女领域加强南北合作，重点关注妇女经济赋权问题。① 2015 年 9 月 27 日，中国国家主席习近平在全球妇女峰会上发

---

① 参见 2015 年 3 月 31 日中国常驻联合国代表团初光在第 69 届联大关于"在 2015 年后发展议程中促进男女平等和妇女赋权"高级别专题辩论会上的发言。

表讲话，呼吁国际社会发扬北京世界妇女大会精神，重申承诺，推动妇女和经济社会同步发展，积极保障妇女权益，努力构建和谐包容的社会文化，并创造有利于妇女发展的国际环境。

在促进和保护儿童权利问题上，中国呼吁尚未批准《儿童权利公约》的国家尽快批约，并主张，只有根据《联合国宪章》的宗旨和原则预防和阻止武装冲突，打击恐怖主义活动，才能从根本上解决儿童卷入武装冲突问题，保障儿童生存权的实现；联合国2030年可持续发展议程在落实过程中应充分考虑儿童最大利益原则，优先照顾有利于儿童生存和发展的需要；加强国际合作，增强保护和促进儿童权利方面的能力建设；以及，在加强儿童权利国际合作方面，中国政府将继续在南南合作的框架下，尽自己所能，帮助其他发展中国家。①

在保护和促进土著人权利问题上，中国认为，土著人是人类社会发展的参与者和见证者，理应享有平等的社会地位和基本权利。中国主张，土著人的概念是西方殖民历史的产物，应对土著人和世居民族加以区分；呼吁有关国家，特别是部分发达国家积极落实2030年可持续发展议程土著领域有关目标；中国希望各方能稳妥处理扩大土著人代表和机构参与联合国事务问题，逐步达成各方都能接受的解决办法，既能扩大参与度，又能阻止一些非政府组织打着"土著人"的名义混入联合国；以及，应发挥国际投资和自由贸易对于促进土著人权利的积极作用。②

在普遍定期审议问题上，2015年3月，中国代表在人权理事会第28次会议议题6一般性辩论中，代表27个观点相近的国家作了共同发言。③ 声明强调应遵循的原则是，国别人权审查进程应坚持普遍、独立和公正原则，应本着客观、透明、非选择性和建设性原则开展工作，避免对抗与政治化；有关技术援助和能力建设支持应符合各国需要和优先事项，应加强对发展中国家特别是最不发达国家和小岛国的援助；各国应在国别人权审查和后续机制中发挥主导作用，国际和区域层面的支持与合作应尊重各国主权；以及，敦促人权高专办将国别人权审查工作作为其预算保障的优先事项之一。

在体育与人权问题上，2015年3月，中国代表在人权理事会第28次会议上

---

① 参见2015年10月15日中国代表团胡森在第70届联大三委儿童权利议题下的发言。
② 参见2015年10月19日中国常驻联合国代表团姚绍俊参赞在第70届联大三委土著人权利议题下的发言。
③ 参见2015年3月23日中国代表团傅聪大使在人权理事会第28次会议议题6国别人权审查一般性辩论中代表观点相近国家所做的共同发言。

代表希腊、非洲组等五大洲 129 个国家作跨区域共同发言,① 强调和鼓励通过体育运动促进发展,加强对所有人尤其是青少年的教育,预防疾病,增进健康,推动性别平等,改善残疾人福祉,消除歧视,扩大包容,预防冲突,建设和平。声明呼吁各国与国际奥委会、残奥委会以及其他体育机构合作,通过体育促进和平、发展与人权,增进国际合作与和解。

在叙利亚人权和人道局势问题上,中国一贯主张通过建设性对话与合作处理人权领域的分歧,认为公开施压、强加外部调查机制无助于问题的解决。中国认为,理事会在讨论叙利亚人权状况时,应秉持客观、公正立场,切实为叙利亚冲突各方停火止暴、联合国等方面斡旋及人道救援努力和各方加强合作共同打击恐怖主义创造有利条件,并为促进叙利亚问题的政治解决发挥建设性作用。②

## 四 中国全面推进国际人权文书在国内的实施

中国重视国际人权文书的重要作用,迄今已经参加了 26 项国际人权文书。中国认真履行所加入的人权条约的义务,在国内立法、司法、行政等方面注重与条约规定衔接。

2004 年 3 月,中国把"国家尊重和保障人权"载入宪法。同月,中国政府发布《全面推进依法行政实施纲要》,明确提出经过十年左右的不懈努力,基本实现建设法治政府的目标和任务。2006 年和 2011 年发布的国民经济和社会发展"十一五"及"十二五"规划纲要将"尊重和保障人权,促进人权事业全面发展"作为加强社会主义民主政治建设的重要规划之一。自 2007 年 1 月 1 日起,最高人民法院收回了死刑复核权。2009 年 4 月,国务院公布了《国家人权行动计划（2009～2010 年）》,明确了政府在促进和保护人权方面的工作目标和具体措施。终期评估结果表明,计划中的各项措施均得到有效实施,各项目标如期实现。③

2010 年底,中国特色社会主义法律体系宣告形成。2012 年中国制订了新一期《国家人权行动计划（2012～2015 年）》,于 2014 年 12 月完成的中期评估显

---

① 参见 2015 年 3 月 23 日傅聪大使在人权理事会第 28 次会议上代表观点相近国家就国别人权审查问题作的共同发言。
② 参见 2015 年 7 月 2 日中国代表团在人权理事会第 29 次会议上对"叙利亚人权和人道局势"决议草案（L.4）采取行动前的解释性发言。
③ 参见中国向人权理事会提交的《国家人权报告》,2013 年 8 月,第 4 页。

示各项指标任务得到积极落实。2012年3月,中国修改了《刑事诉讼法》,明确将"尊重和保障人权"这一宪法确立的重要原则写入总则,并在各主要的具体修正条款中予以体现,包括进一步完善死刑复核程序,明确规定"不得强迫任何人证明自己有罪"和"非法证据排除"制度。2012年11月,党的十八大报告明确倡导"科学发展观",强调"以人为本",并将"人权得到切实尊重和保障"作为全面建成小康社会的奋斗目标之一。2013年,党的十八届三中全会通过的《中共中央关于全面深化改革若干重大问题的决定》明确提出完善人权司法保障制度。2013年12月,全国人大常委会正式废止劳动教养制度。2014年10月,党的十八届四中全会通过了《关于全面推进依法治国若干重大问题的决定》,强调要进一步加强人权司法保障。全国人大常委会分别于2011年2月通过了《刑法修正案(八)》,于2015年8月通过了《刑法修正案(九)》。这两个修正案减少了适用死刑的罪名,对有的罪名取消了绝对死刑适用的情形,同时还加强了对遭受虐待的弱势群体的保护。2015年11月4日,中国共产党十八届五中全会通过《关于制定国民经济和社会发展第十三个五年规划的建议》,就今后五年中国的发展提出一系列主要目标和基本理念,其中明确包括"法治政府基本建成,司法公信力明显提高,人权得到切实保障"。截至2015年底,以宪法为核心,中国已制定现行有效法律近250部,中国特色社会主义人权法律体系不断得到充实和完善。①

## 五 中国高度重视国际人权文书履约工作

中国一贯认真履行根据国际人权条约所承担的各项义务,按照条约规定按时提交履约报告,全面反映条约落实情况。在普遍定期审议方面,中国分别于2008年和2013年向人权理事会提交了《国家人权报告》。报告阐述了中国特色社会主义人权观和理论体系、促进和保护人权的立法和制度框架以及成绩与做法,并阐述了中国面临的挑战和努力目标,与各国进行了开放与坦诚的对话,受到国际社会一致好评。人权理事会分别于2009年和2014年核可了普遍定期审议机制对中国的审议。

迄今为止,在经济、社会和文化权利方面,中国分别于2003年和2010年提交了《经济、社会及文化权利国际公约》第1期和第2期履约报告。2014年5

---

① 参见中国向人权理事会提交的《国家人权报告》,2013年8月,第3页。

月，经济、社会和文化权利委员会审议了中国第 2 期报告，委员会专家称赞此次审议为"履约审议典范"。在妇女权利方面，1983~2012 年，中国提交了执行《消除对妇女一切形式歧视公约》共 8 期报告。① 2014 年 10 月，中国与消除对妇女歧视委员会就中国履行《消除对妇女一切形式歧视公约》情况第 7、8 期合并报告开展了互动对话。在儿童权利方面，1996~2010 年，中国向儿童权利委员会提交了执行《儿童权利公约》共 4 期报告。② 此外，中国分别于 2005 年和 2010 年提交了执行《〈儿童权利公约〉关于买卖儿童、儿童卖淫和儿童色情制品问题的任择议定书》的第 1 期和第 2 期报告，③ 于 2010 年提交了执行《〈儿童权利公约〉关于儿童卷入武装冲突问题的任择议定书》的首期报告。在残疾人权利方面，中国于 2010 年向残疾人权利委员会提交了执行《残疾人权利公约》的首期报告，并于 2012 年 9 月顺利通过委员会审议。在消除种族歧视方面，1983~2009 年，中国向消除种族歧视委员会提交了执行《消除一切形式种族歧视公约》共 13 期报告。④ 在禁止酷刑方面，1989~2013 年，中国提交了执行《禁止酷刑公约》共 6 期履约报告。2015 年 11 月，禁止酷刑委员会审议了中国执行该公约情况的第 6 期报告。中国在历次审议会议中与相关人权条约机构进行了建设性的对话与沟通，认真对待条约机构所作结论性意见，对有关结论性意见提交政府评论，以使条约机构全面了解中国政府立场，同时也结合本国国情，积极落实结论性意见中的可行建议。

自香港和澳门回归以来，中国按照"一国两制"原则，积极支持香港特区政府和澳门特区政府履行有关条约义务，在适用于中国内地、香港和澳门地区的国际人权文书的履约报告中均包含了香港和澳门的履约部分。

## 六 中国积极推动联合国人权条约机构和报告制度的改革

中国支持联合国人权条约机构在授权范围内持续推动缔约国履行国际人权文书。自 21 世纪以来，中国在历届联大三委人权文书执行议题下的发言中均指出，现行各条约的报告制度存在缔约国报告负担过重、某些条约机构越权以及未能恪

---

① 其中 3~4 期、5~6 期和 7~8 期为合并报告。
② 其中 3~4 期为合并报告。
③ 第 2 期报告合并在 2010 年《儿童权利公约》第 3~4 期报告中。
④ 其中 3~4 期、5~7 期、10~13 期为合并报告。

守客观、公正和独立原则的问题。中国政府支持对人权条约机构及条约报告制度实行改革。

从 2006 年开始，中国积极参与了联合国人权高专办提出的"统一的人权条约机构"改革。2010 年，中国响应人权高专办的倡议，参照《根据国际人权条约提交报告的协调准则，包括编写核心文件、提交专要条约报告的准则》，撰写并提交了中国核心文件。中国政府积极参与和推动联大加强和增进人权条约机构体系有效运作政府间进程，呼吁制定条约机构专家行为准则。2011 年 11 月，中国向人权高专办提交了《对加强人权条约机构体系进程的意见》，并于 2012 年 7 月派团出席了联大政府间议程的首次非正式磋商，就改善人权条约机构体系阐述了中国的立场和主张。对第 68 届联大通过的"加强人权条约机构有效运作"的决议，中国表示欢迎，并主张充分尊重缔约国意见，有效减轻缔约国不必要的负担，以及加强对条约机构履职相应的监督和问责。

2015 年 11 月，中国代表在第 70 届联大三委人权文书执行议题下的发言中就决议后续行动和条约机构工作发表了中国的主张：第一，各方应全面、平衡落实决议规定，避免选择性履行决议条款，确保缔约国充分参与决议后续行动；第二，条约机构应按照条约要求，在缔约国大会支持下，本着客观、公正、独立的原则开展工作，切实尊重条约授权，通过建设性平等对话，协助缔约国更好履约；第三，对条约机构主席联席会议通过的《反对恐吓和报复准则》（圣何塞指导原则），中国的主张是，保护个人免受恐吓和报复涉及缔约国义务，是缔约国的首要责任，因此相关指导原则应由缔约国和条约机构共同磋商，不应由条约机构主席联席会议单方面采取行动，在达成共识之前，不宜推广和执行该原则；第四，中国重视民间社会包括非政府组织在促进和保护人权方面发挥的作用，主张非政府组织参与条约机构审议活动应遵循经社理事会第 1996/31 号决议等联合国规则。

## 七 中国大力促进各个层面的国际人权交流与合作[①]

自 1991 年以来，中国共发表了 12 份有关中国人权状况的政府白皮书，从发展权利、人身权利、民主权利、公平审判权、少数民族权利、妇女和儿童及老年

---

① 第十一章和第十二章将述及中国参与惩治违反国际人权法和人道法的罪行相关的活动，本章不赘述。

人权利、残疾人权利、环境权利以及对外交流与合作等方面系统介绍了中国在人权领域的实践和所取得的成就。此外，国务院还就社会保障、法治建设、司法改革、西藏与新疆的发展与进步、性别平等与妇女发展状况以及环境保护等专项议题发表了政府白皮书，这些都有助于国际社会加深对中国人权状况的认知和了解。

## （一）多边和跨区域层面

自恢复在联合国的合法席位以来，除在联合国大会、联合国人权理事会、联大三委以及联合国各人权条约机构的历次会议中就各类人权议题积极阐述中国的理念和立场，敦促联合国人权机制秉持客观、公正、非选择性的方式处理人权问题之外，中国还致力于与联合国各机构在人权领域开展紧密合作。

20世纪90年代以来，联合国人权高专和各人权机构专员多次访华，中国与联合国人权高专办在司法、人权教育、发展和技术合作领域进行了一系列项目合作。2000年和2005年，中国与联合国人权事务高级专员办公室共同成功举办了第八届和第十三届亚太人权研讨会。2013年，中国承诺将对人权高专办的捐款提升至每年80万美元。此外，中国还持续与联合国粮农组织、教科文组织、世界卫生组织、国际劳工组织等开展在人权领域的交流与合作。

2015年9月，中国与联合国妇女署共同主办了2015年全球妇女峰会，这一峰会与联合国2015年后发展议程峰会同时召开，并以此纪念第四届世界妇女大会暨《北京宣言》和《行动纲领》通过20周年。中国国家主席习近平在这次峰会上宣布，为支持全球妇女事业和联合国妇女署工作，中国将向妇女署捐款1000万美元，用于支持落实《北京宣言》和《行动纲领》，落实2015年后发展议程相关目标。在今后5年内，中国将帮助发展中国家实施100个"妇幼健康工程"，派遣医疗专家小组开展巡医活动；实施100个"快乐校园工程"，向贫困女童提供就学资助，提高女童入学率；邀请3万名发展中国家妇女来华参加培训，并在当地为发展中国家培训10万名女性职业技术人员。在中国同联合国合作设立的有关基金项下，将专门开展支持发展中国家妇女能力建设的项目。

中国人权研究会和中国人权发展基金会自2008年以来开始主办"北京人权论坛"，迄今已举办了八届。论坛聚焦"发展、安全与人权"，"和谐发展与人权"，"人权与发展：概念、模式、途径再思考"，"文化传统、价值观与人权"，"科技、环境与人权"，"建设可持续的人权发展环境"，"中国梦：中国人权事业的新进展"以及"和平与发展：世界反法西斯战争的胜利与人权进步"等主题，已成为包括发展中国家和发达国家在内的国际人权对话与交流的重要国际平台。

在跨区域层面，中国于2000年主办了中非合作论坛——北京2000年部长级会议，于2004年主办了第六届亚欧会议非正式人权研讨会，并积极参加中加挪人权研讨会、亚欧会议非正式人权研讨会等跨区域人权会议，与亚、欧、非、美洲各国人权官员和民间代表进行交流。

### （二）双边层面

中国积极推动在平等与相互尊重的基础上与有关国家建设性地开展人权对话与合作。2013年11月，习近平主席在论及构建中美新型大国关系时明确指出了三项原则——"不冲突、不对抗；相互尊重；合作共赢"，这是中国处理人权问题与新型大国关系的准绳。自20世纪90年代以来，截至2015年底，中美之间举行了19次人权对话，中德之间举行了12次人权对话，中英之间举行了22次人权对话，中澳之间举行了15次人权对话，中荷之间举行了9次人权对话，中瑞（士）之间举行了8次人权对话，中欧之间举行了34次人权对话。2015年12月4日，第一届中欧人权研讨会在法国举行，研讨会由中国人权研究会、欧洲人权法院、斯特拉斯堡大学法学院和国际人权研究院共同举办，中欧学者和法官就童工、贩卖儿童、儿童色情和卖淫、法律界人士、未成年人犯罪和儿童教育等问题进行了交流，分享了信息。此外，中国还与墨西哥、巴西等发展中国家就人权问题进行了对话与交流。这些对话与合作增进了相互了解，促进了彼此在人权领域的进步，也充分体现了中国在人权事务上的开放与务实态度。

# 第十一章
# 中国与国际人道法[*]

## 一 国际人道法的历史沿革与现状

国际人道法是出于人道考虑保护战争受难者和规制作战行为的国际规则。习惯国际人道法有着久远的历史，而协定国际人道法始于1864年的《改善战地武装部队伤者境遇的日内瓦公约》（简称《日内瓦公约》），自此开启了国际人道法体系的发展历程。1864年的《日内瓦公约》在1906年和1929年得到修订，不仅改善了战场上患病和受伤士兵的境遇，还制定了保护战俘的新规则。1899年和1907年的两次海牙会议通过了规范作战行为的《海牙公约》。国际人道法体系两大组成部分得以形成，即保护战争受难者的日内瓦公约体系和规范战争手段与方法的海牙公约体系。此后，先后发生的西班牙内战和第二次世界大战为日内瓦公约体系的又一次重大修订以及进一步发展提供了契机。1949年8月于日内瓦召开的外交会议通过了《改善战地武装部队伤病员待遇的日内瓦公约》《改善海上武装部队伤病员及遇船难者待遇的日内瓦公约》《关于战俘待遇的日内瓦公约》，进一步完善了1929年三个日内瓦公约中的既定规则，并且增加了全新的《关于战时保护平民的日内瓦公约》（这四个公约通称"1949年日内瓦公约"）。二战以后，恐怖主义、武装冲突性质的变化以及生化武器和大规模杀伤性武器的发展和使用对国际人道法提出了严峻挑战。1977年在日内瓦召开的外交会议通过了1949年日内瓦公约的第一和第二附加议定书，分别规定了在国际性武装冲突和非国际性武装冲突中对受难者的保护以及对作战方法和作战手段的限制。此外，一系列涉及常规武器、生化武器、地雷、激光武器、集束弹药、保护武装冲突中的儿童等特定领域的国际公约和议定书以及2005年的日内瓦公约第三附加议定书，都扩大了国际人道法的适用范围，并且促成了对习惯国际人道法的编纂。

---

[*] 本章作者冯洁菡，法学博士，武汉大学国际法研究所教授，武汉大学人权研究院副院长，主要研究方向：国际公法、国际知识产权法。

在保障遵守与实施国际人道法的机构性安排方面，红十字国际委员会作为国际人道法的倡导者和捍卫者，为战争受难者提供保护及救助工作，传播和推广国际人道法，并对武装冲突期间遵守国际人道法进行监督。一战结束之后，根据《凡尔赛和约》成立的战争始作俑者责任与刑罚委员会提出应对1915年在土耳其境内实施违反人道主义罪行的个人进行审判，但因种种因素未能实现。二战结束之后，为惩治战争中犯下严重违反国际人道法罪行的个人，国际社会先后成立了纽伦堡欧洲国际军事法庭和远东国际军事法庭，分别对二战中犯有战争罪等罪行的德、日甲级战犯进行审判。联合国成立之后，承担起了在国际社会敦促遵行和实施国际人道法，惩治违反国际人道法之罪行的使命。20世纪90年代早期发生在南斯拉夫和卢旺达的大屠杀暴行，促使联合国安理会通过第827号和第955号决议，分别设立了前南国际刑事法庭（也称"前南国际刑庭""前南刑庭""南庭"）和卢旺达国际刑事法庭（也称"卢旺达国际刑庭""卢旺达刑庭""卢庭"），以处理源于这两个情势的严重违反国际人道法的行为。1998年7月，联合国设立国际刑事法院全权代表外交会议在罗马召开，会议通过了《国际刑事法院罗马规约》（简称《罗马规约》），根据《罗马规约》成立的常设性质的国际刑事法院，对严重违反《日内瓦公约》的行为予以审判和惩处。

## 二　中国积极参与国际人道法的制度构建

中国是有着悠久人道法历史渊源的国家之一。早在1912年1月，中国红十字会就成为红十字国际委员会的成员。中国一贯重视国际人道法，批准或加入了主要的国际人道法条约，是首批加入1977年《日内瓦公约》两项附加议定书的国家之一。

### （一）在武装冲突中保护平民

1999年、2000年和2006年，联合国安理会分别通过了第1265、第1296和第1674号决议，促请各方严格遵守国际人道法和履行相关国际人权法规定的义务，并严格遵守安理会的决定，加强对武装冲突中的平民的保护。在保护受武装冲突影响的儿童方面，联合国安理会第1261、第1314、第1379、第1460和第1539号决议构建了一个保护受武装冲突影响儿童的全面框架。2005年7月，联合国安理会第1612号决议设立了一个有关儿童与武装冲突问题的"监督汇报机制"和审议工作组。在妇女、和平与安全问题上，2000年，联合国安理会通过第 1325 号决议，呼吁武装冲突各方充分尊重适用于平民，尤其是保护妇女和女童的国际法规则。

中国加入的适用于武装冲突中保护平民的国际条约主要包括：1899 和 1907 年《海牙公约》、1949 年《日内瓦四公约》及其 1977 年附加议定书、1951 年《关于难民地位的公约》及其 1967 年议定书、1979 年《消除对妇女一切形式歧视公约》、1980 年《禁止或限制使用地雷（水雷）、饵雷和其他装置的议定书》（常规武器公约议定书二）及其 1996 年修正议定书、1989 年《联合国儿童权利公约》及其 2000 年 5 月 25 日的两项任择议定书和 1999 年《禁止和立即行动消除最恶劣形式的童工劳动公约》。

中国历来支持联合国及安理会深入思考和充分讨论武装冲突中各类平民的保护问题，全面应对保护平民过程中面临的突出挑战。在历届安理会相关议题的公开辩论会上，中国常驻联合国代表均强调了中国一贯坚持的立场。[①] 第一，武装冲突中所有各方均应履行保护平民的责任。当事国政府负有首要责任，保护无辜平民，包括保护记者、人道主义工作者、妇女和儿童免遭冲突和战争的伤害。同时，冲突相关各方应切实遵守国际人道法及安理会有关决议，不遗余力地保护平民。打击武装冲突中侵犯人权和违反国际人道法的行为，应首先发挥各国国内司法体制的主渠道作用。第二，国际社会和外部组织对武装冲突中各类平民采取的人道主义救援行动，应符合《联合国宪章》的宗旨和原则，充分尊重当事国的主权和领土完整。第三，加强对武装冲突中平民的保护，应从预防、遏制和政治解决冲突入手，从根本上减少武装冲突给平民带来的伤害。国际社会应制定和实施冲突后重建和平和促进可持续发展等综合战略。第四，联合国各机构应加强分工协作，共同推进武装冲突中保护平民的工作。

在联合国采取维持和平行动保护平民的问题上，中国常驻联合国代表在安理会公开辩论会上强调，维和行动采取保护平民行动时，应严格遵循安理会授权，尊重当事国主权，保持客观、中立，避免成为冲突一方。维和行动履行保护平民授权是协助当事国加强保护平民的重要手段之一，并不能取代有关国家政府及冲

---

① 参见 2014 年 2 月 12 日中国常驻联合国代表刘结一大使在安理会"武装冲突中保护平民问题"公开辩论会上的发言；2015 年 6 月 18 日中国常驻联合国代表刘结一大使在安理会"儿童与武装冲突问题"公开辩论会上的发言；2015 年 5 月 28 日中国常驻联合国副代表王民大使在安理会"保护武装冲突中的记者"公开辩论会上的发言；2015 年 1 月 30 日中国常驻联合国副代表王民大使在安理会"保护武装冲突中妇女和儿童问题"公开辩论会上的发言；2014 年 8 月 19 日常驻联合国副代表王民大使在安理会"保护人道主义工作者问题"公开会上的发言。

突方履行保护平民的责任和义务。

在叙利亚人道局势问题上，中国外交部部长王毅在安理会关于叙利亚问题的部长级会议以及叙利亚国际支持小组第三次外长会议上指出，中国呼吁各方切实团结一致，致力于缓解叙利亚人道主义危机和全面解决难民问题。在人道救援领域，国际社会要开好叙利亚人道援助大会，加大对叙及周边国家人道支持。中国已多批次向叙利亚及地区国家提供了人道援助并将继续与有关各方加强协调。

### （二）保护的责任

"保护的责任"是21世纪初出现的一个新概念。2005年联合国世界首脑会议成果文件对保护责任做出了非常谨慎的描述。成果文件将"保护的责任"的适用范围严格限于种族灭绝、战争罪、种族清洗和危害人类罪四种严重的国际罪行。[①] 对于如何理解和履行"保护的责任"，中国代表发表了如下看法。[②]

第一，应遵守国家主导的原则。国家负有保护本国公民的首要责任。国际社会在必要时可提供建设性援助，并根据所涉国家的情势采取适当措施，但必须首先尊重国家的主导。关键在于增强能力，包括增强国内管理能力，增进司法协助，以及促进对话与和解。同时，应遵守《联合国宪章》的宗旨和原则，遵循国家当家做主和主导的原则，尊重危难国家的司法传统和民族实情，并避免对所涉国家的国内情势造成消极影响。以人权和人道主义援助为托词的滥用，是对国家主权的侵犯，与保护责任的目标背道而驰。

第二，应全面履行2005年联合国世界首脑会议成果文件。成果文件清晰地界定了"保护的责任"的概念，规定"保护的责任"的适用应限于种族灭绝、战争罪、种族清洗和危害人类罪四种国际罪行。不应对该概念做扩大或任意解释。联合国应继续就"保护的责任"的概念进行对话和阐述。

第三，在履行"保护的责任"时，各国应根据国家的具体情况及其需求采取相关政策和机制。各国应更多地致力于预防和解决冲突。中国此前提倡在危机的早期阶段采取适当及合理的措施，并通过和平方法，例如谈判和对话解决争端。这些应成为履行"保护的责任"，并防止残暴罪行的重要组成部分。国际社会应对有需求的国家提供建设性援助，以为预防性外交创造国家合力。

---

[①] 2009年7月24日中国代表在第63届联大关于"保护的责任"问题全会上的发言。
[②] 2015年9月8日中国代表在联合国大会关于"保护的责任"非正式互动对话上的发言，http://www.globalr2p.org/media/files/china-1.pdf。

第四,在采取预防性行动时,应给予和平方法,例如对话、谈判和调停以优先考虑。中国随时准备与国际社会共同协作,以全面履行2005年联合国世界首脑会议成果文件所规定的目标。中国承诺促进联合国在维持和建设和平领域的重要作用,并促进发展,以实现全球规模的和平、稳定与发展。

### (三)对武器使用的禁止或限制

#### 1. 生化武器

中国在日本侵华期间深受细菌和化学武器之苦,主张全面禁止和彻底销毁生物武器和化学武器。1952年7月,中国继承了前政府加入的1925年《关于禁止用毒气或类似毒品及细菌方法作战的日内瓦议定书》。1984年11月,中国加入了《禁止细菌(生物)及毒素武器的发展、生产及储存以及销毁这类武器的公约》(《禁止生物武器公约》)。自1980年起,中国参加了《关于禁止发展、生产、储存和使用化学武器及销毁化学武器公约》(《禁止化学武器公约》)的谈判、起草和审议,提出了"全面禁止、彻底销毁和尽快缔约"三原则和一份题为《中国:关于全面禁止和彻底销毁化学武器公约内容的主要观点》的工作文件,就公约的各项内容全面系统地阐明了我国的立场和主张,受到各国代表的广泛好评,对《禁止化学武器公约》的最后达成做出了重要贡献。[①] 1997年4月,中国交存了《禁止化学武器公约》的批准书。

自加入生化武器公约以来,中国一贯恪守相关公约的宗旨和目标,全面履行公约义务,支持不断加强公约的普遍性,致力于全面禁止和彻底销毁生化武器。在生物武器问题上,中国认为,国际社会应积极探讨加强公约的切实举措。在公约框架下制订生物领域科学家行为准则和建立多边、非歧视的出口控制机制,应成为下一轮审议进程的重点。[②]

在日遗化武和细菌战问题上,2015年10月,中国代表在第70届联大一委关于化学武器问题的专题发言中指出,侵华日军在二战期间公然违背国际法,在中国研制并使用生物、化学武器,进行化学战与细菌战,惨无人道地屠杀中国人民。时至今日,日本遗弃在华的大量化武仍继续危害中国人民的生命财产和生态环境安全。日遗化武销毁是《公约》的严肃规定,也是日本的国际义务。中方对日方未能于公约规定的最终期限前完成日遗化武销毁感到遗憾,对当前销毁进

---

① 参见陈刚《新中国对国际人道法的贡献》,《西安政治学院学报》2003年第4期。
② 参见2015年10月22日中国裁军大使傅聪在第70届联大一委关于生化武器问题的专题发言。

度再度滞后表示严重关切，中方敦促日方加快履行其应尽义务，尽早还中国一方净土。在使用化武的同时，侵华日军并在中国建立细菌战部队基地。所杀害的中国民众，据不完全统计约120万人。日本战败投降后，在远东国际军事法庭被审判的日本战犯中，半数以上都与日本细菌战有关。日本军国主义在第二次世界大战期间犯下的滔天罪行，给中国及其他国家的人民带来了深重灾难。近70年过去，日本却仍在极力掩盖和回避历史。中国坚持维护二战胜利成果和战后国际秩序的严肃立场，坚决反对任何否认和歪曲侵略历史的错误做法。中国敦促日本正视和反省战争责任，以实际行动取信于亚洲邻国和国际社会。①

在叙利亚化武问题上，中国支持禁化武组织执理会和联合国安理会就叙利亚化武问题分别通过的决定和决议，欢迎叙利亚加入《禁止化学武器公约》，并积极参与联合国及禁化武组织组织的销毁叙化武的多边行动。

### 2. 常规武器

中国加入了《禁止和限制使用某些可被认为具有过分伤害力或滥杀滥伤作用的常规武器公约》（《特定常规武器公约》）及其全部附加议定书和公约第1条的修正案。2015年11月，中国代表在《特定常规武器公约》2015年缔约国会议上的发言中表示，作为常规军控领域的重要法律框架之一，《特定常规武器公约》生效以来，在解决常规武器滥用引发的人道主义问题方面，发挥着重要作用。中国认为，应该在平衡处理各国军事安全和人道主义关切的基础上，不断加强和完善常规军控法律机制。各国应通过广泛参与、平等协商，增加军事互信，共同推进公约各项工作取得新进展。此外，中国支持在公约框架下继续开展对致命性自主无人武器系统的讨论，包括相关的定义、范围、法律适用等问题。国际社会应在现有国际法基础上，本着普遍安全的理念，致力于预防性外交，遏制高科技领域的军备竞赛势头，维护国际和平与稳定。中国希望这一讨论进程遵循公约的宗旨和目标，充分照顾所有国家，特别是发展中国家的正当关切，确保各方平等、普遍参与。

进入21世纪以来，中国高度重视战争遗留爆炸物、反车辆地雷、集束弹药以及轻小武器等引起的人道主义问题。中国目前还不是《渥太华禁雷公约》的缔约国，但多年来一直与各缔约国保持密切的交流合作，以观察员国身份参加了公约缔约国会议和审议会议，并自2005年起对联大"执行《渥太华禁雷公约》"的决议投了赞成票，这充分表明中国肯定和重视公约的重要作用。

---

① 参见2015年10月22日中国裁军大使傅聪在第70届联大一委关于生化武器问题的专题发言。

在战争遗留爆炸物问题上,2010年4月,中国全国人大常委会批准了《战争遗留爆炸物议定书》。中国始终认为,国际社会应确立"谁使用、谁清除"原则,在他国境内遗留爆炸物的国家应切实承担起应尽的历史责任,为清除工作提供必要的资金、技术。①

在反车辆地雷问题上,中国一贯主张平衡处理人道主义关切和主权国家的正当防卫需要。反车辆地雷仍是许多国家安全防御的重要组成部分。事实上,反车辆地雷造成的平民伤亡与杀伤人员地雷不可同日而语。只要普遍、忠实地履行经修订的二号议定书,反车辆地雷可能引发的人道主义问题可以得到妥善解决。因此,中国认为现阶段没必要就此重启讨论。②

在集束弹药问题上,中国一直以积极和建设性的态度参加了《禁止集束弹药公约》的谈判,并且支持公约政府专家组谈判达成一项平衡照顾人道主义关切和各国正当军事安全需求的议定书。

在轻小武器问题上,中国积极参与了《联合国打击跨国有组织犯罪公约》所附的《关于打击非法制造和贩运枪支及其零部件和弹药的补充议定书》(《枪支议定书》),联合国打击小武器非法贸易的《行动纲领》,《识别与追查非法小武器国际文书》以及《武器贸易条约》的协商和谈判进程。2002年12月9日,中国政府签署了《枪支议定书》,目前正在研究签署《武器贸易条约》的问题。

### (四)灾害立法和发生灾害时的人员保护

#### 1. 灾害立法

2011年12月,中国代表团在第31届国际红十字和红新月大会上关于"加强灾害立法"议题的发言中指出,中国对加强灾害应对立法、发展国际救灾和初期恢复重建政策框架持积极态度。中国提出了三点意见:第一,加强减灾的机制建设,根据各自国情进行相应的灾害立法,努力推进减灾各项能力建设;第二,关注灾害早期预警,重视科技研发,分享救火减火经验和信息,进一步加强在救灾减灾领域的国际合作;第三,充分发挥联合国国际减少灾害战略、人道主义事务协调办公室等灾害应对机构在国际层面的协调作用。

#### 2. 发生灾害时的人员保护

2006年,国际法委员会第58届会议把"发生灾害时的人员保护"这一专题

---

① 参见2015年11月9日中国代表团在《战争遗留爆炸物议定书》第九次缔约国会议上的发言。
② 参见2015年11月12日中国裁军大使傅聪在《特定常规武器公约》2015年缔约国会议上的发言。

列入其长期工作方案,着手编纂与发展相关的国际法原则和规范。中国代表积极参与了历届国际法委员会和联大六委对这一专题的审议。中国认为这项工作有助于厘清救灾领域适用的国际法规则,更加有效地促进和协调国际救灾行动。对一读通过的条款草案力求在加强国际合作和尊重国家主权之间取得平衡,比如条款草案第 12 条规定受灾国在救灾中发挥首要作用,第 14 条第 1 款规定提供外部援助需要征得受灾国的同意等,中国表示赞同。但中国认为,草案在以下两个方面存在欠缺。①

第一,总体而言,编纂与发展存在不平衡。委员会的宗旨是逐渐发展和编纂国际法。无论是逐渐发展还是编纂,都应立足于现有国际法原则、规则和国家实践。本草案的一个明显特点是,对现行法的编纂不足,拟议法的成分偏多,部分条款缺乏坚实、普遍的国家实践支持,比如第 13 条规定受灾国有责任寻求外部援助、第 14 条第 2 款规定受灾国不得任意拒绝同意外部援助等。同时,在相关评注中,援引联合国、国际组织等通过的软法性文件较多,具有法律约束力的国际条约、习惯国际法和判例法等不足。

第二,具体而言,对受灾国的责任义务规定较多,超出现有法律规定和国家实践,可能影响国家主权。从国家主权的对内方面看,一国在发生灾害时有责任对其灾民进行救助,这在草案第 12 条第 1 款中有明确体现。但这种对内责任并不意味着主权国家在对外方面也有必须寻求外部援助的义务。无论从习惯国际法还是国家实践来说,一国都没有接受外部援助的责任或义务(duty or obligation)。中方注意到,草案第 13 条"关于受灾国寻求外部援助的责任"使用了"duty"一词,而不是"obligation",旨在照顾很多国家的关切,弱化国家寻求外部援助的法律义务(obligation)。但由于"duty"的法律意义模糊,实践中可能被外国援引作为强迫受灾国接受外部援助的法律义务来源,因此也宜避免使用。同时,考虑到在草案第 13 条和第 14 条规定了受灾国责任和义务的同时,第 16 条却规定了外国和国际组织提供援助的权利,导致受灾国在寻求和接受外部援助方面处于被动不利的地位,有悖于国家主权和当事国同意原则,也不符合权利义务对等原则,不利于国际救灾合作的开展。鉴于上述,中方建议对条款草案第 13 条做出适当调整,比如用"the affected state may seek assistance"来替代"has the duty to seek assistance"。中国希望委员会在继续这一专题下的工作时,

---

① 2014 年 10 月 29 日中国代表、外交部条法司司长徐宏在第 69 届联大六委关于"国际法委员会第 66 届会议工作报告"议题的发言。

切实从受灾国和受灾民众的实际需要出发,从促进国际救灾合作的实效出发,在二读讨论中对相关条款进行审慎考虑和做出必要修改。

### (五)发生武装冲突时的环境保护

2011年,国际法委员会在第63届会议上决定将"与武装冲突有关的环境保护"专题列入其长期工作方案。中国代表积极参与了历届国际法委员会和联大六委对这一专题的审议。2015年11月,中国代表在第70届联大六委关于"国际法委员会第67届会议工作报告"议题的发言[①]中指出,委员会应注意区分有关规则是适用于国际性武装冲突,还是适用于非国际性武装冲突。委员会对国际性武装冲突适用的环境保护规则做了很好的梳理,但有关非国际性武装冲突的研究相对匮乏。鉴于目前直接规范非国际性武装冲突的国际规则甚少,有关实践资料的获取实属不易,编纂非国际性武装冲突中的环境保护规则确有困难,建议委员会考虑将有关原则草案限于适用国际性武装冲突。没有国际实践的支持,不宜将适用于国际性武装冲突的规则照搬到非国际性武装冲突中去。

## 三 中国全面推进对国际人道法的遵守与实施

### (一)国内层面[②]

中国在抗日战争、朝鲜战争、中印边境反击战和中越自卫反击战期间,均严格践行国际人道法,特别是关于保护平民和对待战俘的规则。例如,中国人民解放军的"三大纪律、八项注意"体现了国际人道法的基本原则,前南刑庭在塔迪奇案中将之作为证明习惯国际人道法规则的国家实践加以援引,对促进国际人道法和国际刑法的发展起到了积极的作用。中国一贯重视国际人道法,认真履行相关公约。2007年,中国成立了国际人道法国家委员会,成员单位包括中国红十字会总会、外交部、教育部、司法部、国防部、国家文物局、中国人民解放军总参谋部、中国人民解放军总政治部和中央军委法制局等,专门负责对国际人道法的传播和实施进行协调和提出建议,为确保有效实施国际人道法发挥了重要作

---

[①] 参见2015年11月6日中国代表、外交部条法司司长徐宏在第70届联大六委关于"国际法委员会第67届会议工作报告"议题的发言。

[②] 本部分内容的撰写部分参考了红十字国际委员会2010年4月发布的《国际人道法与中国国内法关系的研究报告》,特此向红十字国际委员会东亚代表处法律顾问郭阳先生致谢。

用。

### 1. 立法

1997年颁布的《中华人民共和国国防法》第67条规定,"中华人民共和国在对外军事关系中遵守同外国缔结或加入、接受的有关条约和协定",为履行中国批准或加入的国际人道法公约或议定书奠定了法律基础。

在保护战争受难者和惩治战争犯罪和其他严重违反国际人道法的行为方面,中国《刑法》、《兵役法》、《未成年人保护法》和《监狱法》中的相关规定对战俘以及武装冲突中的平民提供了相应的保护。亟待完善之处是就有关武装冲突中保护被拘禁的平民和妇女,将强制征募儿童兵刑事化以及对战地记者身份认定做出明确规定。①

在武器使用的禁止或限制方面,中国先后颁布了《有关化学品及相关设备和技术出口管制办法》、《生物两用品及相关设备和技术出口管制条例》及其管制清单、《枪支管理法》、《军品出口管理条例》及其管理清单等国内法规,在生物、化学、常规武器、轻小武器等军品领域建立了较为完备的出口管制和国内管理体系。

在红十字和红新月标志的保护方面,中国先后颁布了《红十字会法》、《红十字标志使用办法》和《商标法》,规定了这些标志的保护和识别性使用,以及禁止将这些标志作为商标使用。②

在文化财产和自然环境保护方面,《文物保护法》及其实施条例以及《刑法》对文物建档、故意毁坏及盗窃文物罪和危害环境罪做出了相应规定。有待完善之处是对武装冲突中保护文化财产和环境,以及禁止引起过分损害做出明确规定。③

### 2. 传播和普及人道法

近年来,中国军队将国际人道法列入部队教育训练大纲,在实战演练中普及人道法,并组织编写了《地雷议定书宣传手册》等训练材料。从1991年开始,中国军队与红十字国际委员会合作,举办了多次国际人道法讲习班、备灾救灾管理培训班和空战法讲习班等,并积极派员参加了国际人道法研究与传播的各种国

---

① 参见红十字国际委员会《国际人道法与中国国内法关系的研究报告》,2010年4月,第71、73、75、79、83页。
② 参见红十字国际委员会《国际人道法与中国国内法关系的研究报告》,2010年4月,第65页。
③ 参见红十字国际委员会《国际人道法与中国国内法关系的研究报告》,2010年4月,第97、102页。

际研讨会和培训活动。中国红十字会总会在全国 30 多个省市建立了红十字基本知识传播工作网络，2012 年 7 月，国务院印发了《关于促进红十字事业发展的意见》。

中国将国际人道法列为地方高等院校法学教育课程。自 2006 年起，中国部分高校与红十字国际委员会东亚代表处合作举办了七届国际人道法教师培训班。此外，自 2007 年至今，中国部分高校与红十字国际委员会东亚代表处已联合举办了九届高校间红十字"国际人道法"模拟法庭竞赛，推动了国际人道法在学生中的传播。

**3. 履约**

在化学武器方面，中国认真履行《禁止化学武器公约》的各项义务，成立了"国家履行《禁止化学武器公约》办公室"，并建立了地方级的履约机构，按时完整提交各类年度宣布、新发现日本遗弃在华化学武器的后续宣布及年度国家防护方案，接待了禁化武组织 240 多次现场视察。

在生物武器方面，中国致力于《禁止生物武器公约》的全面、严格履约，成立了一个由外交部、国防部、农业部、卫生部、商务部、海关总署以及其他有关政府机构组成的全国实施体系，[①] 建立了较完备的履约法律体系，设立了国家履约联络点，每年按时向公约履约支持机构提交建立信任措施宣布资料。

在常规武器方面，作为公约及其五个议定书的"完全成员国"，中国忠实履行公约及议定书义务，积极参与国际合作，按时提交国家履约报告，认真参加议定书专家组会议。

在轻小武器方面，中国积极参与打击轻小武器非法贸易的国际努力，认真落实联合国轻小武器《行动纲领》与《识别和追查非法轻小武器国际文书》。

在保护文化财产方面，2012 年上半年，中国认真准备了《关于在武装冲突中保护文化财产的海牙公约》及其第一议定书实施情况的报告。

**（二）国际层面**

在国际层面，中国充分利用各种交流平台，加强对外援助与合作，促进国际人道法的国际实施。

---

① 参见红十字国际委员会《国际人道法与中国国内法关系的研究报告》，2010 年 4 月，第 121 页。

**中国促进国际法治报告（2015年）**

  中国在双边与多边层面积极推动和参与实施国际人道法的行动。在扫雷援助方面，中国认真履行《特定常规武器公约》及其附加议定书相关义务，一贯积极致力于国际人道主义扫雷援助。2015年9月，习近平主席在第70届联大维和峰会期间宣布，中国将于今后5年举办10个扫雷援助项目。自1998年以来，中国政府通过举办扫雷技术培训班、援助扫雷装备等方式，向40多个亚非拉国家提供了扫雷援助。2012年7月，中国外交部与老挝外交部签署了两国外交部《关于2012年中方向老方集束弹药受害者提供援助的谅解备忘录》。2015年，中国在华为缅甸举办了扫雷技术培训班，并赠送了一批探扫雷器材。中国还为埃塞俄比亚、赞比亚、津巴布韦、苏丹举办了联合扫雷培训班。此外，中国还向东盟地雷行动中心捐赠了一笔启动资金和办公设备，并将于2015年底前向柬埔寨援助一批探扫雷器材和办公设备。①

  在《禁止化学武器公约》的实施方面，在销毁在华日遗化武问题上，中国于1999年7月与日本签署了《关于销毁中国境内日本遗弃化学武器的备忘录》。为推动日本履行销毁日遗化武义务，中国协助日本进行了150次现场调查和挖掘、回收、鉴别作业，回收日遗化武近5万件。2010年10月，中国开始在南京销毁日遗化武。中国呼吁日本加大投入，并尽快销毁在华日遗化武。

  在叙利亚化武问题上，中国始终秉承政治解决理念，积极参与解决叙化武问题国际努力，为叙化武销毁核查提供专家与设备，并参与叙化武海运联合护航，为化解危机、推进叙化武销毁发挥了重要积极作用。②

  在《特定常规武器公约》的实施方面，中国重视并支持公约各项工作，积极参与国际合作，一贯支持增进公约普遍性，每年向公约"援助计划"捐款一万美元，用于支持发展中国家参加公约相关会议和活动，并利用各种多、双边途径，鼓励有关国家加入公约及其议定书。③

  在人道主义援助方面，自第31届红十字与红新月国际大会以来，除帮助缓解中东地区难民危机以外，中国还向60多个国家提供食品、药品、医疗、帐篷、搜救等各种形式的人道主义援助，帮助它们应对自然灾害、流行疫情等人道主义挑战。西非埃博拉疫情暴发后，中国率先紧急驰援，最早落实承诺，共提供7.5

---

① 参见2015年11月30日中国观察员代表团在《渥太华禁雷公约》第十四次缔约国会议上的发言。
② 参见2015年10月22日中国裁军大使傅聪在第70届联大一委关于生化武器问题的专题发言。
③ 参见2015年11月12日中国裁军大使傅聪在《特定常规武器公约》2015年缔约国会议上的发言。

亿元人民币紧急援助，派出1200多人次传染病专家和医务人员，目前正积极帮助疫区国家经济社会重建。2015年上半年尼泊尔强烈地震发生后，中国政府、红十字会、军方的救援队和医疗队在震后第一时间抵达尼泊尔，开展人员搜救、医疗救治、疫情防治、人员培训和工程抢险等工作，实施了中国近几十年来最大规模的国际人道主义救援行动。① 此外，中国还通过南南合作框架下不附加任何条件的对外援助，持续帮助广大发展中国家建立和完善减灾防灾救灾机制，加强能力建设，并建立必要的基础设施。

中国政府高度重视红十字委员会在传播国际人道法方面的作用和影响力，与红十字国际委员会进行了密切合作。1990年，联合国大会通过决议给予红十字国际委员会联大观察员地位，中国是共同提案国之一。2005年，红十字国际委员会在北京设立了东亚地区代表处。中国与红十字国际委员会多次联合举办国际人道法研讨会，例如，2015年10月，在北京由中国国家行政学院应急管理培训中心、中国社会科学院蓝迪国际智库项目、红十字会与红新月会国际联合会、红十字国际委员会、英国海外发展研究所共同主办，中国应急管理学会承办了"共同应对人道主义援助面临的挑战"国际研讨会；红十字国际委员会东亚地区代表处和上海交通大学合作举办了"中国视角下的21世纪国际人道法和人道行动"研讨会；"探索人道法"高校青年同伴教育项目正式在北京启动。这些活动推动了国际人道法在中国和亚太地区的传播。

---

① 中国政府代表团团长吴海龙大使在第32届红十字与红新月国际大会一般性辩论上的发言，2015年12月14日。

# 第十二章
# 中国与国际刑事法治*

现代国际刑法的发展与国际人道法和国际人权法密切相关。纽伦堡审判和东京审判之后，联合国国际法委员会于1950年根据联合国大会第95（2）号决议，编纂了纽伦堡七原则，并于1951年开始起草《危害人类和平与安全罪行法典草案》，这一草案于1996年正式获得通过。此后，在实体国际刑法方面，国际社会先后缔结了与惩治海盗罪、战争罪、危害人类罪、灭绝种族罪、酷刑罪、劫持人质罪、危害受国际保护人员罪等国际罪行相关的公约。

在审判国际罪行的机构性安排方面，首先，20世纪90年代初期，联合国安理会通过第827号和第955号决议，分别设立了前南斯拉夫国际刑事法庭和卢旺达国际刑事法庭，这两个特设法庭的实践实质性地扩展了国际刑法的实体和程序规则，在一些重要的方面促进了国际刑事正义。其次，由国际体系和罪行发生地国的国内法院在一定程度上共同参与的混合性质的法庭，例如塞拉利昂特别法庭、东帝汶特别法庭、柬埔寨法院特别法庭和黎巴嫩特别法庭，先后对犯有严重违反国际人道法的暴行、灭绝种族罪、危害人类罪和与恐怖主义有关的罪行的人行使了管辖权。最后，在常设的机构性安排方面，人类历史上第一个常设的国际刑事司法机构——国际刑事法院（ICC）于2002年7月1日成立。根据《国际刑事法院罗马规约》（简称《罗马规约》），国际刑事法院对"整个国际社会关注的最严重犯罪"——灭绝种族罪、战争罪、危害人类罪和侵略罪具有管辖权。截至2015年底，国际刑事法院检察官已经对9起情势中的23起案件发起了调查。

除了对前述国际罪行予以惩治之外，预防和打击与恐怖主义有关的犯罪、侵略罪的定义、普遍管辖权原则的范围和适用以及外国官员的刑事管辖豁免等议题也是21世纪国际刑事法治的热点问题。

---

\* 本章作者冯洁菡，法学博士，武汉大学国际法研究所教授，武汉大学人权研究院副院长，主要研究方向：国际公法、国际知识产权法。

# 第十二章 中国与国际刑事法治

## 一 中国积极参与国际刑法的制度构建

一战结束之后，中国先后加入了《巴黎非战公约》和禁止贩卖妇女儿童、禁止奴隶贸易等国际公约。二战末期，中国与英、美两国共同发表的《督促日本投降的波茨坦公告》，构成了审判日本战犯的国际法依据。自恢复联合国合法席位以来，在联合国安理会、联大六委和国际法委员会，在打击恐怖主义、武装冲突时保护环境、危害人类和平及安全治罪法草案、建立特设国际刑事法庭和国际刑事法院规约草案等议题上，中国全面积极地参加了审议和磋商，加入了与制裁酷刑、种族隔离、危害航空器、侵害受国际保护人员、非法贩运毒品等国际或跨国罪行相关的条约。

进入 21 世纪以来，中国在国际刑事法院、普遍管辖权、国家官员的外国刑事管辖豁免、危害人类罪、强行法、打击与恐怖主义有关的犯罪等热点问题[①]上，积极参与了国际社会对相关问题的协商、审议和相关条约的起草与制定工作。

### （一）国际刑事法院

中国一贯重视国际刑事司法机构在促进国际法治、惩治最严重国际罪行方面发挥的作用，并始终以建设性态度积极参与国际刑事司法制度建设。中国参与了建立国际刑事法院筹备委员会与国际刑事法院预备委员会召开的所有会议，支持建立一个独立、公正、有效和具有普遍性的国际刑事法院，并一贯主张法院的行动必须在以《联合国宪章》为基石的现代国际法体系内进行。《罗马规约》生效之后，中国作为观察员，以积极和负责任的态度参与了《罗马规约》历次缔约国大会，重点参与了侵略罪特别工作组的讨论。在坎帕拉审议大会上，中国不反对关于个人侵略行为的条款，但认为涉及国家侵略行为的条款不够清晰和准确。对于国际刑事法院对侵略罪行使管辖权的条件，中国坚持在《联合国宪章》下，安理会独自担负维持国际安全与和平的责任，这要求在法院接受案件之前，安理会首先要确定一个侵略行为是否发生；否则，法院关于侵略行为的任何调查应该被禁止。中国特别主张法院在侵略罪上的管辖权不会侵犯安理会在维持世界安全和平方面的特殊地位。

在联合国与 ICC 的关系问题上，中国支持双方依据与《联合国宪章》、安理

---

[①] 预防和打击网络犯罪在第九章中已详述，本章不再赘述。

会决议及《联合国和国际刑事法院间关系协定》相符的方式开展合作。联合国与ICC有着紧密联系，一方面作为ICC管辖权的启动机制之一，联合国具体通过安理会有权向ICC提交情势；另一方面作为对ICC的干预机制，若联合国安理会根据《联合国宪章》第七章通过决议，向ICC提出要求，则ICC在其后的12个月内，不得进行有关调查或起诉，这一做法可依次顺延。中国认为，为使双方的合作有助于实现各自的职责与目标，联合国与ICC应在《联合国宪章》、安理会决议及《联合国和国际刑事法院间关系协定》确定的法律框架内开展合作，唯有如此，才能使得双方真正从彼此的合作中获益。①

在ICC执行补充管辖原则问题上，中国认为，随着ICC司法活动的全面展开，ICC切实执行补充管辖原则的重要性日渐凸显。根据补充管辖原则，在国际罪行的管辖和审判方面，一国国内法院应发挥首要作用，只有在一国不能或不愿管辖有关国际罪行时，ICC才可作为对国内法院的补充对案件行使管辖权。然而，实践中，有关个案究竟应由哪个法院管辖，是当事国法院，还是ICC，各方容易发生龃龉。中国注意到，近来ICC有关部分非洲国家的案件在这方面引发了较多争议，引起当事国及一些非洲国家的不满和忧虑，中国对此高度关注。中国主张，ICC应严守补充管辖原则，充分尊重有关国家法院审案的需求和意愿，积极考虑有关地区组织的合理要求，并通过其行动协助加强国家能力建设，以促进有关国家对个案的有效管辖。②

## （二）普遍管辖权原则的范围和适用

自2009年以来，联大将普遍管辖权议题列入审议范围，中国积极参与了联大六委及其工作组的有关讨论。中国认为，普遍管辖权是一个涉及政治、法律和外交的综合性问题，对国际关系和国际秩序的发展有重要影响。2015年10月20日，中国代表在第70届联大六委关于这一议题的发言中重申，一国确立和行使普遍管辖权必须严格依据国际法。目前，除涉及海盗行为外，各国对其他情形下是否存在普遍管辖权及其范围和适用条件存在明显分歧和争议，尚未形成相关的习惯国际法规则。同时，普遍管辖权既不同于一系列打击跨国犯罪的国际条约所确立的"或引渡或起诉"义务，也不同于现有国际司法机构根据特定条约或其

---

① 中国代表、外交部条法司司长黄惠康在第68届联大关于"国际刑事法院报告"议题的发言，2013年10月31日。
② 中国代表、外交部条法司司长黄惠康在第68届联大关于"国际刑事法院报告"议题的发言，2013年10月31日。

他法律文书明确被授予的管辖权。在当前对普遍管辖权的定义、范围和适用缺乏国际共识的情形下，各国应避免超越现有国际法、单方面主张和行使不为现行国际法明确许可的普遍管辖权，切实维护国际法基本原则和国际社会共同利益，保障国际关系的稳定和健康发展。

### （三）危害人类罪

国际法委员会第67届会议审议了特别报告员提交的首次报告，并通过了4条条款草案及其评注。中国代表在第70届联大六委关于"国际法委员会第67届会议工作报告"议题的发言中指出，惩治危害人类罪等严重国际罪行是国际社会的共同关注和共同利益，委员会就此展开讨论和编纂工作具有重要意义。中国代表对有关条款草案发表了以下几点看法。

第一，编纂条款草案应充分考察各国实践。特别报告员的报告和委员会通过的条款评注较多关注国际司法机构的实践，比较而言，对各国的普遍实践和法律确信较少提及。例如，草案第2条将危害人类罪与"战时"这一传统条件脱钩，主要依据来自国际司法机构的实践，而未考察各国实践是否一致认为国际法规范的危害人类罪已不再限于战时。再如，草案第3条危害人类罪定义完全照搬《国际刑事法院罗马规约》的规定，直接将后者视为国际社会普遍接受的定义。实际上，《罗马规约》的犯罪定义要结合规约缔约国大会通过的《犯罪要件》做整体理解。且《罗马规约》谈判过程中，各方对包括危害人类罪等各种罪行的定义和构成要件存在分歧，这是造成一些国家至今仍未参加《罗马规约》的原因之一。委员会有必要更加全面地考察各国立场和实践，夯实危害人类罪定义的基础。

第二，具体罪行的列举应充分照顾到各国法律制度的不同。草案第3条列举了一系列危害人类罪的具体罪行，如"强迫失踪"等，但在很多国家，特别是未参加《罗马规约》的国家，其国内法不一定存在"强迫失踪"的罪名。这些国家如何实施有关规定，如何协调国内法与有关国际法规则的不同，值得委员会注意和探讨。

第三，国家预防危害人类罪的义务是否过宽值得研究。草案第4条1（b）规定，国家负有酌情与"其他组织"合作预防危害人类罪的义务。根据评注说明，"其他组织"包括非政府组织，但评注完全未涉及国家负有此等义务的法律依据和国家实践情况。在此情况下，为国家施加有关国际法义务是否妥当，值得委员会审慎对待。

## （四）国家官员的外国刑事管辖豁免

2006年，联合国国际法委员会将这一议题列入长期工作方案，中国积极参与了国际法委员会对这一议题的讨论。2014年10月31日，中国代表在第69届联大六委关于"国际法委员会第66届会议工作报告"议题的发言中强调，为维护国际法治，促进国家间关系的稳定，国际社会确有必要关注本专题。应审慎研究和编纂相关国际法规则，而不必急于发展新规则。中方认为，委员会通过的条款草案2（e）条对国家官员做出定义，即"代表国家或行使国家职能的任何个人"，这一定义基本上是可行的，兼顾了官员的代表性和职能特征。需要强调的是，官员是否代表国家或行使国家职能，须做广义的理解，依据该国的宪法体制、法律法规和实际情况进行个案判断，而不宜由法院地国进行主观随意的认定。中国代表就两个基本问题重申了中国的立场。

第一，属人豁免适用人员范围问题。除国家元首、政府首脑、外交部长外，议长、副总理、政府部长等其他一些高级官员，越来越多地参与国际交往并直接代表国家履行职能，也应享有属人豁免。

第二，国家官员豁免例外问题。由于国家官员豁免属于程序性规则，不免除其应承担的实体责任，正如国际法院在"逮捕令案"中所提，可通过本国起诉、放弃豁免、卸任后起诉、国际刑事司法机构起诉等措施，在遵循豁免规则的前提下追究官员的刑事责任，因此豁免与有罪不罚没有必然联系。另外，当前国际社会虽将种族灭绝、种族清洗、危害人类罪等确定为严重国际罪行，但没有形成排除官员享有豁免的习惯国际法规则。下一步委员会研究豁免例外时，应全面考察各国实践，谨慎处理豁免的例外问题。

2015年11月6日，中国代表在第70届联大六委关于"国际法委员会第67届会议工作报告"议题的发言中表示，中国总体上认可草案第6条有关属事豁免范围的规定，对草案第2条（f）规定国家官员"以官方身份实施的行为"是指"国家官员在行使国家权力时实施的任何行为"也持赞成态度。同时，中国代表就具体问题发表了几点意见。

第一，对何为"行使国家权力"应做广义的理解。正如2014年联大六委会议上中国代表团对官员系"代表国家或行使国家职能"问题所发表的评论，界定何为"行使国家权力"，同样应根据官员所属国的宪法体制、法律法规和实际情况进行个案判断，而不宜由法院地国进行主观随意的认定。另外，草案此处所用"行使国家权力"与该条（e）界定官员时所用"行使国家职能"一语有何区别,建议委员会予以澄清。

第二,根据条款草案第 6 条第 1 款,界定国家官员行为享有属事豁免的唯一标尺应是"以官方身份实施"。但从特别报告员报告和委员会工作报告看,又有观点认为越权行为(ultra vires)、严重国际犯罪、非行使主权行为(acta jure gestionis)和为私利实施的官方行为等不属于"以官方身份实施"的行为,因而不享有属事豁免。中方认为,这些看法并不符合有关实在国际法,甚至明显违反有关规则。例如,越权行为不影响行为被认定为"以官方身份实施"。委员会《国家对国际不法行为的责任条款草案》第七条明确规定,越权或违背指示的行为仍应视为国家行为。

第三,建议在草案或其评注中明确豁免规则系程序性规则,与国际法上有关行为合法与否、如何追责等实体性规则无关。特别报告员将对官员豁免的例外问题推至 2016 年研究,中国代表团愿在此重申,官员豁免是基于国家主权平等原则,体现国家间的相互尊重,属于程序性规则,不应与有罪不罚联系起来。国际法院对此已在"逮捕令案"和"国家管辖豁免案"判决中做了明确说明。

### (五)或起诉或引渡义务

2014 年 10 月 31 日,中国代表在第 69 届联大六委关于"国际法委员会第 66 届会议工作报告"议题的发言中指出,或引渡或起诉的义务所针对的犯罪多种多样,运作机制有很大不同,其适用范围必须以具体条约的规定为准。因此,或起诉或引渡的义务仍是基于具体条约的义务,没有普遍的国际实践和法律确信证明其已经形成一项习惯国际法规则。中方认同最终报告所阐明的或起诉或引渡的义务与普遍管辖权没有必然联系的主张,认为两者存在区别,不应混淆。①

### (六)强行法

2015 年,国际法委员会将"强行法"专题列入工作方案。2015 年 11 月 5 日,中国代表在第 70 届联大六委关于"国际法委员会第 67 届会议工作报告"议题的发言中发表了中国的两点初步意见。

第一,建议委员会收集和研究有关强行法的国家实践。中国注意到,1993 年国际法委员会未采纳关于将"强行法"列入备选专题的建议,主要原因就是

---

① 参见 2014 年 10 月 29 日中国代表、外交部条法司司长徐宏在第 69 届联大六委关于"国际法委员会第 66 届会议工作报告"议题的发言。

缺乏相关国家实践。当前，这一情况并没有发生根本转变，试图阐明强行法的性质和识别规则仍会困难重重。只有收集到更多的国家实践情况，才有条件对强行法规则做深入研究。

第二，应审慎处理国际机构的有限实践。虽然1969年《维也纳条约法公约》、国际法委员会《国家对国际不法行为的责任条款草案》曾提及强行法的概念，但其目的并非阐明强行法的性质，也无法对如何识别提供指导。国际法院少数几个判决在提及强行法时也非常谨慎，仅是结合具体案情对强行法规则与法院管辖权、国家豁免和官员豁免的关系做了说明，并未触及强行法规则的性质和如何识别。

### （七）预防和打击恐怖主义犯罪

自1963年以来，在联合国及其专门机构特别是国际原子能机构的主持下，国际社会签订了16项普遍性的反恐条约。中国历来重视构建打击恐怖主义国际法律网络的努力，积极参与了相关的造法进程。迄今，中国已经加入或批准了12项多边反恐条约。1995年2月，联大通过了《消除国际恐怖主义措施宣言》，2014年10月7日，联大六委成立工作组以完成一项关于国际恐怖主义的全面公约草案。中国一直在积极参与联大六委制定《关于恐怖主义的全面公约》。2014年12月，中国批准了《上海合作组织反恐怖主义公约》。2015年，中国代表在联合国安理会、联合国大会等多个场合重申在反恐问题上不能采取双重标准，应按照《联合国宪章》宗旨和原则及其他公认的国际关系基本准则加强合作，并呼吁落实安理会相关决议，加强互联网监管，打击利用互联网从事恐怖活动的行为。

## 二　中国全面实践国际刑法

作为联合国安理会的常任理事国和负责任的大国，中国高度重视国际刑法在国际和国内层面的实施，维护和促进国际刑事正义和法治。

### （一）国际层面

#### 1. 积极参与审判国际罪行

早在1946年，中国就派出法官和检察官参加了远东国际军事法庭对日本甲级战犯的国际审判，积累了审判国际罪犯的成功经验，对推动国际刑法的发展做出了重要贡献。2014年1月29日，中国代表在安理会"战争及其教训和寻求持久和平"公开辩论会上严正指出,① 二战期间日本军队在中国、韩国等许多国家大规模强征"慰安妇",犯下严重的反人类罪行。日本政府迄今未就"慰安妇"问题进行道歉及赔偿,理应继续受到国际社会的共同谴责。日本为侵略翻案,为战犯张目的行为,是关乎日本领导人究竟遵守《联合国宪章》的宗旨和原则,接受反法西斯战争胜利成果和战后国际秩序,还是与战争罪犯为伍的重大原则问题。日本政府必须正确认识和深刻反省侵略历史,切实遵守《开罗宣言》和《波茨坦公告》等有关规定,并以实际行动尽快纠正错误,真正取信于包括邻国在内的广大国际社会。2014~2015年,中国多次召开了纪念东京审判的国际研讨会。

前南国际刑庭和卢旺达国际刑庭设立后,中国先后有三名法官参加了这些特设国际刑庭的审判工作,他们对国际刑法的诸多法律理论问题做出了明确的阐述与论证。李浩培先生于1993~1997年担任前南国际刑庭和卢旺达国际刑庭上诉庭法官期间,参与了这两个特设刑庭程序和证据规则的起草、审议和修改工作,而且对塔迪奇案关于管辖权的中期上诉裁决发表了个别意见,② 对埃尔德莫维奇上诉案的判决发表了个别和异议意见。③

王铁崖先生于1997~2000年担任前南国际刑庭上诉庭法官,他对国际刑事法庭的管辖权、程序和证据规则做出了精到的论述。

刘大群先生目前担任前南国际刑庭和卢旺达国际刑庭上诉庭法官、国际刑事法庭余留机制法官,并于2015年10月21日当选前南国际刑庭副院长。刘大群法官于2000年被任命为前南刑庭法官,并于2001年和2004年获得连任。2001~2005年,刘法官担任前南刑庭第一审判分庭主审法官,先后主审了马蒂洛维奇案、布拉戈耶维奇案和哈利洛维奇案。自2005年以来,刘大群法官为前南刑庭和卢旺达刑庭上诉庭工作,他在前南刑庭上诉庭主审了塞诺维奇案,在卢旺达刑庭上诉庭主审了加泰特案。刘法官还担任前南刑庭上诉庭目前审理的三起案件的庭审法官。④ 刘法官曾撰文就国际刑法上的一事不再理、危害人类罪、侵略罪、非国际性武装冲突中的战争罪、国家刑事责任、辩诉交易、指挥官责任、普遍管辖权以及或起诉或引渡等问题做了深入论述。

---

① 参见2014年1月29日常驻联合国代表刘结一大使在安理会"战争及其教训和寻求持久和平"公开辩论会上的发言以及驳斥日本代表辩解的发言。
② 参见http://www.icty.org/x/cases/tadic/acdec/en/51002723.htm。
③ 参见http://www.icty.org/x/cases/erdemovic/acjug/en/erd-asojli971007e.pdf。
④ 参见http://www.icty.org/en/about/chambers/vice-president。

## 2. 大力支持前南刑庭、卢旺达刑庭及余留机制

中国对前南刑庭、卢旺达刑庭及余留机制的运作给予了大力支持。2015年度，中国向余留机制资助经费142.53万美元。① 2015年6月3日，中国代表在对前南刑庭、卢旺达刑庭和余留机制发表的意见②中肯定了这两个刑庭及余留机制成立以来取得的成果，并指出以下三点。

第一，在工作进展方面，两庭是安理会设立的国际刑事司法机构，寄托了国际社会追求司法正义的良好愿望。但"迟到的正义不是正义"，工作的一再拖延不符合安理会以及域内有关国家的期望。中方希望，两刑庭应在确保司法公正的基础上，合理安排各项工作，充分利用各种现有资源，提高审案效率，加速工作进程，避免工作出现进一步的拖延，并分别在2015年和2017年顺利实现关门。

第二，在国家合作方面，国家合作对于两庭和余留机制顺利行使司法职能至关重要。逃犯的逮捕和移交、证据的获取和提供、判决的执行等都离不开国家合作，特别是域内国家的合作。当前卢庭和余留机制主要面临两个困难，一是重新安置刑满释放和被判无罪人员，二是被卢庭起诉人员仍有9人在逃。中方对卢庭和余留机制积极采取措施，寻求解决安置刑满释放和被判无罪人员问题表示赞赏，同时呼吁有关国家展现政治意愿，向卢庭和余留机制提供更多协助。卢庭和余留机制在该问题上也应注意倾听卢旺达等国的意见。在追逃方面，希望卢庭和余留机制及域内有关国家投入更多资源，加强信息共享，早日将在逃犯抓捕归案。

第三，关于两庭向余留机制的过渡。余留机制卢庭分支和南庭分支分别于2012年7月和2013年7月开始运作。目前，卢庭向余留机制的过渡已接近完成，南庭的过渡也进展比较顺利。中方希望两庭根据安理会相关决议的要求，妥善安排各项工作，特别是加强与余留机制的沟通与协调，确保向余留机制的过渡顺利完成。此外，在两庭最终实现关门之前，应认真总结在打击有罪不罚，以及如何处理维护地区和平、实现民族和解与追求司法正义的关系等方面的经验和教训，供国际社会借鉴和参考。

## 3. 安理会向国际刑事法院提交情势问题

在这个问题上，中国在实践中是依个案具体情势去权衡是否支持安理会向国

---

① 参见 Gross Contributions for the Financing of the International Residual Mechanism for Criminal Tribunals, ST/ADM/SER. B/914。

② 参见2015年12月9日中国代表李永胜关于前南刑庭、卢旺达刑庭和余留机制报告的发言。

际刑事法院提交情势的。例如，2008年和2014年，中国分别对将津巴布韦情势和叙利亚情势提交给国际刑事法院决议草案投了反对票。2011年，中国对将利比亚情势提交给国际刑事法院决议草案投了赞成票。2005年，中国对安理会决议将苏丹达尔富尔情势提交给国际刑事法院决议草案投了弃权票。2015年6月和12月，在安理会对关于苏丹和南苏丹的报告进行审议的会议中，中国重申在国际刑事法院涉达尔富尔问题上的立场没有变化，同时主张非盟和当事国在国际刑事法院涉达尔富尔问题上的关切应得到重视。

## （二）国内层面

在行使管辖权方面，中国的《刑法》第6条和第9条构成中国对已批准或加入的相关公约中规定的罪行行使管辖权的法律基础。《刑法》第9条规定，"对于中华人民共和国缔结或者参加的国际条约所规定的罪行，中华人民共和国在所承担条约义务的范围内行使刑事管辖权的，适用本法"。在国家官员的外国刑事管辖豁免问题上，中国《刑法》第11条规定"通过外交途径解决"。

在战争犯罪方面，中国1981年6月通过的《军人违反职责罪暂行条例》第20条和第21条规定了对战时平民和战俘的保护。1997年《刑法》第十章"军人违反职责罪"取代了1981年条例，其中第444~445条规定了对战时故意遗弃或有条件而不救治伤病军人的行为的惩处，第446条和第448条规定了对战时残害无辜居民或者掠夺无辜居民财物以及虐待俘虏的罪行的惩处。对严重违反国际人道法的其他犯罪行为，如战时谋杀或严重伤害等，可分别适用中国《刑法》中的相关规定。亟待完善之处是将《日内瓦公约》以及其《第一附加议定书》规定的严重破坏公约行为的条款纳入《刑法》。① 实践中，中国国民政府从1945年到1949年曾分别在南京、上海、北平、汉口等城市设立了审判日本战犯的13个军事法庭。1946年2月15日，南京国防部审判战犯军事法庭成立，主要审判制造南京大屠杀惨案的日本战犯。1956年，中华人民共和国最高人民法院特别军事法庭在沈阳和太原对日本战犯进行了审判。这些审判极大地提升了中国人民的道德良知和法律意识，是法治的里程碑。②

在惩治酷刑罪领域，尽管中国现行刑法中尚未专门规定酷刑罪，但通过相关

---

① 参见红十字国际委员会《中国国内法惩治战争罪的报告》，2012年6月，第12页。
② 参见2014年3月5日刘大群法官在"战后亚洲战争罪犯审判与史料整理"国际研讨会上的发言。

条款规定了直接涉及酷刑的犯罪,已将《禁止酷刑公约》中的大部分酷刑犯罪纳入刑法的调整范围。例如由司法工作人员实施的刑讯逼供罪、暴力取证罪、虐待被监管人罪,以及当其他国家公职人员或以官方身份行使职权的人,为了逼取证言而故意实施使他人遭受剧烈痛苦或疼痛的行为时,可根据具体情形适用非法拘禁罪、非法搜查罪或故意伤害罪,等等。

在预防和打击与恐怖主义有关的犯罪领域,有关的法律规定见于《刑法》《刑事诉讼法》《反洗钱法》等多部法律之中。2012年的《刑事诉讼法(修正案)》对恐怖活动犯罪的追诉、管辖、律师会见以及违法所得没收程序方面做出了具体规定。2015年8月通过的《刑法修正案(九)》新增了六种恐怖主义犯罪,并对组织、领导、参加恐怖组织罪增加规定了财产刑。2015年12月,全国人大常委会通过了《反恐怖主义法》。

总体而言,中国已建立了惩治国际罪行的刑事法律体系。亟待完善之处,是依据罪刑法定原则,对海盗罪、战争罪、酷刑罪(包括精神酷刑)、灭绝种族罪、种族隔离罪、危害人类罪等国际犯罪做出明文规定。

## 三 中国高度重视国际刑事司法与执法领域的国际合作

中国于1984年加入国际刑警组织,参加了联合国预防犯罪和刑事司法委员会历届会议,与国际刑警组织和联合国预防犯罪和刑事司法机构保持密切合作关系。中国高度重视打击跨国犯罪,积极推进《联合国反腐败公约》《联合国打击跨国有组织犯罪公约》等多边公约框架下的国际合作,目前已与64个国家缔结了司法协助、引渡和移管被判刑人等条约129项,并与有关国家建立了双边执法合作机制,构筑了打击跨国有组织犯罪和反腐追逃追赃的政府间法律网络。

# 第十三章
# 中国与其他领域国际法治[*]

中国与其他领域的国际法治主要包括以下内容：①中国与国家豁免法治；②中国与国际法律责任法治；③中国与国籍、外国人的待遇和难民法治；④中国与引渡和庇护法治；⑤中国与外交关系法治。

## 一 中国与国家豁免法治

国家豁免，是指国家根据国家主权平等原则而享有的不受他国管辖的特权。"平等者之间无统治权"，"平等者之间无管辖权"。除非一国采取明示或默示的方式自愿放弃豁免权，外国法院不能对享有豁免权的国家行为、国家财产和国家代表行使管辖权。

20世纪之前普遍采用的是"绝对豁免理论"，凡是国家行为和国家财产，在国外都享有豁免权，外国法院不能对它们行使管辖权。20世纪以后，随着国家普遍从事经济贸易活动，一些国家开始采用"有限豁免理论"，其法院在处理国家豁免问题时，把国家的行为分为"主权行为"和"非主权行为"：对于前者给予豁免，而后者则不享有豁免。随后，发达国家多采用有限豁免理论；而发展中国家多采用绝对豁免理论，不过有的也开始采用有限豁免理论。

2004年《联合国国家及其财产管辖豁免公约》第一次以公约的形式确认了有限豁免原则，将国家与外国自然人或法人的商业交易行为排除在豁免范围之外。在判定商业交易行为时，公约采取以行为性质为主、参考行为目的的做法。以上表明，国家及其财产的绝对豁免原则不再是一项国际习惯法规则。但因为公约目前尚处于开放签署阶段，且仍有一些拉丁美洲国家还不愿意放弃绝对豁免立场，所以还不能断言有限豁免原则已具有国际习惯法的效力。

在理论上，长期以来，中国坚持国家及其财产享有豁免的原则：凡是国家本

---

[*] 本章作者黄德明，法学博士，武汉大学国际法研究所教授，主要研究方向：国际法基本理论、外交关系法。

身从事的一切活动，除国家自愿放弃外，均享有豁免权。中国严格履行相关国际义务，从未对外国政府的行为行使过司法管辖权；同时坚定维护本国的国家尊严和合法权利，决不接受任何外国法院对中国政府包括中国地方政府的行为行使管辖权。中国作为一个主权国家享有国家豁免，中国国家本身及其财产不受任何外国法院的强制管辖。中国的国有企业和公司是具有独立法人资格的实体，不享有豁免。在外国国家无视国际法而任意侵犯中国国家及其财产豁免权的情况下，中国实行对等原则，采取相应的对等措施。

中国赞成通过达成国际协议的方法解决各国在国家豁免问题上的分歧。中国认为，各国在国家豁免问题上的分歧和彼此冲突的实践不利于国际交往。中国积极参与了《联合国国家及其财产管辖豁免公约》的谈判，在谈判过程中，中国代表团多次阐述中国政府在有关问题上的立场。如关于对国家财产采取强制措施问题，中国认为诉讼管辖的豁免与执行管辖的豁免是两个不同的概念，国家放弃对诉讼管辖的豁免并不等于放弃对执行管辖的豁免，两者均需国家书面明示放弃；中国反对对国家财产进行判决前的扣押，坚持关于用于执行判决的国家财产必须与诉讼或被诉的机构或部门有联系；为国家执行外国国内法院的判决设定时限，或规定为一种条约义务，或试图将某种争端解决机制引入公约的做法，势必使国家豁免问题更加复杂化，不利于早日到达成公约。

在立法上，除2005年《中华人民共和国外国中央银行财产司法强制措施豁免法》外，中国没有关于国家及其财产豁免的其他专门法律，但一些法律涉及国家及其财产管辖豁免问题，如1992年《中华人民共和国领海及毗连区法》和《中华人民共和国海商法》、2012年《中华人民共和国民事诉讼法》、2014年修订的《中华人民共和国海洋环境保护法》等。

中国于2005年正式签署《联合国国家及其财产管辖豁免公约》并随即开始向有限豁免的立法进程。中国签署或批准的其他一些国际公约中亦有关于国家及其财产管辖豁免的规定。

在实践中，中国政府坚持国家豁免原则，维护国家间关系正常发展的这一重要法律原则。如针对1979年"湖广铁路债券案"，中国政府鲜明地表达了其基本立场：第一，中国政府不接受美国法院的管辖；第二，由于公认的国际法和《联合国宪章》所确立的国家主权平等原则、恶债不予偿还的国际法规则和"法不溯及既往"原则，对中国旧政府的外债，既不承认，也不偿还。针对1985年"莫里斯旧债券案"，中国主张：第一，根据美国《外国主权豁免法》，中国享有豁免；第二，原告的起诉为美国1949年《国际求偿解决法》、1979年《中国政府和美国政府关于解决资产要求的协议》所禁止；第三，原告的诉讼请求受到诉讼时效的禁止。针对"FG Hemisphere Associates LLC 案"，香港终审法院于2011年根据全国人民代表大会常务委员会的释法而做出终局裁决，判定香港特别行政区应与中央政府的国家豁免实践保持一致，因而香港法院对刚果民主共和国无司法管辖权。

在国家豁免问题上，可以适当考虑以下问题。

第一，加快制定中国"外国国家及其财产管辖豁免法"的进程。

第二，鉴于中国已签署《联合国国家及其财产管辖豁免公约》，采取绝对豁免原则并不必然对中国不利，因此在立法中宜做出明确规定。

第三，及时跟踪、参考外国法院判决，采用适当措施，有效维护中国利益。如针对美国最高法院2014年关于"NML Capital Ltd. 案"的判决，以后遇同类案件时坚持对等原则；区分判决前和判决后的查询令；利用美国《外国主权豁免法》之外的其他措施保护敏感信息。

## 二　中国与国际法律责任法治

国际法律责任是指国际法主体对其国际不法行为或损害行为应承担的法律责任。其作用在于通过追究国际法律责任维护受害者的合法权益，维护国际法律秩序，维持正常的国际关系。

关于国际法律责任的根据，传统国际法采用过失责任说，即国家对其国际不法行为而承担的责任。它强调不法行为是国际法律责任的唯一依据。现代国际法除采用过失责任说之外，还提出无过错责任说，即虽然国际责任主体没有故意或过错，但有违反国际法的客观事实，并给其他国际法主体造成损害，或由于从事不为国际法所禁止的活动而给其他国际法主体造成损害，就引起国际法律责任问题。因此，这一理论又被称为"结果责任说""绝对责任说"。

传统国际法认为，国家在国际上不负责任，对于代表国家行事的个人所做的国家行为，个人也不负刑事责任，因为其行为一般被认为是代表国家的行为。国际刑事责任的概念进入国际法领域始于第一次世界大战之后。1919年《凡尔赛和约》明确指出德国发动战争是违反国际条约和国际道德的罪行，为此，除追究德国的国家责任外，还应建立国际法庭追究德国皇帝威廉二世的战争责任。第二次世界大战之后的纽伦堡审判、东京审判对于国际刑事责任制度的确立具有重要的实践意义。联合国大会于1946年通过决议一致确认了《欧洲国际军事法庭宪章》和纽伦堡审判所包含的国际法原则。1991年和1994年前南国际刑事法庭和卢旺达国际刑事法庭的建立加速了联合国的立法进程。1998年《国际刑事法院规约》通过,并于2002年正式生效。国际刑事法院的诞生,标志着关于个人的国际刑事责任制度的正式形成。

关于国家刑事责任问题,联合国国际法委员会1996年通过的《国家责任条款草案》将国际不法行为分为一般不法行为和国际罪行。国际罪行所违背的不是一般的国际义务,而是对保护国际社会根据利益至关重要的义务,以致整个国际社会公认违背该项义务是一种国际罪行。国际法委员会2001年通过的《关于国家对国际不法行为的责任条款草案》没有使用"国际罪行"的措辞,而代之以"严重违背依一般国际强制法强制性规范而承担的义务"。

中国积极参与国际责任立法活动。

关于《国家对国际不法行为的责任条款草案》,中国认为,条款草案的编纂完成是对国际法的又一重要贡献,对国际关系的稳定和健康发展具有积极意义。

关于《国际刑事法院规约》,中国积极参加了规约的制定过程。中国之所以投了反对票,并且至今没有加入规约,是因为规约未能满足中国的一些严重关切,其中包括普遍管辖权、补充性原则、战争罪、危害人类罪的界定、对联合国安理会职能的影响、检察官职能等问题。2015年11月6日,出席联大法律委员会的中国代表徐宏在第70届联大会议期间进一步阐述了中国政府的立场。第一,中国一直重视国际刑事法院在维持国际和平、安全与正义、起诉战争犯罪和促进国际法发展中的重要性,并作为观察员国连续参加了规约缔约国大会会议。第二,国际刑事法院与联合国是相互独立但共同拥有防止与惩治严重危害国际和平与安全国际罪行目标的相互联系的机构。两者的工作应相互加强。国际刑事法院与联合国尤其是联合国安理会应彼此尊重各自的职能,在《联合国宪章》、联合国大会和安理会相关决议、《联合国与国际刑事法院关系协定》的框架内增进合作,建立建设性的伙伴关系。第三,国际刑事法院近期的工作表明,检察官在调查和起诉工作中更为慎重和务实,国际刑事法院在国际事务中的作用受到重视。中国政府希望国际刑事法院继续谨慎履行职责,确保刑事正义的实现不能以牺牲和平、稳定和国内和解为代价。关于国家元首的豁免,中国政府希望国际刑事法院严格遵守现行国际法,充分考虑一些国家的合法主张,避免妨碍国家元首正常履行职能。第四,中国代表团注意到有24个缔约国批准规约关于侵略定义的修正案。考虑到侵略定义关系到国际和平与安全,修正案应在由《联合国宪章》确立的国际法框架内以有序的方式予以实施。《联合国宪章》的至上权威应予以维护，任何其他国际立法必须符合其规定。关于修正案内容及生效时间，中国政府相信缔约国会通过充分协商，取得广泛共识，尽最大可能达成协议。

中国已加入的国际公约如1948年《防止及惩治灭绝种族罪公约》、1973年《关于防止和惩处侵害应受国际保护人员包括外交代表的罪行的公约》、1979年《反对劫持人质国际公约》、1975年《关于登记射入外层空间物体的公约》、《〈1969年国际油污损害民事责任公约〉1992年议定书》等中的若干条款有涉及国际责任问题的规定。

在国际法律责任问题上，可以适当考虑通过更深入的研究，完善国内立法，尽快加入《国际刑事法院规约》。理由如下。

第一，规约目前已有123个当事国。继续置身于国际刑事法院之外与中国的和平发展和负责任大国形象不吻合。

第二，即使置身于国际刑事法院之外，由于法院的管辖权问题，中国也不可避免会受到影响。

第三，作为非缔约国，不能享有作为缔约国所享有的各项权利。

## 三　中国与国籍、外国人的待遇和难民法治

### （一）中国与国籍法治

国籍是一个人属于某一国家的国民或公民的法律资格，它表明一个人同某一个国家之间的固定的法律关系。国籍是国家确定某人为其国民或公民的根据，也是确定个人法律地位的重要依据，因而对国家行使管辖权具有重要的意义。

国籍问题涉及国家主权和重要利益。国际条约、司法判例确认国籍问题原则上属于国家国内管辖事项。由于各国国籍法规定的不同，往往引起国籍的抵触。为在国际范围内解决国籍问题，国际社会签订了若干有关国籍问题的公约。因此国籍问题亦具有国际性质。

关于国籍问题的普遍性国际公约主要有1930年《关于国籍法冲突的若干问题的公约》、《关于某种无国籍情况的议定书》、《关于无国籍的特别议定书》、《关于双重国籍某种情况下兵役义务的议定书》，1954年《关于无国籍人地位的公约》，1957年《已婚妇女国籍公约》，1961年《减少无国籍状态公约》、《〈维也纳外交关系公约〉关于取得国籍的任择议定书》，1963年《〈维也纳领事关系公约〉关于取得国籍的任择议定书》。此外，大量区域性国际公约和双边协定、

一些普遍性国际人权公约亦有关于国籍问题的规定。

在立法上,旧中国曾制定过几部国籍法。我国现行法为1980年《中华人民共和国国籍法》,其确立了五项基本原则:第一,各族人民平等地具有中国国籍原则;第二,不承认中国公民具有双重国籍原则;第三,在赋予原始国籍上采取血统主义和出生地主义相结合原则,这种原则是以血统主义为主,以出生地主义为辅;第四,男女国籍平等原则;第五,国籍的加入、退出和恢复采取自愿申请和审批相结合原则。

在实践中,中国不承认双重国籍,但对侨务问题采取了务实的做法。2015年10月14日,由国务院侨办、公安部、国务院法制办组成的侨务政策法规调研宣讲团在中国驻美大使馆就相关问题进行了宣讲。第一,针对海外侨胞与国内联系交往日益密切,保护他们在国内合法权益的任务更加紧迫这一新形势,有关部门制定了涵盖华侨国内权益的一系列政策法规,逐步形成了保护华侨在国内权益的政策法规体系。第二,有关涉侨政策法规推动解决了在中国就业的华侨参加社会保险问题,保障了华侨学生在国内的受教育权,鼓励引进海外侨胞人才,完善保护了华侨的捐赠权益,明确了华侨等在中国的计划生育政策。第三,关于海外侨界关注的华侨回国定居问题,华侨回国定居与华侨在国内居住不同,华侨持中国护照可以自由出入境。而回国定居则不同,这实际上是恢复常住或设立常住户口,就要向有关部门提出申请。第四,关于双重国籍问题,国内有关部门曾多次进行过探讨和调研,目前时机还不成熟。

中国不承认双重国籍,主要是基于外交上的考虑,尤其是为了解决新中国成立之初华侨的双重国籍问题,以有利于保护海外华人华侨的利益,维护国家安全。中国现在所处的国际国内环境已经发生很大的变化。在国籍问题上,我们认为,可以考虑逐渐承认双重国籍,以使中国的国籍法与国际上通行的做法接轨。实际上,中国已采取灵活、务实的做法。据报道,2015年11月27日,中关村将调研试点"华裔卡",参考其他国家的做法赋予原籍为中国的侨胞以永久居留权。

中国积极维护其公民在海外的合法权益。2015年11月18日"伊斯兰国"宣布杀害一名中国人质樊京辉;11月22日,三名中国人质在马里袭击事件中遇害。中国启动应急机制,在绑架事件发生后全力协调开展营救工作。中国重申坚决反对任何针对无辜平民的暴力行为,对相关暴行表示愤慨和强烈谴责。中国政府将继续同国际社会合作,维护境外中国公民和机构的安全与合法权益。

## (二)中国与外国人待遇法治

外国人是指在一国境内不具有居留国国籍而具有他国国籍的人。为便于管理并与本国人相区别,无国籍人往往归入外国人的范畴。双重国籍人,如果其所具有的两个国籍均非居留国的国籍,属于外国人。

外国人,除根据国际法享有外交、领事等特权与豁免的外国人外,受居留国与其国籍所属国的双重管辖。东道国可以根据本国情况,制定外国人入境、出境和居留的管理办法,以及在居留其间的权利义务,但是有关国内法不得违背本国所承担的国际义务,不能违反国际法基本原则和国际习惯法规则,且应适当顾及外国人本国的属人管辖权。

国家给予外国人以何种待遇,国际法上并无统一规定,但大量的国际公约含有相关条款,如涉及外国人某些特殊领域内的权利义务的公约,涉及对犯有某种罪行的外国人行使管辖、惩治和引渡的公约,涉及某些人权的公约。它更多由各国自行决定,或通过国家之间在平等基础上订立双边条约做出规定。

在立法上,中国已制定大量与外国人待遇有关的法律、法规和其他规范性文件,其中主要有宪法、专门规定外国人权利义务的法律、涉及外国人权利义务的法律。2012年《中华人民共和国出境入境管理法》对外国人入境、出境、停留、居留、遣返等问题做出具体规定。这些立法体现出中国坚持在主权平等和严格遵守国际义务的基础上解决外国人的待遇问题。

在实践中,中国自2004年开始对外国人实行永久居留申请制度,但由于门槛较高,获得批准的很少。为吸引更多的国际人才,中国正在考虑放宽绿卡申请门槛。据报道,2015年11月27日,中关村将试点移民入籍制度,使获得永久居住资格的人员入境更为便利;试点外籍人员临时身份制度,例如居住六个月以上能获得临时身份证,可享受在华便利服务;试点境外高校学生到中关村实习。

## (三)中国与难民法治

难民是指因政治迫害、战争或自然灾害而被迫离开其本国或其经常居住国而前往他国避难的人。狭义上的难民一般是政治难民。

难民问题在国际关系中很早即已出现,但直到第一次世界大战之后才引起国际社会的普遍关注。目前关于难民问题的协定法主要是1951年《关于难民地位的公约》和1967年《难民地位议定书》。

中华人民共和国自1971年恢复在联合国的合法席位后,积极参加解决难民问题的工作。1979年,中国恢复在联合国难民署执委会中的活动。1982年,中国加入《关于难民地位的公约》和《难民地位议定书》。

对于难民问题的解决,中国认为,只有公正合理地解决地区冲突,消除

"热点"问题，才能从根本上解决由于种族、殖民主义、外国侵略和占领而引起的大规模难民问题。中国政府主张，包括难民输出国在内的整个国际社会应加强国际合作，努力消除产生难民问题的政治根源，共同分摊保护和援助难民的负担，同时共同努力解决因自然灾害而产生的难民问题。

在立法上，1982年宪法和2012年《中华人民共和国出境入境管理法》的相关条款可以作为解决难民问题的依据，如其中有关庇护的规定可作为保护政治难民的法律依据。

在实践中，中国于第二次世界大战期间曾接收近三万犹太难民到中国上海避难，20世纪80年代左右在中国内地和香港接收20多万越南难民，后来陆续接收阿富汗（1979年）、印度和斯里兰卡（20世纪80年代）、约旦（2003年）、缅甸（2009年）等国难民。随着中国的和平发展和经济增长，中国作为难民目的地国或中转国的地位日显突出。

关于叙利亚难民问题，中国和国际社会一样高度重视在欧洲和地中海发生的难民问题，对有关难民的处境表示同情，对欧洲国家积极安置难民的努力表示赞赏。中国认为，解决人道主义危机是国际社会的共同愿望，需要从根本上解决一些地区的发展和稳定问题；中方愿意通过国际和双边渠道同欧盟及其成员国就移民问题保持沟通和协调，并继续向有关国家的难民提供援助，帮助缓解人道主义危机。

2015年11月18日，针对联合国难民署阻挠中泰正常的警务合作的行为，中方紧急约见联合国难民署驻华代办，提出严正交涉，对联合国难民署驻泰国办事处粗暴干涉中国司法主权表达强烈不满，要求其立即向联合国难民署日内瓦总部报告中方关切，采取切实措施有效约束泰国办事处的无理行为，避免影响双方的良好合作关系。

在难民问题上，可以从两个方面入手加强相关法治：

第一，增强联合国难民署的工作，加强国际法治；

第二，借鉴其他国家经验，完善国内法制建设，条件成熟时考虑制定难民法。

## 四 中国与引渡和庇护法治

### （一）中国与引渡法治

引渡是指一国应他国的请求，把在其境内被该外国指控为犯罪或判刑的外国人,移交给该外国审理或处罚的一种国际司法协助行为。在国际法上,国家没有引渡罪犯的义务,除非根据条约承担这种义务。

在国际社会成员相互依存关系加深和全球化日益触及各个领域的今天,国际合作已构成国际法基本原则之一。引渡作为国家间惩治犯罪、维护国际和平与安全的重要手段,对维护国际法治至关重要。但由于国际社会认知和实践的不同,关于引渡问题目前尚无统一的国际立法,多由双边引渡条约或含有引渡规定的刑事司法协助条约、区域性引渡公约或多边协定、含有引渡条款的一般性国际公约加以规定。在没有引渡条约的情况下,国家间可以基于互惠和礼让彼此引渡罪犯。还有一些国家通过国内立法对引渡问题做出规定。

在立法上,中国2000年颁布《中华人民共和国引渡法》(以下简称《引渡法》),它对引渡原则、引渡条件、引渡程序、引渡效果等问题做出了规定。中国参加的许多国际公约相关条款对引渡问题亦有规定,如2005年中国批准的2003年《联合国反腐败公约》第44条。此外,还有许多双边条约。截至2015年7月,中国已与65个国家缔结司法协助条约、引渡条约和打击"三股势力"协定共120项(102项生效),其中引渡条约41项(31项生效。中意引渡条约于2015年12月14日生效),民刑事司法协助条约19项(全部生效),刑事司法协助条约34项(29项生效),民商事司法协助条约19项(17项生效),打击宗教极端、民族分裂和国际恐怖主义"三股势力"协定7项(6项生效)。

在实践中,在2014年"猎狐"计划基础上,中国于2015年实施"天网"行动,继续进行国际反腐败追赃追逃,引渡或遣返腐败犯罪嫌疑人800余名;同时加大打击其他犯罪的力度,如2015年10月中国与印度尼西亚、柬埔寨合作,引渡电信诈骗案犯罪嫌疑人254名。还有一些引渡或遣返行动是与外国政府如美国政府在个案基础上进行的。

2015年6月30日,美洲人权法院就中国公民黄海勇引渡案做出秘鲁政府胜诉的裁决,认定秘鲁政府可以进行引渡。本案裁决具有重要意义,它不仅加深了世界对中国法治的了解和信任,而且为中国反腐败国际合作提供了宝贵的经验,促进了中国与其他国家之间的司法合作。

在引渡问题上,为维护国家利益,有效进行国际合作,可以适当考虑修改《引渡法》:

第一,鉴于许多国家已废除死刑或暂停实施死刑,而在国外需求庇护者多以被遣返后会被判处死刑为借口而寻求庇护,为使犯罪分子不能逃脱惩罚,向外国请求引渡时不适用死刑的规定；

第二，允许在一定条件下引渡本国国民。

## （二）中国与庇护法治

庇护是指国家对于因政治原因而遭受追诉或受迫害而来避难的外国人，准其入境和居留，给予保护，并拒绝将其引渡给他国的行为。

庇护是国家的主权行为，是从国家的属地优越权中引申出来的权利。根据属地优越权，国家有权对其境内的除享有外交特权与豁免的人员外的任何人，行使管辖与保护。这种庇护是以领土主权为依据的。

庇护总是与难民、移民问题联系在一起，但其性质完全不同。过去，一国给何人以庇护，完全由该国自己决定。第二次世界大战后，一些国际文件明确将某类人排除在可以享受庇护的范围以外，如1948年《世界人权宣言》、1948年通过的《防止及惩治灭绝种族罪公约》、1973年《禁止并惩治种族隔离罪行国际公约》等。1967年联合国大会通过的《领土庇护宣言》规定，犯有破坏和平罪、战争罪或危害人类罪的人，不得请求及享受庇护。

目前尚无一项关于庇护的普遍性国际公约，其主要为习惯法规则。

在立法上，中国宪法性文件对庇护均有相关规定。1954年《中华人民共和国宪法》规定，对于任何由于拥护正义事业、参加和平运动、进行科学工作而受到迫害的外国人，给予居留的权利。1975年和1978年宪法也有同样的规定。1982年宪法第32条规定："中华人民共和国对于因为政治原因要求避难的外国人，可以给予受庇护的权利。"

在实践中，中国对因政治原因而遭受外国迫害的外国人给予庇护，对犯有破坏和平罪、战争罪、反人道罪等国际条约规定的国际罪行的外国人拒绝给予庇护。中国反对外国滥用庇护权庇护中国公民的行为。

与领土庇护不同，外交庇护或域外庇护是一国驻外使团在其使馆内对避难者提供庇护。由于外交庇护是在他国领土范围内对避难者进行庇护，严重侵犯东道国的领土主权，因此并不是国际法上的一种权利。中国既不实行域外庇护，也反对外国在中国境内进行域外庇护。

## 五　中国与外交关系法治

外交关系是国家为处理外交事务，在由国家中央外交关系机关、外交代表机关等通过访问、谈判、交涉、缔结条约、参加国际组织和国际会议、互设驻外使团等对外活动中所形成的与他国或国际组织的关系。外交关系法为调整有关机关职能、行为和法律地位的国际法规范的总称，它特别涉及一国在他国领土上设立的常驻外交使团即外交使馆的职能与地位。

历史上，1815年维也纳会议和国际联盟曾尝试对外交关系法进行大规模编纂。目前的现行法主要是联合国大规模编纂的结果，主要有：1946年《联合国特权和豁免公约》，1947年《联合国专门机构特权和豁免公约》，1961年《维也纳外交关系公约》，1963年《维也纳领事关系公约》，1969年《联合国特别使团公约》，1973年《关于防止和惩处侵害应受国际保护人员包括外交代表的罪行的公约》，1975年《维也纳关于国家在其对普遍性国际组织关系上的代表权公约》，1979年《反对劫持人质国际公约》。此外，还有大量国际公约、地区性公约和双边协定对外交关系法规范予以确认或补充。

在立法上，中国先后颁布过一系列和外交关系法有关的法律法规，其中尤其重要的是1986年《中华人民共和国外交特权与豁免条例》和1990年《中华人民共和国领事特权与豁免条例》。除此以外，中国刑法、民法、海洋法等大量法规中含有关于外交关系法的条款，中国还通过领事条约等双边协定和国际公约调整外交关系。

中国国内立法是结合中国的法律、具体情况和外交实践，将有关国际条约转化为国内法的结果。中国关于外交关系的立法的主要成就在于：第一，充分体现了国家主权原则与中国具体国情相结合的特点，澄清国际公约中的有关条款；第二，扩大了享有外交特权与豁免人员的范围；第三，明确了条例与有关国际协定的关系。

在实践中，中国根据国际协定法和国际习惯法，积极维护本国驻外使团及其人员的合法权益、严格履行国际义务，妥善并务实地处理涉及外交特权与豁免的事件。如2015年10月21日发生中国驻菲律宾宿务总领馆领事官员遭枪杀事件，中方援引外交豁免将犯罪嫌疑人遣返回国受审而妥善处理了这一事件。

在外交关系问题上，可以适当考虑以下几个方面。

第一，加快国际法的逐渐发展工作，如通过促使国际法委员会完成关于外交信使和没有外交信使护送的外交邮袋的地位等议题的工作，统一规范外交邮袋的概念和地位。

第二，对《维也纳外交关系公约》进行重新评估，有效解决滥用外交特权与豁免问题；有效规范驻外使团及其人员的职能；完善国内立法协调派遣国与派遣国之间的利益。

第三，妥善处理国际法其他规范与外交关系法规范之间的冲突。

第四，适当运用有关外交关系国际公约中的争端解决条款，以适应中国作为负责任的大国积极参与国际法治的形象。

# 第二部分 中国与国际经济关系法治

## 第十四章 中国与国际贸易法治*

### 一 概述

2015年,在全球贸易增速放缓、外围需求较弱和自身主动进行外贸转型升级的内外大环境下,中国继续保持并巩固全球第一货物贸易大国的地位,对国内经济增长和全球贸易发展起到了重要的支撑作用。2015年,中国外贸占国际市场的份额继续上升。据WTO统计,1~10月中国出口同比降幅是0.3%,同期美国、德国、日本、韩国、印度、巴西、南非的降幅分别为6.5%、11.6%、9.5%、7.6%、16.7%、16.4%、9.2%。前10个月中国外贸占全球的份额从2014年的12.4%上升到13.2%,也比"十一五"末(2010年)提高了2.8个百分点。2015年,中国外贸结构进一步改善。1~11月,中国民营企业、机电产品、一般贸易出口均实现正增长,在外贸总额中的占比分别达到44.9%、

---

\* 本章作者漆彤,法学博士,武汉大学国际法研究所教授,国际经济法教研室主任,主要研究方向:国际贸易法与国际投资法。

57.6%和53.6%，比2014年分别提高了1.8、1.8和2.2个百分点，民营企业在中国出口中的占比首次超过外资企业；铁路机车、船舶、航空航天、数控机床等高附加值的大型设备出口分别增长30%、15.1%、27.6%、3.5%等；市场结构也在发生变化，对新兴市场的出口占比达46.2%，比2014年提高了0.8个百分点，比"十一五"末提高了5.5个百分点；中西部地区出口占比达16.5%，比"十一五"末提高了7.8个百分点；跨境电商、市场采购等贸易新兴业态逐渐成为新的贸易增长点，同比增幅分别超过30%和70%等。

在经济快速发展的同时，中国也更加积极地参与国际法治建设，在国际规则制定、全球贸易治理、区域贸易合作等方面均做出了重要贡献，成为国际贸易法治发展的有力推动者和参与者。在国际规则制定方面，中国一直是以WTO为代表的多边贸易体制的积极参与者、维护者和贡献者，为多哈回合下相关议题谈判取得进程发挥着至关重要的推动作用。在对外贸易执法方面，与国内体制改革相适应，中国继续深入开展简政放权、减少行政审批事项，提升贸易救济调查的合规性，完善海关执法和贸易便利化措施，加强反垄断调查和执法，维护市场公平竞争。在外贸争端解决方面，作为WTO争端解决机制的深度参与者，中国继续积极运用WTO争端解决机制，反击国际贸易保护主义，认真执行WTO争端解决裁决，维护多边贸易体制尊严。

## 二　外贸立法

2015年3月，中国国务院总理李克强在第十二届全国人民代表大会第三次会议所做的《政府工作报告》中指出，中国要维护多边贸易体制，推动信息技术协定扩围，积极参与环境产品、政府采购等国际谈判。2015年9月17日国务院发布《关于构建开放型经济新体制的若干意见》，指出要积极推动"后巴厘"工作计划制订，争取尽早完成多哈回合谈判。2015年10月，十八届五中全会报告指出，中国应"积极参与全球经济治理，积极承担国际责任和义务，提高我国在全球经济治理中的制度性话语权，构建广泛的利益共同体，促进国际经济秩序朝着平等公正、合作共赢的方向发展"。

根据上述部署，中国在2015年一如既往地践行互利共赢的发展理念，做全球经济体系尤其是以WTO为代表的多边贸易体制的积极参与者、维护者和贡献者。中国积极支持、推动多哈回合谈判，努力与各方就共识度较高、可能收获的议题加以协商和整合；中国积极寻求加入多边《服务贸易协议》（TISA）谈判，

2015年6月完成的第十九轮中美投资协定（BIT）谈判双方首次交换负面清单出价并正式开启负面清单谈判，为中国加入TISA进一步扫清了障碍；中国积极推动《环境产品协定》（EGA）谈判，在2015年举行的EGA第四至第十回合谈判中，中国发挥了应有的积极作用；为配合加入《政府采购协定》（GPA）的谈判，中国主动进行国内法的配套改革，于2015年3月1日起正式实施《政府采购法实施条例》。

## （一）推动WTO第十届部长级会议取得成功

2015年12月15日，世界贸易组织第十届部长级会议在肯尼亚首都内罗毕举行。本次会议是世贸组织首次在非洲举行的部长级会议，恰逢世贸组织成立20周年，联合国刚刚制定可持续发展议程，全球经济面临诸多挑战，会议意义重大，国际社会高度关注。经过密集磋商和艰苦谈判，会议于19日顺利结束，取得丰硕成果，彰显了世贸组织在全球贸易治理中的主导作用。

会议通过了《内罗毕部长宣言》及9项部长决定，并承诺继续推动多哈议题。会议肯定了WTO成立20年来取得的成就，就多哈回合农业出口竞争、最不发达国家议题达成共识，承诺全面取消农产品出口补贴，并就出口融资支持、棉花、国际粮食援助等议题达成了新的多边纪律，有利于创建更加公平的国际贸易环境，同时在优惠原产地规则、服务豁免机制、棉花等方面给予最不发达国家优惠待遇，切实解决最不发达国家面临的实际困难，使最不发达国家更好地从多边贸易体制受益。

中国积极参与了上述WTO谈判与事务，在会议中促和、促谈、促成，为会议取得成功做出了积极贡献。2015年10月，中国与肯尼亚、印度等国代表在世贸组织七方部长会议上就世贸组织第十届部长级会议成果以及多哈回合谈判未来走向广泛交换意见。中国是向最不发达国家开放市场程度最大的发展中国家之一，在对最不发达国家免税免配额的市场准入问题上，中国做出了表率。自2015年12月10日起，中国对原产于科摩罗联盟、多哥共和国、卢旺达共和国等8个最不发达国家的97%税目产品实施零关税。与之相对应的是，发达国家承诺的对最不发达国家97%产品实行"免关税、免配额"的义务并未完全兑现。

## （二）促成《信息技术协定》扩围达成

WTO第十次部长级会议达成了近18年来世贸组织首个关税减让协议——《信息技术协定》（Information Technology Agreement，ITA）扩围协议。

1997年3月，其产品占全球信息技术产品92.5%的39个国家和地区在日内瓦签订了《信息技术协定》，该多边协定涵盖了计算机、电信产品、半导体、半导体制造设备、软件和科学仪器6大类共200多项产品，旨在通过分阶段削减信息技术产品关税实现该产业的贸易自由化发展。自1997年4月实施以来，该协定分四个阶段削减关税，每阶段减少关税25%，至2000年1月1日将信息技术产品关税削减到零。

ITA扩围谈判自2012年5月启动，经过近20轮磋商，共有24个参加方、53个WTO成员参加，参加方扩围产品全球贸易额达1.3万亿美元，占相关产品全球贸易额的约90%。扩围后将新增信息通信技术产品、医疗器械等产品201项，2016年7月1日起实施降税，绝大多数产品将在3~5年后最终取消关税。

中国于2003年正式加入《信息技术协定》，目前已经发展成为全球信息技术产品第一大生产和出口国、第二大进口国，是信息技术产品全球价值链的重要参与方。在扩围产品全球贸易额中，中国占比约为1/4，位居全球第一。2012年9月以来，中国一直积极参与ITA产品清单扩围谈判，为谈判成功起了重要作用。2015年7月，中国与美、欧等谈判方确认接受达成一致的ITA产品范围，为扩围成功扫清了障碍。扩围协定的达成，也将有助于中国相关产品扩大出口，巩固中国在全球价格链中的地位，推动中国信息技术产品向全球价格链高端延伸。

（三）正式接受《贸易便利化协定》

2015年9月4日，中国做出接受世界贸易组织《贸易便利化协定》（Agreement on Trade Facilitation，TFA）的决定，成为第十六个接受该协定的国家。这是中国加入WTO后参与并达成的首个多边货物贸易协定。根据《建立世界贸易组织协定》第10.3条的规定，《贸易便利化协定》将在2/3多数成员接受后生效并纳入WTO附件1A。

TFA旨在帮助加快货物的流动、放行和清关，在世界各地建立标准化、快速的海关程序。根据WTO发布的《2015年世界贸易报告》，TFA的全面实施可令成员的贸易成本平均减少14.5%，平均每年为全球商品出口创造1万亿美元收益，就发展中成员而言每年拉动出口1700亿~7300亿美元，发达经济体每年出口盈利增加3100亿~5800亿美元。此外还可能创造2000万~3000万个就业机会，总体而言每年可以为全球GDP增长率贡献0.5个百分点，或比取消所有关税产生更大的影响。

《贸易便利化协定》是多哈回合谈判的重要议题之一，中国快速批准该项协定有助于其早日生效并发挥作用。

### （四）加快实施区域贸易合作

截至目前，中国已签署 14 个自贸协定，涉及 22 个国家和地区，自贸伙伴遍及亚洲、拉美、大洋洲、欧洲等地区。这些自贸协定分别是中国与东盟、新加坡、巴基斯坦、新西兰、智利、秘鲁、哥斯达黎加、冰岛、瑞士、韩国和澳大利亚的自贸协定，内地与香港、澳门的《更紧密经贸关系安排》（CEPA），以及大陆与台湾的《海峡两岸经济合作框架协议》（ECFA）。此外，中国也正在推进多个自贸区谈判，包括《区域全面经济伙伴关系协定》（RCEP）、中国与海湾合作委员会自贸区、中国与挪威自贸区、中日韩自贸区、中国与斯里兰卡自贸区和中国与马尔代夫自贸区等。中国还在推进与新加坡自贸区的升级谈判、与巴基斯坦自贸区的第二阶段谈判以及《海峡两岸经济合作框架协议》的后续谈判。

上述中澳、中韩自贸协定均于 2015 年 12 月 20 日生效，其中中澳自贸协定是中国首次与主要发达经济体谈判达成的自贸协定，也是中国与其他国家已签订的贸易投资自由化整体水平最高的自贸协定之一。2015 年 10 月中旬结束第 10 轮谈判的 RCEP，广泛涉及货物贸易、服务贸易、投资、市场准入及各类谈判规则，是当前亚洲地区正在建设的规模最大的自由贸易区，有望在 2016 年完成谈判。

2015 年 12 月 17 日，国务院发布《关于加快实施自由贸易区战略的若干意见》（以下简称《意见》），中国近期将加快现有自由贸易区谈判进程，在条件具备的情况下逐步提升已有自由贸易区的自由化水平，积极推动与周边大部分国家和地区建立自由贸易区。根据《意见》，中国的自由贸易区建设布局主要包括周边、"一带一路"和全球三个层次。首先，力争和所有与中国毗邻的国家和地区建立自由贸易区。其次，积极同"一带一路"沿线国家商建自由贸易区，形成"一带一路"大市场。再次，逐步形成全球自由贸易区网络。争取同大部分新兴经济体、发展中大国、主要区域经济集团和部分发达国家建立自由贸易区，构建金砖国家大市场、新兴经济体大市场和发展中国家大市场等。

### （五）推进"一带一路"沿线经贸合作

2013 年 9 月和 10 月，中国国家主席习近平首次提出共建"丝绸之路经济带"和"21 世纪海上丝绸之路"（The Belt and Road，B&R）的战略构想。"一带一路"发源于中国，贯通中亚、东南亚、南亚、西亚至欧洲部分区域，涵盖

44亿人口,占世界总人口的63%,GDP规模达21万亿美元,占世界的29%,沿途多为新兴市场与发展中国家。该战略致力于完善区域基础设施、提升投资贸易便利化水平、建设高标准自由贸易区网络。

2015年3月28日,中国国家发展和改革委员会、外交部、商务部联合发布了《推动共建丝绸之路经济带和21世纪海上丝绸之路的愿景与行动》,表明中国愿与沿线国家在既有双多边和区域次区域合作机制框架下展开合作,共同推进兼顾双多边利益的项目建设。"一带一路"规划以重点经贸产业园区为合作平台,与沿线国家共同打造中蒙俄、新亚欧大陆桥、中国—中亚—西亚、中国—中南半岛、中巴、孟中印缅六大经济走廊建设。为推进与沿线国家的合作,中国积极开展各种形式的体制安排,如2015年6月6日与匈牙利签署《关于共同推进一带一路建设的谅解备忘录》,2015年12月25日正式成立"亚洲基础设施投资银行"等。

据中国商务部统计,中国与沿线国家的经贸合作取得良好进展。2015年1~10月,在对外贸易方面,中国与沿线国家双边贸易总额为8203.93亿美元,占同期中国进出口总额的25.4%。其中出口和进口分别为5044亿美元和3159.5美元,分别占同期中国出口及进口总额的27.2%和23%。在吸收外资方面,"一带一路"沿线国家对中国投资设立企业1752家,同比增长18%,实际投入外资金额为64.9亿美元,同比增长14%,金融服务业实际投入外资同比增长为1623.3%。在对外直接投资方面,1~10月,中国企业共对"一带一路"沿线的49个国家进行了直接投资,投资额合计131.7亿美元,同比增长36.7%,占中国非金融类对外直接投资的13.8%。

## (六)升级国内自由贸易试验园区建设

2013年9月29日,中国(上海)自由贸易试验区正式成立。为进一步扩大对外开放、顺应全球化经济治理新格局、对接国际贸易投资高标准,自2013年起,中国在自贸区建设方面开展了一系列卓有成效的工作。2015年4月21日,中国(广东)、中国(福建)、中国(天津)自由贸易试验区正式挂牌成立,2015年4月27日,中国(上海)自由贸易试验区实现扩围升级,面积由28.78平方公里扩展到120.72平方公里。

以四大自贸区为试点,2015年中国围绕投资自由、贸易便利、税率优惠等方面实施了一系列改革措施,取得了重要成果。四大自贸区的建设也为更大范围、更深层次的开放做好了准备。以外商投资准入为例,2015年4月20日,中国国务院办公厅印发《自由贸易试验区外商投资准入特别管理措施（负面清单）》，新版清单比2014年版减少17条，比2013年版减少了68条，共涵盖122项特别管理措施，其中限制性措施85条，禁止性措施37条，统一适用于上海、广东、天津、福建四个自贸区。根据2015年10月19日《国务院关于实行市场准入负面清单制度的意见》，中国将于2015年12月1日至2017年12月31日在部分地区试行市场准入负面清单制度，2018年将正式实行全国统一的市场准入负面清单制度。在贸易便利化方面，各试验区纷纷推出"多证合一""一照一码""单一窗口""一口受理"等便利化措施。在税收优惠方面，自贸区海关特殊监管区域于2015年6月8日起试行选择性征收关税政策，根据企业申请，对内销货物按其对应进口料件或实际报验状态征收关税，并允许在该区域内设立保税展示交易平台。

## 三 外贸执法

完善对外贸易执法工作一直是中国行政执法体制改革的重点，也是中国履行入世义务的必然要求和应然结果。

### （一）行政许可

就外贸行政许可问题，WTO成员曾在中国入世时予以特别关注。例如，《中国入世议定书》第7条第4款规定："进出口禁止和限制以及影响进出口的许可程序要求只能由国家主管机关或由国家主管机关授权的地方各级主管机关实行和执行。一些工作组成员还对中国地方各级主管机关在不透明、任意性和歧视性基础上实施的许多非关税措施表示关注。……中国代表澄清，只有中央政府可以颁行关于非关税措施的法规，且这些措施只能由中央政府或获得中央政府授权的地方各级主管机关实施或执行。中国代表表示，地方各级主管机关无权制定非关税措施。工作组注意到这些承诺。"

自2006年WTO对中国首次进行贸易政策评审以来，其他成员一直非常关注中国在外贸行政许可方面所存在的一些问题，对此，中国政府以"有则改之、无则加勉"的良好态度，对各方的质疑进行了积极的回应。WTO第六次对华贸易政策审议将于2016年7月5~7日举行，自2015年5月以来，中国商务部积极组织部际工作组参与准备工作，于8月提交首批问题清单答复和有关政策措施信息。2015年9月21~25日，报告撰写专家组与中国商务部等28个部门就贸易政策透明度、进出口管理体制、知识产权保护等领域进行了 21 场会谈。世贸组织对华贸易审议不仅有助于加深其他成员对中国经贸体制和政策的了解，也有利于中国不断深化改革、扩大开放，中国将积极配合世贸组织工作，承担起自己的国际义务。

为了切实履行 WTO 条约法义务，中国政府在完善对外贸易执法工作方面开展了大量卓有成效的工作。自 2013 年开始以上海自贸区为试点，大力推动简政放权、转变职能的全新尝试以来，中国政府在外贸行政审批领域广泛推行备案制管理、减少行政审批事项。2015 年，中国政府在各个层面上进一步推动简政放权改革举措。十二届全国人大三次会议政府工作报告提出，2015 年将全部取消非行政许可审批，切实做到法无授权不可为。在取消行政审批项目方面，国务院 11 号文（2015）决定取消和下放 90 项行政审批项目，将 21 项工商登记前置审批事项改为后置审批。在便利通关方面，中国政府积极推广国际贸易"单一窗口"试点，强化大通关协作机制。

在贸易政策合规性方面，一些贸易伙伴都曾多次对中国进出口贸易许可程序的公开性、合法性、透明度等提出过质疑。为增强贸易政策合规工作的规范性和操作性，2014 年 12 月 12 日，商务部专门发布了《贸易政策合规工作实施办法（试行）》，就可能影响贸易的三大类政策措施（抽象行政行为）进行合规审查。截至 2015 年 10 月 24 日，共有 16 个省级人民政府或商务主管部门就此制定了具体落实措施，地方对合规工作的重视程度进一步提高。

### （二）贸易救济调查

为维护公平贸易和正常的竞争秩序，WTO 允许成员方在进口产品倾销、补贴或过激增长等给国内产业造成损害的情况下，使用反倾销、反补贴和保障措施等手段，对国内产业进行救济。反倾销和反补贴针对的是存在倾销和补贴的不公平贸易行为，纠正的是企业的价格歧视和由于政府补贴而使产品获得的优势；保障措施针对的是进口激增的情况而采取的紧急进口限制措施，是成员方履行义务时的"例外条款"和"安全阀"。

在 WTO 框架下，每个成员方都被赋予使用贸易救济工具的权利，在合理的范围内保护本国/地区产业发展。从 2015 年的数据和相关实践来看，中国在使用贸易救济措施方面继续表现出有理有据的克制态度，并在技术上趋向成熟规范。按 WTO 统计方式，2015 年前三季度，中国启动反倾销调查 9 起（按中国统计方式为 3 起）。比 2014 年同期（简称"同比"，以下同）减少 2 起，降幅为 28.6%。此外，中国商务部对 5 起（按中国统计方式为 2 起）反倾销调查做出初裁,对2起(按中国统计方式为1起)反倾销调查做出终裁。2015年前三季度,中国未启动反补贴调查。前三季度,中国启动7起期终复审调查、4起期中复审调查。与上述数据相对应,2015年截至11月,中国共遭受21个国家和地区发起的贸易救济调查73起,涉案金额达到63.8亿美元。上述统计数据表明,中国仍然是国际贸易保护主义最大受害者和首要目的国,不过,为促进贸易自由、避免贸易摩擦,中国在使用贸易救济保护国内产业方面依然相当克制。

### (三)海关执法

海关是最重要的外贸执法机构之一,负有各种广泛而具体的职能,如出入境监管、税收征管、打击走私、知识产权海关保护、口岸管理、保税监管、进出口统计等。2015年,中国继续加强与各国和国际社会的海关合作,强化通关环境建设,切实推进便利通关,提高办事效率和服务水平;进一步加强海关执法尤其是知识产权执法工作,加大对外贸违法违规经营行为的查处和打击力度,整顿市场竞争行为,规范外贸经营秩序。

在便利通关方面,2015年11月25日,中国海关总署发布《海关总署进一步促进外贸稳定增长若干措施》,提出要改进通关监管服务,推动国际贸易"单一窗口"建设;实现口岸信息共享共用,优化查验监管机制,推广"双随机"抽查机制;积极创新和复制自贸区海关监管制度,推动海关特殊监管区域整合优化;清理和规范进出口环节收费,放开电子口岸预录入系统(QP系统)的准入限制。此外,海关总署还于2015年9月25日决定将区域通关一体化改革拓展至海关特殊监管和保税监管场所,争取尽快建立与保税加工、保税物流和保税服务发展要求相适应的区域通关监管机制。

在税收征管改革方面,中国海关总署于2013年10月启动汇总征税试点工作,对符合条件的进出口纳税义务人在一定时期内多次进出口货物应纳税款实施汇总征税。截至2015年6月,共有28个海关以及81家企业参与试点,汇总征税150亿元人民币,涉及报关单6.4万票。2015年7月27日起,中国海关总署面向全国海关推广汇总征税业务,这种"先放后税、汇总缴税"的征税模式能够有效缩短企业通关时间,降低通关成本。

在"一带一路"沿线国家海关合作方面,在2015年5月27~28日举行的"互联互通,共建共赢——'一带一路'海关高层论坛"上,中国、匈牙利、马其顿、塞尔维亚四国代表就全面深化合作达成共识;中国与俄罗斯海关宣布将继续在简化海关手续、改善通关环境、促进贸易便利化等方面开展合作;中国与哈萨克斯坦海关及欧亚经济联盟就战略对接的安排达成共识。2015年9月18日，中国与东盟各国通过了《中国—东盟海关互联互通合作研讨会共识》，双方将围绕贸易便利化、信息共享、执法互助展开合作，依托中国—东盟信息港进行海关互联互通平台建设。

在互认制度方面，2015年6月，中国与欧盟海关就《互认安排决定》修订达成共识；2015年11月1日，中欧海关正式实施互认制度，给予AEO（"经认证经营者"）企业安全贸易伙伴身份、减少风险评估手续、货物优先通关、贸易连续运行保障等一系列通关便利措施。

### （四）反垄断执法

反垄断法的目的在于防止企业滥用市场优势，从而保护市场竞争，它是市场经济国家的一种基本法律制度。贸易与竞争具有直接的密切联系，早在1947年的《哈瓦那宪章》中就有要求缔约方采取适当措施，管制国际贸易中限制性商业行为的规则；利用国内《反垄断法》对商品、资本、技术和劳务的跨国流动进行管制，在一些竞争法比较发达的国家也早有实践。

中国《反垄断法》自2008年8月1日开始正式实施。据中国商务部统计，2015年前9个月，经营者集中反垄断案件申报数、立案数和审结数大幅增长：案件申报244件，同比增长43.5%；立案247件，同比增长49.7%；审结236件，同比增长42.2%。在反垄断执法方面，中国反垄断机构逐步积累经验、开始大胆实践，执法案件数量从无到有，从少到多，标志着中国的《反垄断法》开始真正发挥规范市场主体行为、促进市场向公平方向发展的积极作用。

2015年，中国继续对多家跨国公司进行反垄断调查。2月10日，中国国家发展和改革委员会依据《反垄断法》第47条、第49条的规定，认定全球最大的移动芯片制造商高通（Qualcomm）公司构成滥用市场支配地位实施垄断行为，责令其停止违法行为，进行业务整改和罚款60.88亿元人民币（约合9.75亿美元），从而结束了持续14个月的反垄断调查。这是中国迄今为止最大规模的反垄断案，也是全球范围内针对高通第一次取得实质进展、进行了实质性处罚的反垄断调查。该案对移动芯片相关产业及有关专利制度的发展，具有深远的影响。2015年底，欧盟执委会及中国台湾"公平交易委员会"也开始对高通进行反垄断调查。此外，2015年5月18日，因达成限定和固定销售价格的垄断协议，江苏省物价局对梅赛德斯—奔驰（中国）汽车销售有限公司处以行政罚款3.5亿元人民币，对奔驰南京、无锡和苏州三地的经销商罚款786.9万元人民币，这是目前为止国内汽车行业反垄断中金额最高的一笔罚款。中国的反垄断执法活动在一定程度上有效地遏制了跨国公司在华不正当竞争行为。

鉴于反垄断执法往往涉及多国立法和执法当局之间的冲突与协调，晚近各国/地区逐渐重视这方面的国际合作。继此前与美国（2011）、英国（2011）、韩国（2012）等达成反垄断合作协定后，2015年中国国家发展和改革委员会又与日本、澳大利亚等国签署了《反垄断合作的谅解备忘录》，进一步完善了国际合作的机制化安排。

## 四 外贸司法

广义上的外贸司法，既包括各国的国内司法（如法院对涉外经贸案件的审判），也包括国际性的司法裁判，主要指WTO贸易争端解决。根据本报告的体系安排与编写分工，此处仅以中国在WTO争端解决机制中的参与活动为论述对象。

以"规则导向"为特征的WTO法，在国际经贸领域开创了"规则之治"的时代，在国际法治中具有典型意义。WTO争端解决机制素有美誉，被称为多边贸易体制"皇冠上的明珠"。WTO争端解决机制由独立的专家组和上诉机构按照确定的规则和程序，审理成员之间的经贸纠纷案件，从法律和技术角度和平解决国际经贸争端，可以避免贸易摩擦给双边政治和经贸关系带来的冲击，已经成为成员方之间解决贸易纠纷、维护贸易权益的有效平台。作为多边贸易体制的稳定器，它也是当今世界上最为繁忙的国际司法机制，其建立对于维护WTO规则起了巨大作用。截至2015年底，已有501起争端案件被提交至WTO争端解决机制，平均每年近25起。2015年发起磋商请求的案件数为13起，与2014年持平。

在利用WTO争端解决机制促进国际法治方面，中国当前处于十分重要的地位，发挥着建设性积极作用。

### （一）中国业已成为WTO争端解决机制的深度参与者

自2001年入世以来，中国逐渐成为WTO争端解决机制的深度参与者。作为世界最大的发展中国家，中国加入世贸组织后改变了WTO内部力量的对比，使得世贸组织不再只是由发达国家主导的机构。在争端解决方面，通过入世后十余年的学习和探索，中国不仅已经成为该机制中最主要的涉案方，也逐步具备了熟练运用各种诉讼策略处理争端的能力。中国还积极参与争端解决机制改革谈判，并已提交若干改革建议,为推动争端解决机制的完善和改进献谋献策。此外,中国已推荐多名国内专家进入WTO专家组名册和上诉机构,有力地支持了争端解决机制的正常运作。如今,中国在WTO争端解决机制中的角色已经被定格为"深度参与者"。

截至2015年12月31日,中国在WTO争端解决案件总数达到47起,其中2015年发起的案件数量为3起。分别是:①美国诉中国示范基地案(DS489)。2015年2月11日,美国就中国"示范基地公共服务平台"出口补贴项目向WTO争端解决机构提出磋商申请,中美双方于2015年3月和4月就该争端进行了两轮磋商,但未就争议事项达成共识。2015年4月22日,WTO争端解决机构决定就本案成立专家组。②中国诉欧盟关税配额案(DS 492)。2015年4月8日,中国就欧盟影响部分禽肉产品关税减让措施诉至WTO争端解决机构,主张欧盟就低关税配额分配不均的行为损害中国部分禽肉产品出口企业的利益,违反了《1994年关税与贸易总协定》(GATT 1994)第1条、第1.1条、第2条、第2.1条、第2.2条、第13条、第13.1条、第13.2条和第28条等条款的规定。2015年7月20日,WTO决定就该案成立专家组。③美国诉中国国产飞机税收优惠案(DS501)。2015年12月8日,美国就中国国产飞机税收优惠措施向WTO争端解决机构申请磋商,认为中方免除某些国产飞机的增值税,包括通用航空飞机、支线飞机和农用飞机,与此同时却继续对同类进口飞机征收17%的增值税,构成了对进口商品的歧视,违反GATT 1994第3.2、第3.4条;同时,中国向世贸组织掩盖了对国产飞机的免税政策,违背了GATT 1994第10.1条及《中国入世议定书》第2(C)(1)条、第2(C)2条关于贸易政策透明度的承诺。

2015年之前尚未结案的一些案件也有新的发展。例如,2015年4月27日,WTO就加拿大诉中国进口浆粕反倾销措施案(DS483)确定专家组成员,2015年10月14日WTO争端解决实体(DSB)发布欧盟、日本诉中国高性能不锈钢无缝钢管(HP-SSST)反倾销措施案上诉机构报告(DS460、DS454)。

值得注意的是,自入世以来,美国已在WTO发起针对中国的诉讼17起,是其他成员针对中国提起诉讼的2倍多。2015年12月,美国贸易代表办公室(USTR)发布该年度的中国履行WTO承诺情况报告,指出2014年美国对中国出口货物贸易总额达1240亿美元,比2001年增长了545%,对中国服务贸易出口额达430亿美元,比2001年增长了733%。尽管取得了这些积极的成果,报告仍然认为中国入世后履行承诺的总体情况依然复杂。报告指出,与此前一样,2015年出现贸易摩擦时,美国通常是首先寻求对话,在对话未果的情况下则会毫不犹豫地诉诸 WTO 争端解决机制。目前，美国对于中国的国有企业问题、网络安全法规等仍给予高度关注。

### （二）积极运用 WTO 争端解决机制，反击国际贸易保护主义

近年来，在"公平贸易"旗号下，一些国家频频利用 WTO 的规则缺陷与不足，滥用各种贸易救济措施，行贸易保护主义之实。特别是一些发达国家针对中国采取的反倾销、反补贴措施，涉及产品范围广泛、影响时间长，已经成为中国出口贸易的重要威胁。为维护中国在多边贸易体制下的合法权益，创造良好的国际贸易环境，近年来中国主动出击，积极利用 WTO 争端解决机制展开反击，取得了丰富的成果，尤以双反问题和反倾销领域最为典型。

为保障 DSB 裁决的执行，2013 年 10 月 30 日，中国针对欧盟紧固件反倾销措施案（DS397）之执行措施诉诸 WTO 争端解决机制。这是迄今为止中方首次根据 WTO《关于争端解决规则与程序的谅解》第 21.5 条发起的执行之诉。2015 年 8 月 7 日，WTO 就该案发布执行异议程序专家组报告，认定欧盟未及时向中国生产商提供与案件陈述有关的机密信息以及用于正常价值计算所必需的信息，违反了《反倾销措施协定》第 6.5 条、第 6.4 条、第 6.2 条以及第 2.4 条的规定。此外欧盟关于国内产业的界定及损害认定违反了协定第 4.1 条和第 3.1 条的规定，其履行裁决和建议的相关措施不符合协定的相关规定。欧盟和中国分别于 9 月 9 日和 9 月 14 日就执行程序专家组报告提起上诉，预计上诉机构将于 2016 年 1 月发布最终报告。

在诉美国关税法修订案（DS449）案中中国亦取得胜利，专家组和上诉机构均判定美国双重救济做法违法。为执行 DSB 裁决，美国于 2015 年 2 月 11 日启动关于双重救济裁决的执行程序，向 17 起对华反倾销、反补贴措施的涉案企业发放问卷，并根据答卷情况相应调整倾销税率。

2015 年 1 月 16 日，WTO 争端解决机构通过中国诉美国反补贴措施案（DS437）上诉机构报告，2 月 13 日，美国表示愿意履行 WTO 争端解决机构就该案做出的建议和裁决。2015 年 6 月 26 日，中国基于《关于争端解决规则与程序的谅解》第 21.3（c）条就该案的合理执行期限提出仲裁申请。2015 年 10 月 9 日，WTO 做出裁决，认定美国履行该案裁决和建议的合理期限为截至 2016 年 4 月 1 日。

此外，就美国反倾销使用归零法则问题，中国曾于 2013 年发起诉美国反倾销计算方法案（DS471），该案专家组报告有望在 2016 年 6 月发布。

## （三）认真执行 WTO 争端解决裁决，维护多边贸易体制尊严

自中国决定入世以后，WTO 法律规则就在很大程度上引导着中国的法治化进程，中国依靠 WTO 法律规则在经济、社会等各方面取得了快速发展。中国尊重 WTO 规则并以实际行动兑现入世承诺，尤其在执行 WTO 争端解决裁决方面表现良好，堪称典范。通过善意地、模范地执行裁决报告，中国不仅展示了其作为一个负责任大国应有的良好国际形象，也保障和维护了多边贸易纪律及 WTO 争端解决机制的严肃性和有效性。

在执行美欧日诉中国限制稀土出口案（DS431、432、433）裁决方面，中方继续保持良好表现。2014 年 12 月 8 日，中美就执行期限达成共识。2014 年 12 月 31 日，中国商务部发布《2015 年出口许可证管理货物目录》，正式取消稀土出口配额，明确稀土出口执行出口许可证管理，无须再提供批准文件。2015 年 4 月 23 日，中国国务院关税税则委员会宣布自 5 月 1 日起取消稀土、钨、钼、钢铁颗粒粉末等产品的出口关税。

在执行美国诉中国影响电子支付措施案（DS413）裁决方面，2015 年 6 月 1 日《国务院关于实施银行卡清算机构准入管理的决定》（下称《决定》）生效，意味着中国银行卡清算市场最终迎来全面放开，实质性完成由"政府主导"向"市场主导"的转变。根据《决定》，国际卡组织、国内第三方支付机构和银行等，均可向央行递交银行卡清算资格申请，银联一家独大的局面将得到根本改变。

尽管中国在绝大多数案件中积极履行 DSB 裁决，但有时仍不能让胜诉方满意。中美取向电工钢双反案（DS414）是美国首次针对中国执行问题提起的诉讼，也是中国在 WTO 被诉的首例涉及执行异议问题的诉讼。在 2015 年 8 月 31 日的 WTO 争端解决机构例会上，WTO 通过了美国诉中国对美国取向电工钢征收反倾销税和反补贴税案（DS414）执行异议程序专家组报告，认定中国未能履行该案专家组和上诉机构的裁决结果和建议。事实上，中国已于 2015 年 4 月 10 日执行期限届满之时终止了对美国涉案产品的反倾销和反补贴措施并告知 WTO 争端解决机构，因此没有必要采取进一步行动执行争端解决机构的建议和裁决。

# 第十五章
# 中国与国际投资法治*

## 一 概述

投资条约和投资仲裁是国际投资法治发展最重要的两个支柱。随着全球化的不断深入发展、发展中国家在全球投资格局中的地位深刻变化以及可持续发展理念的不断强化,许多国家在国内、区域和国际层面都对国际投资法治这两个支柱的改革提出了自己的意见和方案。根据 2015 年《世界投资报告》,中国已成为世界第一大投资输入国和第三大投资输出国。站在这个新起点上,中国在这两个方面也从维护自身利益和促进可持续发展的角度发出自己的声音。在 2014 年的报告中,笔者已经指出,①中国投资协定发展的历程已从探索适应阶段到适时修改阶段,再到现今的与时俱进阶段。其中中国的角色也从一位"局外者"变为一位重要的"参与者",并逐渐成为国际投资法治新阶段的"建设者";②2014 年中国签署的三个重要投资协定,即中国与加拿大双边投资协定、中国与日韩的投资协定以及中国与坦桑尼亚的投资协定生效,这三个新的投资协定预示着中国投资协定新阶段的发展方向;③中国商务部启动了《中外合资经营企业法》《外资企业法》《中外合作经营企业法》修改工作,并出台了《中华人民共和国外国投资法(草案征求意见稿)》。2015 年中国的新发展有:在投资协定方面,中国与澳大利亚自由贸易协定以及中国与韩国的自由贸易协定已经签署生效,中国与土耳其签订双边投资协定;在国际投资仲裁方面,平安人寿保险公司 v. 比利时的仲裁庭做出了拒绝管辖的裁决;在外资法方面,中国出台了一系列政策法规以推进负面清单、投资准入和海外投资便利化的发展并强化自由贸易试验区建设。

## 二 中国投资协定的新发展与影响

双边投资协定(BIT)数量的增速放缓,含有投资条款的自由贸易协定等其

---

\* 本章作者张庆麟,法学博士,武汉大学国际法研究所教授,主要研究方向:国际经济法。

他协定的数量不断增加，国际投资协定的条款内容更趋精致与复杂，投资条约的签署两极分化的现象也更趋明显。2015年全球新签署的投资协定共有23个，其中中国签订了3个，即中国与韩国自由贸易协定、中国与澳大利益自由贸易协定以及中国与土耳其双边投资协定。前两个自由贸易协定于2015年12月20日正式生效，后一个双边投资协定只是于2015年7月29日签署，而该BIT的条款内容并没有公布。

## （一）中国新投资协定的主要内容

### 1. 中国与澳大利亚自由贸易协定中的投资章节

中国与澳大利亚自由贸易协定的序言规定，维护两国政府为实现各自国家政策目标进行管理，以及为保障公共福利保留灵活性的权利。

中国与澳大利亚的自由贸易协定中的投资章节规定了一些典型的涉及自由化和保护的问题的实体条款以及设立一个投资者—国家争端解决（ISDS）机制的一些程序性条款。在实体条款方面，其规定国民待遇和最惠国待遇条款。其中最惠国待遇条款适用于投资准入前和准入后两个阶段。而国民待遇条款则规定，对中国投资者及其投资而言，国民待遇条款适用于它们在澳大利亚的准入前和准入后两个阶段；而对于澳大利亚的投资者及其投资而言，则该条款仅适用于它们在中国的准入后这个阶段。但是没有规定公平公正待遇、征收以及资金转移自由等条款。该章节还规定了一些旨在保护东道国实施公共政策的管制性空间以及最小化东道国受到投资仲裁的控诉等要素，其中包括一般例外条款以及改善ISDS机制的规定。改善ISDS的规定有：在条约解释方面，缔约双边通过投资委员发布有关条款的解释决定对仲裁庭具有约束力；在透明度方面，被诉方向公众公开未涉密的仲裁相关文件以及在被诉方同意的情况下，仲裁庭应举行公开听证会；规定法庭之友和专家报告的提交程序；规定了合并审理；规定自本协定生效之日起3年内，双方应启动谈判，以建立上诉审查机制；以及在附件中规定了仲裁员的行为守则。

同时其规定了一个未来工作计划，即审查该投资章节条款和中澳双边投资协定，以及进行新一轮更全面的投资协定的谈判。

### 2. 中国与韩国自由贸易协定中的投资章节

中国与韩国自由贸易协定的序言规定，注意到经济发展、社会发展和环境保护是可持续发展相互依赖、相互促进的组成部分，更加密切的经济伙伴关系可以在促进可持续发展方面发挥重要作用。

在投资保护实体条款方面，除了规定典型的保护条款，即国民待遇、最惠国待遇、国际最低标准、征收条款以及禁止业绩要求（把 WTO 的 TRIMs 协定纳入其中）等之外，该投资章节还包含一些可持续发展的特征以及旨在保护缔约方管制权利和实施公共政策的管制空间的要素，包括不降低环境标准的条款、国家安全例外条款、对间接征收的界定、把非歧视性管制措施剔除到征收条款范围之外、资金转移的例外规定、拒绝利益条款、把其他协定中的 ISDS 条款排除到最惠国待遇条款适用范围之外。在仲裁程序方面，除了对投资争端的定义、4 个月的协商解决期以及不得做出惩罚性赔偿等责任形式之外，没有做出特别的规定。另外其特别规定了服务贸易和投资条款，即该章第 18 条款规定，最低标准待遇、征收和补偿、转移、代位以及投资者与东道国争端解决等条款经必要调整后，适用于影响一缔约方的服务提供者依据第八章（服务贸易）和第九章（金融服务）通过在另一缔约方领土内设立商业存在提供服务的任何措施，但仅限于与涵盖投资有关的情形下。

### （二）中国投资协定新发展的影响

在 2014 年的中国与国际投资法治报告中，笔者把中国投资协定的发展分为探索适应、适时修改以及与时俱进三个阶段。随着中国在世界投资中的地位不断上升，中国新一代投资协定的生效必将对世界投资格局和可持续发展产生重大影响，进而对国际投资规则体制产生积极影响。

#### 1. 中国投资协定发展经验的有益借鉴

2015 年《世界投资报告》指出，国际投资协定体制的改革已经势在必行，问题不在于是否要改革，而在于如何改革以及在哪些方面进行改革。该报告指出改革的五大目标：保障东道国的管制权利、改革投资争端解决机制、促进和便利投资、确保负责的投资以及确保投资体制的一致性。对此该报告提出了一系列可供各国选择的改革工具和路径，但其中最重要的一条是"投资政策应该立足于一国总体的发展战略"。中国在投资协定的发展过程中，一直坚持从本国实际出发，选择自己的投资政策。在探索适应阶段，中国没有完全采用新自由主义所提倡的大规模私有化，以及为吸引外资而完全去除外资管制的自由化措施和对外资保护的高标准等投资政策，也没有迷信外国投资的流入只会对经济发展产生积极作用的"良方"，而是按照自己的发展阶段和实际情况制定国际投资政策，从而避免出现阿根廷等国家在自由化外资政策过程中所陷入的危机。在适时改革阶段，随着中国的经济发展以及对外国投资管制经验的积累，中国在投资协定才逐渐采取更为开放的态度，这主要表现在提高外国投资的待遇标准和扩大投资者——东道国争端解决机制的适用范围。进入新阶段，中国在国际投资的地位发生了重大变化，在积极发展对外经济的同时，积极实施走出去战略，这意味着在注意吸引和管理外资的同时也注意对自身海外投资资产的保护，所以中国新一代投资和政策在外资准入和保护标准以及投资争端解决机制等方面做出一些适时的调整，这在上述两个自由贸易协定的投资章节条款中有所体现。

其实中国国际投资发展经验与2015年《世界投资报告》在总结60多年国际投资协定经验时所得出的结论是契合的，该报告总结出了三方面的经验：其一是国际投资协定消除但有可能具有不可预料的风险，因此需要一些保护措施；其二是国际投资协定对于政策和体系性融合以及能力建设具有更为广泛的影响；其三是国际投资协定作为投资促进工具的作用有限，但是它也具有未被充分利用的潜能。

因此，中国的这种务实地和依据自身发展战略逐渐调整投资协定的经验对于其他发展中国家在现今面对国际投资体制大调整和改革的时代背景下如何制定国际投资政策具有重要的借鉴意义。

### 2. 中国国际协定的新发展将产生重大影响

2012年《世界投资报告》早就指出了现今国际协定体制改革的背景：一种新的可持续发展范式、国际投资格局的变化以及政府在经济发展中的更大作用。具体言之，在新自由主义时期，发达国家是资本输出国，它们对发展中国家进行投资以满足后者所需的发展资金。当时双边投资协定大量涌现的一个预设理论是这些协定可以为发展中国家带来外国投资的大量涌入，而这些外资的涌入对于东道国提高就业率以及发展经济具有重要作用。但随着全球化不断深入发展，许多发展中国家对这一理论预设提出了质疑，而且一直以来学界对于双边投资协定是否可以促进外国投资也争议不断。现今，对这个问题，2015年《世界投资报告》在总结国际投资协定60多年的发展经验之后已得出答案，即国际投资协定作为投资促进工具的作用有限，但是它也具有未被充分利用的潜能。不过，这些都只是涉及国际投资协定在经济发展方面的影响。随着环境保护等全球性问题日趋严重、人权意识和可持续发展理念不断强化，全球共同体关于发展的观点已经发生了变化，社会对外国投资者的期望变得更高了。今天，人们不再满足于投资创设工作机会、有助于经济增长或产生外汇。国家越来越看重投资不能有害于环境、可以带来社会福利、促进性别平等以及帮助它们提升全球价值链。再加上随着发展中国家日益成为重要资本输出国，发达国家已经注意到国际投资协定对它们在实施保护环境、公共健康等方面的政策时会产生不可预料的风险，并且已经意识到要保护其政策管制空间。因此，在这些背景下国际投资协定的范式已经发生变化，人们不仅从经济发展维度，而且从社会和人权维度去看待国际投资协定。根据2015年《世界投资报告》，可持续发展的资金缺口很大，致力于对可持续发展具有重要性的行业的投资仍然相对很小。2010～2014年特别为私营企业参与那些关键性的可持续发展行业（基础设施、健康、教育、气候变化的缓解）所推出的措施只占到所抽查措施的8%。因此，国际投资协定在促进可持续发展方面的潜能没有被充分挖掘。

在此全球背景下，中国对外投资持续发力，"一带一路"战略的实施以及中国主导成立的亚洲基础设施投资银行将会对基础设施建设等对可持续发展具有关键性作用的行业注入大量资金，这将会大幅弥补可持续发展的资金缺口，极大助力于基础设施等可持续发展行业的发展。根据中国商务部2015年12月发布的信息，在中国对外投资中"一带一路"战略引领作用突出。随着"一带一路"战略不断推进，越来越多的国家与中国加强投资合作的意愿强烈。2015年前11个月，中国企业共对"一带一路"沿线的49个国家进行了直接投资，投资金额合计140.1亿美元，同比增长35.3%。同期，中国企业在"一带一路"沿线的60个国家新签对外承包工程项目合同2998份，新签合同金额716.3亿美元，占同期中国对外承包工程新签合同额的43.9%，同比增长11.2%；完成营业额573.3亿美元，占同期中国对外承包工程完成营业额的44.1%，同比增长6.4%。在这种现实条件下，中国投资协定对于这巨大资金的流向和有效利用提供了稳定和安全的法律环境，换言之，中国投资协定的新发展也将会对全球可持续发展产生重大影响。对此，中国与时俱进地修改投资协定，积极与"一带一路"沿线国家签订新的或修改已有的投资协定。从上述中国所签订的两个重要自由贸易协定的投资章节条款中可以看出，中国在投资协定的序言、实体条款以及解决投资争端条款等方面强调可持续发展，在注重保护外国投资的同时也注意东道国管制空间的平衡保护。简而言之，中国新一代投资协定不仅考虑经济发展维度，而且重视环境保护、人权和可持续发展的维度。结合中国对外投资的巨大资金，中国投资协定的新发展将会对全球可持续发展产生重大影响。

至于中国投资协定对国际投资协定体制的影响，可以概括为中国已经全面融入国际投资规则体系，同时也开始从在国际投资领域中的自身利益定位出发逐步修改某些国际投资通行规则。其中主要体现在中国基于自身的经济实力和经济发展转型升级的时机，逐渐为国际投资法治有效地注入发展中国家的更多诉求和可持续发展的要求。前者有利于彰显法治中应有的公平色彩,后者表明中国在国际投资领域是一个负责任的大国。

## 三 与中国有关的投资仲裁案件

在第一代投资协定中,中国对国际投资仲裁机制采取较为谨慎的态度,协定规定只有有关征收补偿数额的争议才能提交仲裁,并且还有6个月前置协商期。这种审慎的做法在很大程度上避免了与中国有关的投资仲裁案件的出现。不过随着中国对外投资合作的不断扩大,为了保护海外投资,也为了适应中国在国际投资中地位的变化,再加上中国在外资管理方面不断积累的经验,中国在第二代投资协定之后逐渐扩张国际投资仲裁的管辖权,即与投资有关的争议都可提交仲裁。

至2015年,中国作为被申诉方的案件有两个:①2011年马来西亚伊佳兰公司诉中国案(诉由是海南省声称申诉方未能开发其所租赁的一块土地而依据当地法律撤销了申诉方对此块土地的附属权利),该案最后以和解方式解决;②2014年韩国安盛房产公司诉中国案(申请人控诉与安盛房产公司在江苏省射阳县建设高尔夫俱乐部和具有独立产权公寓相关的省政府行为,所涉金额超过1500万美元),该案还在审理中。

在2014年的报告中,笔者已经指出中国企业作为申诉方的仲裁案件有五个,2015年没有出现中国企业新涉诉的投资仲裁案件。其中平安诉比利时案的仲裁庭已于2015年4月做出裁决,仲裁庭最终认定"无论是基于明文表述,还是基于暗示或推论,2009年BIT的措辞都不足以证明2009年BIT项下更宽泛的救济能够适用于已经依照1986年BIT提起纠纷通知但尚未进入仲裁或司法程序的、已经存在的纠纷",并以缺乏管辖权为由驳回了申诉方的所有诉求,并裁定由纠纷当事人各自承担仲裁成本。因此被申诉方比利时基于属时理由而反对仲裁庭管辖权的要求得到了仲裁庭的支持。

相对于其他资本输入大国而言,中国政府涉诉的国际投资仲裁案件数量还比较少。这得益于中国以前在国际投资协定中对投资仲裁管辖范围以及在外资法方面对外资准入所持有的谨慎态度。但随着中国在新一代投资协定扩大投资仲裁管辖范围以及逐渐放宽外资准入和强化对外资准入后的管理,中国政府涉诉的案件数量以及所涉及的行业范围可能会不断增加,这会对中国政府特别是地方政府在外资管理的制度和能力建设方面产生巨大压力,并且随着中国构建外资准入负面清单制度的步伐不断推进,留给中国政府提升这两个方面能力的时间已经不多了。在中国企业涉诉的投资仲裁案件中，现今只有平安公司案的仲裁庭做出了裁决，但结果是仲裁庭否决了对此案的管辖权。该案结果暴露了中国第一代投资协定对中国海外投资保护不足的缺陷，也提出了中国新一代投资协定与旧时协定之间的衔接问题。就规模快速扩大的中国对外投资的保护而言，最有效的方法就是在国际投资协定中提高投资保护标准和扩大投资仲裁管辖范围，以助力在海外投资的中国企业有效利用现行的国际投资保护体制。但是综合言之，提高投资保护标准和扩大投资仲裁管辖范围是一把"双刃剑"，而这把双刃剑的剑柄很大程度上掌握在中国政府手中，即走出这个困境的关键在于中国政府在国际投资方面的制度和管理能力建设。

## 四 中国外资法的新发展

2015年投资报告指出，自由化和投资促进措施仍占据主导地位，所有的投资促进措施都与税收优惠或便利投资手续相关。这在发展中国家和转型国家经济体表现得尤为明显，例如印度通过规定一个综合的外国投资占比限额（a composite cap）而废除不同投资形式之间的不同上限的规定，同时提高外国投资在某些行业的占比限额以及国家对外国投资者在某些行业进行投资审批的门槛。相比较而言，发达国家更倾向于在投资协定中规定国民待遇和最惠国待遇适用于投资准入前阶段。但这两者对外国投资者实施的新限制措施都是主要基于战略或国家安全的考量因素。

2015年中国在外资准入的自由化和便利化、管理外国投资的制度建设、自由贸易试验区建设和促进对外投资等方面取得了很大的进展。1月，商务部启动了《中外合资经营企业法》《外资企业法》《中外合作经营企业法》修改工作，形成了《中华人民共和国外国投资法（草案征求意见稿）》；并先后出台了《国务院关于实行市场准入负面清单制度的意见》和《国务院关于加快实施自由贸易区战略的若干意见》。有关权力机构审议并通过了广东（三大片区：广州南沙自贸区、深圳蛇口自贸区、珠海横琴自贸区）、天津、福建自由贸易试验区总体方案以及进一步深化上海自由贸易试验区改革开放方案。

### （一）外资准入的自由化和便利化

#### 1. 积极构建负面清单制度

国务院新出台的《关于实行市场准入负面清单制度的意见》指出，负面清单的制定要坚持安全原则、渐进原则、法治原则、必要原则、公开原则。对各类市场主体基于自愿的投资经营行为，凡涉及市场准入的领域和环节，都要建立和实行负面清单制度。负面清单主要包括市场准入负面清单和外商投资负面清单。市场准入负面清单是适用于境内外投资者的一致性管理措施，是对各类市场主体市场准入管理的统一要求；外商投资负面清单适用于境外投资者在华投资经营行为，是针对外商投资准入的特别管理措施。市场准入负面清单包括禁止准入类和限制准入类，对禁止准入事项，市场主体不得进入，行政机关不予审批、核准，不得办理有关手续；对限制准入事项，或由市场主体提出申请，行政机关依法依规做出是否予以准入的决定，或由市场主体依照政府规定的准入条件和准入方式合规进入；对市场准入负面清单以外的行业、领域、业务等，各类市场主体皆可依法平等进入。相应地，发改委和商务部新修订并于 2015 年 4 月 10 日起施行《外商投资产业目录》，相比较 2011 年《外商投资产业目录》，前者进一步缩小了限制准入〔例如珍贵树种原木加工和棉花（籽棉）加工等移出了限制准入类，规定了外商在中资商业银行的入股比例〕和禁止准入类的产业目录（例如把传统工艺的绿茶及特种茶加工和有色金属冶炼及压延加工业等移出了禁止类）。另外允许外商设立独资电子商务公司，授权外国投资者设立银行卡清算业务公司以及放宽外国投资在房地产市场的限制。

现阶段，中国外商投资负面清单的建设是在国内层面进行，但现行国内制度和机构建设为即将把负面清单建设提升到国际层面，即在国际投资协定中把国民待遇和最惠国待遇适用于投资准入前阶段奠定了基础。

2. 外资准入的更加便利化

国务院相继出台的《关于印发精简审批事项规范中介服务实行企业投资项目网上并联核准制度工作方案的通知》和《关于规范国务院部门行政审批行为改进行政审批有关工作的通知》要求各级政府及其有关部门对限制准入事项，要根据审批权限，规范审批权责和标准，精简前置审批，实现审批流程优化、程序规范、公开透明、权责清晰。同时要加快建立"统一规范、并联运行，信息共享、高效便捷，阳光操作、全程监督"的网上联合审批监管平台，实现所有审批事项"一网告知、一网受理、一网办结、一网监管"。另外，中国允许外商投资公司在任何时候把外汇资本兑换为人民币。

（二）外国投资的监管制度

在构建负面清单的同时，外国投资的监管也被相配套地提上议程。新出台的

《外国投资法（草案）》第四章明确规定对外国投资进行安全审查的主体及其权限、审查的因素、审查程序以及审查决定不得提起行政复议和行政诉讼。已生效的《国家安全法》第五十九条规定，国家建立国家安全审查和监管的制度和机制，对影响或者可能影响国家安全的外商投资进行国家安全审查。国务院出台的《关于实行市场准入负面清单制度的意见》不仅规定对境内外投资者建立与负面清单相适应的监管机制，而且特别规定要建立与市场准入负面清单制度相适应的外商投资管理体制。其中要求完善外商投资安全审查制度、加强事中事后监管以及建立外商投资信息报告制度和外商投资信息公示制度，以形成政府部门间信息共享、协同监管，社会公众参与监督的外商投资全程监管体系。同时国务院出台的《关于加快实施自由贸易区战略的若干意见》也要求完善事中事后监管的基础性制度、建立外商投资信息报告制度和外商投资信息公示平台，以加强对市场主体"宽进"以后的过程监督和后续管理。

可见，中国的外国投资监管制度还处在探索和建立阶段，有关组织机构和能力也还在发展阶段。中美两国双边投资协定的谈判已经明确要在协定中规定国民待遇标准+负面清单的外商投资准入制度，预示着中国新一代投资协定很有可能会对外商投资准入采取这种方式。这意味着负面清单将会进入国际法层面，而一旦出现这种情形，那么负面清单的制定、修改和执行将不会如现行国内法层面那样便利，而且因此产生的风险也将具有更多的不可预料性和不可控性，同时也具有很大的不可逆性。如前文所述，规定准入前国民待遇的投资协定在数量上美国、欧盟以及日本等发达国家占据主导地位，因此它们在这方面已经形成成熟的配套制度和组织机制，并积累了很多经验。中国现行的策略是先构建完善的外商投资管制的国内制度和组织机制，再逐渐在投资协定规定国民待遇标准+负面清单。这种策略是中国多年来参与经济全球化和国际经济规则建设积累的宝贵经验，但留给中国的时间已经不多了，所以外商投资管制的制度和组织机制能力建设是中国的当务之急。对此，2015年《世界投资报告》提出了几条有益的建议：一是相关的制度和能力建设是关键；二是把因投资准入前阶段国民待遇和最惠国待遇所产生的争议排除于ISDS管辖范围之外；三是在协定中规定一般例外条款；四是在投资协定中规定"安全阀"，即规定在某些条件下缔约国可以修改负面清单。

### （三）自由贸易试验区建设

中国已建立上海、广东（三大片区：广州南沙自贸区、深圳蛇口自贸区、珠海横琴自贸区)、天津、福建四个自由贸易试验区。自由贸易试验区不仅是中国深化国际贸易的前沿窗口,也是国际投资合作的前沿窗口。这四个自由贸易区积极试验和改革外商投资准入和监管制度机制,在外商投资准入的自由化和便利化、投资的促进措施以及监管措施方面具有先行先试的权力(特别在金融、教育、文化、医疗等服务业领域对外开放的步伐很大),也为中国在这些方面的制度机制建设积累经验和起带头示范作用。

### (四)境外投资便利化

如前文所述,中国已成为世界第三大投资输出国,而且随着中国"一带一路"战略的实施,中国对外投资的增速将会更快。为了便利境外投资,进一步促进中国对外投资的发展,中国将会在以下方面努力。

#### 1. 深化管理体制改革

商务部落实中央深化经济体制改革的决定,持续推进境外投资管理体制改革,印发《关于境外投资备案实行无纸化管理和简化境外投资注销手续的通知》,进一步便利企业办理境外投资备案和注销手续。印发《关于驻外经商机构为企业办理对外承包工程项目投标(议标)核准意见的暂行规定》,完善对外承包工程项目数据库。印发《境外经贸合作区考核办法》,加大对合作区建设的支持。

#### 2. 信息服务

中国政府为中国企业对外投资提供权威信息和安全预警信息,以提高其对外投资积极主动性,并有利于提高其对外投资资产的安全性。对此,商务部发布涉及171个国家(地区)的《对外投资合作国别(地区)指南(2015年版)》,发布《中国对外投资合作发展报告2015》《2014年度中国对外直接投资统计公报》《国别投资经营便利化状况报告2015》,汇编《"走出去"典型案例》《国别投资经营障碍报告汇编2014》。2015年以来商务部共发布境外安全风险预警和提示33期;加强境外中资企业安全管理,开展境外投资合作安全生产大检查;参与处置也门撤侨、马里恐怖袭击等重大境外突发和安全事件10起;会同有关部门妥善处置在安哥拉等国10余起重大劳务纠纷事件。

#### 3. 促进对外投资向基础设施等与可持续发展具有关键意义的行业流动

中国将推动农业、林业等重点领域对外直接投资;与非洲开展跨国跨区域基础设施合作,推动企业实施一批高铁、铁路、核电等重大境外项目建设。

# 第十六章
# 中国与国际金融法治*

近几年来,国际金融法领域经历着一轮新的深刻而复杂的变革,始于2007年的美国次贷危机及其引发的全球金融危机是这一轮变革的直接导因。这场百年罕见的金融危机,给世界经济和国际秩序带来了灾难性破坏,同时也催生了国际金融法治的重大变革。为了应对全球金融危机,重建国际金融秩序,并防止类似的危机重演,国际社会以二十国集团(G20)为领导核心,开展了卓有成效的政策对话与合作,从而开启了改革国际金融体系的伟大征程。中国作为最大的发展中国家和最具活力的新兴经济体,始终以"积极建设者"的姿态参与这场改革,与主要发达国家和发展中国家展开多层次、全方位的合作,就改革国际金融体系提出了一系列"中国主张"和"中国方案",并采取了一些行之有效的重大法律举措,推动着这场改革朝着建立国际金融新秩序的方向发展。目前,中国已经成为国际金融体系改革的有力推动者、国际金融监管规则的重要制定者、国际金融新秩序的主动引领者。中国对国际金融法治的建设性作用主要体现在以下七个方面。

## 一 中国系统提出国际金融体系改革的主张

回顾历史,中国曾出席1944年7月布雷顿森林会议并签署布雷顿森林协议,是国际货币基金组织(IMF)和世界银行的创始成员国之一。但是,由于种种原因,中国长期以来一直处于国际金融体系的边缘,也一直是国际金融领域"游戏规则"的被动接受者。本次金融危机在美国爆发并迅速在全球蔓延,充分暴露了既有国际金融体系的重大制度缺陷,其主要表现在:①国际货币体系不合理,美元霸权造成国际经济结构严重失衡;②国际金融机构的代表性和执行力不足,缺乏有效应对全球金融危机的能力;③国际金融监管制度碎片化,导致国际

---

\* 本章作者李仁真,法学博士,武汉大学中国边界与海洋研究院、国家领土主权与海洋权益协同创新中心教授,主要研究方向:国际法、国际经济法、国际金融法。

金融监管失效；④全球金融稳定机制缺失，没有形成全球金融维稳中心。

然而，这场危机制造了金融灾难，也为国际社会开启新一轮国际金融体系改革，特别是为中国及其他新兴市场国家参与这场改革提供了历史机遇。中国紧紧抓住这一机遇，变"被动跟随者"为"主动引领者"，充分利用G20峰会、金砖峰会等国际平台持续发出"中国声音"，以"负责任大国"的姿态提出了一系列"中国主张"，从而得到国际社会的高度关注和广泛认同。

系统梳理中国领导人在历次G20峰会上的重要讲话，可将中国关于国际金融体系改革的基本主张归纳如下。

第一，注重问题导向。国际社会应当在认真总结这场金融危机的教训，在所有利益攸关方充分协商的基础上，对国际金融体系进行必要改革。

第二，坚持正确方向。国际金融体系改革应以建立公平、公正、包容、有序的国际金融新秩序为方向，努力营造有利于全球经济健康发展的制度环境，特别是应提高新兴市场国家和发展中国家的代表性和发言权，确保各国在经济合作中权利平等、机会平等、规则平等。

第三，遵循全面性、均衡性、渐进性、实效性的原则。全面性，就是要总体设计，既要完善国际金融体系、货币体系、金融组织，又要完善国际金融规则和程序，既要反映金融监管的普遍规律和原则，又要考虑不同经济体的发展阶段和特征。均衡性，就是要统筹兼顾，平衡体现各方利益，形成各方广泛有效参与的决策和管理机制，尤其应体现新兴市场国家和发展中国家的利益。渐进性，就是要循序渐进，在保持国际金融市场稳定的前提下，先易后难，分阶段实施，通过持续不断努力最终达到改革目标。实效性，就是要讲求效果，所有改革举措应该有利于维护国际金融稳定、促进世界经济发展，有利于增进世界各国人民福祉。

第四，选择主要路径。一是完善国际金融监管体系，加强对各类金融市场、金融机构和金融工具的监管；二是改革国际金融组织，改善其决策层产生机制和内部治理结构，建立及时高效的危机应对救助机制；三是加强区域金融合作，加强区域金融基础设施建设，增强流动性互助能力；四是改善国际货币体系，推进国际储备货币多元化。

上述主张体现了中国对国际金融法治建设的基本立场和态度，反映了发展中国家要求改革国际金融体系的强烈愿望。通过系统提出这些主张，中国在推动国际社会迅速形成改革共识并科学制订行动方案中发挥了积极的作用。因此，在后危机时代，国际金融法治的许多变革呈现鲜明的"中国元素"。

## 二　中国积极促进 G20 峰会及其机制建设

G20 峰会及其机制的形成是本次金融危机催生的重大制度变革。美国次贷危机引发的全球金融海啸，加速宣告了以七国集团（G7）为首的国际经济治理机制的失灵，促使美欧等发达国家和地区不得不重视中国等新兴市场国家对全球金融治理的有效参与，推动 G20 财长与央行行长会议升格为 G20 首脑峰会。2008 年 11 月，第一次 G20 首脑峰会在华盛顿召开，中国国家主席胡锦涛应邀出席会议并发表重要讲话。与会领导人就本次金融危机产生的原因、促进全球经济发展的措施、加强国际金融监管、推进国际金融体系改革等达成了一些重要共识，并共同发表了《华盛顿宣言》，郑重宣布与会国家决心加强合作，以努力恢复全球增长，实现全球金融体系的必要改革。从此，全球经济金融治理的领导核心进入"G20 时代"——一个发达经济体与新兴经济体合作共治的时代。

### （一）中国声音：G20 峰会不可或缺的主旋律

迄今为止，G20 已经成功召开了 10 次首脑峰会。各次峰会针对世界经济和国际金融改革的重大问题设置了重点议题，引起国际社会的高度关注。中国作为一个新兴大国，始终积极参与 G20 的活动，充分利用 G20 平台发表"中国看法"，阐述"中国建议"，提出"中国方案"，有效推动 G20 峰会在改革国际金融体系、改善全球经济治理方面形成诸多重大决策。特别是，中国国家元首每次如期出席 G20 峰会并发表重要讲话，同与会领导人就共同关切的问题开展富有建设性的对话与合作，着力推动 G20 各方加强宏观经济政策协调，以保持政策导向总体上的一致性、时效性、前瞻性。所有这些，充分展示了中国作为一个"负责任大国"的领袖风范。可以说，"中国声音"一直是 G20 峰会上不可或缺的主旋律。

### （二）中国建议：G20 机制建设的推动力

在华盛顿峰会和伦敦峰会上，G20 领导人聚焦遏制和防范全球金融危机问题，在推进国际金融改革和恢复世界经济方面达成了许多重要政治共识，并通过会议公报和领导人宣言发布了一系列原则性声明和行动计划，有效地引导和推动着世界各国和相关国际组织采取协调一致的行动。由于其显著的成就，G20 的机制化很快被提上国际社会的议事日程。在 2009 年 9 月 G20 匹兹堡峰会上，与会领导人就 G20 机制化达成重要共识,并发布了《G20 领导人声明》,其中指定 G20 为国际经济合作的首要平台,同时将"定期首脑峰会"确立为固定运作机制。

在推动 G20 机制建设过程中,中国提出了许多有价值的建议。早在 2010 年 6 月 G20 多伦多峰会上,胡锦涛主席就明确建议,应当推动 G20 从应对国际金融危机的有效机制转向促进国际经济合作的主要平台。为此,G20 成员应采取以下方案。①着眼长远,推动 G20 从协同刺激转向协调增长、从短期应急转向长效治理、从被动应对转向主动谋划。②加强 G20 成员宏观经济政策协调,保持合理政策力度,特别是要审慎稳妥把握经济刺激政策退出的时机、节奏和力度,巩固世界经济复苏势头。③全面落实峰会做出的决定和达成的共识,共同维护 G20 的信誉和效力,本着循序渐进、互利共赢的原则推进 G20 机制化建设,妥善处理各种矛盾和分歧,确保 G20 峰会机制在健康稳定轨道上向前发展。④处理好 G20 同其他国际组织和多边机制的关系,确保 G20 在促进国际经济合作和全球经济治理中发挥核心作用。

毫无疑问,中国是 G20 机制建设的有力推动者;正是因为有中国的积极参与和贡献,G20 才有如此足够的信心和底气领导国际社会改善全球经济治理,才会如此迅速地得到国际公认,成为应对全球金融危机的核心机制和国际经济合作的首要平台。

### (三)中国方案:G20未来走向的指引

对于 G20 的未来发展,中国国家主席习近平在第八次、第九次 G20 峰会上已提出清晰的思路,即 G20 是发达国家和发展中国家就国际经济事务进行充分协商的重要平台,肩负着促进世界经济稳定和增长的重要使命。因此,G20 成员国要树立利益共同体和命运共同体意识,坚持做好朋友、好伙伴,积极协调宏观经济政策,努力形成合作共赢格局,让 G20 走得更好更远,真正成为世界经济的稳定器、全球增长的催化器、全球经济治理的推进器,以更好造福各国人民。

在 2015 年 11 月 G20 安塔利亚峰会上,习近平主席进一步强调:G20 的任务是促进世界经济增长。作为国际经济合作主要论坛,G20 要确定目标、指明方向、发挥领导力。对 G20 成员来说,既要治标以求眼下稳增长,又要治本以谋长远添动力;既要落实好以往成果,又要凝聚新的共识;既要采取国内措施、做好自己的事,又要精诚合作、共同应对挑战。

回顾 G20 机制的形成和发展历程,不难看出,中国的主张总是给 G20 机制带来新的活力,中国的方案正在指引 G20 机制的未来发展走向。作为 G20 下一届峰会主办国,中国已提出了 2016 年 9 月 G20 杭州峰会方案,会议主题确定为"构建创新、活力、联动、包容的世界经济",会议将致力于推动全球创新增长方式、完善全球经济金融治理、促进国际贸易和投资、实现包容联动式发展。目前,国际社会对中国将如何引领 G20 的未来充满强烈期待。有理由相信,中国将充分发挥自身优势,为加强 G20 机制及其领导力建设贡献新的智慧和力量。

## 三 中国有力促进金融稳定理事会及其机制建设

金融稳定理事会(FSB)的前身——金融稳定论坛(FSF)是 G7 为应对亚洲金融危机,维护国际金融体系稳定而建立的一种非正式机制。美国次贷危机引发全球金融市场剧烈动荡,促使国际社会重新探索全球金融维稳机制。于是,FSF 以其独特的作用进入 G20 领导人的视野。首次 G20 峰会发表的《华盛顿宣言》特别指出,FSF 存在着代表性缺乏问题,应当扩员并迅速采取行动,以在应对危机中扮演重要角色。2009 年 3 月,FSF 实行扩员,中国和其他金砖国家加入,中国人民银行、中国财政部和中国银监会获得三个席位。从此,中国全程参与了 FSB 的创建。

在 2009 年 4 月 G20 伦敦峰会上,胡锦涛主席指出,FSF 不久前已成功扩员,应该尽快理顺机制,制定规划,着手工作,及时就稳定金融市场、加强金融监管提出更多可行性建议,并同其他国际金融机构加强协调,共同推动国际金融体系改革早日取得积极进展。这一主张得到与会各国领导人的高度认同。伦敦峰会公报明确宣布,与会领导人一致同意将 FSF 重建为一个全新的、具有更强的制度基础和能力的金融稳定理事会(FSB),其成员包括 G20 的所有成员国、FSF 成员、西班牙和欧盟委员会,并给予其促进金融稳定的广泛授权。至此,FSF 的重建进入实质性阶段。同年 6 月,中国代表周小川、刘明康、李勇出席了 FSB 第一次全体会议。同年 9 月 25 日,出席 G20 匹兹堡峰会的领导人一致通过了《FSB 章程》,确定了 FSB 的宗旨、主要职能和运作框架。

FSB 建设是国际社会为防范系统性风险、加强全球金融体系稳定所进行的一项创新实践。由于有中国等新兴国家参与,FSB 具有广泛代表性,同时具有章程依据和较完善的组织结构,有效克服了 FSF 的缺陷。根据其章程,FSB 的基本使命在于促进国际金融稳定,这主要通过协调各国金融部门和国际标准制定机构的工作,以制定有效的规制、监管及其他金融政策,并促进这些政策在不同部门和国家间一致性地实施来完成。因此，FSB 的创立，为新兴市场国家与发达国家开展务实合作，共建全球金融稳定机制提供了重要的制度平台。

自 FSB 成立以来，中国金融稳定当局认真履行成员义务，积极参与 FSB 的各项职能活动，在推进全球金融稳定机制建设中发挥了重要作用。其主要涉及以下方面。

第一，建立全球金融体系脆弱性评估机制，包括支持 FSB 对影响全球金融体系的脆弱性进行评估，并会同 IMF 开展早期预警演习。

第二，完善国际金融监管合作机制，包括支持 FSB 对符合监管标准的最佳实践进行监测和提出建议，推行监管者联席会议指南，促进各国稳定当局间的协作与信息交换。

第三，强化国际金融标准实施机制，包括支持出台《增强国际标准实施的框架》(2010 年 1 月)，支持 FSB 通过实施监测、同侪评审以及公开披露等方式，促进成员履行实施约定承诺、国际标准和政策建议。

第四，构建跨境危机管理和处置机制，包括支持 FSB 有关跨境危机管理应急方案的努力，特别是针对系统重要性金融机构（SIFIs）制定一系列文件，如《金融机构有效处置框架的关键属性》(2014 年 10 月修订)，旨在建立一套有效处置 SIFIs 的制度框架，以解决"大而不倒"问题。

值得一提的是，中国作为具有全球系统重要性金融体系的 25 个国家（地区）之一，已主动接受并顺利通过了 IMF 和世界银行的金融部门评估项目（FSAP）和 FSB 的同侪评审。2009 年 8 月，中国正式启动 FSAP，随后与 IMF 签订了《中国金融部门评估规划评估范围备忘录》。经过近三年的努力，评估工作圆满完成，标志着中国金融体系首次通过了 FSAP 的"体检"。2015 年，中国又就 FSAP 提出的两个问题（宏观审慎管理框架和非银行信用中介）的建议落实情况接受 FSB 的"同侪评审"。2015 年 8 月，FSB 发布《对中国的同侪评审》报告，其结论认为中国在解决两个建议问题方面取得了良好进展。这不仅有利于树立中国金融体系的严格执行国际标准与准则的正面形象，而且有助于加强 IMF 和 FSB 对全球金融体系的评估与监测，促进全球金融稳定长效机制的建设。

## 四 中国有效促进国际金融监管体系改革

鉴于金融监管失效是本次金融危机的主要成因之一，国际社会对国际金融监管体系进行了深刻反思和重大改革。从华盛顿峰会开始，金融监管改革一直是

G20 峰会讨论的重要议题之一。中国领导人从建立国际金融新秩序的目标出发，一再倡导加强国际金融监管合作，并就完善国际监管体系提出了若干切实可行的建议。中国的金融当局不仅全面参与相关标准制定机构的职能活动，而且切实推进国际金融标准在国内及全球实施。可以说，中国正在重新定义自己的国际地位，变"被动"为"主动"，在国际金融规则制定中发出越来越多的"中国声音"，在全球金融治理中表现出越来越强的"责任大国"意识。

## （一）提出国际金融监管改革的建议

自 2008 年以来，中国通过 G20、FSB 等多种平台，就国际监管体系改革提出了一系列建议，其主要包括以下方面。①加强金融监管合作，尽快制定一套普遍接受的国际金融监管标准和规范。②加大全球资本流动监测力度，加强对各类金融机构和中介组织的监管，增强金融市场及其产品透明度。③建立并执行严格的资本和杠杆率要求，将影子银行体系纳入监管，制订全球统一的会计准则。④加强对 SIFIs 的监管，采取必要的预防性措施，防止风险投机过度。⑤强调国际监管标准和核心原则的一致性，同时提高金融监管的针对性和有效性。⑥完善评级机构行为准则和监管制度，特别是要制定客观、公正、合理、统一的主权信用评级方法和标准。

上述建议得到了国际社会的高度认同，其中大多已被相关会议和国际机构接受，并已实际转化成为国际监管改革方案和监管规则。例如，伦敦峰会公报及宣言称，与会领导人一致同意：确保本国推行强有力的监管体系，同时建立更具一致性、系统性的跨国合作，创立全球金融系统所需的、经国际社会一致认可的高标准监管框架。作为回应，巴塞尔委员会（BCBS）出台了巴塞尔协议Ⅲ和经修订的《核心原则》等。

## （二）参与国际金融监管标准的制定

近年来，中国相关金融当局一直积极参与 FSB、BCBS、国际证监会组织（IOSCO）、国际保险监督官协会（IAIS）等的工作，支持它们出台或修订一些监管原则和标准，在构建全球有效监管框架中起到了重要促进作用。

以巴塞尔协议Ⅲ为例。BCBS 发布的《巴塞尔资本协议》和《新资本协议》是国际银行监管领域最具权威性的国际标准。美国次贷危机爆发后，其有效性也受到诸多质疑。在此背景下，中国正式成为 BCBS 的成员，直接参与了全球银行监管制度的重大改革。2010 年 9 月，BCBS 发布了包括一揽子改革建议的新标准，即巴塞尔协议Ⅲ。这无疑是 BCBS 为完善全球银行监管框架所取得的一项标志性成果，其中也有中国的参与和努力。

又如，为有效识别全球 SIFIs，中国积极参与相关组织的标准制定工作，参与 BCBS 制定了《全球系统重要性银行（G-SIBs）：评估方法与附加损失吸收能力要求》，参与 IAIS 制定《国际系统重要性保险机构（G-SIIs）：初步评估方法》，参与 FSB 和 IOSCO 联合制定《识别非银行非证券全球系统重要性金融机构（NBNI G-SIFIs）评估方法》。2015 年 11 月，FSB 更新了 G-SIBs 和 G-SIIs 名单，有 5 家来自中国的机构上榜，它们是中国银行、中国工商银行、中国农业银行、中国建设银行和中国平安集团。

2015 年是全面落实金融监管改革的关键一年。中国全面深化国内金融部门改革，同时全面参与国际金融标准和准则的制订，特别是支持 FSB 完成在解决"大而不倒"问题、场外衍生品市场改革、影子银行监管、跨境处置等重点领域的国际规则制订工作。仅在 11 月份，FSB 就出台了多份文件，包括《总的吸收损失能力原则和术语表》、《跨境处置行为的有效性原则》和《全球证券融资数据的收集和聚合的标准和流程》等。

## （三）推动国际金融监管标准的实施

近几年来，中国作为 IMF、FSB 等各类国际金融组织的重要成员，一直遵循"以身作则"的基本规范，自觉履行其遵守国际金融标准的承诺，积极促进有关国际金融标准在国内和全球全面实施，展示了一个"负责任大国"的良好形象。其典型事例如下。

第一，稳步实行国内金融规则与国际公认的标准接轨。对于国际通行有效的金融标准，特别是 FSB 标准汇编中列明的"稳健金融体系的关键标准"，如《有效银行监管核心原则》（2012）、《保险核心原则、标准、指引和评估方法》（2015）、《证券监管的目标和原则》（2010）等，中国均通过相关立法和监管规则加以吸收转化。例如，在巴塞尔协议Ⅲ出台之后，中国银监会及时发布了《中国银行业实施新监管标准的指导意见》，国务院陆续颁布了关于商业银行杠杆率、资本管理、流动性风险管理等行政法规。依 BCBS 有关报告，在第一轮关于巴塞尔协议Ⅲ框架下资本标准一致性评估中，中国获得了"符合"的最高评价结论。

第二，主动采纳 IMF 数据公布特殊标准（SDDS）。2014 年 11 月，习近平主席在 G20 布里斯班峰会上郑重承诺，中国将采纳 SDDS。为了兑现承诺，中国使用国际标准完善统计体系，于2015年7月首次对外发布了相关统计数据，包括官方储备资产、国际储备与外币流动性数据模板、全口径外债数据和分季度中央政府债务数据等。2015年10月，中国人民银行行长周小川致函IMF总裁拉加德，正式通报中国采纳SDDS的决定。中国采纳SDDS，有利于提高中国宏观经济统计数据的透明度、可靠性和国际可比性，同时也将对构建开放的世界经济格局做出重要贡献。

第三，及时建成全球法人机构识别编码（G-LEI）体系中国本地系统。G-LEI是一项新建的、用以识别金融市场法人实体身份的国际标准，G-LEI体系是正在建设中的一项全球金融信息基础设施，旨在加强系统性风险监测和管理。中国作为FSB成员，不仅积极参与了G-LEI体系的规则构建，而且积极推进G-LEI体系在国内落地及全球应用。2014年8月，G-LEI体系中国本地系统正式建成并运行，随后通过国际互认。这为中国深入参与G-LEI体系构建，在国际层面推进相关国际规则和数据标准的对接奠定了坚实基础。

## 五 中国积极促进国际货币基金组织改革

IMF是基于1944年布雷顿森林协议而成立的全球性政府间金融机构，负有协调与稳定汇率以促进国际贸易和世界经济增长、向国际收支发生困难的成员国提供必要的资金融通以帮助其渡过难关等基本职责，与世界银行一起构成战后国际货币金融体系的两大支柱。此次全球金融危机充分暴露了IMF的代表性和执行力不足及其他制度弊端，引起国际社会特别是发展中国家的强烈批评。因此，IMF改革便成为后危机时代国际法治变革的重要内容。中国作为发展中大国，在IMF改革及能力建设中起到了积极的建设性作用。

### （一）推动IMF份额和治理结构改革

美国次贷危机爆发后，IMF份额和治理结构改革问题迅速成为国际社会关注的焦点，因而成为历次G20峰会的重要议题。切实推进这项改革，以提高新兴市场国家和发展中国家的代表性和发言权，一直是中国的强烈主张。在G20伦敦峰会上，与会领导人就IMF改革达成了重要共识。伦敦峰会公报宣布，我们决定对国际金融机构进行现代化改革，使之适应世界经济的变化和全球化的新挑战，同时使新兴市场国家和发展中国家有更大的话语权和代表性；同意国际金融机构的首脑和高管应通过公开、透明和择优方式指派。

**中国促进国际法治报告（2015年）**

在 G20 匹兹堡峰会和多伦多峰会上，中国领导人一再呼吁要继续推进改革，加快完成 IMF 份额调整，推动更多新兴市场国家和发展中国家人员出任国际金融机构高管，提高发展中国家代表性和发言权。两个会议公报也一再重申，IMF 管理现代化是改善 IMF 的信用、合法性以及效率的核心；IMF 份额的分配应当能反映相关会员在世界经济中的相对权重。与会领导人承诺，将一部分份额向新兴市场及发展中国家转移，至少从那些过度代表的国家向那些代表性不足的国家转移 5% 的配额，同时保护 IMF 内最贫困国家的投票权。

2010 年 10 月，在韩国庆州举行的 G20 财长和央行行长会议上，与会代表就 IMF 份额和治理改革达成了一项"历史性协议"，其核心内容包括：向代表性不足的新兴市场及发展中国家转移 6% 以上份额，同时保护最贫困国家的投票份额；欧洲国家让出 IMF 执行董事会 2 个席位，以提高新兴市场和发展中国家的代表性。上述方案得到了出席 2010 年 11 月 G20 首尔峰会的领导人的认可。

按照承诺，IMF 于 2010 年 12 月通过了《2010 年份额与治理改革方案》。其中，关于份额改革的内容主要包括：一是份额增加，即会员国份额将从 2008 年份额与发言权改革期间商定的 2384 亿特别提款权（SDR）增加一倍至 4768 亿 SDR；二是份额调整，即从代表性过高的会员国向代表性不足的会员国，向有活力的新兴市场和发展中国家转移超过 6% 的份额。此外，方案还包括维持最贫穷国家的投票权比重、份额公式与下次检查等内容。关于治理改革的内容主要包括：全体会员国承诺维持 24 个成员的执董会规模，但欧洲发达国家将减少 2 个席位，席位缩减不迟于份额改革生效后的第一次选举。作为回应，IMF 于 2011 年 7 月正式任命中国央行前副行长朱民出任副总裁职位。自此，朱民成为史上首位进入 IMF 高级管理层的中国人。

鉴于美国国会将"2010 年改革方案"长期搁置不予批准，在 2015 年召开的三次 G20 财长和央行行长会议上，中国代表一再强调，IMF "2010 改革方案"至今未能生效已严重影响 G20 信誉，同时危及 IMF 资源充足性，当前迫切需要推动落实 2010 年改革方案，同时寻求过渡方案。三次会议的联合公报均表示，会议对 IMF "2010 改革方案"一再拖延深表失望，敦促美国尽快批准该方案，呼吁 IMF 执董会尽快推出过渡方案。

经过五年的努力，IMF 份额改革终于有了重大进展。2015 年 12 月 18 日，美国国会通过了 IMF "2010 改革方案"。这标志着该方案即将正式生效。IMF 份额将增加一倍，从 2385 亿 SDR 增至 4770 亿 SDR，并实现向有活力的新兴市场和发展中国家整体转移份额 6%。其中，中国份额占比将从 3.996% 升至 6.394%，排名从第六位跃居第三位,仅次于美国(17.407%)和日本(6.464%);印度、俄罗斯、巴西所持份额也进入前十。对此,中国人民银行官员表示,这将提高新兴市场和发展中国家在 IMF 的代表性和发言权,有利于维护 IMF 的信誉、合法性和有效性。未来,中方愿与各方密切合作,支持 IMF 继续完善份额和治理结构,确保 IMF 成为以份额为基础、资源充足的国际金融机构。

### (二)推动 IMF 增资及救助能力建设

加强 IMF 能力建设和监督改革,支持 IMF 增资,敦促 IMF 建立有效的危机应对及金融救援机制,优先向最不发达国家提供融资支持,是中国的又一改革主张和积极贡献。

在 G20 伦敦峰会上,胡锦涛主席明确提出,国际金融机构应该积极拓宽融资渠道,通过多种方式筹集资源。中方支持 IMF 增资,愿同各方积极探讨并做出应有贡献;同时,IMF 注资应该坚持权利和义务平衡、分摊和自愿相结合的原则;新增资金应该确保优先用于欠发达国家;IMF 应该建立快速反应、行之有效的国际金融救援机制,对借款国采取客观、科学、全面的评估标准。上述主张,对国际社会达成政治共识以及相关各方采取一致行动起到了积极推动作用。与会领导人通过伦敦峰会公报明确宣布:同意将 IMF 的可用资金提高两倍,至 7500 亿美元;支持 2500 亿美元的最新 SDR 配额等。

随后,IMF 增资一直是 G20 峰会讨论的议题。在 2012 年 6 月 G20 洛斯卡沃斯峰会上,与会各方都意识到建设"全球金融安全网"的重要性,承诺将向 IMF 增资 4500 亿美元。中国积极支持并决定参与 IMF 增资,承诺数额为 430 亿美元。2012 年 10 月,在 IMF 与世界银行秋季年会期间,中国与 IMF 正式签订了 430 亿美元的增资协议,成为增资的前三名。中国参与 IMF 增资,不仅有利于提高中国在 IMF 中的地位和话语权,而且有助于提高 IMF 履行职责的能力,巩固全球金融安全网。

## 六 中国大力推进新兴多边金融机构建设

本次全球金融危机从反面揭示:以 IMF 和世界银行为代表的现行国际金融机构在代表性和治理结构等方面存在严重弊端,已不能适应全球经济发展和金融治理的需要。自 G20 华盛顿峰会以来,中国一直主张推进国际金融机构改革,特别是增加新兴市场国家与发展中国家的代表性和话语权。但是,由于某些发达国家的阻挠和拖延,改革进程缓慢。

面对深刻调整的世界格局,中国审时度势,采取了双管齐下的策略。一方面,全面参与既有国际金融机构改革,以提升其合法性和效率。例如,中国积极参与对世界银行增资,并推动2015年世界银行股权审议和增资路线图获得通过;2015年12月14日正式加入欧洲复兴开发银行,成为其第67个股东。另一方面,大力推动新兴多边金融机构建设,以有效优化全球金融体系。例如,中国积极开展与其他金砖国家、"一带一路"沿线国家的金融合作,倡导建立金砖国家开发银行、亚洲基础设施投资银行等,旨在促进区域经济发展和金融稳定,并对全球金融体系形成有益补充。

### (一)推动建立金砖国家开发银行和应急储备安排

在2013年3月金砖国家第五次峰会上,习近平主席倡议:把政治共识转化为具体行动,积极推进金砖国家开发银行、外汇储备库建设。在中国的倡议和推动下,与会领导人就金融合作达成原则共识:同意设立金砖国家开发银行(NDB),以补充IMF和世界银行的融资角色,应对金砖国家的融资要求;同意建立应急储备安排(CRA),以在全球衰退和金融危机时向金砖国家提供基金资源援助。2014年7月15日,在金砖国家第六次峰会上,与会领导人签署了《福塔莱萨宣言》,正式确定设立NDB和CRA。同日,周小川代表中国政府与其他金砖国家代表签署了《关于建立CRA的条约》。

NDB是金砖五国为解决基础设施项目融资困难,促进可持续发展所建立的多边开发机制。其初始认缴资本为500亿美元,并在金砖国家之间平均分配,总部设在中国上海。2015年7月21日,NDB在上海正式开业,首任行长来自印度。NDB采用"等额出资"和"均等享有话语权"的制度安排和市场化的运营模式,体现出金融治理的机制创新和合作共赢的发展理念。

CRA是金砖五国为增强短期流动性互助,维护金融稳定所建立的多边救助机制。其初始承诺互换规模1000亿美元,其中,中方承诺出资410亿美元,巴西、俄罗斯、印度各180亿美元,南非50亿美元。综合计算,中国的投票权为39.95%,为五国中最高。CRA采用双层治理与决策机制,即由部长级理事会以共识决定战略性问题,由常务委员会以共识或简单多数票决定操作性问题。

NDB和CRA的建立,标志着中国与其他金砖国家的"抱团"合作进入机制化、常态化发展阶段,在国际金融法治变革进程中具有里程碑意义。一方面,它为金砖国家的经济增长和金融稳定奠定了坚实基础,有助于促进新兴市场国家和发展中国家的基础设施建设和可持续发展,打造命运共同体;另一方面,它将对

IMF和世界银行等现有国际金融机构形成有益补充和倒逼机制，有助于推动现有国际金融体系的改革，提升新兴市场国家在全球治理中的话语权。

## （二）牵头建立亚洲基础设施投资银行

2013年10月2日，习近平主席在出访东南亚时第一次明确提出了筹建亚洲基础设施投资银行（亚投行）的重大倡议，立即得到许多国家的积极响应。在中国的主导下，亚投行筹建工作不断取得重大进展。2014年10月24日，包括中国、印度、新加坡等在内的21个首批意向创始成员国的代表在北京签署了《筹建亚投行备忘录》。亚投行的建设不仅获得了亚洲国家的积极响应与支持，更是吸引了包括英、德、法、意等发达经济体在内的区域外国家的加盟。截至2015年3月31日，亚投行意向创始成员国总数达到57个，涵盖亚洲、大洋洲、欧洲、非洲、拉美五大洲。经过高效、民主的谈判磋商，6月29日，《亚投行协定》在北京签署，确立了亚投行的法律框架。2015年12月25日，《亚投行协定》已获得17个创始成员国国内立法机构的通过，其总认缴股份占比超过50%，达到生效条件。至此，亚投行正式成立。

亚投行是首个由中国政府倡议和主导建立的政府间区域性多边金融机构，重点面向亚洲地区的基础设施建设提供融资支持。其初始法定股本为1000亿美元，域内外成员出资之比为75∶25，其中，中方认缴额为297.804亿美元，占比30.34%，为第一大股东。据计算，当前中国享有26.06%的投票权，在所有成员国中居首位。亚投行通过特别设置非常驻董事会、创始成员投票权以及面向全球采购等创新制度设计，展现出创新高效、公平公正、开放包容的核心理念。

亚投行正式宣告成立，是国际金融法治变革进程中具有里程碑意义的重大事件，标志着亚投行作为首个以发展中国家为大股东的机构，进入了现有的多边开发金融机构体系。亚投行候任行长金立群表示，亚投行作为多边开发体系的新成员、新伙伴，和世界银行、亚洲开发银行等现有多边开发银行一起，将为促进亚洲地区基础设施互联互通和经济可持续发展做出贡献。

从总体上看，发起成立亚投行，是中国以互利共赢的发展理念凝聚国际力量，主导多边金融机制建设的成功法律实践，也是中国主动承担更多国际责任，给国际社会提供新的公共产品，以增量方式改善现有国际金融体系的重大体制创新。这向世界表明：中国作为一个开放的新型大国，具有建设性处理国际金融事务的领导力和责任担当；中国的国际地位已正式从国际金融体系及其规则的"被动适应者"向"主动引领者"转变。

### (三)倡议建立上海合作组织开发银行

在2011年11月上合组织第九次政府总理会议上,中国总理温家宝提出了"深化财金合作,研究成立上合组织开发银行"的倡议。在其后的上合组织峰会上,中国领导人一再重申"加强金融领域合作,成立上合组织开发银行和专门账户"的主张,得到与会领导人的认同。

2015年7月,在上合组织元首理事会第十五次会议上,习近平主席进一步指出,成立上合组织开发银行是促进本组织多边合作的战略举措,对组织未来发展意义深远。我们应该坚持这一方向,争取早日建成本组织自有融资平台,为多边普惠项目和各国经济发展服务。与会元首们一致认为,应继续为建立上合组织开发银行和发展基金(专门账户)开展工作,以促进地区经贸投资合作。同年12月,在中国郑州召开的上合组织第十四次政府总理会议上,总理们责成成员国主管部门负责人在下一年财长和央行行长第三次会议上研究该问题。

倡议中的上合组织开发银行是实现中国"丝绸之路经济带"战略同上合组织其他成员国发展战略对接的重要抓手。它与NDB和亚投行一起,共同构成中国推动新兴多边金融体系建设的战略支点,展现了中国积极主导全球金融治理体系改革的决心与努力。

## 七 中国稳步推进国际货币体系改革及人民币国际化

战后国际货币体系是以1944年《国际货币基金协定》为基础建立的,实行的是各国货币与美元和黄金双挂钩制,并采用固定汇率制。1976年《牙买加协定》确认黄金非货币化、浮动汇率合法化以及SDR地位,标志着国际货币体系从此进入牙买加体系时期。然而,牙买加体系实质上仍是以美元为主导的、缺乏汇率监督的"无体系的体系"。当代频繁爆发的国际金融危机,深刻揭示了现行国际货币体系的严重缺陷,国际货币体系改革势在必行。目前,国际社会并未就改革路径和方案达成共识。有的主张构建超主权储备货币,有的主张构建多元化储备货币体系,而美国则认为现行体系仍然是有效、实用的。中国明确主张应当稳妥推进国际货币体系改革,扩大IMF的SDR的使用,改革其货币组成篮子,建立币值稳定、供应有序、总量可调的国际储备货币体系。

为了实现人民币加入SDR货币组成篮子,中国政府自2009年以来广泛开展国际货币金融对话和合作,多措并举推进人民币国际化,取得了举世瞩目的成就。目前,人民币已成为仅次于美元的全球第二大贸易融资货币、全球第五大支付货币、全球第七大储备货币。其主要措施如下。

## (一)签订双边本币互换协议

双边本币互换协议是官方的备用性信贷安排,也是灵活的流动性互助机制。截至目前,中国人民银行已与33个国家或地区的中央银行或货币当局签署了双边本币互换协议,协议总规模已超过5万亿元人民币。协议有效期一般为3年,经双方同意可以展期。有17个国家或地区已与中国人民银行续签了协议,并在一定程度上扩大了互换规模。开展中外本币互换,不仅加强了双边金融合作,促进了双边贸易和投资,而且显现出人民币具有稳定地区货币制度、应对金融危机的功能,提升了人民币的国际认可度。

## (二)推进人民币跨境结算、清算与支付

2009年7月,国务院决定在上海市和广东省的4个城市启动跨境贸易人民币结算试点,开启了人民币国际化进程。随后,试点范围逐步扩大到全国。2015年3月,国务院决定放开跨境贸易人民币结算试点,对出口贸易人民币结算企业实行重点监管名单管理。

为促进人民币跨境交易,促进贸易、投资自由化和便利化,2014～2015年,中国人民银行与德国、英国、法国、卢森堡等近20个国家和地区的中央银行或货币当局签署了建立人民币清算安排的合作备忘录,并相应指定了人民币业务清算行。截至目前,人民币清算系统已覆盖亚洲、欧洲、美洲、非洲、大洋洲等主要地区,初步建立起提供24小时不间断服务的人民币清算全球网络。其中,中国香港、新加坡、伦敦、法兰克福、卢森堡等已成为具有一定实力的离岸人民币中心。

为满足全球主要时区人民币业务发展的需要,中国人民银行开始组建人民币跨境支付系统(CIPS)。2015年10月8日,CIPS一期在上海成功上线运行。该系统主要为境内外金融机构人民币跨境和离岸业务提供资金清算和结算服务,运行时间覆盖亚洲、欧洲、非洲、大洋洲等人民币业务主要时区。首批参与机构包括195家境内外银行。CIPS的运行不仅有助于满足国际金融市场对人民币的需求,而且有助于提高人民币在国际结算与清算中的份额与地位。

## (三)拓展人民币跨境金融交易渠道

随着全面深化改革战略的全面实施,中国政府明显加快了推进人民币国际化

的步伐，除公布外汇储备中的货币构成、完善人民币汇率平价机制外，还包括以下举措。

第一，人民币合格境外机构投资者（RQFII）业务试点逐步扩大。2011年12月，RQFII开展境内证券投资业务试点从中国香港地区开始。近年来试点范围逐步扩大，截至2015年底，已拓展到16个国家和境外地区，可投资总额度达1.21万亿元人民币。

第二，人民币合格境内机构投资者（RQDII）业务正式开闸。2014年11月，RQDII境外证券投资机制正式推出，开启了人民币"走出去"新里程。

第三，沪港通股票交易正式开锣。2014年11月17日，沪港两地证券市场成功实现联通。这标志着中国资本市场国际化进程迈入新纪元，内地资本账户加速开放。

第四，上海国际黄金交易中心正式启航。2014年9月18日，上海自贸区首个面向境外投资者的黄金"国际板"开通，迈出了发展人民币计价的大宗商品市场的第一步。

第五，银行间人民币债券市场开放进一步加快。截至2015年11月，获准进入银行间人民币债券市场的境外投资者数量已增加至287家。2015年12月15日，韩国财政部在北京通过银行间债券市场债券集中簿记建档系统完成发行30亿元3年期人民币主权债券，成为首只在中国市场成功发行的外国政府人民币主权债券产品。

## （四）推动人民币离岸市场建设

2014年10月14日，英国财政部在伦敦成功发行30亿元3年期人民币主权债券，债券发行收益纳入英国外汇储备。因此，英国成为首个发行以人民币计价的国债的外国国家，人民币也成为继美元、欧元、日元、加元之后的第五大英国外汇储备。这是中国推进中英双边金融合作的成果，也是英国为打造伦敦人民币交易中心和离岸市场的战略选择，对于助推人民币离岸市场建设、提升人民币的国际地位具有重要意义。

加拿大英属哥伦比亚省曾于2013年10月成功发行25亿1年期离岸人民币债券。2014年10月，该省再次成功发行30亿元2年期离岸人民币债券。同年11月，澳大利亚新南威尔士州政府财务公司成功发行10亿元1年期离岸人民币债券。

2015年11月18日，由上海证券交易所、德意志交易所集团、中国金融期货交易所共同出资成立的中欧国际交易所（简称"中欧所"）在德国法兰克福开业。这标志着中德双方共同建设的欧洲离岸人民币证券市场正式开始运行。中欧所首批上线产品包括交易所交易基金（ETF）和人民币债券。此外，已在德交所挂牌的12只中国市场相关ETF及180多只人民币债券也将一并转移至中欧所的交易平台。中欧所的设立，旨在为欧洲及全球投资者提供以人民币资产为标的的产品和服务，其开业初期主要上市以人民币计价和结算的证券现货产品，待条件成熟时再上市金融衍生品，逐步推动欧洲离岸人民币的发展。

### （五）建设中国自由贸易试验区

2013年8月，国务院正式批准设立中国（上海）自由贸易试验区。同年9月，上海自贸区正式挂牌成立。2014年12月，国务院常务会议部署推广上海自贸区试点经验，决定依托现有开发区、园区，在广东、天津、福建特定区域新增三个自由贸易园区，并允许上海自贸试验区实施扩区。2015年4月，广东、天津、福建自贸试验区正式挂牌成立，上海自贸区启动扩区建设。

近年来，中国自贸区建设为探索构建开放型经济新体制，实现人民币国际化战略做出了积极贡献，其主要表现有四。一是有序推进人民币资本项目可兑换，率先开启自由贸易（FT）账户业务并建立分账核算系统，以实现境内境外账户自由划转。截至2015年11月，上海自贸区已有40家机构接入FT账户监测管理信息系统，共开立约4万个账户，当年累计收支总额近1.83万亿元，跨境人民币结算总额超1万亿元。二是扩大人民币跨境使用渠道，包括实施人民币境外借贷、跨境双向人民币资金池、经常项下跨境人民币集中收付业务、第三方跨境人民币支付业务等措施。三是深化利率市场化改革，包括领先试点大额可转让存单，放开小额外币存款利率上限，发行跨境同业存单等。四是优化外汇管理体制，先行探索区内外汇管理模式的国际化改革。

### （六）推动人民币加入SDR货币篮子

SDR货币篮子是IMF创设的一种国际储备资产，原由美元、欧元、英镑、日元四种货币构成。IMF每五年对篮内构成进行一次评估。随着人民币国际化进程不断加快，国际上关于人民币进入SDR货币篮子的呼声日益高涨。2015年11月中旬，IMF完成SDR审查报告，认为人民币满足"可自由使用"标准，建议纳入SDR货币篮子。在2015年11月G20峰会上，习近平主席对上述建议表示欢迎,并明确指出,这将有利于提高 SDR 的代表性和吸引力,也将有利于完善国际货币体系,维护全球金融稳定。中方期待本月底 IMF 执董会讨论取得积极结果。

在 2015 年 11 月 30 日华盛顿会议上,IMF 执董会完成了五年一度的 SDR 货币篮子构成的审议,认为人民币符合所有现有标准,决定自 2016 年 10 月 1 日起,认定人民币为"可自由使用"货币,并将其作为第五种货币,与美元、欧元、日元和英镑一道构成 SDR 货币篮子。按照执董会的决定,人民币在 SDR 货币篮子的占比将达到 10.92%,超过了日元和英镑。

人民币加入 SDR 货币篮子是人民币国际化的一个重要里程碑。它意味着人民币成为后布雷顿森林体系时代第一个新增的、按"可自由使用"标准加入的 SDR 篮子货币。这不仅有利于提高人民币的国际地位和中国在全球金融体系中的话语权,而且有利于提高 SDR 的代表性和吸引力,完善国际货币体系和全球金融治理体系。IMF 总裁拉加德在记者会上表示,执董会的这一决定是将中国经济纳入全球金融体系的一个重要里程碑,同时也是对过去几年中国官方对货币与金融体系改革的肯定。她表示,中国持续、深化的改革努力将促使国际货币与金融体系变得更加强劲、健康,也会促进中国经济乃至全球经济的稳定增长。人民币纳入 SDR 货币篮子将使货币篮子更加多元化,也更能代表全球主要货币,从而有助于提高 SDR 作为储备资产的吸引力。

# 第十七章
# 中国与国际税收法治[*]

随着全球经济一体化的不断深化，跨国企业为了实现在全球利益的最大化，千方百计利用各国国内税法的差异和非匹配性，以及各国税收征管的非合作性，大肆进行跨国逃避税行为。为此，国际社会经过努力，近年来在国际法层面和国内法层面都出现了新的立法成果和举措，它们有些是以硬法的形式在各国国内产生了实质的法律效力，有些则以软法的形式出现，引导各国在国内税收政策上参考适用。

## 一 中国税收协定网络与税收情报交换体系的构建

### （一）中国缔结国际税收协定的概况

国际税收协定一般是指国与国之间签订的避免对所得和资本双重征税和防止偷漏税的协定。其作用主要有三：一是可以弥补国内税法单边解决国际重复征税问题存在的缺陷；二是兼顾居住国和来源国的税收利益，确保避免双重征税的机制得以长期而有效地落实；三是推动国与国之间的协调配合，共同打击跨境逃、避税行为。

1981年1月，中国与日本首开避免双重征税和防止偷漏税协定的谈判。截至2015年12月底，中国已对外正式签署101个避免双重征税协定，其中96个协定已生效，并且和中国香港、中国澳门两个特别行政区签署了税收安排。目前，中国已在全球范围内建立起税收协定网络，税收协定的谈签数量一直居于发展中国家的前列。税收协定在推动中国与有关国家加强税收合作、促进经济发展方面发挥着日益重要的作用。

随着经济形势和中国对外投资的新发展，有些税收协定已不能满足现实的需

---

[*] 本章作者崔晓静，法学博士，武汉大学国际法研究所教授，主要研究方向：国际税法。

要,中国从 2000 年开始逐步对部分早期税收协定进行了修订,并有选择地谈签新的协定。中比新协定于 2009 年 10 月 7 日签署,中英新协定于 2011 年 6 月 27 日签署,中德新协定于 2014 年 3 月 28 日签署,中国与荷兰、法国、瑞士于 2013 年签署了新协定。2008 年中国实现了内外资企业所得税法的合并,在新的《企业所得税法》中调整了居民企业的认定标准,引入了特别纳税调整,建立了较为规范的现代企业所得税制度。这几个新协定都是在 2008 年之后谈签的,因此,相应地在协定的税种范围、居民的定义等方面进行了更新,如取消了企业总机构标准,统一为实际管理机构标准,同时强调在不与协定冲突的情况下,可按照国内法实施防止逃税和避税的举措。

### (二)中国缔结税收情报交换协定的概况

近年来,随着 G20 在避税地问题上日趋强硬,国际社会力推由主权国家与离岸金融中心签订税收情报交换协定(Tax Information Exchange Agreements, TIEA),以获取来自这些地区的经济活动信息,对打击日益猖獗的滥用避税地规避税收等非法活动,起到了非常重要的作用。

2010 年 5 月是 G20 对拒不合作的"避税天堂"采取措施的终止期限,正是在这一背景之下,中国和部分离岸金融中心建立了良好的税收协作关系,签订了专项税收情报交换协定,为情报交换在离岸公司反避税领域的运用奠定了基础。

中国自 2009 年 12 月 1 日与巴哈马签订第一个税收情报交换协定以来,截至 2015 年 12 月底共签订了 10 个情报交换协定,包括巴哈马、英属维尔京、马恩岛、根西、泽西、百慕大、阿根廷、开曼群岛、圣马力诺和列支敦士登等。中国签订的情报交换协定的内容与经合组织(OECD)《税收情报交换协定范本》基本一致。除了阿根廷之外,其他都是著名的国际避税地或离岸金融中心。

### (三)中国税收情报交换体系的基本形成

随着税收协定和专项税收情报交换协定网络的发展,税收情报交换制度体系的不断完善,中国税收情报交换工作取得了积极成效,情报交换的数量和质量也在稳步增长。

中国不断致力于完善国内法,为收集、交换、使用税收情报交换提供支持,税收情报交换的法律框架和操作指引已基本形成。目前,中国情报交换涉及的法律依据主要包括税收协定(或安排)和情报交换协议以及 2013 年正式加入的《多边税收征管互助公约》、《税收征管法》、《企业所得税法》和《个人所得税法》等相关实体税收法律法规。尤其值得注意的是，2006年由国家税务总局颁布生效的规范性文件《国际税收情报交换工作规程》，结合历年中国与外国税务机关开展情报交换的工作实践经验，吸收了OECD关于情报交换的新理念，在情报收集和提供、保密要求和程序等方面都有更详细和可操作性的规定，为税务机关开展税收情报交换工作提供了重要指引。

## 二 中国加入《多边税收征管互助公约》面临的挑战与应对

### （一）《多边税收征管互助公约》简介

为了进一步开展多边税收行政合作，克服双边协定的局限性，《多边税收征管互助公约》（以下简称《公约》）应运而生，旨在通过国际税收征管协作，应对和防范跨境逃避税行为，维护公平的税收秩序。该公约由OECD和欧洲委员会于1988年1月在法国斯特拉斯堡共同制定，1995年4月1日生效。

该公约原只向OECD和欧洲委员会的成员开放，2008年爆发席卷全球的金融危机之后，国际社会高度重视税收征管协作。2009年4月，G20伦敦峰会呼吁采取行动，打击国际逃避税。2010年5月27日，两组织响应G20号召，按照税收情报交换国际标准，通过议定书形式对公约进行了修订，并向全球所有国家开放。公约议定书力求与国际认可的透明度和税收情报交换的标准保持一致，税收情报交换的合作性得到强化，同时注重对纳税人权利的保护。修订后的公约于2011年6月1日生效。《公约》的出台及修订标志着国际税收合作重心的转移，即从避免和消除双重征税转向打击跨国避税、避免和消除双重不征税，同时也标志着全球性多边合作机制的形成。

《公约》共6章32条，规定的征管协作形式包括情报交换、税款追缴和文书送达。2013年7月，G20财长与央行行长会议支持OECD将《公约》框架内的税收情报自动交换作为全球税收情报交换的新标准。所谓税收情报自动交换，是指各国税务主管当局之间根据约定，以批量形式自动提供有关纳税人取得专项收入的税收情报的行为。

截至2015年11月，全球已有92个国家或地区签署了《公约》。签署国不仅包括G20的所有成员、金砖五国以及几乎所有的OECD成员国，还包括许多金融中心国家和越来越多的发展中国家,具有很强的代表性,正日益成为开展国际税收征管协作的新标准。

### (二)《公约》在中国的适用和影响

2011年11月3日,中国财政部部长谢旭人代表中国政府在G20戛纳峰会上签署了加入《公约》意向书,表明签署和缔结公约已被提上议事日程,掀开了中国参与国际多边税收合作机制的新篇章。2013年8月27日,中国国家税务总局局长王军代表中国政府在法国巴黎经济合作与发展组织总部签署了《公约》,中国由此成为该公约第56个签约方。2015年7月1日召开的第十二届全国人民代表大会常务委员会第十五次会议决定:批准经2010年5月27日《〈多边税收征管互助公约〉修订议定书》修订的、已于2013年8月27日由中华人民共和国政府代表在巴黎签署的《多边税收征管互助公约》。《公约》于2016年2月1日起对中国正式生效,并于2017年1月1日起执行。

中国不仅是世界第二大经济体,也是世界最主要的外国投资目的地之一。近年来,在外资不断进入中国的同时,中国对外投资快速增长,资本双向流动近年来加速,加入《公约》对于中国而言意义深远。

第一,有利于展现中国积极参与国际合作的姿态。由于《公约》强调国际合作,签署《公约》的缔约方需要承担在一定范围内协助他国税务机关进行税收管理的国际义务,因此加入《公约》可彰显中国负责任的大国形象。

第二,有利于拓展中国国际税收合作的广度与深度。与中国之前签订的税收协定和情报交换协定相比,《公约》覆盖的范围更为广阔,适用的领域更为全面,操作性也更强。加入《公约》可使中国与其他缔约国之间的征管合作明显加强。因为《公约》具有多边性,随着《公约》缔约国的增加,其适用的国家或地区也将不断扩大,将减轻中国与其他国家或地区逐个签署情报交换协定的负担。

第三,有利于保护国家税收利益不受侵蚀。随着中国税收执法水平的不断提高,以往较为隐蔽的方式逃避中国纳税义务的行为逐渐受到税务机关的重视,但是受到执法权的限制,对发生在境外的应税行为执行力度有限。在《公约》框架内,中国税务机关就可以得到国外税务机关的协助,使中国的税收利益得到有效保护。

第四,有利于进一步提高中国的反避税能力。中国《企业所得税法》从2008年执行以来,反避税力度不断加强,对转让定价调查、受控外国企业管理等均需要足够的境外信息的支持,加入《公约》可以为中国得到其他缔约国相关信息提供保障,也为中国调查取证工作提供了较大便利。

第五,有利于加强中国对"走出去"企业的管理。目前中国税务机关掌握"走出去"企业境外投资经营、境外所得的情况主要依靠企业自行申报;加入《公约》后,不但可以利用情报交换的体系,还可以通过同期税务检查、境外税务检查等方式了解企业的境外经营情况,加强对该类企业的管理。

### (三)中国签署《公约》后面临的挑战

中国全国人民代表大会常务委员会第十五次会议决定批准《公约》的同时,声明对《公约》中的部分条款予以保留。

(1)根据《公约》第三十条第一款第(一)项的规定,对《公约》第二条第一款第(二)项提及的税收,未列入《公约》适用的税种,不提供任何形式的协助。

(2)根据《公约》第三十条第一款第(二)项的规定,不协助其他缔约方追缴税款,不协助提供保全措施。

(3)根据《公约》第三十条第一款第(四)项的规定,不提供文书送达方面的协助。

(4)根据《公约》第三十条第一款第(五)项的规定,不允许通过邮寄方式送达文书。

(5)对《公约》第二条第一款声明,《公约》适用于根据中华人民共和国法律由税务机关征收管理的税种。具体如下:

《公约》第二条第一款第(一)项第1目列入企业所得税、个人所得税;

《公约》第二条第一款第(二)项第3目(2)列入城镇土地使用税、房产税、土地增值税;

《公约》第二条第一款第(二)项第3目(3)列入增值税、营业税;

《公约》第二条第一款第(二)项第3目(4)列入消费税、烟叶税;

《公约》第二条第一款第(二)项第3目(5)列入车辆购置税、车船税;

《公约》第二条第一款第(二)项第3目(7)列入资源税、城市维护建设税、耕地占用税、印花税、契税。

(6)对《公约》第三条第一款第(四)项声明,中华人民共和国的主管当局为"国家税务总局或其授权代表"。

(7)对《公约》第四条第三款声明,在依照《公约》第五条和第七条规定提供有关中华人民共和国居民或国民的情报前,中华人民共和国主管当局可通知其居民或国民。

(8)在中华人民共和国政府另行通知前,《公约》暂不适用于中华人民共和国香港特别行政区和澳门特别行政区。

对于《公约》规定的较为复杂的款追缴协作和文书送达等协作内容予以保留。至于情报交换方面,我们需要结合中国税收征管实践,对国内税收法律体系与《公约》内容进行异同分析,并加以更改、完善,才能达到全面履行《公约》义务的要求。除此之外,签署《公约》后,中国还需要调整完善我国的税收制度安排,以期实现我国利益的最大化,对世界上其他发展中国家起到重要的表率作用,带动更多的国家批准《公约》,也进一步推动《公约》的不断发展。

# 三 自动信息交换国际标准的确立

## (一)国际税收自动信息交换的基本内涵

自动信息交换,也称例行信息交换,是指缔约方主管当局依据事先达成的协议,由来源地国将有关纳税人各种类型所得或财产(如股息、利息、特许权使用费、工资、养老金等)的信息系统地、批量地、定期地提供给居民国。

与其他交换方式不同,自动信息交换针对同一类型的税收信息进行例行交换,因而具有批量性、例行性等特点,这些特点决定了其在加强税收监管、促进国际合作等方面大有可为。自动信息交换不仅能够对纳税人产生一定的威慑效果,敦促纳税人遵守税法,提高纳税人的税收遵从度,而且有助于各国税务机关将自动接收的信息与本国系统保留的信息进行整合,从而节省信息收集的时间,降低信息收集的成本,提高信息交换的效率。更为重要的是,与其他可能威胁国家主权的合作方式相比,自动信息交换在充分尊重缔约国税收主权的前提下进行,坚定了各国参与国际税收行政合作的信心,并以此为突破口将全球税收治理推向新的平台。

金融危机之后,国际社会越来越强调改善税收透明度,提升国际税收行政合作的水平。鉴于其具有的上述特点和优势,自动信息交换逐渐成为遏制有害税收竞争、打击国际逃避税的重要手段之一,并引起了国际组织和各国政府的高度关注。

在 2011 年举行的戛纳峰会上,G20 同意考虑在自愿的基础上进行税收信息的自动交换。在2012年举行的沃斯卡沃斯峰会上，G20高度赞赏了OECD关于自动信息交换的报告，并鼓励各国参与到自动信息交换的实践中去。鉴于OECD以及全球税收论坛在自动信息交换方面所取得的成果与进展，将自动信息交换作为一个更高效、更严格的标准的时刻已经到来。2013年9月6日，G20圣彼得堡峰会领导人首次单独就税收问题发表声明，强调当前工作的重点在于税收信息透明度和自动信息交换，并且支持将自动信息交换确定为国际税收透明度的新标准。这一标准的确定标志着全球打击逃避税的合作迈入一个新纪元，俄罗斯总统普京称之为"百年来最大的一步"。为了促进该国际标准能够尽快为世界各国所认同和实施，G20鼎力支持OECD与G20成员国一道合作，确立自动信息交换国际标准的统一实施办法和技术细节，并且希望在2015年底之前实现成员国之间的税收信息自动交换。2013年11月21~22日，全球税收论坛在印尼雅加达召开第六次大会，为响应圣彼得堡峰会建立新的国际税收透明度标准的要求，大会将如何从双边合作过渡到多边合作，以及如何从应请求的信息交换迈向自动信息交换确定为讨论的主要议题。会议决定成立一个全新的自动信息交换工作组（AEOI Group），采取措施为实施国际税收信息自动交换做准备。

### （二）自动信息交换标准的统一

目前，国际上存在的自动信息交换标准主要有美国《合规法案》政府间协议标准、欧盟指令标准和瑞士匿名预提协议标准。这些标准之间存在较大的差异，给金融机构在实施这些标准时增加了很大的合规成本，面对多种标准所造成的混乱局面，各国税务当局都感到有些无所适从，也逐渐意识到需要尽快确定自动信息交换统一的国际标准。

在后危机时代的大环境下，统一的自动信息交换标准提供了确定的信息报告及尽职调查规则，避免了金融机构在不同国家遵守不同的合规标准，有利于降低其合规成本，同时也可以协助发展中国家更好地解决日益棘手的国际逃避税问题，最大限度地维护本国的国家利益。

2013年6月18日，OECD发布了一份题为《逐步改善税收透明度》的报告，探讨如何在多边背景下构建一个标准的、安全的、具有经济效益的自动交换模型。

OECD为了进一步确立自动信息交换的全球标准，于2014年2月13日发布了《金融账户信息自动交换标准》（以下简称《自动交换标准》）报告，对金融机构应当遵守的通用的报告和尽职调查标准做出了详细的规定。该交换标准统一了需要报告的金融信息、需要报告的账户持有人以及需要履行报告义务的金融机构的范围,结束了之前自动信息交换标准不一、适用混乱的局面。除此之外,该标准还为各国主管当局签订协议提供了一份主管机关协议范本(CAA)。

在 2014 年 5 月 6～7 日召开的 OECD 部长级会议上,47 个国家共同发表宣言,承诺尽快将《自动交换标准》转化为国内法,并在对等基础上予以实施,其中包括所有的 OECD 成员、所有的 G20 成员,以及奥地利、卢森堡、瑞士等离岸金融中心。2015 年 10 月 29～30 日召开的全球税收论坛第八次大会发表成果声明,截至目前已有 96 个国家和地区承诺在 2017 年或 2018 年开始进行自动信息交换,并且强烈呼吁尚未做出该等承诺的金融中心尽早加入自动信息交换的行列。中国作为全球税收论坛的成员之一,承诺于 2018 年进行自动信息交换。

### (三)中国在多边机制发展进程中的参与和应对

为了在全球范围内全面执行和落实新的国际税收透明度标准,全球税收论坛已经决定建立相应机制来监督和审查税收信息自动交换的执行情况。中国作为论坛的主要成员之一,将来很可能面临论坛针对自动信息交换开展的同行评议。

在这种国际环境和国内背景下,中国税收信息交换体系的完善势在必行。中国应当尽快启动对《规程》的修改程序,提升现有信息交换的立法层级,同时细化各种信息交换方式的实施流程,制定具体可行并与国际标准接轨的操作指南。

就自动信息交换而言,首先应当明确金融机构和各级税务机关的分工,逐步建立健全支付机构收集、报告信息,基层税务机关检查、整合信息,省级以上税务机关分类管理、加密处理信息的收集程序,以及信息解密、录入、匹配、识别纳税人等信息的接收处理程序,从而简化信息交换的管理,缩短信息交换的周期,提高信息交换的效率。

其次,由于自动信息的收集和制作需要投入大量人力和物力,手工挑选、录入的方式已经难以满足信息数量日益增长和国际上对自动化程度和格式规范化的要求。因此,为了提高国内信息收集和国际信息交换两方面的工作效率,中国必须借鉴国际经验,以 OECD 确立的 STF 格式为基础,加快建立专门的信息交换处理系统,将信息化技术运用于交换数据的分类、录入、查询、筛选、传输等管理环节中,以满足与其他国家间进行信息交换的需要。

再次,中国还应该考虑建立完善信息交换实施完毕后的反馈机制,以方便中国准确掌握交换信息的利用状况,同时加强与他国税务当局之间的联系,密切双方税务部门的协调合作,进而提高国际税收信息交换机制的针对性和有效性。

最后,从中国目前税收信息交换工作的现状来看,履行税收信息交换义务的能力正在不断提高,但利用他国所提供的税收信息的能力仍还有待加强,这使中国在税收信息交换的实践中几乎沦为较单一的信息提供国。因此,中国应当切实贯彻互惠原则,在向他国提供税收信息的同时,还应意识到自己所具备的信息请求国身份,积极向其他缔约国提出信息请求,并提高对税收信息的使用效率。

## 四 全球反避税工作的合作

### (一) OECD 税基侵蚀与利润转移行动计划概况

税基侵蚀与利润转移项目(以下简称 BEPS 项目)由 34 个 OECD 成员国、8 个非 OECD 的 G20 成员国和 19 个其他发展中国家共计 61 个国家共同参与。其一揽子国际税改项目主要包括三个方面的内容:一是保持跨境交易相关国内法规的协调一致;二是突出强调实质经营活动并提高税收透明度;三是提高税收确定性。

2013 年 2 月,OECD 为 G20 财政会议提交了《解决税基侵蚀和利润转移》报告,引起了与会各国和国际社会的高度关注。2013 年 7 月 19 日,OECD 在 G20 财长及央行行长莫斯科会议上正式发布了"解决税基侵蚀和转移利润的行动计划"。在具体内容上提到了以下十五项措施:①应对电子商务带来的税务挑战;②使混合错配安排的税收效果中性化;③加强受控外国公司(CFC)立法;④通过规范利息扣除以及其他财务支出限制税基侵蚀;⑤更有效地打击有害税收实践;⑥反对滥用税收协定;⑦防止人为地隐匿常设机构;⑧确保无形资产转让定价与价值创造相一致;⑨确保风险与资本转让定价与价值创造相一致;⑩确保其他高风险交易中的转让定价与价值创造相一致;⑪建立一套收集与分析 BEPS 相关数据的方法;⑫要求纳税人披露税务筹划安排;⑬复核转让定价文档;⑭确保争端解决机制更加有效;⑮发展多边机制。针对各项具体行动,OECD 都规定了具体的时间表。根据 2013 年 G20 圣彼得堡峰会领导人宣言,15 项行动计划的实施分为三个阶段,所有行动将于 2015 年底以前完成。

经过 24 个月紧锣密鼓的工作,OECD 于 2015 年 10 月 5 日发布了 BEPS 项目全部 15 项产出成果。这些成果已由 10 月 8 日 G20 财长与央行行长会议审议通过,并将提交 11 月 G20 安塔利亚峰会由各国领导人背书。

BEPS项目虽然缘起欧美国家面临的财政困局,但其行动计划的实施将从税收国际规则和国内法两个层面改变现行跨境交易税收规则,对各国经济发展和税收利益分配影响深远。从税收国际规则的角度看,BEPS行动计划将完善和发展现行税收协定和转让定价国际规则,以使其更好适应各国税制和全球价值链变化带来的影响;从国内法的角度看,BEPS行动计划将推动建设与现代商业模式相适应的企业所得税税制,并完善间接税制度安排,促使各国相应修改其国内法,以压缩跨国公司利用税制和征管差异规避税收的空间,在全球范围内营造公平的税收环境和秩序。

15项行动计划成果的完成,为国际税收领域通过多边合作应对共同挑战提供了良好范例。世界主要经济体在共同政治意愿推动下,通过密集的多边谈判与协调,在转让定价、防止协定滥用、弥合国内法漏洞、应对数字经济挑战等一系列基本税收规则和管理制度方面达成了重要共识。这些成果和一揽子措施的出台,标志着百年来国际税收体系的第一次根本性变革取得了重大成功。国际税收规则的重构,多边税收合作的开展,有利于避免因各国采取单边行动造成对跨国公司的双重征税、双重不征税以及对国际经济复苏的伤害。

## (二)中国参与BEPS项目的影响和意义

在此项国际税改中,中国以OECD合作伙伴身份平等参与BEPS行动计划,与OECD国家享有同等权利和义务,对BEPS项目予以了大力支持。为了做好BEPS工作,在2013年BEPS项目启动之初,中国国家税务总局成立了以国际税务司各相关处为主体,收入规划核算司、政策法规司、征管和科技发展司等部门参与的BEPS局内工作小组,积极、全面跟进BEPS项目指导组和工作组的会议讨论、专题研究和意见反馈等工作。制订工作方案,明确职责分工、时间表和路线图,全面推进此项工作。国家税务总局50多名干部深度参与各议题会议、研究和意见反馈等工作。国家税务总局还派员担任BEPS指导委员会委员,和其他委员一起设计、监督和审议各项行动计划方案、进程和成果。2013~2015年,国家税务总局共参加BEPS相关会议86次,向OECD提交中国立场声明和建议1000多条,其中很多意见得到采纳并体现在最终成果中,为该项目所遵循的核心原则的确立和推动各项成果顺利完成做出了重要贡献,也为发展中国家和新兴经济体提升规则制定的话语权、维护税收权益发挥了独特作用。这一切不仅体现了我们的税收专业水准,提升了中国的影响力和话语权,而且为建立公平合理的税收规则体系做出了重要贡献,得到OECD和其他参与方的重视和赞赏。同时,为深入研究和应用BEPS成果，国家税务总局在2014年和2015年报告完成之后，及时取得OECD授权，迅速组织各项成果报告的翻译工作，在OECD发布英文版后的第一时间在国家税务总局网站发布了报告中文版。

此外，国家税务总局高度重视BEPS成果在国内层面的转化。两年来，国家税务总局出台了《一般反避税管理办法》《非居民企业间接转让财产管理办法》等强化反避税管理的规章和规范性文件，并在2015年中国与智利新签署的避免双重征税协定中加入了反协定滥用条款。目前，国家税务总局正在全面修订《特别纳税调整实施办法》，这将是中国全面借鉴BEPS最新研究成果，并结合中国实际制订的反避税操作指南。

中国此次积极参与BEPS项目和国际税收规则的制定，充分提高了中国在税收领域的话语权和影响力。BEPS项目不仅有利于推动中国未来税制改革和税收法治的完善，完善税收立法和税收征管体系，促进中国更广泛地参与国际税收合作，而且有利于保护中国的税基，使中国在跨国公司全球利润分配中获得理应分享的部分。

### （三）中国反避税框架及其完善

从改革开放伊始，中国便对反避税工作进行了积极有效的探索。在借鉴国际经验的同时，结合中国实际情况，现已建立起涵盖法律法规、工作机制、业务流程、专业队伍等多方面内容的基本架构，逐渐形成以事实和数据为依据，以杜绝税收跨境流失为目标，以争取中国应有税收权益为原则的整体工作理念，反避税工作取得了较快的发展。"十二五"时期，国家税务总局确定的反避税工作目标是："坚持防查并举，建立管理、服务、调查三位一体、统一规范的反避税防控体系"。

中国近年反避税工作的进展主要体现在以下几个方面。

第一，建立了较为全面的法律框架和操作指南。中国反避税立法虽起步较晚，但在《税收征管法》和《企业所得税法》中均已引入反避税措施，尤其是2008年修改后的《企业所得税法》及其实施条例第六章规定了"特别纳税调整"条款。这些法律规定与随后出台的《特别纳税调整实施办法（试行）》等十几个规范性文件以及已征求意见的《一般反避税管理规程（试行）》共同形成了涵盖各个法律层级的反避税法律框架和管理指南。

第二，形成了统一规范的工作机制。国家税务总局建立了反避税案件监控管理系统，各地税务机关要在反避税调查案件的立案和结案两个环节，逐级层报税务总局审核。

第三，加大调查补税力度。近年来，国家税务总局坚持以"案件管理"为中心，着重提高反避税的规范程度，加强案件质量监控，查补税款大幅提高，2013年单案补税金额高达2177万元人民币，年均增长率达22%。

第四，稳步推进双边磋商。双边磋商作为解决国际税收争端和国际双重征税问题的有效手段之一，越来越受到税务部门的重视。目前，向中国申请双边磋商的企业超过150户，涉及16个发达国家和地区。截至2013年底，中国与美国、日本、韩国、新加坡、丹麦、挪威等国共达成或签署了双边预约定价安排39例，转让定价相应调整39例。

第五，扩大可比信息来源。税务系统内部的各项数据已经在反避税分析中发挥了重要作用。近年来，国税总局加强与国家统计局、海关总署等国内政府部门的联系与合作，还购买了全国工业企业信息库、比利时BVD数据库和美国标准普尔全球上市公司数据库，为反避税调查的可比性分析提供了更为广泛的信息支持。

第六，强化专业队伍建设。近年来，国税总局开展了多种形式的反避税培训，加强了对专业人员的培训力度，反避税人员的专业水平有了很大提高。

第七，扩大国际交流。中国积极参加OECD、联合国等国际组织的会议，利用多种场合宣传中国反避税工作的进展，加强与其他国家同行以及跨国公司的交流。

但中国反避税工作在法律基础、业务拓展、信息建设和人员队伍等方面还存在一些薄弱环节。

第一，税种涵盖面过窄。在《个人所得税法》和《增值税暂行条例》等法律法规中，尚未涉及反避税条款；现行《税收征管法》及其实施细则仅明确了转让定价和预约定价两项内容，没有包括反避税港避税和反避税等措施。对于《企业所得税法》所规定的同期资料管理、加收利息、第三方提供资料等条款，缺少约束纳税人履行义务的制约措施。

第二，业务发展不平衡。中国中西部地区反避税工作与东部沿海地区差距较大，在调查领域方面，更多侧重有形资产购销的转让定价问题，对于无形资产转让、股权转让等新问题以及成本分摊、受控外国公司、资本弱化、一般反避税等新措施和金融、饭店等鲜有触及。

第三，基础信息建设不完善。税务机关所掌握的数据信息仍不完全，反避税人员由于受训不足又不能充分利用已有的信息。

第四，专业人员匮乏。部分地区对反避税工作重视不够，专职人员配备不足，人员流失严重。

针对中国反避税工作的薄弱环节，建议采取以下措施：以完善立法为重点，建立涵盖多税种的反避税立法体系；以实施"案件会审制度"为重点，健全统一规范的反避税工作机制；以强化跨国企业利润监控为重点，加强对避税行为的防范；以提高税收确定性为重点，推动双边磋商；以拓展新领域为重点，加大反避税调查力度；以实现信息共享为重点，建立全国信息库；以参与国际规则制定为重点，扩大对外交流与合作；以建立经济分析师团队为重点，打造高素质的专业队伍。

如何推进BEPS各项成果在全球范围内的实施是未来几年的主要任务。根据OECD第90次财政事务委员会会议讨论结果，各方一致同意尽快构建后BEPS时代包容性工作架构，吸纳更多发展中国家参与并为其提供能力建设帮助，扩大BEPS成果落实的范围并使其发挥更大作用。从2016年开始的这些后续工作，有望在目前成果基础上进一步形成和补充新的国际税收规则体系。

国家税务总局国际税务司王晓悦副司长指出，中国在BEPS成果转化过程中应遵循的三个基本原则。

第一，借鉴BEPS与中国实际相结合。中国国内税法在借鉴BEPS成果时，不能全盘照抄，借鉴的同时也要考虑中国的现实国情，结合中国具体的问题出台相应法规，以确保其在国内的顺利执行。

第二，促进经济发展和维护税收权益相结合。中国一方面需要极力堵塞税收漏洞，维护国家税收权益，尤其需要关注向低税率、无税率国家转移利润的行为。另一方面，对于真正具有实质的跨国经营活动也要予以充分保护，提高跨国公司的税收确定性，为其扫除跨国投资的障碍。

第三，加强管理和促进遵从相结合。中国将通过税收情报交换工作、税收征管体系建设、跨国税收合作等措施加强跨境税源管理，促进纳税人的税收遵从。中国期望通过新的国际税收秩序，既能保证税收在各国得到公平合理的分配，同时也能保护跨国纳税人的权益。

BEPS最终成果的发表对BEPS项目的成功具有里程碑意义，中国应当尽早拟定下一阶段的行动计划和工作安排。根据BEPS项目的最终成果修订现行国内税收法律法规，结合中国的现实需求进行BEPS成果的吸收和转化。同时，适当调整税务机关国际税收征管的部门格局，必要时成立新的境外税务处和反避税处，专门负责反避税工作。针对跨国企业难以监管的问题，应当加快建立跨国企业的全国税务风险监控和应对机制,并且在部分地区试行总部所在地集中监管集团整体税务风险。

BEPS成果将在不久的将来会对中国的转让定价管理、双边税收协定谈判、中国国内税收立法带来巨大改变,甚至税务机关的行为模式也将产生变化,以更好地打击避税,维护自身税收利益,并在国际税收分配中获取其理应享有的份额。

# 第十八章
# 中国与国际海事法治[*]

## 一 中国参与国际海事法治建设概述

海上运输等海事活动经常涉及不同国家,因此具有天然的国际性,这种国际性的背景产生了对国家间法律协调和统一的客观需求。自20世纪初以来,国际社会始终致力于国际立法以消除国际海事活动的法律障碍、促进海上运输和相关活动开展,并最终推动国际贸易和人员交往的发展。累积至今,已经有140多项普遍性多边条约,此外,还存在大量的区域性和双边海运协定。

在1949年之前,中国所拥有的商船队规模很小,总计只有116万吨。从20世纪60年代开始,中国开始大力发展海运,并在70年代取得很大进展。进入改革开放时期之后,伴随着对外贸易的快速增长,中国海运业获得了空前的发展。截至2015年1月1日,中国船东(仅限大陆地区)所拥有的商船载重吨达到1.57亿吨,排名仅次于希腊和日本,居世界第三位。可以说,中国已经成为一个海运大国,不过还很难称得上是海运强国。中国船东所拥有的船舶数量众多,但平均吨位较小,高技术、高价值船舶在整个商船队中的比例较其他发达海运国家偏低,此外,船舶的管理和经营水平也与发达国家有一定差距。

作为贸易大国和海运大国,中国对国际海事法律制度发展具有重大利益。从20世纪70年代以来,中国就积极参与国际海事法律制度的建设,以维护自身和广大发展中国家的利益,对国际海事法治发展做出了自己的贡献。

在海事立法领域,主要的政府间国际组织和机构包括国际海事组织(IMO)、联合国贸易与发展会议、联合国国际贸易法委员会等,非政府组织包括国际海事委员会、国际商会等。自20世纪70年代以来,我国积极参与了各个国际组织和机构的立法活动。1973年我国加入国际海事组织,此后在第9~15届大会上当选为B类理事国(指在国际海上贸易方面具有重大利益的国家),自第16届大

---

[*] 本章作者张辉,法学博士,武汉大学国际法研究所教授,主要研究方向:海商法、海洋法、国际法和国际经济法基础理论。

会以来，我国连续当选为 A 类理事国（指在航运方面具有重大利益的国家）。在相关国际组织讨论和草拟国际海事公约过程中，我国均积极参与，表达自身立场和意见，并对国际立法产生了一定的影响。

在海运领域，主要的国际公约有150余个，内容涉及海运管理、船舶技术标准、船舶担保权利、船员管理、海上航行安全、海上货物运输、海上旅客运输、船舶碰撞、船舶污染、海上救助、赔偿责任限制、海事争议解决等方面。这些国际公约大体可以分为公法公约和私法公约两类，其中公法公约又可分为管理性、技术性和程序性三类。从目前我国参加的国际公约来看，主要集中在技术性公约领域，如《国际海上人命安全公约》《船舶载重线公约》《海员培训发证和值班标准国际公约》《国际海上避碰规则公约》《国际防止船舶造成污染公约》等。这主要是因为海运业具有天然的国际性，船舶航行于不同国家航线并进出其港口，需要服从沿岸国和港口国的管理，因此必须符合国际通行的技术标准和要求。在技术性公约之外，我国还参加了少量的管理性公约，如《联合国班轮公会行为守则公约》《国际海上搜寻救助公约》等。对于海事领域的程序性公约，我国基本未参加。而对于私法公约，我国参加的也较少，主要包括《海上旅客及其行李运输公约》《1910年统一船舶碰撞若干法律规定的国际公约》《1969/1992年国际油污损害民事责任公约》《1989年国际救助公约》等。特别是在海上货物运输领域，我国未加入任何一个国际公约，而是将各公约中的规则提取融合于1992年《海商法》中，形成了具有自身特点的海上货物运输法律制度。

除多边国际公约外，我国还积极通过双边条约实践来推动本国海运业和贸易的发展，先后缔结了70余个双边海运协定，涉及海运企业市场准入、港口使用、船舶待遇、船舶和船员证书承认、海运税费等事项。新中国成立后，我国曾长期处于西方国家封锁之中。在1971年中华人民共和国恢复联合国合法席位之前，中外双边海运协定数量有限，并且缔约对象为社会主义国家和第三世界国家，如中国和苏联（1958年）、民主德国（1960年）、阿尔巴尼亚（1961年）、朝鲜（1962年）、越南（1962年）缔结的通商航海条约，以及中国和加纳（1963年）、锡兰（1963年）、刚果（布）（1964年）、印度尼西亚（1965年）、巴基斯坦（1966年）缔结的海运协定。这些双边海运协定对于打破封锁、扩大对外交往起到了重要作用。1971年之后，中国开始与发达国家缔结海运协定，最早是1972年《中国和意大利海运协定》。在整个70年代，我国先后缔结了20余项双边海运协定，其中主要是与发达国家之间的协定。改革开放后，伴随着我国海运业的快速发展，双边海运协定也大量被缔结，特别是在1990年之后的20年间，我国新缔结或修订的海运协定有40余项。截至目前,由于2002年《中欧海运协定》缔结,我国与几乎所有发达国家都已缔结了双边海运协定。同时,由于2007年《中国与东盟成员国海运协定》缔结,我国已经与全部东亚和东南亚国家缔结了双边海运协定。

在国内立法方面,我国在改革开放后积极推进海事海商立法,一方面在于履行相关条约项下的国内转化义务,另一方面则在于规范海事海商活动各方主体行为,维护其正当权益。近30年来我国在海事海商领域最重要的国内立法无疑是1992年通过并于1993年施行的《海商法》。作为我国商事立法的代表之作,这部法律具有极强的国际性,在当时各国同领域立法中处于先进水平,得到了国内和国际各方面的广泛称赞。我国海事立法绝大部分属于管理性和技术性规范,具体体现为国务院行政法规和交通部为主的部门行政规章。此外,为解决海事案件审理中的法律适用和解释问题,最高人民法院也发布了大量的司法解释,对法律中规定模糊或缺失的内容进行补充说明。

海事海商案件具有较强的技术性和国际性特点,为更好地解决海事纠纷,我国从1984年起陆续设立了10个海事法院,分别在大连、天津、青岛、上海、武汉、广州、厦门、宁波、海口和北海。这些海事法院负责审理第一审海事案件,上诉审则在相关海事法院所在省或直辖市的高级人民法院。目前各海事法院下设39个派出法庭,全面覆盖包括我国管辖海域以及长江、珠江、黑龙江、松花江等通海可航水域。2013年海事法院受理案件量达到21548件,我国成为世界上海事诉讼案件受案最多的国家。在海事仲裁方面,我国也有很大发展。1958年中国国际贸易促进委员会就设立了审理海事仲裁案件的专门机构,该机构在1988年正式更名为"中国海事仲裁委员会"。最近10年以来,中国海事仲裁委员会受理案件量不断攀升,2015年超过100件,虽然与伦敦海事仲裁员协会2540件的数量无法相提并论,但已经显示出其影响的扩大和发展的潜力。

## 二 中国与国际多边海事立法

### (一)国际海事组织《极地规则》

南北极水域海况和气候条件复杂,而生态环境脆弱,国际社会一直呼吁为极地水域的航行设定特殊的法律规则,以确保航行安全和环境安全。2014年11月举行的国际海事组织海上安全委员会第94届(MSC 94)会议上,强制性的《极地水域船舶营运规则》［《极地规则》安全部分 International Code for Ships Operating in Polar Waters（Polar Code）］及其关联的《国际海上人命安全公约》（SOLAS 公约）修正案（SOLAS 公约新的第 XIV 章）获得通过。2015 年 5 月召开的国际海事组织海洋环境保护委员会第 68 届会议（MEPC 68）通过了《极地规则》（环保部分）及其相关联的《国际防止船舶造成污染公约》（MARPOL）公约修正案。

《极地规则》包括安全和环保两部分，规定了在南北极水域恶劣环境下营运的船舶有关设计、构造、设备、操作、培训、搜救及环境保护方面的要求。极地水域运营的船舶在满足 IMO 通过的所有适用标准的基础上，还需要满足《极地规则》的要求。

《极地规则》适用于 2017 年 1 月 1 日之后所有新造的 500 总吨及以上的客船和货船，而该日期之前建造的船舶须于 2018 年 1 月 1 日之前满足《极地规则》的相关要求。

2013 年，中远集团"永盛"轮首航北极东北航道获得成功，开启了中国船队商业利用北极航线的历史。随着气候变暖，北极航道的利用价值日益凸显，极地海上航行规则的发展对我国航运活动将产生影响，为此我国积极参与了国际海事组织极地规则的制定。

## （二）《2006年海事劳工公约》

2015 年 8 月 29 日第十二届全国人大常委会第十六次会议决定批准《2006 年海事劳工公约》。同时声明："一、根据《2006 年海事劳工公约》标准 A4.5 第十款规定，中华人民共和国适用的社会保险类型为：养老保险、医疗保险、工伤保险、失业保险和生育保险。二、在中华人民共和国另行通知前，《2006 年海事劳工公约》暂不适用于中华人民共和国香港特别行政区和澳门特别行政区。"

为适应航运业发展新形势，提高海事劳工标准的效力，切实保护海事劳工的权益，国际劳工组织于 2006 年 2 月 23 日在日内瓦通过了《2006 年海事劳工公约》，公约在 2013 年 8 月 20 日生效。截至 2015 年 3 月 25 日，已有 66 个国家批准了这一公约，其商船总吨位超过世界商船总吨位的 80%，对国际航运业有重要影响。

公约由条款、规则和守则三部分构成。条款和规则规定海员的核心权利和原则以及成员国的基本义务，明确了海员上船的最低要求。守则是规则的实施细则，由强制性标准和非强制性导则组成。公约适用于所有海员，由于其突出了对海员权利的保护，被称为海员的"人权法典"。

批准和实施公约能够切实维护我国海员劳动者权益，规范航运业的用工方式。长期以来，相对于海船高级船员，普通船员就业合同签订率和社会保险参保率不高，参保的社保险种也不全。我国加入公约后，政府可依据公约制定相应国内法，要求船东与海船船员签订书面就业协议，为海员投保五险，这对普通船员的权益保障具有明显的作用。使船员在工资、工时、住宿、医疗和社会保障等方面得到更好的保护，提升海员职业的吸引力，稳定船员队伍，保证航运业发展。

批准和实施公约有利于维护我国经济发展利益，展示我国航运企业遵守国际标准的积极姿态，树立负责任大国的国际形象。构建航运业公平竞争环境，提升企业的国际竞争力，同时帮助1400多艘从事国际航运的船舶在国外高效完成必要的港口国检查，节省成本，确保我国航运业实现可持续发展。

批准和实施公约还使我国政府对公约守则的修订拥有表决权，有利于增强我国国际标准制订话语权。

此外，由于公约规定了港口国检查制度，如果港口国在检查中发现船舶存在严重违反公约的问题，港口国可以滞留船舶，禁止船舶在采取必要措施前离港，并且未批约国不享受豁免，必须接受检查。批准公约将会为我国提供反制手段，使我国对到访的外国船舶可进行港口国检查，依法积极履行监督职责，同时避免其他缔约国对我国船舶滥用"滞留船舶"的规定。

## 三　中国与双边海运协定

签订于2002年的《中欧海运协定》为中国、欧盟成员国、航运业就多边航运事务提供了协商对话平台，并形成了年度例会机制。2015年9月21~23日由波兰政府举办的第12届《中欧海运协定》年度例会在波兰什切青市召开。中国交通运输部代表、欧盟委员会移动和运输总司长、欧盟成员国代表、中国船东协会、欧共体船东协会出席本次会议。

在本届年度例会中，讨论的重要问题之一是上海自贸区航运政策适用范围扩展（目前已经适用于5个港口）所产生的影响。因为在自贸区内，凡是中国船东控制的船舶不论是否悬挂中国国旗均可在中国港口间从事贸易运输，这样就会使外国公司，特别是欧洲船东处于不利竞争地位。

## 四 中国参与国际海事法治的国内实践

### （一）《国内水路运输管理规定》修改

交通运输部《国内水路运输管理规定》于 2014 年 3 月 1 日开始实施，由于上海自贸区的建立和发展，中国外商投资政策发生改变，该规定于 2015 年 5 月 12 日被修改。

《中国（上海）自由贸易试验区总体方案》所列的 9 项主要任务和措施中，"探索建立负面清单管理模式"处于十分突出的地位。《总体方案》提出，探索建立负面清单管理模式，借鉴国际通行规则，对外商投资试行准入前国民待遇，研究制订试验区外商投资与国民待遇等不符的负面清单，改革外商投资管理模式。对负面清单之外的领域，按照内外资一致的原则，将外商投资项目由核准制改为备案制（国务院规定对国内投资项目保留核准的除外）。

《国内水路运输管理规定》中仅更改了两条条文，均涉及外商投资，以保证外商投资准入政策的一致性。原《规定》第 35 条规定，"交通运输部可以根据国内水路运输实际情况，决定是否准许外商投资企业经营国内水路运输"，是比较明显的逐案审批制管理模式，新《规定》将该条修改为"具有许可权限的部门可以根据国内水路运输实际情况，决定是否准许外商投资企业经营国内水路运输"，即由有许可权的部门决定是否将国内水路运输纳入负面清单中，如果未纳入，则视为对外资开放，外商投资该领域实施备案即可，不再需要审批。《规定》第 10 条第 1 款原规定交通运输部具体实施的水路运输经营许可包括"外商投资企业的经营许可"，在新的"负面清单"管理模式下，将不再属于交通运输部有权决定的行政许可事项范围，修改后的规定将该项予以删除。

### （二）《最高人民法院关于扣押与拍卖船舶适用法律若干问题的规定》

扣押与拍卖船舶是海事诉讼中一项特殊的财产保全制度，在适用范围与条件、实施程序与后果等方面都具有其特殊性。1999 年全国人大常委会制定的《海事诉讼特别程序法》，以及最高人民法院 2002 年制定的《关于适用〈中华人民共和国海事诉讼特别程序法〉若干问题的解释》，对船舶的扣押与拍卖问题均做出了一些规定，但仍不够完善。为此，2014 年 12 月 8 日最高人民法院通过了

《关于扣押与拍卖船舶适用法律若干问题的规定》,并将于 2015 年 3 月 1 日起施行。

这一司法解释的制定,将在 1999 年《海事诉讼特别程序法》及其 2002 年解释的基础上,进一步完善我国海事诉讼船舶扣押与拍卖制度。对中国海事法院统一裁判尺度、规范司法行为、提高司法效率将会产生积极作用,对海事法院行使司法管辖权,平等保护中外当事人合法权益,进一步提高我国海事司法国际公信力,提供新的制度保障。

《规定》共 25 条,主要包括五方面内容:①光租船舶的扣押与拍卖问题。②扣船担保的提供与返还问题。③拍卖船舶公告与拍卖程序问题。④实现船舶担保物权案件的管辖与法律适用问题。⑤执行程序中拍卖船舶的法律适用问题。

### (三)中国船舶油污损害赔偿基金管理委员会成立

2015 年 6 月 18 日,中国船舶油污损害赔偿基金管理委员会在北京成立,标志着中国船舶油污损害赔偿制度逐步进入实施阶段,中国遭受船舶油污事故的受害者的损害赔偿权利将进一步得到保障。该委员会由交通运输部、财政部、农业部、环境保护部、国家海洋局、国家旅游局以及中国石油天然气集团公司、中国石油化工集团公司、中国海洋石油总公司九家单位组成,负责处理船舶油污损害赔偿基金的具体赔偿或者补偿问题。

近 20 年来,随着中国经济快速发展,石油进口量不断增加,目前原油对外依赖度已经超过 50%,而这些原油基本上都依靠大型油轮经海上运输,船舶发生水上溢油事故的风险极大。根据我国法律规定,油轮船东享有赔偿责任限制权利,船舶油污损害的受害者可能得不到充分赔偿,对于生态环境修复也存在极大不利影响。为保护航运业正常发展,同时确保船舶油污受害者得到充分赔偿,参考相关国际和国外油污赔偿基金的做法,中国逐步确立了由船东和石油货主共同分担责任的船舶油污损害赔偿制度。1999 年修订的《中国海洋环境保护法》明确规定按照船东和货主共同承担风险的原则,建立船舶油污保险、油污损害赔偿基金制度。2010 年实施的《防治船舶污染海洋环境管理条例》进一步明确"在中国管辖水域内接收从海上运输的持久性油类物质的货物所有人或其代理人应当缴纳船舶油污损害赔偿基金"。2012 年,经国务院批准,财政部、交通运输部下发《船舶油污损害赔偿基金征收使用管理办法》,并于同年 7 月 1 日起开始征收基金摊款。

根据目前对全国船舶油污事故的初步统计,目前大约有 14 起油污事故可能需要动用船舶油污损害赔偿基金进行赔偿或补偿,涉及金额 1.6556 亿元人民币。

# 第十九章
# 中国与国际知识产权法治[*]

## 一 概述

经过30多年的高速发展，我国经济发展进入新常态，经济结构调整和转型升级势在必行，而创新驱动是实现这一目标的必由之路。2012年党的十八大明确提出"实施创新驱动发展战略"。2015年3月13日，中共中央、国务院发布了《关于深化体制机制改革加快实施创新驱动发展战略的若干意见》（以下简称《实施创新驱动发展战略的若干意见》）。

知识产权则是创新驱动发展战略的重要制度保障。十八大报告明确提出"实施知识产权战略，加强知识产权保护"。2015年1月5日国务院办公厅转发了由国家知识产权局等28个国家知识产权战略实施工作部际联席会议成员单位共同制订的《深入实施国家知识产权战略行动计划（2014~2020年）》（以下简称《行动计划（2014~2020年）》）。2015年4月国家知识产权战略实施工作部际联席会议办公室发布了《2015年国家知识产权战略实施推进计划》（以下简称《2015年推进计划》）。

通过全面实施《行动计划（2014~2020年）》和《2015年推进计划》，2015年我国知识产权事业进一步发展并取得丰硕成果。知识产权的经济基础进一步夯实，知识产权立法进一步完善，知识产权执法进一步加强，知识产权保护的意识进一步增强，知识产权运用能力也得到进一步提升，我国正从知识产权大国向知识产权强国迈进。国务院在2015年12月22日公布了《关于新形势下加快知识产权强国建设的若干意见》（以下简称《加快知识产权强国建设若干意见》），明确提出"到2020年，知识产权大国地位得到全方位巩固，为建成中国特色、世界水平的知识产权强国奠定坚实基础"。

伴随我国从知识产权大国向知识产权强国转变，2015年我国知识产权的对

---

[*] 本章作者聂建强，法学博士，武汉大学国际法研究所副所长、教授。主要研究方向：国际知识产权法。

外合作与交流也更加积极主动。《行动计划（2014~2020年）》和《2015年推进计划》都提出了"拓展知识产权交流合作，推动国际竞争力提升"的目标。2015年我国通过多边、区域和双边知识产权交流和合作，拓展知识产权交流合作新领域和途径，提升国际竞争力，进一步推动知识产权国际规则向更加平衡、普惠和包容方向发展，为知识产权国际法治建设贡献力量。《加快知识产权强国建设若干意见》更进一步要求"提升知识产权对外合作水平"，包括"推动构建更加公平合理的国际知识产权规则，加强知识产权对外合作机制建设，加大对发展中国家知识产权援助力度和拓宽知识产权公共外交渠道"。这必将进一步推进我国对知识产权国际法治的建设。

## 二 中国参与知识产权国际交流与合作的实践

2015年我国知识产权对外交流与合作呈现两个主要特点。一方面，我国积极提升与国际组织和主要国家的多边、区域和双边交流与合作，进一步参与知识产权国际秩序构建，从知识产权国际规则的跟随者逐步向知识产权国际规则的引领者和制定者转变。另一方面，我国扩大与有关国家知识产权双边交流与合作，协调知识产权政策，化解对立和冲突，加深和扩展共同利益，夯实知识产权合作的现实基础，扩大我国知识产权国际影响力。

### （一）进一步增强多边交流与合作

2015年我国继续发展与多边国际机构如世界贸易组织（WTO）、联合国教科文组织（UNESCO）、国际电信联盟（ITU）、联合国粮农组织（FAO）和世界知识产权组织（WIPO）的交流与合作。尤其通过向世界知识产权组织介绍我国知识产权法律体系建设取得的成就，阐释了我国知识产权国际合作的立场和观点，推进与多边国际组织的知识产权合作，推动国际知识产权体系的发展与完善。主要表现在：①2015年10月5日中国国家知识产权局局长申长雨率领中国政府代表团参加了在日内瓦举行的世界知识产权组织成员国大会第55届系列会议。②2015年6月19日和9月8日，申长雨在北京分别会见了世界知识产权组织副总干事王彬颖一行和总干事弗朗西斯·高锐一行。申长雨表示，中国国家知识产权局与世界知识产权组织的合作意义重大，愿通过进一步加强双方合作，为世界知识产权事业发展贡献力量。③2015年7月22日，在世界知识产权组织中国办事处成立一周年之际，申长雨接受了世界知识产权组织首席新闻官、媒体部部长萨玛·莎蒙的专访。申长雨高度评价世界知识产权组织中国办事处一年来的工作："世界知识产权组织中国办事处设立一年来，为加强中国与世界知识产权组织之间的交流与合作发挥了重要作用。"④国家工商总局局长张茅分别于2015年4月10日和6月18日两次会见了来访的世界知识产权组织副总干事王彬颖女士一行。张茅表示，希望世界知识产权组织与国家工商总局继续保持良好的沟通交流，不断拓展双方合作领域，丰富合作内容，创新合作方式，进一步深化双方的合作关系。

我国通过参与知识产权的多边交流与合作，可以有效地把握知识产权国际制度发展动向，阐述我国知识产权的立场和观点，扩大我国知识产权的国际影响力，更好地参与知识产权国际新秩序的构建。

### （二）提升和拓展知识产权双边交流与合作

知识产权的双边交流与合作是我国与其他国家（或地区）之间知识产权交流与合作的重要渠道，可以起到增信释疑、加强合作和互利共赢的重要作用。2015年我国知识产权双边交流与合作表现出两个特点。

#### 1. 提升与美欧主要国家的交流与合作

中国与美国以及欧洲主要国家知识产权交流与合作是双边交流与合作中非常重要的组成部分，特别是中美知识产权双边交流与合作是所有双边关系中最为重要的。中美知识产权双边交流与合作呈现"历史长"、"层级高"、"机制稳"和"范围广"的特点。2015年我国进一步提升与美国的知识产权双边交流与合作：①1月28日中国最高人民法院副院长陶凯元在华盛顿会见美国联邦最高法院大法官，并在布鲁金斯学会发表演讲。②4月21日申长雨率团访问美国专利商标局，与美国专利商标局局长米歇尔·李举行会谈，并签署《中华人民共和国国家知识产权局与美国专利商标局2015~2016年工作计划》；4月25、27日中美知识产权工作组司局级会议在美国华盛顿召开。③5月25日中美签署了《中华人民共和国国家知识产权局与美国专利商标局关于知识产权领域的合作谅解备忘录》；5月26日全国人大常委会委员、教科文卫委员会主任委员柳斌杰在人民大会堂会见美国专利商标局局长、美国商务部负责知识产权事务副部长米歇尔·李一行。④6月22日第六次中美创新对话在美国华盛顿举行。⑤7月6日第七轮中美战略与经济对话框架下经济对话继续关注知识产权。⑥2015年11月21~23日，第26届中美商贸联委会在中国广州成功召开，双方在知识产权方面达成广泛共识，这成为2015年中美知识产权交流与合作的最重要的亮点。

2015年我国政府也进一步提升与欧盟的知识产权交流与合作。6月29日中欧知识产权对话机制10周年纪念活动在布鲁塞尔举行，双方共同决定将中欧知识产权对话机制提升为副部级。

**2. 拓展与其他国家的知识产权交流与合作**

我国不但提升与美国以及欧洲传统大国的知识产权双边交流与合作，而且还积极拓展了与美洲的加拿大、墨西哥、秘鲁和巴西，欧洲的捷克、瑞士、芬兰、匈牙利、波兰和马耳他，亚洲的蒙古、新加坡、土耳其、马来西亚和沙特阿拉伯，非洲的摩洛哥、埃塞俄比亚、南非、津巴布韦等国家和非洲知识产权组织（OAPI）以及港澳台地区的知识产权交流与合作，为我国"一带一路"战略的实施提供海外知识产权制度保障。

## 三　中国对国际知识产权法治的作用与贡献

中国是最大的发展中国家，也是在国际上有重要影响的国家。自1979年中美贸易协定签订和1980年中国加入世界知识产权组织起，中国的知识产权制度的发展即与国际知识产权制度紧密相连。中国一直以负责任的态度参与知识产权的国际交流与合作，努力避免冲突和纠纷，积极维护国际经贸关系健康稳定发展。2015年中国更加积极主动开展知识产权的对外交流与合作活动，提升和拓展知识产权交流与合作领域、创新合作机制、夯实合作基础、强化能力建设，进一步推动知识产权国际法治体系建设。

### （一）进一步推动知识产权国际秩序朝着普惠和包容方向发展

我国政府积极加强与WIPO的合作，进一步推动知识产权国际秩序朝着普惠和包容方向发展。中国国家知识产权局局长申长雨在世界知识产权组织成员国大会第55届系列会议上代表中国政府代表团做了一般性发言，提出应继续发挥并提升WIPO在制定国际知识产权规则方面不可替代的作用，有效推进各项国际知识产权规则的制定和完善，使其更加平衡、普惠、包容；应充分完善和拓展WIPO框架下的知识产权服务，使其更高质高效，更好地满足用户需求；要充分重视发展中国家对知识产权领域发展问题的关切，继续深入推进"发展议程"各项建议的落实。

2014年7月10日，世界知识产权组织中国办事处在北京举行揭幕暨启用仪式。这是继美国、日本、新加坡、巴西之后，世界知识产权组织设立的第五个驻外办事处。WIPO 中国办事处成立一年来,开展了卓有成效的工作,进一步巩固了中国与 WIPO 的合作基础,展现了合作的广阔前景。这不但使双方交流和共享一些好信息、好经验、好做法,而且也可以及时向世界传播中国知识产权事业发展成就的"好声音"。

我国通过 WIPO 等多边机制,积极宣传我国知识产权国际交流与合作的政策和主张,参与知识产权国际秩序构建,扩大我国在国际知识产权领域的影响力,增强我国在该领域的话语权。

## (二)积极提升与美国知识产权双边合作,充实中美新型大国关系经济内涵

中美关系是当今世界最重要也最复杂的双边关系。中国提出中美构建"不冲突、不对抗,相互尊重,合作共赢"的新型大国关系。经济是构建新型大国关系的基础,加强中美知识产权交流与合作是夯实经济基础的最重要的内容之一。

2015 年 11 月 21~23 日在中国广州举行的第 26 届中美商贸联委会在知识产权方面达成广泛共识,内容涵盖竞争、"特别 301"报告、标准与知识产权、商业秘密、恶名市场、地理标志、知识产权有效和平衡保护、体育赛事的转播、知识产权合作、强化打击媒体盒子和未授权内容提供者的执法、加强在打击网络盗版方面的合作、网络执法、深化和加强中美知识产权刑事执法合作、植物新品种保护、通过中美双边合作加强知识产权在企业中的利用和保护、著作权立法、关于知识产权立法的交流和商标恶意抢注等方面。具体如下。①竞争。中国反垄断执法机构将依据《反垄断法》开展执法,不受其他机构干预。中方澄清,反垄断执法过程中获得的商业秘密将按照《反垄断法》有关要求予以保护,不应泄露给其他机构或第三方,除非当事人放弃保密要求或法律有相关规定。考虑到知识产权许可的促进竞争效应,中方重视保持反垄断领域知识产权相关规定的连贯性。中方澄清,任何国务院反垄断委员会指南将适用于三家反垄断执法机构。中方澄清,在制定反垄断领域知识产权指南的过程中,将依据法律和政策征求包括社会公众在内的有关方面的意见。②"特别 301"报告。美方重申其承诺,将在"特别 301"报告中客观、公正、善意地评价外国政府,包括中国政府,在知识产权保护和执法方面付出的努力。美方欢迎中方旨在加强知识产权保护的改革和行动,并承诺将在 2016 年"特别 301"报告中强调中国政府在知识产权保护和执法方面采取的积极行动。③标准与知识产权。中美双方确认标准在促进创新、

提高效率以及保护公众健康和安全等方面的有益作用。双方均认为，标准化需要在各利益相关方之间实现适当的利益平衡。中美双方承诺，除具有法律约束力的措施另有规定外，自愿性标准中的专利许可承诺应自愿做出，政府机构不参与相关许可承诺协商。美方确认，中国企业可无歧视地、依有关标准制定组织的规则和程序，参与美国自愿性标准的制定。中方欢迎在华美资企业无歧视地参与中国推荐性国家标准和团体标准制定。为加深相互理解和互信，中美双方同意继续就"标准与知识产权"议题项下有关问题进行对话。④商业秘密。中美双方承诺，将提供强有力的商业秘密保护制度以促进创新和鼓励公平竞争。中方澄清其正在修订《反不正当竞争法》；计划发布典型或指导性法院案例；计划澄清有关临时禁令、证据保全和损害赔偿的规则。美方确认一份盗用商业秘密构成联邦民事诉讼案由的立法草案建议已提交至相关委员会。双方确认，对包括商业秘密在内的知识产权进行相关调查会以谨慎严谨方式进行。中美双方同意，共同分享在调查和法庭程序中防止商业秘密泄露方面的经验和实践，并明确企业根据各自法律可以采取的保护商业秘密防止被窃取的做法。⑤恶名市场。美方重申其承诺，将根据情况在恶名市场名单中客观、公正、善意地评价和认可外国实体，包括中国实体，在知识产权保护和执法方面付出的努力和取得的成绩。美方计划在2016年采取举措增加程序的透明度，将利益相关方提交异议的期限延长一倍。美方将继续就此事项与中方进行讨论。⑥地理标志。中美双方将继续就地理标志开展对话。双方重申2014年中美商贸联委会有关地理标志的承诺的重要性，并确认该承诺适用于所有地理标志，包括根据国际协议保护的地理标志。预计在2016年年底前，中方将发布为第三方撤销已被认可的地理标志提供机会的程序文件草案，并征求公众意见。⑦知识产权有效和平衡保护。考虑到TRIPS《知识产权协定》的原则和目标，中美双方将继续在相关政策上进行沟通和交流，如帮助保护创新者免遭恶意诉讼，以便为创新创造积极条件。⑧体育赛事的转播。中美双方同意根据各自法律法规保护包括体育赛事的转播在内的直播赛事的图像或声音和图像的原始记录，打击未经授权使用的行为，包括未经授权在计算机网络上转播此类广播的行为。中美双方同意，在中美商贸联委会知识产权工作组和其他适当的双边论坛上讨论体育赛事转播的版权保护并就该问题进一步合作。⑨知识产权合作。中美双方确认知识产权保护在中美双边经贸关系中的关键作用。中美双方认可合作的益处，认识到合作已是双边知识产权交流的根本基础，承诺进一步加强在重要领域的深入合作，包括：进一步加强中美商贸联委会知识产权工作组作为双边知识产权问题牵头协调机制的作用；继续高度重视中美知识产权合作框

**中国促进国际法治报告（2015年）**

架协议的工作，包括在 2016 年开展司法交流和在中国进行一个培训项目，并在完成和回顾现有项目承诺后及根据预算情况，考虑在框架协议项下举行其他项目；为 2016 年第一季度商务部牵头举办的技术许可联合研讨会提供支持，根据具体情况组织其他项目；认可双方（特别是美方）在知识产权培训和技术交流方面，与众多部门和私人机构开展了广泛项目。⑩强化打击媒体盒子和未授权内容提供者的执法。注意到新技术对版权保护带来的挑战，中美双方将继续讨论并分享各自打击利用多媒体盒子在线传播未授权视听内容的经验和实践。中方澄清将依照其法律法规加强对此类媒体盒子和未授权内容提供商的执法。⑪加强在打击网络盗版方面的合作。为应对发生在美国的影响中国权利人的涉嫌网络盗版刑事案件，中美执法合作联合联络小组（JLG）知识产权刑事执法工作组在美国驻北京大使馆的联络点将接收中方行政机构移交的此类案件。⑫网络执法。为了应对电子商务的快速发展对民事、行政和刑事执法带来的挑战，作为中美商贸联委会知识产权工作组的部分内容，中美双方将加强双方知识产权政策和执法政府官员、知识产权权利人、企业代表、在线销售平台运营商及其他利益相关方的互动和交流。这种互动将通过分享各自实践、讨论各国制度中可能的改进、促进两国的信息交流和培训、增强跨境执法合作等方式，涵盖现有和预期的知识产权网络保护和执法的挑战。这一举措旨在加强企业、权利人和政府之间在民事、行政和刑事网络知识产权执法方面的现有法律和合作机制。如有必要，将通过中美执法合作联合联络小组（JLG）知识产权刑事执法工作组或国内执法官员向执法机构移交适当的刑事问题。⑬深化和加强中美知识产权刑事执法合作。在中美执法合作联合联络小组知识产权刑事执法工作组工作机制下，中美双方应继续在跨国知识产权调查方面开展合作。双方应明确共同合作的重点案件，就此类案件保持定期沟通和信息共享，并探索在有共同利益的领域进行技术交流的机会。⑭植物新品种保护。中美双方同意就植物新品种保护，以双边会议和其他方式进行交流。⑮通过中美双边合作加强知识产权在企业中的利用和保护。鉴于双边贸易和投资的持续增长，中美双方同意就彼此境内知识产权保护和利用方面的实证数据的研究加强合作和沟通，同意在该领域采取具体行动或开展项目，以协助中美双方进行鼓励创新的政策制定，帮助中美双方的创新者、创造者以及企业家更好地理解如何在彼此国家内创造、保护以及利用知识产权。⑯著作权立法。中美双方将继续就各自著作权法的发展进行交流。中方澄清，其著作权法正在修改过程中，在适当且可行情况下，将会考虑在法律中纳入最高人民法院 2012 年关于互联网中介责任的司法解释中实用的原则和解释指南。⑰关于知识产权立法的交流。认识到近期通过中美知识产权工作组、中美知识产权合作框架协议项目和其他场合开展知识产权立法交流的成就和经验,以及认识到中美双方希望进一步了解此领域的新发展,中美双方同意就知识产权和创新领域的立法发展与相关立法机构交换意见,包括正在进行的著作权法、专利法、商业秘密法(反不正当竞争法)、科技成果法等改革。⑱商标恶意抢注。鉴于应对商标恶意抢注的重要性,双方同意继续重视商标恶意抢注问题,通过已建立的渠道加强沟通和交流。

作为世界上最大的发展中国家与最大的发达国家,中美知识产权共识的达成必将对中美两国以及世界知识产权制度的发展产生积极和深远的影响。

### (三)履行知识产权国际义务,促进知识产权国际法治进一步发展

中国诚信履行知识产权国际义务,为知识产权国际法治做出应有贡献。中国国家主席习近平 2013 年 6 月 8 日在美国加利福尼亚州安纳伯格庄园同美国总统奥巴马举行中美元首会晤时明确表示"中国遵守国际条约义务,依法加强知识产权保护"。

中国在《关于为盲人、视力障碍者或其他印刷品阅读障碍者获得已出版作品提供便利的马拉喀什条约》(2013 年 6 月 27 日,以下简称《马拉喀什条约》)的谈判中发挥了非常重要的作用。《马拉喀什条约》为盲人、有视觉缺陷、知觉障碍或阅读障碍的人,无法改善到基本达到无此类缺陷或障碍者的视觉功能,因而无法以与无缺陷或无障碍者基本相同的程度阅读印刷作品;或者在其他方面因身体残疾而不能持书或翻书,或者不能集中目光或移动目光进行正常阅读的人(第 3 条)规定了获得已出版作品提供便利,充分体现了国际知识产权制度的包容性要求。我国正在积极筹备加入《马拉喀什条约》相关工作。

2012 年 6 月 26 日签订的《视听表演北京条约》是新中国成立以来,第一个在我国缔结并以我国城市命名的在平等条件下签订的国际条约。《视听表演北京条约》首次通过国际条约的形式授予视听表演者以广泛的精神权利和经济权利。2014 年 4 月 24 日,我国十二届全国人大常委会第八次会议表决通过,批准《视听表演北京条约》。我国批准该条约,将在成功举办外交会议和推动缔结《视听表演北京条约》的基础上,极大提升我国在保护知识产权方面的形象,增强我国在知识产权领域的国际话语权,有助于我国加强与国际社会的合作,发挥我国在国际知识产权领域的积极作用。

我国通过实施自贸协定中的知识产权条款,积极探求中国特色的自贸协定知识产权保护新模式。①2013 年 7 月 6 日在北京签署的《中国—瑞士自由贸易协

定》于 2015 年 7 月 1 日生效。该协定是我国与欧洲大陆国家签署的第一个一揽子自贸协定，是一个高质量、内涵丰富、互利共赢的协定。中方首次同意在自贸协定中明确规定知识产权保护的具体权利和义务，增强权利人保护的透明度和便利性。②中韩自贸协定于 2015 年 12 月 20 日生效。协定第十五章全面地规定了知识产权条款，既包括国民待遇、建立知识产权委员会促进合作等横向内容，也涉及知识产权与公共健康、版权和相关权、商标、专利、遗传资源、传统知识和民间文艺、植物新品种保护、未披露信息等具体知识产权议题。同时，该章节也在知识产权的保护和执法方面做出了较详细规定，将版权技术措施的保护、权利管理信息的保护等较新问题纳入其中。中韩自贸协定知识产权条款的规定体现了一定的时代性，具有较高水平。③中国—澳大利亚自贸协定也于 2015 年 12 月 20 日开始生效。中澳自贸协定是我国与其他国家迄今已商签的贸易投资自由化整体水平最高的自贸协定之一。协定第十一章规定的知识产权条款将进一步增强中澳两国知识产权的保护水平。

我国通过诚实履行知识产权国际承诺，树立了负责任大国的国际形象，进一步提升了我国知识产权保护的国际声誉，并获得了高度的赞誉。世界知识产权组织总干事弗朗西斯·高锐曾评价说，中国 2012 年在北京成功举办世界知识产权组织保护视听表演外交会议并签署《视听表演北京条约》是全球知识产权领域的一个重大事件，将载入世界知识产权史册。

## 四 挑战和建议

### （一）挑战

21 世纪是知识经济和全球化的时代。作为鼓励和保护创新、促进人类社会进步和经济发展的知识产权制度在经济和社会发展中的地位得到历史性提升，知识产权正成为各国增强国家经济、科技实力和国际竞争力，维护本国利益和经济安全的重要战略资源，掌握和控制关键领域和前沿技术中的知识产权成为各国竞争的焦点。2015 年我国通过积极参与知识产权国际秩序的构建和维护知识产权国际法治，进一步推动国际知识产权体系向普惠和包容方向发展。但是我国参与知识产权国际合作主要面临两大挑战或矛盾。①21 世纪国家之间的竞争是创新能力和知识产权之争。我国经济正处在从工业经济向创新经济转变的过程中，我国是世界制造大国，但是除了核电、航空航天和高铁等少数产业外，我国拥有核心自主知识产权的产业较少,缺乏强而有力的知识产权产业。我国创新能力尚显不足,知识产权"大而不强""多而不优"的矛盾比较突出,缺少核心专利、知名品牌和版权精品。②西方发达国家主导知识产权国际规则制定与我国话语权缺乏和规则制定能力不足之间的矛盾。现行国际知识产权体系基本上还是由西方发达国家主导,主要反映西方的利益诉求、价值文明和话语体系。而我国是该体系的追随者,更多的是充当知识产权国际规则的接受者而非创建者的角色,在国际知识产权体系中的话语权严重缺乏。我国参与知识产权国际规则的谈判能力和制定能力明显不足,创造性地解释和运用国际规则的能力不强。

## (二)建议

### 1. 激励创新活动、夯实创新经济,加强知识产权保护

创新是源泉,经济是基础,法律是工具。只有创造者的积极性被充分激发,创新的经济土壤得以厚实,知识产权才有"用武之地",我国参与知识产权国际交流与合作的底气也才能更充足。我国应大力扶持高新技术企业发展,大力发展知识产权密集型企业,进一步夯实知识产权经济基础。《实施创新驱动发展战略的若干意见》提出:到2020年,基本形成适应创新驱动发展要求的制度环境和政策法律体系,为进入创新型国家行列提供有力保障。2015年5月7日,李克强总理在考察调研北京中关村创业大街时强调:推动大众创业、万众创新是充分激发亿万群众智慧和创造力的重大改革举措,是实现国家强盛、人民富裕的重要途径,要坚决消除各种束缚和桎梏,让创业、创新成为时代潮流,汇聚起经济社会发展的强大新动能。我国应该按照《实施创新驱动发展战略的若干意见》要求,实行严格的知识产权保护制度,加强知识产权联合执法和公正司法,对各种侵犯知识产权的违法犯罪行为,应当予以及时有效的制止和惩处,确实有效地保障知识产权权利人的合法权益。

### 2. 增强国际话语权、推动构建更加公平合理的国际知识产权规则

2015年12月22日,国务院公布的《知识产权强国建设的若干意见》进一步强调提升知识产权对外合作水平,推动构建更加公平合理的国际知识产权规则。我国可以有效利用当今国际知识产权制度发展中的"矛盾性"特点,即发展中国家与发达国家在知识产权保护方面的矛盾以及知识产权与人权、发展权、公共健康权、传统知识保护和创新等公共政策之间的矛盾,联合发展中国家或其他"有志一同"的国家在双边、多边和区域知识产权合作中进一步引导国际知识产权制度朝着有利于人权、发展权、公共健康权、传统知识保护和创新等方向

发展，赢得国际话语权，创造较为有利的外部环境。事实上，我国也已成功地通过与 WIPO 的合作，推动国际知识产权制度朝公平、公正的道路上发展。例如，WIPO 在北京设立中国办事处将进一步提升我国乃至整个发展中国家在国际知识产权体系中的话语权。我国不能仅仅做国际规则的跟随者，而应该积极成为制定国际规则的负责任、建设性的参与者，甚至成为制定国际规则的引领者，在国际知识产权规则谈判中贡献中国理念、中国制度和中国方案等中国元素，推动知识产权国际规则向平衡有效、普惠包容的方向发展。

3. 创新谈判机制、提升综合谈判能力

（1）创新谈判机制，发挥政府、智库和企业的联动作用。我国政府可以发挥智库和企业在知识产权国际谈判中的作用，创新谈判机制。例如，政府可以为智库专家提供或创造更多的参与谈判的机会，也可以推荐更多的专家学者进入知识产权国际组织从事相关工作。同时，智库和专家也应以我国知识产权谈判的重大问题和实际需要为导向，结合我国国情对国际知识产权专题或制度进行理论和实证研究，这样既能为我国参与知识产权国际规则的谈判和制订提供有效的理论引导和谈判方案，又能提升我国国际知识产权谈判的话语权，实现政府与智库、企业之间的良性互动，从而有力地推动我国知识产权事业不断向前发展。

（2）积极参加国际谈判实践，提升谈判能力。一国的知识产权谈判能力是国家综合实力和国际竞争力的具体表现，主要包括掌握相关知识产权规则并娴熟地驾驭该规则的能力、沟通能力和说服能力等。谈判能力的提升只有依靠不断地实践才能实现，因此我国应该选派更多的人员尽可能多地参与国际知识产权谈判，培养高级谈判人才。除通过参与正式的知识产权国际谈判外，我国还可以通过加强设计或模拟知识产权国际谈判等活动来提升谈判能力，以促进我国的知识产权能力建设。

# 第二十章
# 中国与区域贸易协定[*]

## 一 区域贸易协定发展概况

近年来,由于 WTO 多边贸易谈判进展缓慢,区域贸易协定(RTA)广泛成为各国贸易谈判的焦点,协定所代表的区域经济一体化在世界经济发展中获得了与经济全球化同样重要的地位。

当前区域贸易协定的重要性首先体现在"量"上。自 20 世纪 90 年代初以来,区域贸易协定的数量快速增长,截至 2015 年 12 月 1 日,向 WTO 登记的区域贸易协定已达 619 个,其中 413 个已生效。在 160 多个 WTO 成员中,仅有蒙古等数个国家尚未加入任何区域贸易协定。由于九成数量的 RTAs 是属于自由贸易协定(FTA)一类,所以现在人们常常不加区别地使用 RTA 和 FTA 两个词。就我国而言,迄今为止我国签署的区域贸易协定均属于自由贸易协定,因此本报告也将不加严格区分地使用"区域贸易协定"和"自由贸易协定"两词。

当前区域贸易协定的重要性也体现在"质"上。从内容上来看,区域贸易协定所涉及的领域和范围越来越广,规则越来越详细。在贸易协定的传统领域中,区域贸易协定所规定的关税减让涉及的产品更加广泛,对非关税措施使用的限制力度更大。在服务贸易、知识产权保护等问题上,区域贸易协定制定的规则更细,保护标准更高。不少区域贸易协定所涉及的范围还扩展到 WTO 多边贸易规则之外,如国际投资等。

区域贸易协定包含的超出 WTO 多边贸易规则之处,常常被称为"WTO 增强型"(WTO‐plus)规则。这些"WTO 增强型"规则在一定程度上可以起到"先行先试"的示范作用,不仅可以促进一国和协定伙伴国之间的经贸关系发展,还可以加强一国在国际经济规则制定中的影响力和话语权。

我国已经充分认识到当前区域贸易协定的重要作用,将其视为我国全面深化

---

[*] 本章作者肖军,法学博士,武汉大学国际法研究所副教授,主要研究方向:国际经济法。

改革的一项重要内容。中国共产党十八届三中全会公报对"加强自由贸易区建设"专门进行了详细阐述，提出了建设高标准自由贸易区网络的战略目标。

## 二 中国签署的区域贸易协定

### （一）总体情况

2001年，中国加入《曼谷协定》（现名《亚太贸易协定》），这是我国参与的第一个区域贸易安排。

中国—东盟自由贸易区是我国参加的第一个真正意义上的自由贸易区，它是目前世界上人口最多的自贸区，也是最大的发展中国家间的自贸区。该自贸区是通过一系列自由贸易协定而建成的：2002年11月4日，我国与东盟签署《中国—东盟全面经济合作框架协议》，决定在2010年建成中国—东盟自贸区，正式启动自贸区建设进程。2004年11月，双方签署自贸区《货物贸易协议》和《争端解决机制协议》。2007年1月，双方签署自贸区《服务贸易协议》，在60多个服务部门相互做出高于WTO水平的市场开放承诺，并于当年7月顺利实施。2009年8月，双方签署《投资协议》，标志着双方成功地完成中国—东盟自贸区协定的主要谈判。2010年1月1日，自贸区正式全面启动。此后，双方又签署多项议定书，进一步开放市场，继续落实和完善各项协议。这些议定书是：2010年10月签署的《〈中国—东盟全面经济合作框架协议货物贸易协议〉第二议定书》；2011年11月签署的《关于实施中国—东盟自贸区〈服务贸易协议〉第二批具体承诺的议定书》；2012年11月签署的《关于修订〈中国—东盟全面经济合作框架协议〉的第三议定书》和《关于在〈中国—东盟全面经济合作框架协议〉下〈货物贸易协议〉中纳入技术性贸易壁垒和卫生与植物卫生措施章节的议定书》。2013年10月，中方提出启动中国—东盟自贸区升级版的建议。2014年8月，双方宣布开启自贸区升级版谈判。2015年11月22日，双方正式签署升级协议，在货物贸易、服务贸易、投资、经济技术合作等领域对原有协定进行了补充和提升。

在不断建设和完善中国—东盟自贸区的同时，我国已与多个国家和区域组织的自由贸易协定谈判已经启动或者取得成果。迄今为止，我国已与巴基斯坦、智利、新西兰、新加坡、秘鲁、哥斯达黎加、冰岛、瑞士、韩国和澳大利亚十国签署自贸协定，与海湾合作委员会、挪威、日本、斯里兰卡、马尔代夫和格鲁吉亚等正在进行自贸区谈判。此外,中国内地与中国香港及中国澳门两个特别行政区分别签订了《建立更紧密经贸关系的安排》,与中国台湾地区签署了《两岸经济合作框架协议》。以下首先简要回顾至2014年底中国签署的区域贸易协定,然后详细介绍中国2015年签署的两个重要自贸协定。

1. 《亚太贸易协定》

《亚太贸易协定》的前身为1975年的《曼谷协定》,原参加国为孟加拉国、印度、老挝、韩国和斯里兰卡。2001年5月,中国正式加入《曼谷协定》。2005年11月,《曼谷协定》更名为《亚太贸易协定》,并制定了新协定文本。该协定有40条和两个附件,核心内容为关税减让和原产地规则。

2. 中国—东盟自由贸易区诸项协定

由于东盟的十个成员国发展程度差别较大,中国—东盟自贸区建设采取的是循序渐进的方式,设立自贸区的法律文件是一个较为复杂的体系,由先后签署的多项协定构成。协定规定的贸易自由化规则较为繁复,总体开放程度不高。在各项贸易规则方面,中国—东盟自贸区有关协定大量援引WTO规则,几乎没有WTO增强型规则。从政治和经济角度而言,中国—东盟自贸区是我国参加的最为重要的自贸区。从贸易自由化规则的角度来看,中国—东盟自贸区诸协定具有一定的特殊性。

3. 《中国—巴基斯坦自由贸易协定》

2006年11月,中巴双方签署《中国—巴基斯坦自由贸易协定》,协定包括货物贸易、投资等内容。2009年2月,双方签署《中国—巴基斯坦自由贸易区服务贸易协定》。两个协定基本上参照了WTO规则,主要意义是在关税减让和服务市场准入承诺上的进一步开放。

4. 《中国—智利自由贸易协定》

智利是拉美第一个与中国开展双边自贸区谈判并签署自贸协定的国家。2005年11月18日,双方签署《中国—智利自由贸易协定》。2008年4月13日,双方签署《中智自由贸易协定关于服务贸易的补充协定》。两个协定规定了较高的贸易自由化承诺。一个特殊之处是自贸协定专门列明,中国绍兴黄酒、安溪铁观音茶和智利皮斯科酒将在对方国家按照该国国内法律法规,以与TRIPS协议相一致的方式作为地理标志受到保护。

2012年9月,双方签署《中智自由贸易协定关于投资的补充协定》。协定取代了两国1994年签署的BIT,规定了通常国际投资协定的主要内容和要素,标志着中智自贸区建设的全面完成。

### 5.《中国—新西兰自由贸易协定》

2008年4月7日,中新两国签署《中国与新西兰自由贸易协定》,同年10月1日协定正式生效。该协定是我国与发达国家签署的第一个自贸协定,也是中国与其他国家签署的第一个同时涵盖货物贸易、服务贸易、投资等多个领域的自贸协定。该协定共18章214条,另有14个附件及两个实施安排,文本有943页。

在货物贸易方面,除双方就消除关税做出承诺外,对中方关注的来自新西兰的农产品、牛奶的进口,协定用两个附件专门规定了农产品特殊保障措施和中期审议机制。

在服务贸易方面,除双方做出超出WTO承诺水平的市场开放承诺外,协定的特别之处在于在自然人流动方面制定了更为具体的规则和承诺,例如新西兰将为中医、中餐厨师、中文教师、武术教练、中文导游五类职业提供800个工作许可,并承认中方学历及相关执业经历。

协定的"例外"章节整合了适用于贸易、投资的各种例外规定,较为独特的两个例外是:①根据1970年联合国教科文组织《关于采取措施禁止并防止文化财产非法进出口和所有权非法转让公约》所采取的限制文化财产非法进口的必要措施;②新西兰方面为履行《怀唐伊条约》而给予毛利人的特殊优惠。

### 6.《中国—新加坡自由贸易协定》

2008年10月,中国与新加坡签署《中国—新加坡自由贸易协定》,协定于2009年1月1日生效。协定共14章115条以及7个附件。

由于新加坡是东盟成员之一,中国—新加坡自贸协定主要是在中国—东盟自贸协定的基础上,进一步加深两国间市场开放程度。协定在多个方面明确并入中国—东盟自贸区有关协定的内容,很多规则也与后者类似。例如,协定的投资章节非常简单,只是规定嗣后达成中国—东盟《投资协定》经必要修改纳入本协定。

### 7.《中国—秘鲁自由贸易协定》

2009年4月,中秘双方签署《中国—秘鲁自由贸易协定》,协定于2010年3月1日起实施。该协定是我国同拉美国家签订的第一个一揽子自贸协定。协定有17章201条以及12个附件,涵盖货物贸易、服务贸易和投资等领域。

地理标志保护是秘鲁非常关切的问题,秘鲁要求对其视为"国酒"的皮斯科酒等产品提供保护,而这也是秘鲁愿意与中国进行自贸协定谈判的原因之一。最后,中国承诺向皮斯科酒、楚鲁卡纳斯陶瓷、库斯科大粒白玉米和伊卡帕拉莱豆4种秘鲁产品提供地理标志保护。秘鲁则对22种中国产品提供地理标志保护。

服务贸易方面，秘方将中医和武术列入服务贸易承诺表，这是中国签署的自贸协定中第一例。

### 8. 中国—哥斯达黎加自贸区

2010年4月，中国与哥斯达黎加签署《中国—哥斯达黎加自由贸易协定》，协定于2011年8月1日起正式生效。这是中国与中美洲国家签署的第一个全面自贸协定，也是谈判用时最短的中国自贸协定。协定由16章168条以及13个附件组成。

在货物贸易领域，哥斯达黎加是高品质咖啡的重要出口国，我国承诺在10年内将对来自该国的咖啡的关税降为零。在服务贸易领域，中方在电信、商业、建筑、房地产、分销、教育、环境、计算机和旅游等服务部门获得优于哥方在WTO承诺的市场准入机会和国民待遇。这些待遇是哥方给予其他外国投资者待遇中最高的。在投资领域，协定重申中国与哥斯达黎加于2007年签署的双边投资条约中的承诺，通过这种方式将BIT中的保护和促进投资的规定纳入自贸协定。

### 9. 中国—冰岛自贸区

冰岛是第一个承认中国完全市场经济地位、与中国商谈自贸协定的欧洲发达国家。2013年4月，双方签署《中国—冰岛自由贸易协定》。协定于2014年7月1日正式生效。该协定是我国与欧洲国家签署的第一个全面自贸协定，包括12章129条，另有9个附件，涵盖货物贸易、服务贸易、投资等领域。

在货物贸易方面，双方最终实现零关税的产品，按贸易量衡量则接近100%，可以说实现了完全的货物贸易自由化。协定是第一个设立"竞争"章节的中国自贸协定。虽然该章仅有1条6款，限于双方承诺适用各自竞争法，消除反竞争行为，为此双方开展合作和协商，但是它毕竟是我国第一次接受自贸协定中的竞争规则。

在投资方面，协定直接肯定了1994年两国签署的双边投资条约，没有另外制定具体规则。

### 10. 中国—瑞士自贸区

2013年7月，双方签署《中国—瑞士自由贸易协定》，这是一个高水平的自贸协定。

首先，协定规定的贸易自由化水平高。例如，在农产品方面，瑞士首次在自贸协定中较大幅度开放其农产品市场。在服务贸易方面，瑞士首次在签证、工作许可和居留许可的受理发放方面同意规定办理时限；同意与中方开展中医药合作对话，并承诺将就中方中医服务出口主要障碍等问题提高透明度和与中方加强信息交流。

其次，协定包含的贸易规则全面细致。协定有15章和11个附件，一些以往中国自贸协定很少涉及的问题，如政府采购、环境、劳工与就业合作、知识产权、竞争等，被纳入中瑞自贸协定，制定了更为具体的规则。中方首次同意在自贸协定中对环境问题单独设章，首次明确规定知识产权保护的具体权利和义务，增强了权利人保护的透明度和便利性。

## （二）中国—韩国自由贸易协定

中国—韩国自由贸易协定谈判于2012年5月正式启动。在此之前，从2004年开始，双方便已经开始进行中韩自贸区民间可行性研究。2006年起又进行了多轮政府主导的官产学联合研究，为正式谈判奠定了良好的基础。在这八年精心准备的基础上，双方经过14轮正式谈判，至2014年底仅用两年半时间便实质性结束谈判。2015年6月1日，中韩两国政府正式签署协定。同年12月9日，双方正式确认协定于12月20日正式生效。

中韩自贸协定除序言外共22章，包括初始条款和定义、国民待遇与市场准入、原产地规则和实施程序、海关程序与贸易便利化、卫生与植物卫生措施、技术性贸易壁垒、贸易救济、服务贸易、金融服务、电信、自然人移动、投资、电子商务、竞争政策、知识产权、环境与贸易、经济合作、透明度、机构条款、争端解决、例外、最终条款。此外，协定还包括货物贸易关税减让表、服务贸易具体承诺表等18个附件。

中韩自贸协定是中国迄今为止签订的涉及国别贸易最大的自贸协定。中韩两国分别是世界第二大和第14大经济体，在全球贸易额排名中分别居第一和第九位，双边贸易额近3000亿美元，韩国是中国第三大贸易伙伴。根据协定的关税减让安排，双方货物贸易自由化比例均超过税目的90%与贸易额的85%。

中韩自贸协定在中国自贸协定中覆盖议题范围最广。协议范围涵盖货物贸易、服务贸易、投资等17个领域，包含电子商务、竞争政策、政府采购、环境等新议题。而且双方承诺，在协定签署生效后以负面清单模式继续进行服务贸易和投资谈判。这是中国第一次在签署的自贸协定中做出这种承诺。此外，该协定是第一个纳入电子商务等新议题以及涉及地方经济合作的中国自贸协定。中韩自贸协定是中国建设"高标准自由贸易区网络"的一个新成果，将成为以后实践的重要借鉴和参照。

中韩自贸区的重要意义还在于，它是东北亚地区第一个自贸区，可以为中日韩自贸区、区域全面经济伙伴关系协定（RCEP）乃至未来亚太自贸区的建设起到推动作用。

**1. 货物贸易规则**

海关程序和贸易便利化章节主要包括法律法规公开透明、简化通关手续、加强海关合作、运用风险管理和信息技术等手段加快货物放行、为双方企业提供高效快捷通关服务、共同维护双边货物秩序等内容。双方将及时在互联网上公布与中韩双边贸易相关的法律、法规及规章，就商品的税则归类、所适用的原产地规则等做出预裁定，将采用或应用简化的海关程序高效放行货物，允许提前申报、担保放行等。

技术性贸易壁垒章节包括目标、范围和定义、标准、技术法规、合格评定程序等条款，纳入了协调国际标准、鼓励合格评定结果互认等贸易便利化原则，并在常规条款的基础上增加了标识和标签、消费品安全、新技术和新功能产品等新要素。

在贸易救济措施方面，协定规定了双边保障措施，要求不得对同一产品同时适用双边保障措施和全球保障措施。在中国自贸协定中，本协定首次纳入较为丰富的新的反倾销规则，包括：①双方确认在计算倾销幅度时不使用第三国替代国价值方法；②双方确认不使用归零法；③在发起调查前的通知和磋商义务；④与实地核查相关的通知要求；⑤对复审终止后的立案申请谨慎审查；⑥累积评估的谨慎审查；⑦微量标准在新出口商复审中的适用。

**2. 服务贸易规则**

在服务贸易具体承诺方面，韩国在我国关注的速递和建筑服务领域，首次做出超过其所有已有自贸协定水平的承诺。我国在韩国关注的法律、建筑、环境、体育、娱乐服务和证券领域做出进一步开放承诺。双方还就电影、电视合拍做出了相应安排。

例如，中国在法律服务方面承诺，韩国律师事务所只能以代表处的形式提供法律服务。代表处可以从事营利性活动，可从事本国、第三国及国际法律事务，但不得从事中国法律事务。在中国上海、福建、广东、天津自由贸易试验区中，允许在自贸区设立代表处的韩国律师事务所与中国律师事务所以协议方式相互派驻律师担任法律顾问并实行联营。联营期间，双方的法律地位、名称和财务保持独立，各自独立承担民事责任。联营组织的外国律师不得办理中国法律事务。

韩国关于速递服务的承诺是，中国的快递企业不用在韩国设立办事处，即可在韩国开展包括空运和海运的各种国际速递业务，并可以开展除韩国邮政部门依法保留业务以外的所有国内速递业务。

协定是第一个设立金融服务和电信两个单独章节的中国自贸协定，条款内容也具有较高标准。

金融服务章节中，双方就适用范围、国民待遇、市场准入、特定信息处理、审慎例外、透明度、支付和清算系统、审慎措施的承认、具体承诺、金融服务委员会、争端解决等义务和要求做出安排。具体承诺涉及加强双方监管机构合作、在符合各自法律法规的基础上加速业务申请审批等内容。在透明度方面，依照各自国内法律法规的要求，双方承诺将提高金融服务监管透明度，为两国的金融服务提供者进入对方市场及开展运营提供政策确定性。这些承诺都高于我国加入WTO和其他协定的承诺水平。

电信章节包括18个条款，涉及接入和使用公共电信网络或服务、公共电信网络或服务提供者提供互联互通的义务、海底光缆系统、公共网络或服务主导运营商的额外义务等高水平承诺。

在自然人移动章节中，双方就签证便利化、临时入境准予、透明度、自然人移动委员会等设定了相关义务。该章节与以往中国自贸协定的自然人移动章节略有不同，重点就双方共同关注的签证便利化和投资促进做出了对等的优惠安排，具体体现在：对商务人员临时入境，双方允许在首次合法入境且无不良记录离境后，即可申请一年多次往返签证，每次停留时间为30天；对公司内部流动人员和投资者，韩国公民在我国办理就业证、外国专家证和居留证件时即可获得两年有效期，并在办理延期时给予加速审批。我国公民在韩国办理外国人登陆证时享受同等待遇。这是我国首次在自贸协定中做出此种承诺。

### 3. 投资规则

投资章节包含若干具有特色的条款。

公平公正待遇和充分保护和安全被限定为习惯国际法中给予外国人的最低待遇标准，且不创造额外的实体权利。公平公正待遇包括依照正当程序原则不得拒绝司法的义务。协定附件对习惯国际法做出了进一步定义，规定它为保护外国人经济权益的习惯国际法原则。

协定专门规定了在国内行政和司法救济方面的非歧视待遇。

安全例外条款对以保护实质安全利益为由采取不符措施规定了较为严格的适用范围。

4. 新议题

在竞争政策章节中，双方主要承诺包括四个方面：①竞争执法应遵循透明、非歧视和程序公正原则；②竞争章节平等适用于包括公用企业在内的所有经营者，不影响双方赋予企业以特殊或排他性权利；③提高竞争执法合作水平，双方应相互通报可能对对方重要利益产生实质性影响的执法活动，与对方就其提出的重要关注进行磋商；④竞争章节不影响双方竞争执法的独立性，双方在章节实施过程中产生的争端应通过协商解决。通过上述承诺，双方明确了共同遵循的竞争执法原则，有利于国外对中国反垄断执法的进一步了解，多种合作形式对于双方合作制止损害双边贸易和投资的垄断行为、促进双边贸易自由化和投资便利化具有重要意义。

环境章节主要包括环境保护水平、多边环境公约、环境法律法规的执行、环境影响评估、双边合作及资金安排等多项内容。其中，对于自贸协定实施环境影响评估、同意为环境章节的实施设立资金机制都是在我国自贸协定中首次出现。

电子商务章节包括九个条款：总则、与其他章节关系、关税、电子认证和签名、电子商务中个人信息保护、无纸贸易、电子商务合作、定义及争端解决不适用条款。双方承诺，保持目前WTO做法，不对电子传输征收关税；电子签名法律不得否认电子签名的法律效力，允许交易双方共同确定电子签名和认证方法，认证机构可向司法或行政部门证明其电子认证符合法律要求，鼓励数字证书在商业中应用，努力实现数字证书和电子签名互认；采取措施保护电子商务用户的个人信息，并就此交流信息和经验；努力向公众提供电子贸易管理文件，探索使电子贸易管理文件与纸质文件具有同等法律效力；就电子商务法律法规、规则标准和最佳实践等交流信息和经验，鼓励研究和培训等能力建设合作，鼓励企业间交流合作。

在经济合作章节，双方承诺在中小企业、政府采购、科技等诸多领域进一步加强合作，双方首次在自贸协定中纳入地方经济合作和产业园建设条款，将山东威海和仁川自由经济区作为地方合作示范城市。这在双方签订的自贸协定中都是创新性的内容。

### （三）中国—澳大利亚自由贸易协定

中国—澳大利亚自由贸易协定谈判于2005年4月正式启动，经过21轮谈判之后，2015年6月17日正式签署，同年12月20日生效。

协定包括正文17章以及4个附件。17章分别为初始条款与定义、货物贸易、原产地规则和实施程序、海关程序与贸易便利化、卫生与植物卫生措施、技术性贸易壁垒、贸易救济、服务贸易、投资、自然人移动、知识产权、电子商务、透明度、机制条款、争端解决、一般条款与例外、最终条款。4个附件分别是货物贸易减让表、特定产品原产地规则、服务贸易减让表,以及关于技能评估、金融服务、教育服务、法律服务、投资者与国家争端解决透明度规则的五份换文。

此外,双方还同时签署了关于"投资便利化安排"和"假日工作签证安排"的两个谅解备忘录和关于中医药服务的合作换文。

中国—澳大利亚自贸协定对于双方非常重要。它是中国与一个比较大的发达国家签署的第一个自贸协定,澳大利亚是世界第12大经济体、第21大贸易国,中国的第五大贸易伙伴和第二大资本输出目标国。对于澳大利亚来说,中国是其最大的贸易伙伴,其对中国出口比对其第二至第五出口国(日本、印度、韩国和美国)的出口总和还多。

### 1. 贸易自由化水平

中澳自贸协定所规定的贸易自由化水平非常高。

在货物贸易领域,澳大利亚承诺在五年内将中国对澳大利亚出口的所有产品关税降为零;主要针对部分敏感工业品设置了降税过渡期,但降税期最长为五年,优于对日本、韩国产品的自由化安排。中国对澳大利亚97%的产品关税最终将降为零,未取消关税的主要是农产品。不过,中国农产品的平均关税最终将从12.94%降低为0.15%,占农产品税目93.7%的产品关税将为零。中国不进行关税减让的农产品主要是粮食、棉花、植物油和糖等。

在服务贸易领域,澳大利亚是第一个对中国以负面清单方式做出服务贸易承诺的国家。中国虽然是以正面清单方式做出开放承诺,但双方同意,在协定实施后将以负面清单方式开展服务贸易升级谈判。

在"投资便利化安排"中,澳大利亚同意专门对中国投资项下工程和技术人员赴澳签证申请和工作许可开通"绿色通道",这是发达国家首次在该领域对中国做出特殊便利化安排。澳大利亚还是(继新西兰之后)全球第二个通过自贸协定谈判就"假日工作签证安排"和中国特殊职业人员(中医师、中文教师、中国厨师和武术教练)向我国做出承诺的国家,也是迄今给予中国相关准入人数最多的发达国家。

### 2. 规则制定

中澳自贸协定是一个全面的、涵盖范围广泛的协定,既有货物贸易、服务贸易和投资,也有政府采购、电子商务、环境等新议题。不过,与中韩自贸协定相比,本协定在纳入WTO增强型规则和新议题方面略有不及。例如,在反倾销规则上,协定仅重申双方在WTO下的权利与义务,没有增加任何新规则;单独成章的新议题仅有电子商务一项。

在海关程序与贸易便利化方面,协定首次纳入WTO的《贸易便利化协定》的有关规定,涉及进一步简化通关手续、加强海关合作、运用风险管理和信息技术等手段加快货物放行。例如,双方应及时在互联网上公布相关法律法规;双方应实施预裁定制度,就税则归类、原产地规则等事项做出预裁定;双方应简化海关程序,允许提前申报、担保放行,对易腐烂货物和暂准进口货物根据国内法加快处理。

在SPS措施方面,协定在重申WTO有关原则的同时,对透明度提出了进一步要求,纳入了技术援助和能力建设条款。在TBT措施方面,协定要求,应使用国际标准作为技术法规的基础,应积极考虑将对方的技术法规作为等效法规予以接受,应采取多种措施便利合格评定结果的互认。协定专门设立了贸易便利化条款、合作与技术援助条款。

在投资方面,澳大利亚将对中国私营企业的投资审查门槛从2.48亿美元提高到10.78亿美元。协定纳入了投资者—东道国争端解决机制,是否接受该机制曾经在澳大利亚引发激烈争论,该国政府曾宣布不再接受该机制。协定还规定了未来工作机制,中方承诺未来将按照准入前国民待遇加负面清单的模式与澳方进行谈判。

协定的知识产权章节共24条,规定了若干知识产权保护的具体权利和义务,包括一些WTO增强型规则,如著作权集体管理、互联网服务提供商责任等。

协定的电子商务章节有11个条款,涉及对电子交易免征关税、为在线消费者和在线数据提供保护、致力于数字证书和电子签名互认、鼓励使用数字证书、提高电子文本的接受度、鼓励双方在电子商务领域的研发合作等。

## 三 中国区域贸易协定的特点与建议

总体上来看,我国是在2001年加入WTO之后才开始致力于商签区域贸易协定,时间还比较短。与欧美发达国家相比,我国签订的区域贸易协定数量较少。尽管如此,我国现有实践具有鲜明的实用主义特征,体现了我国务实的经贸外交政策:针对不同的缔约伙伴国,我国谈判立场灵活,充分考虑对方国家偏好的条约模式。借此,我国能够与有意愿的国家较快地达成一致,为我国产品和服务争取到了实实在在的市场机会。就此而言,我国自贸协定工作在较短的时间内取得了较好的成绩,契合了国际区域经济一体化的发展潮流。

我国大多数自贸协定侧重于市场准入承诺,在贸易规则方面倾向于照搬WTO规则,少有突破;在环境保护、投资保护、政府采购、电子商务等新议题方面,我国的自贸协定总体上较为保守。不过,自中国—瑞士自贸协定之后,我国签署的自贸协定体现出涵盖范围广、规则细致全面、自由化水平高、纳入诸多新议题的特点,向建设"高标准自由贸易区网络"的目标迈进了一大步。不过,这一"高标准"自贸协定模式能否为我国与发展中国家签署的协定接受尚有待观察。

# 第三部分　中国与国际民商事关系法治

## 第二十一章
## 中国与法律适用法[*]

### 一　中国国际私法立法历史、沿革和现状

我国唐朝《永徽律》规定："诸化外人同类自相犯者，各依本俗，异类相犯者，以法律论。"然而由于理论和实践的匮乏，国际私法未能获得发展机会。清朝末年，西方的国际私法理论通过中国留日学生和西方在中国的传教士传入中国。1918 年 8 月 6 日，中国北洋政府颁布了《法律适用条例》，这是我国第一部国际私法单行法。中华人民共和国成立以后，废除了一系列不平等条约，取消了外国人在华的一切特权，与此同时，新中国政府同时也废除了旧中国包括 1918 年《法律适用条例》在内的《六法全书》。新中国成立初期的 30 多年，我国的国际民商事交往有限，而且"文革"期间法律虚无主义盛行，国际私法制度的建设处于停滞状态。

改革开放初期，1986 年《民法通则》专设第八章涉外民事关系法律适用，共计 9

---

[*] 本章作者郭玉军，法学博士，武汉大学国际法研究所教授，中国国际私法学会副会长兼秘书长，主要研究方向：国际私法、文化遗产保护法、国际民事诉讼法、国际商事仲裁法。

条,规定了关于不动产所有权、合同、侵权行为、结婚和离婚、扶养、法定继承等涉外民事关系的法律选择规则,这是新中国成立以来首次较为系统的冲突法的规定,开启了国际私法立法的新篇章。国际私法在立法模式上,采取了以专章为主,并辅以有关单行法中列入相应国际私法规范的立法模式,形成了包括《民法通则》《合同法》《继承法》《收养法》《海商法》《票据法》《民用航空法》等单行法律中相关国际私法规定的基本法律体系。此外,最高人民法院相关司法解释国际私法在涉外司法实践中扮演重要角色,但存在不系统、不全面、不具体和不科学等问题。

2010年10月28日,新中国第一部国际私法单行法《中华人民共和国涉外民事关系法律适用法》(以下简称《法律适用法》)问世,于2011年4月1日起开始实施。该法的诞生标志着中国国际私法立法迈入了一个新的历史起点。从宏观上看,该法在相当程度上完成了中国国际私法立法的系统化和现代化,弥补了原有立法之不足;其立法定位准确,采用了大量选择性冲突规范,并明显地表现出在立法灵活性与确定性间谋求平衡的价值取向,具有相当的开放性、创新性以及国际化的视野。从微观上看,提升意思自治原则和最密切联系原则在立法中的地位,特别是对动产物权不加限制地适用意思自治原则,拒绝反致,大胆启用经常居所地法为基本的属人法连接点,充分利用有利原则,构成该法的基本特色。但该法的某些规定暴露出其粗糙和缺乏可操作性的缺陷。为此,应该注重提高立法技术,增加立法的针对性、细腻性、公平性,为创造良好的涉外司法实践营造更有利的法律环境。

2013年1月7日,最高人民法院《关于适用〈中华人民共和国涉外民事关系法律适用法〉若干问题的解释(一)》(以下简称《解释(一)》)开始施行。该司法解释共计21条,对《法律适用法》中的一些定义、内容进行补充和细化,主要对涉外民事关系、强制性规定、经常居住地等概念进行界定,对涉外民事关系法律适用法的溯及力,《法律适用法》与其他法律中冲突规范的关系的处理提供更为明晰的解决方案,对意思自治原则、外国法的查明适用进行细化和可操作性的补充规定,明确法律规避行为的后果,首次规定先决问题的法律适用和不同涉外民事关系区分适用法律,等等。

## 二 中国国际私法的立法成就[①]

### (一)采取集中立法模式,立法体例科学

《法律适用法》共计8章52条,是首部集中规范涉外民事关系法律适用的

---

① 本部分也会涉及有关司法解释。

法律,内容比较全面系统,便于使用,内容基本上涵盖了涉外民事关系法律适用中的主要问题,在一定程度上实现了立法形式上的"法典化"。

## (二)以系统化、现代化、中国化、国际化为目标,立法定位准确

在立法技术上,《法律适用法》采用大量选择性冲突规范,硬性规定与灵活选法方法并用,凸显灵活性与确定性并重的立法价值取向。同时,一些规定借鉴了国际上的先进立法,如经常居所地的采用,意思自治原则在侵权领域的适用,侵权领域双重可诉标准的废弃等显然是受到一些国际条约、欧盟立法和欧洲国家立法的影响。此外,《法律适用法》具有相当的开放性特点,直接规定适用中国法律的只有第5条和第10条两条。而属人法采用经常居所地法以及对意思自治原则从总则到分则的规定,应该是该法最具中国特色的规定之一。

## (三)内容丰富,新增内容广泛

与以前的立法相比,《法律适用法》,如总则中有关强制性规定、定性、反致的规定,分则中有关自然人的民事权利能力、宣告失踪或者宣告死亡、法人及其分支机构的民事权利能力、民事行为能力、人格权的内容、代理、信托、仲裁协议的法律适用、夫妻人身和财产关系、父母子女人身和财产关系、协议离婚、遗嘱方式、遗嘱效力、遗产管理等事项、动产物权(动产租赁、质押除外)、有价证券、权利质权、消费者合同、劳动合同、劳务派遣、产品责任、侵权人格权、不当得利、无因管理、知识产权的归属和内容、知识产权转让和许可、知识产权的侵权责任,等等。这些新增内容极大地丰富了我国国际私法的立法内容,在许多方面结束了无法可依的状态。

## (四)贯彻改革创新的理念

除新增内容外,《法律适用法》在许多方面对原有规定予以修改,甚至进行了较大的变革。主要的变化体现在属人法基本连接点、区际法律冲突解决、公共秩序保留以及结婚、收养、扶养、监护、继承、合同、侵权等法律适用方面。新增和修订内容主要有以下几个方面的特点。

(1)提升和扩大意思自治原则。在总则(第3条)中规定意思自治原则,扩大意思自治原则的适用领域,充分体现对意思自治原则的尊重,是该法最具特色之处。《法律适用法》首先在总则第3条对意思自治原则做了宣示性的规定,除合同领域外,将意思自治原则的适用范围扩大至有关委托代理、信托、仲裁协

议准据法、夫妻财产制、协议离婚、动产物权、侵权和知识产权转让及许可使用等领域，共计14条。在《法律适用法》总则中的规定为"明示选择"，分则部分的规定未出现明示选择的限制，而是均使用"协议选择"的表达，从文义上看，"明示选择"的含义广于"协议选择"。究竟立法的本意如何，有必要进一步澄清，以保持立法的一致性。

《解释（一）》第6、7、8条进一步明确当事人的选择不要求有实际联系，一审法庭辩论终结前当事人均可协议选择或变更选择，各方当事人援引相同国家的法律且未提出法律适用异议的，视为选择了该法。

在动产物权法律选择上，《法律适用法》第37条规定当事人可以选择有关动产物权应适用的法律。将意思自治原则未加以限制地应用到动产物权领域在国际上的确是一个创新，是该法最具特色也是最具争议的一个规定。由当事人不受限制地选择的法律支配动产物权关系在实务中究竟会产生何种问题，是否具有立法实效，尚有待时间与实践的检验。

（2）最密切联系原则上升为兜底原则。在总则（第2条）规定最密切联系原则，采用最密切联系原则为辅助原则，兜底适用，使该原则的地位得到较大提升（共5处）。最密切联系原则虽然其表面是补缺或补漏原则，但实际上成为无法律选择规则时选择法律的根本原则。《法律适用法》将最密切联系原则定位为例外条款，符合我国目前司法实践的实际状况，既解决了无具体规则可依时法律选择的困难，也可以避免因将其规定为法律选择一般原则而可能带来的选择结果的不确定性或不可预见性。

（3）首次规定强制性规定。《法律适用法》第4条首次明确规定了有关强制性规定的内容，但较为原则，《解释（一）》第10条对强制性规定进行界定，并列举常见的强制性规定。

（4）首次规定定性的法律适用。首次明确规定定性直截了当地适用法院地法（第8条）。

（5）区分不同情况，确定查明外国法的责任。关于外国法的查明，《法律适用法》第10条区分不同情况分配查明的责任。一般由法官、仲裁员或行政机关查明，但当事人选择适用外国法的，由当事人提供。《法律适用法》采取区别当事人选法和法官确定准据法的做法，具有可行性。规定当事人协议选择法律时，由当事人证明该法律的内容，既可减少法官的工作负担，同时不会为当事人增加过分的责任，因为既然当事人自己选择该法，就推定当事人应该了解该法的内容。除了当事人自己选择法律的情况外，法官应该依据职权查明外国法，这是当事人主义和法官职权主义的一种结合。《解释（一）》第18条进一步规定，如果应当由当事人提供外国法律，但其在人民法院指定的合理期限内无正当理由未提供该外国法律的，可以认定为不能查明外国法律。

（6）首次规定先决问题的法律适用。《解释（一）》第12条首次明确规定先决问题依据先决问题自身的性质确定其应当适用的法律。

此外，《解释（一）》第13条专门规定，当案件涉及两个或者两个以上的涉外民事关系时，人民法院应当分别确定应当适用的法律。

（7）明确规定法律规避的后果。《解释（一）》第11条首先对法律规避行为进行定义，并规定规避我国法律、行政法规的强制性规定的，人民法院应认定为不发生适用外国法律的效力。

（8）属人法以经常居所地法为主，国籍国法为辅。《法律适用法》中另一个引人注目的改革是属人法的连接点以经常居所地为主（共42处），国籍（共17处）作为第二顺序的连接点或可供选择的连接点之一被使用。这一大胆变革被许多学者认为是该法的一大特点，多加赞誉，但也遭遇反对意见，认为这一变革过于激烈，并不适合中国的实际。《解释（一）》第1条对经常居所地进行了定义，使之具有可操作性。

（9）明确采用有利原则。《法律适用法》比较充分地体现了有利原则，如有利于婚姻成立、有利于遗嘱成立、保护弱者的规定等。其中有些条文直接使用了"有利于"的字眼，而有些条文尽管未采用"有利于"，但立法目的确实是考虑保护弱者（如消费者、劳动者）。

（10）公共政策。《法律适用法》对于公共秩序保留，只规定外国法的适用不得违反社会公共利益（第5条），取消国际惯例的适用不得违反社会公共利益的规定，也没有保留规定国际惯例适用的问题。

（11）区际法律冲突的解决。《法律适用法》规定直接适用最密切联系地的法律（第6条）。除了一般规定外，《法律适用法》第2章至第7章规定了信托、婚姻家庭、继承、物权、合同、侵权和知识产权等方面的法律适用规则。其中许多规则被修改。由于篇幅有限，不予赘述。

总之，立法者不仅试图解决中国的实际问题，而且注意吸收国际上有关国际私法立法的成果，具有相当的开放性、创新性及国际化的视野。《法律适用法》对中国国际私法立法的发展贡献卓著。同时，有关经常居住地连接点的广泛使用，意思自治原则地位的提升和使用范围扩大，特别是在动产物权领域采纳意思自治原则，引发有关国际组织、学者和实务者的高度关注。

## 三 不足与建议

### (一)不足

在我国国际私法立法上,虽然《法律适用法》取得了进步,但仍存在一些问题,主要有:系统化不彻底,一些规定缺乏可操作性①、缺少统筹兼顾②、立法技术有待提升③,完全未考虑保护第三人利益。

### (二)建议

我国每年有大量涉外案件发生④,涉外司法实践中,准确适用法律,坚持平等保护原则,统一法律适用具有重要意义⑤,而完善的涉外法律法规体系是良好审判质量与效率的前提。笔者认为,我国有关立法与实践可考虑从以下方面加以改进。

第一,尽量反映冲突法与实体法的最新发展,反映社会实践的现状,充实立法内容。如对合同和侵权准据法的规定失之于简单,可对经常发生的债权转让的准据法,以及逐渐增多的中间人持有证券、跨国不正当竞争和跨国环境污染问题等法律适用问题做出规定。

第二,克服规定过于简单原则化的弊端,虽然立法应该简洁明确,不宜烦冗,但不能过于原则化、空洞化,缺乏可操作性。

第三,合理利用有利原则,如婚姻家庭领域有利原则的利用失之于缺乏可操作性,应将有利原则的适用控制在一定范围内,不应该扩大化,有利原则的运用贵在必要。

第四,避免在增加法律选择灵活性的同时,丧失法律选择的确定性和可操作性,选择性冲突规范如无选择限制和标准,则会造成无法选法以及结果的不可预

---

① 参见《法律适用法》第 29、41 条。
② 参见《法律适用法》第 51 条。
③ 参见《法律适用法》第 17、33 和 39 条。
④ 根据全国法院司法统计公报统计,2014 年,涉外案件 22451 件,涉港案件 11239 件,涉澳案件 1195 件,涉台案件 6218 件(《中华人民共和国最高法院公报》2015 年第 4 期)。
⑤ 法律适用法在实施中存在的主要问题有:法官国际私法意识不强,把涉外案件当作国内案件处理;在选择法律过程中,根本不说明选法的依据和理由,或者说理不准确,或者援引法条错误,或者混淆管辖权与法律适用问题,等等。

见性。反之，也不应该在追求法律选择的确定性的同时，丧失法律选择的灵活性。应该进一步完善关于选择性冲突规范的运用。

第五，《法律适用法》应关注对第三人利益的保护，以维护交易安全，体现法律的公平性。《法律适用法》没有任何规定涉及考虑第三人利益的条款，可考虑在夫妻财产关系、动产物权、合同领域等增加保护第三人利益的规定。例如第24条对于夫妻财产关系的法律适用，可以对当事人选择的范围加以适当的限制，增加保护第三人利益的内容。

第六，打造外国法查明平台、涉外法律信息共享平台和交流互动平台。2015年9月，在深圳前海，中国港澳台和外国法律查明研究中心、最高人民法院港澳台和外国法律查明研究基地、最高人民法院港澳台和外国法律查明基地（一中心两基地）成立。

第七，涉外民商事立法要始终站在实践与理论前沿，紧密结合我国实际，深入研究自贸区建设、"一带一路"战略实施中的重大涉外法律问题，推动相关法律和政策的健全与完善。

在全面深化改革，全面推进依法治国的今天，国际私法在涉外法律体系的完善中具有重要意义，要加强对国际私法的理论研究与实践考察，使国际私法在我国涉外法治建设中发挥更大的作用。

# 第二十二章
# 中国与国际私法统一化进程*

## 一 海牙国际私法会议2015年工作进展

海牙国际私法会议作为全球性国际组织,致力于国际私法的国际统一化运动,专注于全球民商事领域内国际合作,在2015年,该组织不仅在正在进行的立法项目上取得了较大进步,同时还在已经完成的立法项目上取得了新的进展,更在相关海牙公约的履约工作方面做了大量工作,这可以从下面三方面加以说明。

### (一)进行中的立法项目的新发展

目前海牙国际私法会议正在进行的立法项目主要包括涉及民商事判决承认与执行、代孕与亲权、民事保护令以及旅游者保护项目。在2015年这些立法项目中,后四个立法项目都取得了一定的进展。

#### 1. 跨国判决承认与执行项目

根据海牙国际私法会议总务与政策委员会2012年的授权,判决项目专家组于2015年2月对公约的条款进行了讨论,制定了公约的草案文本,建立了公约可能的基本框架,其目的是便利国际贸易,促进判决在各国的流通以及当事人之间的公平正义,其内容包括四个方面,即公约适用的判决的范围,拒绝承认和执行的标准,承认和执行外国判决的程序以及其他相关事项。

第一,就适用范围来说,公约适用的判决限于民商事判决,不包括涉及消费者合同、雇佣合同的判决。而且,公约不适用于涉及自然人能力、婚姻继承关系、货物和旅客运输、法人的内部关系、海事关系、公共登记注册的有效性、核损害赔偿等事项的判决,也不适用于海关、税收、行政性事项,以及仲裁和相类

---

\* 本章作者甘勇,法学博士,武汉大学国际法研究所副教授,主要研究方向:国际私法;梁雯雯,法学博士,武汉大学国际法研究所讲师,主要研究方向:国际私法。本章第一部分由甘勇撰写,第二至四部分由梁雯雯撰写。

似程序产生的判决。

公约对"判决"予以明确定义,即广义上的法院或其司法人员做出的任何实体上可承认或可执行的决定,不包括临时措施。同时还规定判断公司被告的"惯常居住地"的四种选择性方式,即法定住所地、成立地法律、中心管理地、主要营业地。

第二,就判决承认与执行的标准来说,被请求国对外国判决的审查只能限于程序性事项,只有依据公约规定的理由才能拒绝承认或执行判决。比如:①相关诉讼文书未能及时充分地通知被告使得后者能够准备自己的辩护,或者与被请求国文书送达的根本原则相违背;②原审诉讼程序与当事人之间的协议或者信托文书中的指定不一致;③判决是由以与程序性事项相关的欺诈方式获得的;④如果承认或执行判决将明显地违背被请求国的公共政策,判决与被请求国或他国对相同当事人及相同诉因做出的判决不一致,判决的承认或执行可能受到拒绝。

除此以外,公约还规定判决做出国法院根据被请求承认与执行国的法律必须具有适当的管辖权,否则被请求国可以拒绝承认或执行判决。适当的管辖权主要包括以下情形:①判决债务人是原判决国居民,或请求承认和执行判决的当事人是原判决国居民;②判决债务人在原判决国设有分支机构或者代理机构或者其他常设机构,并且诉讼所由产生的事实为分支机构或者代理机构的活动;③判决债务人在诉讼程序中明示同意原审法院的管辖权;④判决债务人在原判决国从事实质性经常性的业务活动;⑤有关合同义务的判决,原审法院是合同义务履行地的法院或者合同当事人约定的法院;⑥有关侵权行为的判决,原审法院是侵权行为实施地法院;⑦在有关注册知识产权的判决,原审法院是知识产权注册地法院;⑧涉及信托的判决,原审法院是信托文件中指明的法院,且信托文件同时制定该国法律为准据法以及该国为信托管理地;⑨涉及反诉的判决,原审法院是对本诉具有管辖权的法院。

第三,判决承认与执行的程序。公约规定承认和执行外国判决的程序由各国国内法自行决定。但同时规定了申请判决的承认或执行应当提供的必要文书,包括完整的和认证的判决副本、缺席判决情形下原始的或认证的诉讼程序文书、判决是生效的或可执行的证明文书、司法和解的可执行性文书,不仅如此,判决承认或执行的申请者还应当附随地提供以海牙国际私法会议发布的形式为准的与判决相关的文书,以及以被请求国的官方语言做出并认证的文书。被请求国应当依据本国法,并且及时地承认或执行判决。当判决具备可分性时,对判决的部分应当予以承认或执行。

第四,其他相关事项。首先,公约适用范围以外的事项作为先决问题产生时做出的判决,或者商标、专利、设计等类似需要注册的权利,其注册申请地或者授予地以外的法院做出的判决,以及涉及不动产权利的争议由不动产所在地以外的法院做出的判决,不能根据公约得到承认和执行。其次,判决所确定的损害赔偿,超出弥补一方当事人实际损失的部分,具有惩罚性,不能承认或执行。最后,对于在法院审理之前已经达成的司法和解,在原始国与判决具有同样的可执行性时,则应当予以执行。

### 2. 亲权与代孕立法项目

随着生殖技术的发展和家庭结构的变化,在国际家庭法领域,亲权的确定与代孕问题日益突出。在全球化时代,家庭在全球范围内的移动日渐经常,各国国内法关于亲权的不同规定带来了亲权的承认与执行问题;而体外受精技术以及国际代孕协议的发展,则提出了涉及代孕出生儿童的国籍、移民身份以及父母责任等多重法律问题。

海牙国际私法会议常设局于2011年提出了涉及代孕儿童地位的研究议题,并在2012年就国际代孕安排做出初步报告,以及在2014年就亲权与代孕立法项目做出可行性研究之后,2015年海牙国际私法会议总务与政策委员会决定召集专家组,对推进该领域的立法工作可行性进行进一步研究。

2015年的总务政策会议也对该领域涉及的主要问题进行了梳理,主要有:①确认代孕出生儿童和意愿父母之间具有亲权关系的方式,是通过收养还是立法直接确认;②代孕出生儿童的身份确认,以及其他方面的权利,如继承、人身安全、财产等方面权利的保护;③代孕协议及是否自愿代孕、代孕母亲的权利保护(如身体健康医疗保险等),代孕出生儿童成为非法交易对象、意愿父母抛弃代孕出生儿童、代孕出生儿童可否寻找亲生父母等问题。

总务政策会还对代孕亲权问题上的国际以及各国立法与实践的发展进行了总结。首先是联合国儿童权利委员会开始注重考虑经由国际代孕协议(International Surrogacy Arrangement, ISA)而出生儿童在接受国的法律地位,以及在出生地国家对于代孕母亲的权益保护以及代孕出生儿童的保护问题。其次,欧洲人权法庭在 Mennesson v. France 和 Labassee v. France 两案的判决中,就代孕出生儿童的法律上的亲子关系是否应当得到确认以及如何确认,重申了欧洲人权宣言第8条的规定,并排除了拒绝承认代孕儿童身份确认的法国法律的适用,从而在这个问题上采取更为宽容、更加尊重儿童私人生活的态度。最后,在澳大利亚、巴西、加拿大等国出现了确认代孕出生儿童和意愿父母亲权关系成立的判例。

### 3. 承认与执行外国民事保护令立法项目

随着家庭暴力案件的日渐增加，为了保护妇女、儿童免受暴力迫害的民事保护令程序日益受到重视。海牙国际私法会议总务与政策委员会于 2011 年将民事保护令的承认和执行问题列入拟议的立法议题。经过常设局的初步研究和对利害相关方的问卷调查，海牙国际私法会议总务与政策委员会授权常设局召集专家组对该问题进行进一步研究，专家组在 2014 年 2 月的专家报告中对这一立法项目的相关问题进行了较为系统的阐述并建议对这一问题进行更为深入的研究。

民事保护令涉及的法律问题主要包括如下方面。

拟议中立法项目涉及的民事保护令主要发生的案件类型包括家庭暴力、性攻击、性暴力、约会暴力、跟踪狂、人口贩卖、强迫婚姻、荣誉犯罪、女性割礼以及其他针对妇女、儿童的一般犯罪或者暴力行为。就保护令性质来说，主要为民法范畴的保护令，但也有部分国家将其视为刑事或行政范畴。就申请人的权利方面来看，既有须经过申请保护令的程序方可实现的正常保护，也有依据紧迫危险来赋予处于危险的当事人而采取的紧急保护。就保护令规定内容来看，包括禁止接触和联络、禁止身体接触、远离与被保护人有密切联系的地方。就保护令实施的空间范围来说，既有直接针对当事人当下的人身所在进行的保护，也有针对当事人未来人身所在采取的保护。

民事保护令在许多国际公约如《海牙儿童民事诱拐公约》以及欧盟的有关家庭法条约中都有涉及，但是并没有专门针对这一问题的国际条约存在，因此，海牙国际私法会议将这一问题独立进行了立法活动，具有较为重要的示范意义。

### 4. 国际旅游者保护立法议题

随着旅游服务业的发展和日益增加的国际游客数量，在 2015 年 3 月的海牙国际私法会议总务会议上，巴西政府就国际旅客司法协助及司法救助协议草案提出一项国际立法建议。实际上，早在 2012 年，美洲国际私法协会已经开始进行保护国际游客的立法工作。在 2013 年 3 月 15 日世界消费者权益日，巴西总统发布了促进消费及公民关系的国家计划书，旨在于售后服务、常规产品和旅游方面保护消费者的权益，也更是为了 2014 年世界杯的举办而做好准备。2013 年巴西政府在海牙会议上提出国际旅客司法协助的协议草案。2014 年 3 月巴西司法部组织了消费与旅游国际研讨会，2014 年 4 月在海牙国际私法会议上巴西大使馆再次提交协议草案。

目前的议案主要是希望通过充分利用在各国已经建立的司法系统来实现国际司法救助协助，秉持非歧视原则，不仅是帮助，而且是确保旅行消费者的权益，使得国际保护成为可能。

## （二）已经完成的立法项目的新进展

### 1.《海牙法院选择协议公约》

2015年10月1日,《海牙法院选择协议公约》生效。在2015年6月11日的海牙国际私法会议第四次特委会上,随着欧盟缴存了批准《海牙法院选择协议公约》的批准书,欧盟除丹麦以外的27个成员国以及墨西哥将受公约约束,公约也达到生效条件而于10月1日生效。该公约始于1993年开始在海牙国际私法会议进行的管辖权和判决承认与执行项目的谈判,2001年达成有关《管辖权和判决承认与执行的中间草案》后,由于缔约国中间重大分歧谈判宣告失败,相关国家于是转而就协议管辖问题进行谈判,以期就这一小问题达成一致,在2005年成功达成《海牙法院选择协议公约》。经过长达10年努力,终于生效,来之不易。中国自1993年开始一直参与该公约的谈判,对公约达成做出了较大贡献。许多学者认为,在不久将来,中国应该选择加入该公约。

### 2.《海牙国际商事合同法律选择原则》(或《海牙国际商事合同法律选择通则》)

2015年3月19日,海牙国际私法会议正式通过了《海牙国际商事合同法律选择原则》(或《海牙国际商事合同法律选择通则》),这是海牙国际私法会议第一次以《通则》或者《原则》而不是以公约形式制定法律文件。该法律文件对国际商事合同中当事人通过意思自治选择法律进行迄今为止最为详细的规定,因此并不仅仅是一些"原则";另外,该法律文件不是公约,不具有条约拘束力,所以和罗马统一私法协会的《国际商事合同通则》非常相似,所以也有学者译为《通则》以突出该法律文件的上述两种性质。

《通则》专门就当事人意思自治选法做出详细的规定,意在推动意思自治在合同选法领域的国际统一,通过对意思自治原则及其例外情形做出明确规定来促进其明确性和可预见性,进一步提升意思自治原则在国际合同选法中的地位,其规定翔实而细密,对于国际合同领域当事人意思自治选法的理论与实践既有总结又有发展,做出重要贡献。该《通则》旨在为相关国家的国内立法或者国际条约的制定提供示范,在国内法院解释、补充和发展相关法律时作为参考,对于相关立法和司法实践深具启发。

《通则》的内容由三部分组成,即规则条文(black-letter rules)、评论(commentary)和示例(illustrative examples)。

《通则》规则条文包括12条,分别为:前言;通则的适用范围(第1条);

意思自治（第2条）；非国家法规则（第3条）；明示和默示选择（第4条）；法律选择的形式有效性（第5条）；合意（第6条）；可分割性（第7条）；反致的排除（第8条）；选择法律的适用范围（第9条）；合同转让（第10条）；强制性规则和公共秩序（第11条）；当事人的所在（第12条）。

《通则》在四个方面发展了当事人意思自治选法的法律制度。一是有关当事人意思自治选法选择非国家法规则的情形；二是在当事人通过"格式之战"缔结合同时的如何确定是否存在选法合意的问题；三是有关强制性规则和公共秩序保留的规定；四是在合同选法领域一般禁止反致，但允许当事人明示选择反致。

由于非国家法在实践中的重要性与日俱增的现实，《通则》对非国家法专门做出规定，并在评论中对有关问题特别是贸易惯例作为非国家法的补缺规则的说明，无疑对相关的司法实践具有重要的指导作用，有助于相关国家法院或者仲裁庭在实践中填补法律漏洞。

对于"格式之战"下如何确定当事人的合意。《罗马条例I》和《墨西哥公约》都有相应的类似规定，即当事人之间是否存在合意应该受假定合意存在时（或者合意表面上存在时）当事人选择的法律的支配，但如果一方当事人要主张不存在合意时，可以其惯常居所地的法律作为判断标准。这种规定显然有助于最大限度促进当事人意思自治。但是，对于现实生活中常常出现"格式之战"而导致的当事人表面上不存在选法合意时应该如何处理，无论是国际立法还是国内立法都没有涉及。《通则》关于当事人通过"格式之战"缔结合同时是否存在合意的判断标准的规定，无疑是一大显著进步，是专家立法的优势体现。

《通则》有关强制性规则和公共秩序的规定虽然不能说在实体内容上有进一步的发展，但是就其规定的原则性来看，无疑有助于突出强调强制性规则和公共秩序在当事人意思自治规则的例外性质，而将强制性规则和公共秩序合并加以规定，有助于突出强制性规则和公共秩序都作为意思自治原则例外的共同特点。这样的规定也是一种创新。

不能否认，《通则》也有其不足之处。比如对于当事人选择的法律使合同无效的时候应该怎么处理，尽管在《通则》的评论中有所提及，但是并没有给出确定的解决方案。又比如当事人所选择的法律在当事人选择法律时到争议发生时这一阶段发生变化，应该怎么适用法律，《通则》也没有给出答案。

总的说来，《通则》对当事人意思自治原则的总结和发展，虽有不足，但是可以预见，其对各国的国际商事合同意思自治选法规则的趋同发展无疑具有重要的参考意义。尤其值得指出的是,在《通则》谈判起草制定的过程中,我国法律专家发挥了重要作用。武汉大学国际法研究所郭玉军教授作为专家受邀参与了《通则》起草的专家小组并担任专家小组的副主席,许多其他学者也在外交部条法司的相关咨询工作中起到重要作用,外交部条约法律司法律官员刘小燕女士、吴海雯女士,以及来自最高人民法院和其他实务部门的专家等亦对《通则》适用范围,以及相关评论内容的形成做出贡献。这是中国专家学者参与、影响国际立法的较好范例。

### (三)海牙公约履约工作的新发展

除了立法项目的准备、谈判和起草、完善外,海牙国际私法会议秘书处还有一个重要的任务就是管理已经生效的海牙公约的执行问题,为此,秘书处每年要在世界各地就公约的履约情况,以及争取更多的国家加入公约举办各种研讨活动。2015年比较重要的海牙公约履约工作的内容主要有如下一些。

**1. 域外取证公约的新发展**

2015年12月2~4日,海牙国际私法会议特委会组织的专家组对于在域外取证中引入视频等新的网络技术进行讨论。代表26个国家和2个国际组织的39位专家参加了专家组。

**2. 有关管辖权项目的新发展**

2015年11月16日,海牙国际私法会议在英国国际法与比较法研究所举行了跨国判决执行的研讨会,来自澳大利亚、英国和其他国家的专家对跨国判决执行中的问题进行了探讨,对澳大利亚最高法院对有关外国判决的注册与执行,以及与国家豁免有关的问题进行了讨论。

**3. 儿童抚养公约的新发展**

2015年11月9~11日,海牙国际私法会议亚太办事处组织的全球儿童抚养和家庭赡养会议在中国香港举行。来自缔约国的155名专家学者讨论了2007年《海牙抚养公约》下儿童抚养费用和家庭赡养费用的求偿权应该如何实现的问题。

**4. 1996年《海牙儿童保护公约》**

2015年10月21~23日,来自缔约国的199名专家参加了在瑞士日内瓦举行的题为"跨境儿童保护——法律与社会视角"的大会,讨论《海牙儿童保护公约》实施的成效和不足。2015年6月25日,通过诱拐公约和儿童保护公约保护儿童权益专题研讨会在中国澳门召开,会议专门研究了《海牙儿童民事诱拐公约》和《海牙儿童保护公约》的互补性，并且就亚太地区家庭法法官之间的联络问题进行了讨论。

### （四）结论

总之，随着全球化的日益加深，海牙国际私法会议近年在国际私法统一化的运动中遭遇了一些失败，使其对国际私法统一化运动所持的传统的"欧洲中心"立场有所反思，并深刻认识到国际私法的统一化之外，世界各国在民商事领域的合作互助应该涉及更加广泛的议题和更加关注欧洲以外世界的需要。2015年，随着海牙国际私法会议亚太办事处和美洲办事处的设立，海牙国际私法会议作为政府间国际组织会更加国际化，而不是欧美化，中国在其中扮演角色的重要性也随着中国日益强大显著增加。海牙国际私法会议在2015年所进行的活动涉及了更加广泛的议题，对当代国际私法的国际法渊源的发展无疑具有重要意义。中国对海牙国际私法会议的各种立法议题的参与，以及通过加入部分海牙公约和在司法实践中实施解释海牙公约从而参与国际私法的国际法的发展，有助于在国际私法领域发出中国声音，做出中国的贡献。

## 二 中国参与联合国国际贸易法委员会的情况

### （一）概况

联合国国际贸易法委员会（贸易法委员会）于1966年成立，是联合国大会的一个附属机构，其基本任务是促进国际贸易法的逐步协调和统一，增加适用法律的可预测性，使法律适应时代，以促进国际商务发展。

贸易法委员会编写的文件内容涉及贸易法或对国际贸易有影响的商法。贸易法委员会制定的法规包括公约、示范法、法律指南、立法指南、规则以及惯例说明。涉及国际商事仲裁和调解、国际货物销售及有关交易、担保权益、破产、国际支付、国际货物运输、电子商务、采购和基础设施发展。

贸易法委员会每年举行一次会议。贸易法委员会法规案文由联合国国际贸易法委员会提出、起草和通过。观察员国、国际政府间组织和非政府组织也参与。贸易法委员会成员由联合国大会选举产生。贸易法委员会最初由29个国家组成，1973年扩大到36个国家，2004年又扩大到60个国家。成员组成代表了不同地域以及世界上的各大经济和法律体系。中国任期为1983~2019年。

## (二)中国加入或采纳的文件

中国签署、核准《国际货物销售合同公约》(1980),1988年1月1日《公约》对中国生效。中国根据《公约》第12条和第96条声明,《公约》第11条、第29条或第二部分的任何规定,凡准予通过协议形式签订销售合同或进行修改或终止,或以书面形式以外的任何形式提出要约、承诺或表示意向的,概不适用于任何当事方在中国领土上设有营业地点的情形。2013年中国撤回该声明。中国关于不受第1条第1款(b)项约束的声明继续有效。

中国于2006年签署《联合国国际合同使用电子通信公约》(2005)。

中国于1987年加入《承认及执行外国仲裁裁决公约》(1958),《公约》于1987年对中国生效。中国做出的声明有:适用《公约》仅限于承认和执行在另一个缔约国境内做出的裁决;适用《公约》仅限于根据国内法被认为属于商业性质而无论是否属于合同性质的法律关系所产生的分歧;中国于1997年宣布将《公约》的地域适用范围扩展至中国香港特别行政区;2005年,中国宣布《公约》适用于中国澳门特别行政区。对香港、澳门适用加入时声明。

中国于1994年通过了基于以《贸易法委员会国际商业仲裁示范法》(1985)案文的立法;中国香港于2010年通过基于《贸易法委员会国际商业仲裁示范法》案文及2006年通过的修订案文的立法,该立法以《示范法》为基础修订之前的立法;中国澳门于1998年通过基于《示范法》的立法。

中国于2004年通过了以《贸易法委员会电子商务示范法》(1996)为基础或在其影响下形成的立法,中国香港于2000年通过《示范法》为基础或在其影响下形成的立法,中国澳门于2005年通过立法,该立法受《示范法》以及其所依据的原则影响而成,该立法以《示范法》为基础修正之前的立法。

中国于2004年通过以《贸易法委员会电子签名示范法》(2001)为基础或在其影响下形成的立法。

## (三)中国参与和提交的意见

中国参加贸易法委员会大会、工作组会议等其他活动,并提交如下意见。

在2010年贸易法委员会第二工作组(仲裁和协调)第五十三届会议上,中国就《解决商事争议投资人与国家之间以条约为基础的仲裁的透明度》提交意见。介绍了中国参与基于条约的投资仲裁的情况。反对在以条约为基础的投资人与国家之间的投资争议解决中增加公开和透明度条款。

1995年联合国国际贸易法会第二十八届会议上,中国就《电子数据交换及有关的传递手段法律事项示范法草案》提交意见:示范法的标题用电子商业示范法为标题;对电子数据交换的概念定义与其他国际组织文件保持一致;数据电文的可接受性和证据价值作为"最好证据","最好证据"在中国法没有通用。

在2005年贸易法委员会第三十八届会议上,中国就《国际合同使用电子通信公约草案》提出意见,认为第一,公约草案从整体上看值得赞同;第二,就术语和文字提出修改意见。

在2006年贸易法委员会第三十九届会议上,中国就《关于临时措施和仲裁协议形式的立法条文草案——关于解释1958年〈关于承认和执行外国仲裁裁决的纽约公约〉第2(2)条和第7(1)条的声明草案》提交意见。草案对仲裁庭命令采取临时措施的权力的规定做出了很大扩充。我国《仲裁法》并没有赋予仲裁庭做出命令采取临时措施和初步命令的权力,因此我国法院缺乏承认与执行外国仲裁庭做出的临时措施、初步命令的法律依据。关于仲裁协议形式的修订立法条文,对仲裁协议的定义及其形式中的"书面形式"扩大理解的修订,中国表示赞同。

2008年国际贸易法委员会第四十一届会议上,中国就《全程或者部分海上国际货物运输合同公约草案》提出意见。第一,对于使承运人的船舶适航义务扩展到整个航程,提出适航义务仍应限于开航前和开航当时。第二,保留《海牙—维斯比规则》关于承运人航海过失免责的规定。第三,多式联运中海运以外的运输,在法律适用上应当优先适用调整货物灭失或者损坏发生区段的其他国际文件或者国内法。第四,关于危险货物的特别规则,将"承运人或履约方无法以其他方式知道货物危险性或者特性的"删除,或者修改为"承运人或履约方无法以其他合理方式知道货物危险性或者特性的"。第五,关于签发可转让运输单证或可转让电子运输记录时的交付,反对《公约》规定。第六,关于赔偿责任限额,反对《公约》规定。第七,关于法院选择协议规定了排他性管辖权协议对非批量合同当事方的第三人生效的条件,应加上"第三人同意"。第八,《公约》中批量合同的规定使得背离强制性规则合法化,应当严格加以限制。2007年贸易法委员会第三工作组(运输法)第二十届会议上,中国就管辖权问题提出意见。反对排他性法院选择协议对非批量合同当事人的约束力,并提出对相关条文的修改意见。中国就《运输法:拟定[全程或部分][海上]货物运输公约草案》中签发了可转让运输单证或可转让电子运输记录时货物交付问题和关于货物处于无法交付状态问题提出意见,认为第49条可能无法解决承运人处理未按可流通运输单据主张交货的问题;第50条关于未交付货物的规定应该能有效解决问题。中国还认为：运输法草案强制适用于"运输单证"（包括电子记录）的基础上，当事人可以自由协商将《公约》适用于涵盖航次租船合同、包运合同、批量合同等远洋班轮服务协议和其他类似合同。并对具体条文提出修改建议。2004年贸易法委员会第三工作组（运输法）第十三届会议上，中国就《运输法：拟订一项［全程或部分途程］［海上］货物运输文书草案》提出意见。

### （四）2015年中国参与的活动

2015年，中国参加贸易法委员会、第一工作组（中小微型企业）、第二工作组（仲裁和调解）、第三工作组（网上争议解决）、第四工作组（电子商务）、第五工作组（破产法）。

2015年委员会第四十八届会议，中国就《解决商事争议——国际商事调解/调停所产生的和解协议的执行》提交意见，介绍中国承认执行外国法院判决、外国仲裁裁决，不承认外国当事人和解协议的国内立法；承认执行人民法院调解书、仲裁庭调解书的国内立法；拒绝承认执行人民法院调解书、仲裁庭调解书情形的国内立法。

2015年，中国组织、参与讨论委员会立法文件、委员会立法的实施和推广的实践活动。

## 三 中国参与国际统一私法协会的情况

### （一）概况

国际统一私法协会是独立的政府间国际组织，总部在罗马，致力于改革、统一、协调各国私法，特别是商法，并制定统一实体法法律文件、原则和规则。1926年最初设立时是国际联盟的附属机构，1940年按照《国际统一私法协会规约》重新成立，现有63个成员国。国际统一私法协会由秘书处、理事会和大会组成。秘书处负责日常工作，秘书长由主席提名、理事会任命。理事会监督秘书处的工作，成员由大会选举产生，理事会负责人为国际统一私法协会主席。大会是最高决策机关，决定预算和工作计划，由各国政府代表组成。大会主席由成员国大使轮任。官方语言为英语、法语。进行了七十多项研究，成果为国际公约、示范法、原则和指南。

国际统一私法协会的工作主要集中在私法和实体法范畴，技术性强，政治性弱。工作领域主要是有必要制定的、新的、统一的跨国商业交易的法律规则。工作方法分几个阶段。在准备阶段，由秘书处制定可行性研究或比较法研究，如有可能秘书处召集专家组，以私人身份研究。在政府间谈判阶段，专家组的成果交由秘书处召集的政府专家会议讨论。政府专家会议对成员国和非成员国开放。如有必要，专家组建议提交外交会议，通过公约。主要合作机构有海牙国际私法会议、联合国贸易法委员会。

国际统一私法协会正在从事的立法涉及下列内容：国际商事合同原则，促进发展中国家证券市场交易的原则规则，全球导航卫星系统的第三方责任，《开普敦公约》农业、矿业、建筑业议定书，私法与社会经济发展，国家对未发现的文化物品的所有权。

国际统一私法协会制定的文件有：《国际货物买卖代理公约》（1983）、《UNIDROIT 终止净额结算条款运行原则》（2013）、《中介化证券实体规则公约》（2009）、《2010，2004，1994 UNIDROIT 国际商事合同》、《UNIDROIT、联合国粮食及农业组织、国际农业发展基金合同农业法律指南》（2015）、《国际统一私法协会被盗或非法出口文物公约》（1995）、联合国教科文组织和国际统一私法协会《未发现文化遗产国家所有示范规则》（2011）、《国际保理公约》（1988）、《特许经营信息披露示范法》（2002）、《国际特许经营主合同安排指南》（1998，2007）、《国际货物买卖统一法公约》（1964）、《国际货物买卖合同成立统一法公约》（1964）、《国际统一私法协会国际融资租赁公约》（1988）、《国际统一私法协会租赁示范法》（2008）、《移动设备国际利益公约》（2001）、《〈移动设备国际利益公约〉航空器议定书》（2001）、《〈移动设备国际利益公约〉铁路机车卢森堡议定书》（2007）、《〈移动设备国际利益公约〉空间设备议定书》（2012）、《国际遗嘱成立统一法公约》（1973）、《美国法学会/国际统一私法协会跨国民事诉讼原则》（2013）、《旅游合同国际公约》（1970）、《国际货物陆路运输合同公约》（1956）。

## （二）中国加入的文件

中国于 1997 年加入《国际统一私法协会被盗或非法出口文物公约》，1998 年《公约》对中国生效。中国做出宣告：第一，关于第 3 条第 5 款，中国接受的请求返回文物的时效为 75 年，保留依法变更时效的权利。第二，关于第 16 条，要求返回文化物品的请求可以直接提交中国法院，或通过中国文物管理部门提交中国法院。

中国于 2001 年签署《移动设备国际利益公约》公约，2009 年批准，2009 年

《公约》对中国生效。中国做出下列宣告：关于第 39 条，中国法定无须登记权利优先于登记的国际利益。《公约》不影响国家或国家机关、政府间国际组织或其他公共部门为实现上述优先权对航空器行使扣押权。优先权优先于在议定书批准之前登记的国际利益。关于第 40 条，为实现法院判决扣押航空器的权利是应当登记的非合意权利。关于第 43 条，当事人协议选择法院所在地应与协议争议有实际联系。关于第 50 条，《公约》对纯国内案件不适用。关于第 53 条，中国航空公司总部所在地中级人民法院对《公约》涉及航空器租赁的争议有管辖权。关于第 54 条，担保物在中国境内，担保债务人不得在中国境内在担保物上再设担保。行使按照《公约》无须申请法院的救济，担保债权人必须经过中国法院同意。《公约》和《议定书》不适用于中国香港、中国澳门。

中国于 2001 年签署《〈移动设备国际利益公约〉航空器议定书》，2009 年批准，《议定书》于 2009 年对中国生效。做出下列宣告：适用《议定书》第 8 条、第 12 条和第 13 条。适用《议定书》第 10 条第 1 款、第 2 款、第 3 款、第 4 款、第 6 款、第 7 款。中国法院收到申请后，对于《公约》第 13 条第 1 款 a，b，c 项救济，在十日内做出命令，并迅速执行；对于《公约》第 13 条第 1 款 d，e 项救济，在三十日内做出命令并迅速执行。对于《议定书》定义的各种破产程序适用《议定书》第 11 条 A 全部，等待期为六十日。关于《议定书》第 19 条，中国指定中国民航总局航空器登记处为进入点。除非中国政府另行规定，《议定书》不适用于中国香港、中国澳门。

《旅游合同国际公约》于 1970 年通过，中国于 1971 年签署，1972 年批准，《公约》于 1976 年对中国生效。

### （三）中国参与和提交的文件

关于《〈移动设备国际利益公约〉空间设备议定书》（2012），中国参加 2011 年第五届政府专家会议，评论草案；参加 2010 年第四届政府专家会议，就买卖和救助保险、转让、适用法律、债务人关于许可的义务、破产救助、救济限制、登记处条款的修改、与联合国其他外空条约和国际电信联盟文件的关系进行评论；参加 2009 年第三届政府专家会议，评论国际利益的冲突、债务人的权利和公共服务豁免。

2007 年制定《中介化证券实体规则》的第四届政府专家会议，中国就透明持有系统提出意见。

2002 年制定《特许经营披露示范法》的第二届政府专家会议，中国就对特许经营了解有限、投资能力有限的被特许人的保护、特许人违约对被特许人的救济提出意见。

1992年国际文化财产保护政府专家会议,中国提出公约文本建议。

1986年《国际融资租赁》公约草案第二届政府专家会议,中国就条款提出建议。

### (四)2015年中国参与的活动

中国参加了国际统一私法协会大会、理事会、财务委员会年度会议。

2012年,根据《〈动产国际权益公约〉关于空间物体议定书》建立空间物体准备委员会,建立空间物体权益国际登记处。中国是准备委员会成员国,参加其历次会议。

2009年成立"新兴市场问题、后续及实施委员会",中国和巴西任主席。中国参加了该委员会讨论新兴市场国家促进有利于中介化证券交易的法律措施,促进法律安全和投资者保护的措施的历次会议。

## 四 存在问题及建议

中国积极参与贸易法委员会和国际统一私法协会的立法活动,对其提出的法律文件草案提出评论和修改建议,尽可能保证其通过的文件符合中国立法和利益。

中国较少提出通过某项法律文件的建议,且提出评论意见数量不多;起草文件阶段参与的专家较少。中国没有专家担任贸易法委员会主席、贸易法委员会工作组主席、国际统一私法协会秘书长,参加贸易法委员会工作组、国际统一私法协会专家组的人员也不多。因此,不能有效在国际上推广我国法律规定,且难以抵制与我国法律不一致的法律文件被通过。

建议中国更积极地参与国际民商事实体规则制定,必要时积极主动提出法律文件草案,掌握主导权;对于贸易法委员会和国际统一私法协会提出的法律文件草案深入研究,提出适应我国法律和我国当事人需要的意见,影响国际规则制定;在扩大政府参与的同时,促进实务界、学者以私人身份参与贸易法委员会和国际统一私法协会的立法活动,参加贸易法委员会工作组、国际统一私法协会专家组。

# 第二十三章
# 中国与涉外民事诉讼和国际民商事司法协助[*]

## 一 中国与涉外民事诉讼

本部分主要从外国人民事诉讼地位、国际民事案件管辖权、国际民事诉讼程序中的其他特殊规定、海事诉讼的特殊规定,以及不方便法院原则、国家豁免理论等方面总结中国立法的贡献及其对中国司法实践的影响。

### (一)外国人民事诉讼地位

中国在涉外民事诉讼上一直坚持国民待遇原则,外国人、无国籍人、外国企业和组织在人民法院起诉、应诉,同中华人民共和国公民、法人和其他组织有同等的诉讼权利义务。外国法院对中华人民共和国公民、法人和其他组织的民事诉讼权利加以限制的,中国法院对该国公民、企业和组织的民事诉讼权利,实行对等原则。

但国民待遇并非完全一样的待遇,中国法律对诉讼费用担保、司法救助、诉讼代理、外交豁免等问题做了特殊规定。

**1. 诉讼费用担保**

对于诉讼费用担保问题,中国经历了一个从要求作为原告的外国人提供担保到互惠条件下免除诉讼费用担保的转变过程。1984年最高人民法院发布的《民事诉讼收费办法(试行)》第14条规定:外国法院对我国公民、企业和组织的诉讼费用负担,与其本国公民、企业和组织不同等对待的,人民法院按对等原则

---

[*] 本章作者肖永平,法学博士,长江学者特聘教授,武汉大学法学院院长,武汉大学国际法研究所所长,主要研究方向:国际私法、体育法;乔雄兵,法学博士,武汉大学国际法研究所副教授,主要研究方向:国际私法、食品安全法。本文第一部分由肖永平撰写,第二部分由乔雄兵撰写。本文第一部分的写作得到了武汉大学国际法研究所博士研究生丁汉韬的大力帮助。中国政法大学博士研究生余萌提出了很多修改意见并协助完成英文翻译初稿,特此致谢!

处理；外国人、无国籍人、外国企业和组织在人民法院进行诉讼，应当对诉讼费用提供担保。而 1989 年最高人民法院《人民法院诉讼收费办法》摈弃了上述制度，使外国人提供诉讼费用担保由常规演变为例外。此举在 2007 年开始施行的《诉讼收费交纳办法》中再次得到确认。根据其第 5 条规定，外国法院对我国公民、法人或者其他组织，与其本国公民、法人或者其他组织在诉讼费用交纳上实行差别对待的，按照对等原则处理。目前，我国已经就诉讼费用担保的免除与 18 个国家达成了一致（法国、意大利、西班牙、保加利亚、匈牙利、摩洛哥、新加坡、突尼斯、韩国、波兰、罗马尼亚、俄罗斯、土耳其、古巴、希腊、吉尔吉斯斯坦、塔吉克斯坦、乌兹别克斯坦）。如《中国和法国民事、商事司法协助协定》规定：缔约一方的法院对于另一方国民，不得因为他们是外国人而令其提供诉讼费用保证金。

### 2. 司法救助与诉讼费用减免

为了保护弱方当事人的利益，现代国家均在特定条件下或者特定范围内免除或部分免除当事人交纳诉讼费用的义务。在实践中，基于条约或对等原则，外国人原则上可以在中国享有诉讼费减、缓、免的司法救助权利。目前，中国与 13 个国家（意大利、泰国、摩洛哥、突尼斯、韩国、土耳其、埃及、希腊、塞浦路斯、越南、老挝、立陶宛、朝鲜）的民商事司法协助条约明确约定了司法救助。如《中国和意大利民事司法协助条约》规定：缔约一方的国民在缔约另一方境内，在与缔约另一方国民同等的条件下和范围内享受司法救助。

根据中国《诉讼费用交纳办法》第 6 条，当事人进行民事诉讼依法应当向人民法院交纳的费用，包括案件的受理费、申请费和其他诉讼费用。对于外国人在我国交纳诉讼费用，中国通常采取对等原则处理。目前，中国就诉讼费用减免问题已同 24 个国家（意大利、保加利亚、泰国、匈牙利、摩洛哥、阿联酋、波兰、蒙古、罗马尼亚、俄罗斯、土耳其、乌克兰、白俄罗斯、哈萨克斯坦、埃及、希腊、塞浦路斯、吉尔吉斯斯坦、塔吉克斯坦、乌兹别克斯坦、越南、老挝、立陶宛、朝鲜）达成了协议。如《中国和波兰民事和刑事司法协助协定》规定：缔约一方的国民在缔约另一方境内，可在与缔约另一方国民同等的条件下和范围内申请减交或免交民事诉讼费用。

### 3. 诉讼代理

中国《民事诉讼法》第 263 条规定，外国人、无国籍人、外国企业和组织在人民法院起诉、应诉，需要委托律师代理诉讼的，必须委托中华人民共和国的律师。《最高人民法院关于适用〈中华人民共和国民事诉讼法〉的解释》第 528

条则对委托本国人为诉讼代理人的情形做了规定：涉外民事诉讼中的外籍当事人，可以委托本国人为诉讼代理人，也可以委托本国律师以非律师身份担任诉讼代理人。《民事诉讼法》第 264 条则对外国人委托中华人民共和国律师或者其他人代理诉讼的手续做了特殊规定：在中华人民共和国领域内没有住所的外国人、无国籍人、外国企业和组织委托中华人民共和国律师或者其他人代理诉讼，从中华人民共和国领域外寄交或者托交的授权委托书，应当经所在国公证机关证明，并经中华人民共和国驻该国使领馆认证，或者履行中华人民共和国与该所在国订立的有关条约中规定的证明手续后，才具有效力。

中国还是 1961 年《维也纳外交关系公约》和 1963 年《维也纳领事关系公约》的缔约国，外国人所属国的外交代表和领事官员可以依据公约和中国同有关国家签订的双边领事条约在我国法院代理其派遣国国民的诉讼，以保护其派遣国国民的合法权益。而《最高人民法院关于适用〈中华人民共和国民事诉讼法〉的解释》第 528 条对外交代表和领事官员以个人名义担任诉讼代理人做了具体规定：外国驻华使、领馆官员，受本国公民的委托，可以以个人名义担任诉讼代理人，但在诉讼中不享有外交或者领事特权和豁免。此外，根据该解释第 529 条，涉外民事诉讼中，外国驻华使、领馆授权其本馆官员，在作为当事人的本国国民不在我国领域内的情况下，可以以外交代表身份为其本国国民在我国聘请中国律师或中国公民代理民事诉讼。

**4. 外交豁免**

中国《民事诉讼法》第 261 条规定：对享有外交特权与豁免的外国人、外国组织或者国际组织提起的民事诉讼，应当依照中华人民共和国有关法律和中华人民共和国缔结或者参加的国际条约的规定办理。1961 年《维也纳外交关系公约》和 1963 年《维也纳领事关系公约》分别对外交特权和豁免、领事特权与豁免做了较完整的规定。截至 2015 年 12 月，《维也纳外交关系公约》已有 190 个国家加入，《维也纳领事关系公约》已有 177 个国家加入。中国分别于 1975 年 1 月 25 日、1979 年 7 月 2 日加入了《维也纳外交关系公约》和《维也纳领事关系公约》，并于 1986 年和 1990 年颁布了《中华人民共和国外交特权与豁免条例》和《中华人民共和国领事特权与豁免条例》。这两个条例根据前述公约的精神，参照有关国际惯例和我国外交实践制定，对公约中未做规定或规定得不够明确的地方，根据我国情况，做了必要的补充，使其内容更加明确、具体。它们同时适用于与我国建交但未加入前述两项维也纳公约的国家。

## （二）涉外民事诉讼管辖权

基于主权原则，每个国家的法院都有权基于不同的法定根据对涉外民事案件行使管辖权。所谓涉外民事案件，2015年2月4日实施的《最高人民法院关于适用〈民事诉讼法〉的解释》（以下简称《民诉法司法解释》）第522条规定，"有下列情形之一，人民法院可以认定为涉外民事案件：（一）当事人一方或者双方是外国人、无国籍人、外国企业或者组织的；（二）当事人一方或者双方的经常居所地在中华人民共和国领域外的；（三）标的物在中华人民共和国领域外的；（四）产生、变更或者消灭民事关系的法律事实发生在中华人民共和国领域外的；（五）可以认定为涉外民事案件的其他情形"。中国法院行使涉外民事诉讼管辖权的根据规定在国内立法和国际条约两个层面。

### 1. 国内立法

我国法院行使涉外民事诉讼管辖权的主要依据是2012年修订的《中华人民共和国民事诉讼法》及其相关司法解释。《民事诉讼法》第2章对民事案件诉讼管辖权做了一般规定，第24章对涉外民事诉讼的管辖权做了特别规定。这些规定可以归纳如下。

（1）一般管辖

中国《民事诉讼法》没有关于涉外民事案件普通管辖的专门规定，但根据《民事诉讼法》第259条，在中华人民共和国领域内进行涉外民事诉讼，适用本编规定。本编没有规定的，适用本法其他有关规定。因此，《民事诉讼法》第21条关于一般地域管辖的规定同样是我国涉外民事诉讼的普通管辖：对公民、法人或其他组织提起的民事诉讼，由被告住所地人民法院管辖。根据我国司法解释的相关规定，公民的住所地是指公民的户籍所在地。被告住所地与经常居所地不一致的，由经常居所地人民法院管辖，经常居所地即连续居住一年以上的地方。法人住所地指法人的主要营业地或主要办事机构所在地。作为"原告就被告"原则的例外，中国《民事诉讼法》第22条规定，对不在中华人民共和国领域内居住的人提起的有关身份关系的诉讼、下落不明或者宣告失踪的人提起的有关身份关系的诉讼、被采取强制性教育措施的人提起的诉讼和对被监禁的人提起的诉讼，由原告住所地人民法院管辖。

至于级别管辖，根据《最高人民法院关于涉外民商事案件诉讼管辖若干问题的规定》的相关规定，第一审涉外民商事案件由下列人民法院管辖：①国务院批准设立的经济技术开发区人民法院；②省会、自治区首府、直辖市所在地的中级人民法院；③经济特区、计划单列市中级人民法院；④最高人民法院指定的其他中级人民法院；⑤高级人民法院。

（2）特殊管辖

中国《民事诉讼法》对涉外合同纠纷、其他财产权益纠纷和海事案件的管辖权做了特别规定。《民事诉讼法》第265条规定：因合同纠纷或者其他财产权益纠纷，对在中华人民共和国领域内没有住所的被告提起的诉讼，如果合同在中华人民共和国领域内签订或者履行，或者诉讼标的物在中华人民共和国领域内，或者被告在中华人民共和国领域内有可供扣押的财产，或者被告在中华人民共和国领域内设有代表机构，可以由合同签订地、合同履行地、诉讼标的物所在地、可供扣押财产所在地、侵权行为地或者代表机构住所地人民法院管辖。

《民事诉讼法》第23～32条则就合同纠纷、保险合同纠纷等案件的管辖做了特别规定，包括：①因合同纠纷提起的诉讼，由被告住所地或者合同履行地人民法院管辖。②因保险合同纠纷提起的诉讼，由被告住所地或者保险标的物所在地人民法院管辖。③因票据纠纷提起的诉讼，由票据支付地或者被告住所地人民法院管辖。④因公司设立、确认股东资格、分配利润、解散等纠纷提起的诉讼，由公司住所地人民法院管辖。⑤因铁路、公路、水上、航空运输和联合运输合同纠纷提起的诉讼，由运输始发地、目的地或者被告住所地人民法院管辖。⑥因侵权行为提起的诉讼，由侵权行为地或者被告住所地人民法院管辖。⑦因铁路、公路、水上和航空事故请求损害赔偿提起的诉讼，由事故发生地或者车辆、船舶最先到达地、航空器最先降落地或者被告住所地人民法院管辖。⑧因船舶碰撞或者其他海事损害事故请求损害赔偿提起的诉讼，由碰撞发生地、碰撞船舶最先到达地、加害船舶被扣留地或者被告住所地人民法院管辖。⑨因海难救助费用提起的诉讼，由救助地或者被救助船舶最先到达地人民法院管辖。⑩因共同海损提起的诉讼，由船舶最先到达地、共同海损理算地或者航程终止地的人民法院管辖。这些特殊地域管辖的规定同样适用于涉外民事诉讼。

（3）专属管辖

根据中国《民事诉讼法》第33条，下列案件应当由中国法院管辖：①因不动产纠纷提起的诉讼，由不动产所在地人民法院管辖；②因港口作业中发生纠纷提起的诉讼，由港口所在地人民法院管辖；③因继承遗产纠纷提起的诉讼，由被继承人死亡时住所地或者主要遗产所在地人民法院管辖。《民事诉讼法》第266条规定：因在中华人民共和国履行中外合资经营企业合同、中外合作经营企业合同、中外合作勘探开发自然资源合同发生纠纷提起的诉讼，由中华人民共和国人民法院管辖。与其他法定管辖相比，专属管辖具有优先性、排他性与强制性，并不允许当事人协议变更管辖。

（4）协议管辖

协议管辖是涉外民事诉讼的重要方式。我国在1991年颁布的《民事诉讼法》中即确定了协议管辖制度，分别以第25条和第244条规定了国内民事诉讼和涉外民事诉讼的协议管辖。对于国内协议管辖，合同双方当事人可以在书面合同中协议选择被告住所地、合同履行地、合同签订地、原告住所地、标的物所在地人民法院管辖。而对涉外民事诉讼的协议管辖，则规定涉外合同或者涉外财产权益纠纷的当事人，可以用书面协议选择与争议有实际联系的地点的法院管辖。它对两种不同的协议管辖设立了双重标准。

2012年《民事诉讼法》第34条和2015年《民诉法司法解释》第531条将国内和涉外民事诉讼领域的协议管辖整合在一起，明确规定：对于合同或者其他财产权益纠纷的当事人可以书面协议选择被告住所地、合同履行地、合同签订地、原告住所地、标的物所在地等与争议有实际联系的地点的我国人民法院或外国法院管辖，但不得违反级别管辖和专属管辖的规定。这客观上起到了在民事诉讼中贯彻国民待遇原则的效果，并扩大了协议管辖的适用范围，由过去适用于单一的合同纠纷扩张到"合同或者其他财产权益纠纷"。而新增加的"与争议有实际联系的地点的人民法院"也使当事人对法院的选择更为灵活。

（5）应诉管辖

应诉管辖是指原告向无管辖权的法院起诉，被告没有对受诉法院的管辖权提出异议而应诉答辩的，则该法院视为有管辖权的法院。2012年之前，中国《民事诉讼法》第243条规定，涉外民事诉讼的被告对人民法院管辖不提出异议，并应诉答辩的，视为承认该人民法院为有管辖权的法院。该条在理论界通常称为应诉管辖或默示协议管辖。2012年《民事诉讼法》修订后将涉外民事诉讼中的应诉管辖条款删除，并在第127条新增第2款规定：当事人未提出管辖异议，并应诉答辩的，视为受诉人民法院有管辖权，但违反级别管辖和专属管辖规定的除外。这为在国内民事诉讼中推行应诉管辖提供了法律依据，使应诉管辖成为国内和涉外民事诉讼通行的制度。

（6）平行诉讼

由于涉外民事诉讼常常与两个或者两个以上的国家存在客观联系，相同当事人就同一争议基于相同事实以及相同目的常常可以同时在两个或两个以上国家的法院提起诉讼。中国《民事诉讼法》对该问题并未做出明确规定，但2015年

《民诉法司法解释》第533条规定：中华人民共和国人民法院和外国法院都有管辖权的案件，一方当事人向外国法院起诉，而另一方当事人向中华人民共和国人民法院起诉的，人民法院可予受理。判决后，外国法院申请或者当事人请求人民法院承认和执行外国法院对本案做出的判决、裁定的，不予准许；但双方共同参加或者签订的国际条约另有规定的除外。外国法院判决、裁定已经被人民法院承认，当事人就同一争议向人民法院起诉的，人民法院不予受理。

对于离婚诉讼中的平行诉讼问题，为保护中国公民的合法权益，《民诉法司法解释》第15条规定：中国公民一方居住在国外，一方居住在国内，不论哪一方向人民法院提起离婚诉讼，国内一方住所地的人民法院都有权管辖。如国外一方在居住国法院起诉，国内一方向人民法院起诉的，受诉人民法院有权管辖。

为了有效服务和保障"一带一路"建设的顺利实施。2015年7月，最高人民法院公布实施了《最高人民法院关于人民法院为"一带一路"建设提供司法服务和保障的若干意见》。该《意见》特别强调了涉外民商事审判在"一带一路"建设中的重要性，对国际司法管辖权的行使，强调充分尊重"一带一路"建设中外市场主体协议选择司法管辖的权利，通过与沿线各国友好协商及深入开展司法合作，减少涉外司法管辖的国际冲突，妥善解决国际平行诉讼问题。要遵循国际条约和国际惯例，科学合理地确定涉沿线国家案件的联结因素，依法行使司法管辖权，既要维护我国司法管辖权，同时也要尊重沿线各国的司法管辖权，充分保障"一带一路"建设中外市场主体的诉讼权利。

2. 国际条约

中国参加的部分国际条约也规定了涉外民事诉讼的管辖权问题。例如，1929年《统一国际航空运输某些规则的公约》（1929年《华沙公约》）第28条规定：①有关赔偿的诉讼，应该按原告的意愿，在一个缔约国的领土内，向承运人住所地或其总管理处所在地或签订契约的机构所在地法院提出，或向目的地法院提出；②诉讼程序应根据受理法院的法律规定办理。该公约第32条还规定，如果运输合同各方借以违背本公约的规则，无论是选择所适用的法律或变更管辖权的规定，都不发生效力。

中国于1954年1月参加了《国际铁路货物联运协定》，其后，朝鲜、越南、蒙古陆续加入。目前，该协定共有25个缔约国。根据该协定（2015年7月1日版）第47条第4款，应向被告所在地的相应司法机关提起诉讼。

中国还是《国际油污损害民事责任公约》及其《1992年议定书》的缔约国。根据该公约第IX条和《1992年议定书》第8条的规定，每一缔约国都应保证其法院具有处理赔偿诉讼的必要管辖权。当某一事故在一个或多个缔约国的领土（包括领海）或第2条所规定的区域中造成了污染损害时，或在这种领土（包括领海）或区域中采取了防止或减少污染损害的预防措施时，赔偿诉讼可向上述任何一个或多个缔约国的法院提起。上述任何诉讼的适当通知，均应送交被告人。

### （三）涉外民事诉讼的其他特殊规定

考虑到上诉状的递交、文书的送达等程序的进行对居住在中华人民共和国领域外的自然人或法人需要更长的时间，中国《民事诉讼法》第269条规定：在中华人民共和国领域内没有住所的当事人，不服第一审人民法院判决、裁定的，有权在判决书、裁定书送达之日起30日内提起上诉。被上诉人在收到上诉状副本后，应当在30日内提出答辩状。当事人不能在法定期间提起上诉或者提出答辩状，申请延期的，是否准许，由人民法院决定。2015年《民诉法司法解释》第534条规定：对在中华人民共和国领域内没有住所的当事人，经用公告方式送达诉讼文书，公告期满不应诉，人民法院缺席判决后，仍应当将裁判文书依照《民事诉讼法》第267条第八项规定公告送达。自公告送达裁判文书满三个月之日起，经过三十日的上诉期当事人没有上诉的，一审判决即发生法律效力。该解释第538条还规定：不服第一审人民法院判决、裁定的上诉期，对在中华人民共和国领域内有住所的当事人，适用《民事诉讼法》第164条规定的期限；对在中华人民共和国领域内没有住所的当事人，适用《民事诉讼法》第269条规定的期限。当事人的上诉期均已届满没有上诉，第一审人民法院的判决、裁定即发生法律效力。延长居住在我国领域外的当事人上诉期限和公告送达的期间是对居住在我国领域外的当事人权益的一种特殊保护。

由于在中国领域内没有居所的外国人可能出现离境以规避执行，《民事诉讼法》第255条规定，被执行人不履行法律文书确定的义务的，人民法院可以对其采取或者通知有关单位协助采取限制出境，在征信系统记录、通过媒体公布不履行义务信息以及法律规定的其他措施。此外《中华人民共和国出境入境管理法》第28条规定：外国人有未了结民事案件，且人民法院决定不准出境之情形的，不准出境。

为保证外国人在中国进行民事诉讼能够充分行使自己的权利、了解自己的义务。《民事诉讼法》第262条明确规定：人民法院审理涉外民事案件，应当使用中华人民共和国通用的语言、文字。当事人要求提供翻译的，可以提供，费用由当事人承担。《民诉法司法解释》第527条进一步明确：当事人向人民法院提交的书面材料是外文的,应当同时向人民法院提交中文翻译件。并且当事人对中文翻译件有异议的,应当共同委托翻译机构提供翻译文本;当事人对翻译机构的选择不能达成一致的,由人民法院确定。

### (四)海事诉讼的特别规定

《中华人民共和国海事诉讼特别程序法》对于海事案件的管辖权做了特殊规定。其第6条规定,海事诉讼的地域管辖,依照《民事诉讼法》的有关规定。下列海事诉讼的地域管辖,依照以下规定:①因海事侵权行为提起的诉讼,除依照《民事诉讼法》第29条至第31条的规定以外,还可以由船籍港所在地海事法院管辖。②因海上运输合同纠纷提起的诉讼,除依照《民事诉讼法》第28条的规定以外,还可以由转运港所在地海事法院管辖。③因海船租用合同纠纷提起的诉讼,由交船港、还船港、船籍港所在地、被告住所地海事法院管辖。④因海上保赔合同纠纷提起的诉讼,由保赔标的物所在地、事故发生地、被告住所地海事法院管辖。⑤因海船的船员劳务合同纠纷提起的诉讼,由原告住所地、合同签订地、船员登船港或者离船港所在地、被告住所地海事法院管辖。⑥因海事担保纠纷提起的诉讼,由担保物所在地、被告住所地海事法院管辖;因船舶抵押纠纷提起的诉讼,还可以由船籍港所在地海事法院管辖。⑦因海船的船舶所有权、占有权、使用权、优先权纠纷提起的诉讼,由船舶所在地、船籍港所在地、被告住所地海事法院管辖。第9条规定:当事人申请认定海上财产无主的,向财产所在地海事法院提出;申请因海上事故宣告死亡的,向处理海事事故主管机关所在地或者受理相关海事案件的海事法院提出。

该法同时对海事诉讼的专属管辖做了规定,其第7条规定,下列海事诉讼,由本条规定的海事法院专属管辖:①因沿海港口作业纠纷提起的诉讼,由港口所在地海事法院管辖;②因船舶排放、泄漏、倾倒油类或者其他有害物质,海上生产、作业或者拆船、修船作业造成海域污染损害提起的诉讼,由污染发生地、损害结果地或者采取预防污染措施地海事法院管辖;③因在中华人民共和国领域和有管辖权的海域履行的海洋勘探开发合同纠纷提起的诉讼,由合同履行地海事法院管辖。

海事诉讼的协议管辖与《民事诉讼法》第34条的协议管辖所适用的对象与要求也有所不同。第8条规定:海事纠纷的当事人都是外国人、无国籍人、外国企业或者组织,当事人书面协议选择中华人民共和国海事法院管辖的,即使与纠纷有实际联系的地点不在中华人民共和国领域内,中华人民共和国海事法院对该纠纷也具有管辖权。

此外，《海事诉讼特别程序法》第99条第2款特别规定：债务人是外国人、无国籍人、外国企业或者组织，但在中华人民共和国领域内有住所、代表机构或者分支机构并能够送达支付令的，债权人可以向有管辖权的海事法院申请支付令。

## （五）有关理论学说的吸收

随着涉外民事诉讼案件的增多和复杂程度的加大，一些学说也对涉外民事诉讼产生了一定的影响。其中，国家豁免和不方便法院原则在中国法院的运用最具代表性。

### 1. 国家豁免

中国《民事诉讼法》和《中华人民共和国外交特权与豁免条例》、《中华人民共和国领事特权与豁免条例》只对外交豁免做了相应规定，不涉及国家豁免问题。对于外国国家在我国法院享有什么样的民事诉讼地位，即外国国家是否享有司法豁免权，以及什么程度的司法豁免权问题，中国立法并没有明确规定。2004年12月2日第65届联合国大会通过了《联合国国家及其财产管辖豁免公约》，我国于2005年9月14日正式签署了该《公约》。但该《公约》尚未生效。在国家及其财产豁免问题上，中国在理论和实践上都坚持国家及其财产豁免原则。凡国家从事的一切活动，除国家自愿放弃豁免外，享有豁免；在实践中，已把国家本身的活动和国营公司或企业的活动，国家国库财产和国营公司或企业的财产区分开来，国营公司和企业是具有独立法律人格的经济实体，不应享有豁免；在外国国家无视国际法，任意侵犯中国国家及其财产的豁免权的情况下，中国实行对等原则，采取相应的报复措施。目前，由于各国对国家及其财产豁免问题仍有很大分歧，中国有必要及时完善这方面的立法，以维护国家主权，促进中国与各国的正常经济交往。

### 2. 不方便法院原则

虽然中国立法并没有规定不方便法院原则，但2004年最高人民法院在《涉外商事海事审判实务问题解答（一）》中指出，如果人民法院根据我国法律规定对某涉外商事案件具有管辖权，但由于双方当事人均为外国当事人，主要案件事实与我国没有任何联系，人民法院在认定案件事实和适用法律方面存在重大困难且需要到外国执行的，人民法院不必一定行使管辖权，可适用不方便法院原则放弃行使司法管辖权。

2005年最高人民法院《第二次全国涉外商事海事审判工作会议纪要》第11条进一步规定，我国法院在审理涉外商事纠纷案件过程中，如发现案件存在不方便管辖的因素，可以根据不方便法院原则裁定驳回原告的起诉。因此，中国法院在不少案件中适用了不方便法院原则。典型案例有：大浩化工株式会社与宇岩涂料株式会社、内奥特钢株式会社买卖合同纠纷案〔（2010）苏商外终字第0053号〕，捷腾电子有限公司与时毅电子有限公司买卖合同纠纷案〔（2009）沪高民四（商）终字第59号〕。

通过总结上述实践，《民诉法司法解释》第532条明确规定，涉外民事案件同时符合下列情形的，人民法院可以裁定驳回原告的起诉，告之其向更方便的外国法院提起诉讼：①被告提出案件应由更方便外国法院管辖的请求，或者提出管辖异议；②当事人之间不存在选择中华人民共和国法院管辖的协议；③案件不属于中华人民共和国法院专属管辖；④案件不涉及中华人民共和国国家、公民、法人或者其他组织的利益；⑤案件争议的主要事实不是发生在中华人民共和国境内，且案件不适用中华人民共和国法律，人民法院审理案件在认定事实和适用法律方面存在重大困难；⑥外国法院对案件享有管辖权，且审理该案件更加方便。

### （六）小结与建议

综上所述，中国在涉外民事诉讼方面的立法和实践，与国际社会的普遍实践并行不悖，体系较为完整。外国人在中国进行民事诉讼与中国公民享有同等的诉讼权利，承担同等的义务；对诉讼费用担保、司法救助等问题，中国采取对等原则与许多国家缔结了相关的条约；中国基于《维也纳外交关系公约》建立了完善的外交豁免制度；中国的涉外民事管辖权制度也基本符合中国的国际民商事交往的需求和国际社会的一般做法。

但是，中国在上述领域仍存在以下问题。第一，上述法律规定碎片化，分散在《民事诉讼法》、《民诉法司法解释》、《海事诉讼特别程序法》、《诉讼费用交纳办法》和《最高人民法院关于涉外民商事案件诉讼管辖若干问题的规定》，以及各项公约和双边条约中。而且，中国过分依赖司法解释，许多重要规定，如涉外案件的级别管辖、管辖权冲突的处理、经常居住地的认定等，都是通过司法解释规定的。尽管通过司法解释可以及时澄清和完善相关的制度和规则，但只有系统化的规则体系才有利于适用，才能发挥最大的作用。第二，有些规定过于简单、含义模糊。例如，对于协议管辖，我国简单规定对于合同或者其他财产权益纠纷的当事人可以书面协议选择被告住所地、合同履行地、合同签订地、原告住所地、标的物所在地等与争议有实际联系的地点的人民法院管辖。但对于其他财产权益纠纷的含义未进行解释，导致协议管辖适用范围模糊，法院在实践中极易出现不同裁判。第三，中国在平行诉讼和专属管辖方面的规定与其他国家差别太大，不利于管辖权领域的国际合作。第四，中国还没有制定成文的《国家豁免法》。

因此，中国未来应着力解决以下问题：①开始启动制定国际民事诉讼特别程序法，整合目前零散的条文，以实现涉外民事诉讼立法的体系性、保证其可操作性。②考虑批准加入海牙国际私法会议制定的《选择法院协议公约》。③通过适当缩小专属管辖范围，扩大协议管辖的范围，避免平行诉讼，完善中国现行的协议管辖、专属管辖和平行诉讼制度，以满足中国实施"一带一路"战略的实际需要。④尽快制定《国家豁免法》。

## 二 中国与国际民商事司法协助

### （一）概述

近几十年来，中国通过参与国际民商事司法协助条约的谈判，缔结国际民商事司法协助条约，完善国内相关立法，积极为他国提供各种形式的民商事司法协助，为推动国际民商事司法协助的发展做出了应有的贡献。

目前，中国进行国际民商事司法协助的主要法律依据是国际公约、双边司法协助条约及国内立法和司法解释等规定。

在国际公约缔结方面，主要是海牙国际私法会议和联合国所制定的公约。截至 2015 年，海牙国际私法会议已经制定了近 40 部公约，涉及法律适用、民事程序、司法协助等多个方面。其中，涉及国际民商事司法协助方面的公约主要有：①1954 年《民事诉讼程序公约》，截至 2015 年 12 月 31 日，该公约共有 49 个成员国；②1961 年《关于取消外国公文书认证的公约》，截至 2015 年 12 月 31 日，该公约共有 112 个成员国；③1965 年《海牙送达公约》，截至 2015 年 12 月 30 日，该公约共有 69 个成员国；④1970 年《海牙取证公约》，截至 2015 年 12 月 31 日，该公约共有 58 个成员国；⑤1971 年《关于承认与执行外国民事或商事判决的公约》，该公约目前只有 4 个成员国，分别是阿尔巴尼亚、塞浦路斯、荷兰、葡萄牙；⑥2005 年《法院选择协议公约》，该公约已经于 2015 年 10 月 1 日生效,目前有30个成员国。此外,在国际商事仲裁的承认与执行方面,联合国于1958年6月10日在纽约通过了《承认和执行外国仲裁裁决的公约》(简称《纽约公约》)。该公约的目的是为了促进仲裁裁决的承认和执行,除非有该公约所列举的拒绝执行裁决的理由,各缔约国的主管机关和执行法院都有义务承认和执行外国仲裁裁决。截至2015年12月31日,该公约已有156个成员国。目前,我国已经加入的民商事司法协助公约主要有1965年《海牙送达公约》、1970年《海牙取证公约》及1958年《纽约公约》。此外,还有部分司法协助条约适用于我国香港和澳门地区。1961年《关于取消要求外国公文书认证的公约》适用于中国香港和中国澳门地区,1954年《民事诉讼程序公约》适用于中国澳门地区。

自1987年正式加入海牙国际私法会议以来,我国一直积极参与海牙国际私法会议的各种活动。在国际民商事司法协助条约的谈判方面,我国政府代表参与了很多重要的会议。我国外交部官员多次参加《民商事管辖权和外国判决公约》非正式工作组的会议。同时,我国有关政府部门还先后多次参加海牙国际私法会议举办的有关《海牙送达公约》、《海牙取证公约》及《关于取消要求外国公文书认证的公约》执行情况的特委会会议。我国代表还多次向海牙国际私法会议常设事务局提交我国政府对上述三项公约调查问卷的答复。2015年6月,外交部条法司在中国政法大学召开了《法院选择协议公约》研讨会,广泛征求我国有关实务部门、高等院校学者等对我国加入该公约的意见。

在双边司法协助条约方面,我国自1985年开始与有关国家谈判缔结有关司法协助条约以来,我国在司法协助条约缔结方面成绩显著。首先,在双边司法协助条约方面,截至2015年12月,中国共与37个国家签订了涉及民商事内容的双边司法协助条约,包括法国、比利时、意大利、西班牙、泰国、保加利亚、摩纳哥、匈牙利、新加坡、突尼斯、阿根廷、韩国、阿联酋、埃及、塞浦路斯、波兰、蒙古、罗马尼亚、古巴、俄罗斯、土耳其、乌克兰、白俄罗斯、哈萨克斯坦、希腊、吉尔吉斯斯坦、塔吉克斯坦、乌兹别克斯坦、越南、老挝、立陶宛、朝鲜、科威特、巴西、秘鲁、阿尔及利亚及波黑。其次,在国内立法及司法解释方面,我国《民事诉讼法》(2012)第4编第276条~283条对有关民商事司法协助问题做了规定。此外,还有一些司法解释和文件涉及民商事司法协助问题,主要有2015年2月4日起施行的《最高人民法院关于适用〈中华人民共和国民事诉讼法〉的解释》、2015年7月7日颁布的《最高人民法院关于人民法院为"一带一路"建设提供司法服务和保障的若干意见》、2013年5月2日起实施的《最高人民法院关于依据国际公约和双边司法协助条约办理民商事案件司法文书送达和调查取证司法协助请求的规定》以及 2006 年的《最高人民法院关于涉外民事或商事案件司法文书送达问题若干规定》。

### (二) 中国与民商事案件域外送达

在民商事司法文书域外送达方面，我国于 1991 年 3 月 2 日加入《海牙送达公约》，该公约于 1992 年 1 月 1 日起对我国生效。我国批准加入《海牙送达公约》时，指定中华人民共和国司法部作为中央机关和有权接收外国通过领事途径转递文书的机关。同时，我国对该公约部分条款做了保留，主要包括：第一，对公约第 8 条第 1 款所规定的外交人员或领事直接送达，我国声明"只有文书须送达给文书发出国公民时"，才能采用上述方式在我国境内进行送达；第二，对公约第 10 条所规定的直接邮寄送达、主管人员直接送达及利害关系人直接送达三种替代送达方式，我国声明反对在我国境内采用；第三，对公约第 15 条第 1 款关于被告如未出庭，只有在确定有关传票或类似文书确已送达或交付给被告或留置在其居所，且能保证被告有进行答辩的足够时间，才能做出缺席判决的规定，我国声明在符合该条第 2 款所规定各项条件的情况下，我国法院可以不顾第 1 款的规定，做出缺席判决；第四，对于公约第 16 条第 3 款所规定的缺席判决中的被告在败诉时于符合一定条件下法院有权使被告免于因上诉期间届满而丧失上诉权的效果，我国提出声明，被告要求免除丧失上诉权效果的申请只能在判决做出之日起一年之内提出，否则我国法院不予受理。

从我国加入《海牙送达公约》到现在，中国法院和外国法院相互委托送达民商事案件司法文书的数量，已从最初的每年不足 10 件上升到每年 3000 余件，案件类型已由简单的经济纠纷、婚姻家庭纠纷扩展到知识产权纠纷、股权纠纷等多领域的纠纷。据统计，最近几年我国收到来自《海牙送达公约》成员国提出的送达请求书的数据分别如下：2009 年 2215 件、2010 年 2039 件、2011 年 1898 件、2012 年 1930 件、2013 年 1943 件。而与此同时，我国根据《海牙送达公约》提出送达请求书的数据如下：2009 年 1079 件、2010 年 1183 件、2012 年 1366 件、2013 年 1315 件。2014～2015 年我国收到和提出的送达请求书总数量也基本维持在每年 3000 件左右。

### (三) 中国与民商事案件域外取证

在民商事案件域外取证方面，我国 1997 年 12 月 8 日加入《海牙取证公约》。该公约已于 1998 年 2 月 6 日对我国生效。但是，我国在加入公约时对一些条款

**中国促进国际法治报告（2015年）**

做了保留。中国政府做的保留如下：①根据公约第23条，我国声明对于普通法系国家旨在进行审判前文件调查的请求书，仅执行已在请求书中列明并与案件有直接联系的文件的取证请求；②根据公约第33条，我国声明除第15条以外，不适用公约第二章的规定，即对公约第二章由外交代表或领事和特派员获取证据的所有规定，我国只承诺履行第15条所规定的内容，在民事或商事方面，允许缔约国的外交代表或领事在我国境内针对其本国国民取证。

另外，公约第39条第4款规定："对公约的加入只有在加入国和声明接受其加入的缔约国之间有效。"截至2015年12月30日，公约已经在我国与45个国家之间有效。据不完全统计，近几年我国根据《海牙取证公约》收到取证请求书的数据分别为：2009年27件、2010年33件、2011年35件、2012年42件、2013年58件。而同一时期，我国根据公约发出的请求书分别是：2009年0件、2010年1件、2011年1件、2012年3件、2013年2件。2014~2015年的相关数据暂未收集到。

从实践来看，中国法院主动向外国提出取证请求的数量并不多，只有少数案件真正利用《海牙取证公约》和双边条约或通过其他途径在国外成功取证。如1998年广东雅芳有限公司被诉侵权委托中国代理律师域外取证案就是一例。该案最后通过在美国域外取证，有效地查清了案件事实，顺利解决了争议双方的民事纠纷。

而对外国法院和当事人在中国取证，在加入《海牙取证公约》之前，我国一直持比较谨慎的态度，只有在少数案件中外国在中国获取了有关证据。自20世纪90年代以来，随着我国加入《海牙取证公约》以及与其他国家签订的司法协助条约日益增多，外国利用公约或司法协助条约在中国取证的案例也日益增多，而很多请求是根据《海牙取证公约》向中国提出的。2003年美国伊利诺伊州北区法院请求取证案就是一例。该案涉及美国伊利诺伊州北部地区法院受理的Weldbend Corporation诉Silbo Industries, Inc. 使用虚假的原产地从中国进口并销售碳钢管配件一案。因涉及产品的原产地问题，2003年3月25日，美国法院按照《海牙取证公约》向中华人民共和国司法部提出了协助调查沈阳某压力容器厂与被告的交易情况以及相关证人的请求。司法部作为我国负责专递请求的中央机关，接到请求书后转交给最高人民法院，经研究，就美国提出的请求予以同意，并准许双方律师出席取证现场。但对要求证人宣誓、对证人口头调查并录像的请求，我国主管机关表示"我国尚无有关规定，且无法操作"，故予以拒绝。

## （四）中国与外国法院判决的承认与执行

目前，中国没有加入任何一个承认与执行外国判决的专门性的国际公约，不过，我国加入的少数其他国际公约含有外国法院判决承认与执行的规定，如我国2001年1月5日加入的《国际油污损害民事责任公约》第10条就涉及缔约国间对于特定判决的相互承认与执行问题。因此，中国现阶段承认和执行外国法院判决的主要法律依据是双边司法协助条约和国内立法。

中国承认与执行外国法院判决的国内法律规定主要散布在《民事诉讼法》（2012）涉外篇中，以及最高人民法院的有关司法解释和关于外国法院判决离婚的专门法律规定中。根据《民事诉讼法》第281和第282条的规定，外国法院判决在中国得到承认与执行就必须要以存在国际公约、双边司法协助条约或者互惠为前提条件，还不能违反中国的基本法律原则、主权、安全和社会公共利益。此外，2015年最高人民法院颁布的《关于适用〈中华人民共和国民事诉讼法〉的解释》第543~549条对中国承认与执行外国法院判决做出了补充性的规定。

据统计，近几年来我国每年接收到的域外判决承认与执行的请求数量并不多，只有几起。在我国法院承认与执行外国法院判决方面，典型的案例主要有以下几例。2003年，广东佛山中级人民法院依据《中华人民共和国民事诉讼法》以及《中国和意大利民事司法协助条约》的规定，承认和执行了意大利米兰法院的判决。2005年广州市中级人民法院承认与执行了法国普瓦提艾商业法院对法国百高洋行破产案做出的判决。2014年宁波市中级人民法院（2013）浙甬民确字第1号民事裁定书，裁定承认波兰共和国弗罗茨瓦夫上诉法院2009年4月8日做出的判决。

在中国法院判决被外国承认与执行方面，2002年，德国柏林高等法院承认了中国江苏省无锡市中级人民法院的判决。2011年湖北省高院审理的三联公司诉美国罗宾逊公司案的判决得到美国第九巡回法院的承认与执行。2014年1月28日，新加坡高等法院裁定执行了中国苏州市中级人民法院就"昆山捷安特轻合金科技有限公司与雅柯斯（远东）私人有限公司、上海亚提思机电设备有限公司买卖合同纠纷一案"做出的判决。这是新加坡法院首次执行中国大陆司法判决。目前，中国与新加坡并未签署任何关于互相承认和执行法院判决的双边或多边协议。此次苏州中院的判决在新加坡得到承认和执行，无疑为中国企业在新加坡申请执行中国法院判决开创了一个良好的先例。

### (五)中国与国际商事仲裁裁决的承认与执行

在国际商事仲裁的承认与执行方面,我国于1986年12月2日加入《纽约公约》,该公约于1987年4月22日对我国生效。20多年来,我国严格恪守公约义务,较好地践行了"有利于执行"的公约理念。我国承认和执行外国仲裁裁决大致分为三种情况:一是依照我国参加的《纽约公约》承认和执行;二是依据我国缔结的双边司法协助协定的规定进行;三是依照互惠原则办理。由于我国参加的1958年《纽约公约》在世界上有广泛影响,因而我国法院承认和执行外国仲裁裁决主要依据该公约进行。

自我国加入《纽约公约》以来,大部分来自缔约国的仲裁裁决得到了我国的承认与执行。据不完全统计,2012~2015年,我国法院共收到55件申请承认执行外国仲裁裁决的案件,大部分仲裁裁决得到了我国法院的承认与执行。只有少数外国仲裁裁决被我国拒绝承认与执行。据统计,2000~2011年,我国各级法院就适用《纽约公约》拟不予承认和执行外国仲裁裁决请示最高法院的案件共56件,经最高法院审查,确定不予承认和执行仲裁裁决的案件共21件,其中仲裁协议不成立或无效的8件;当事人未获指派仲裁员或仲裁程序之适当通知、仲裁程序违反当事人约定或仲裁地法律的9件;因裁决超裁而被部分拒绝承认和执行的2件;仲裁事项依据我国法律不具有可仲裁性的1件;因违反公共政策被不予承认和执行的1件。此外还有3件案件,当事人的申请因超过申请执行期限等被驳回。

# 第二十四章
# 中国与国际商事仲裁[*]

## 一 概述

《仲裁法》颁布以来，我国仲裁进入了快速发展的轨道。1995年，全国仲裁委员会受理案件标的总额为2亿元（人民币，下同）。到2009年，案件标的总额首次突破1000亿元。2013年，这个数字刷新为1646亿元，是1995年的823倍。根据国务院法制办的一个全面统计，1995~2013年底，全国共成立仲裁委员会223个，加上仲裁法实施前成立的中国国际经济贸易仲裁委员会（以下简称"中国贸仲"）、中国海事仲裁委员会，全国共有225个仲裁委员会，累计受理案件802307件，案件标的总额11209亿元。各仲裁委员会平均受案数3566件，平均标的额498183万元。[①]

2015年，中国国际商事仲裁的发展主要体现在以下三个方面：一是制度方面的新发展。最高人民法院发布了《最高人民法院关于适用〈中华人民共和国民事诉讼法〉的解释》（以下简称《民诉法司法解释》），[②] 该解释从法院程序的角度规定了涉及仲裁的相关问题。二是仲裁机构在"走出去"和"引进来"方面发展迅速。更为重要的是，最高人民法院就中国贸仲及其原分委员会的案件管辖权问题发布了新的司法解释。三是商事仲裁中涉外因素的判断成为近年的热点。

## 二 制度上的新发展

2015年，最高人民法院发布的《民诉法司法解释》第22章"涉外民事诉讼

---

[*] 本章作者何其生，法学博士，武汉大学国际法研究所副所长、教授，主要研究方向：国际私法、国际商事仲裁法。
[①] 参见张维《仲裁年受案量首次突破10万件》，《法制日报》2014年6月6日。
[②] 法释〔2015〕5号，2014年12月18日最高人民法院审判委员会第1636次会议通过。

程序的特别规定"对涉外仲裁进行了规定，部分内容重述了以前案例或司法解释所确立的制度。具体如下。

### （一）仲裁保全

中国涉外仲裁机构将当事人的保全申请提交人民法院裁定的，人民法院可以进行审查，裁定是否进行保全。裁定保全的，应当责令申请人提供担保，申请人不提供担保的，裁定驳回申请。当事人申请证据保全，人民法院经审查认为无须提供担保的，申请人可以不提供担保。①

### （二）涉外仲裁裁决的承认与执行

申请人向人民法院申请执行中国涉外仲裁机构的裁决，应当提出书面申请，并附裁决书正本。如申请人为外国当事人，其申请书应当用中文文本提出。人民法院强制执行涉外仲裁机构的仲裁裁决时，被执行人以有《民事诉讼法》第274条第1款规定的情形为由提出抗辩的，人民法院应当对被执行人的抗辩进行审查，并根据审查结果裁定执行或者不予执行。②

### （三）临时仲裁的承认与执行

对临时仲裁庭在中国领域外做出的仲裁裁决，一方当事人向人民法院申请承认和执行的，人民法院应当依照《民事诉讼法》第283条规定处理。③

### （四）外国仲裁裁决的承认与执行

对外国法院做出的发生法律效力的判决、裁定或者外国仲裁裁决，需要中华人民共和国法院执行的，当事人应当先向人民法院申请承认。人民法院经审查，裁定承认后，再根据民事诉讼法第三编的规定予以执行。当事人仅申请承认而未同时申请执行的，人民法院仅对应否承认进行审查并做出裁定。④

当事人申请承认和执行外国法院做出的发生法律效力的判决、裁定或者外国仲裁裁决的期间，适用《民事诉讼法》第239条的规定。当事人仅申请承认而未同时申请执行的，申请执行的期间自人民法院对承认申请做出的裁定生效之日

---

① 《民诉法司法解释》第542条。
② 《民诉法司法解释》第540、541条。
③ 《民诉法司法解释》第545条。
④ 《民诉法司法解释》第546条。

起重新计算。①

承认和执行外国法院做出的发生法律效力的判决、裁定或者外国仲裁裁决的案件，人民法院应当组成合议庭进行审查。人民法院应当将申请书送达被申请人。被申请人可以陈述意见。人民法院经审查做出的裁定，一经送达即发生法律效力。②

## 三 仲裁机构的新发展

### （一）仲裁机构"走出去"与"引进来"

近年来，中国仲裁机构不仅"走出去"，而且一些著名的国际仲裁机构也开始进驻中国内地。其主要体现在如下几个方面。

#### 1. 中国贸仲设立香港仲裁中心

2012年9月24日，中国国际经济贸易仲裁委员会香港仲裁中心（China International Economic and Trade Arbitration Commission Hong Kong Arbitration Center）（简称"中国贸仲"）在香港设立。中国贸仲香港仲裁中心是中国贸仲在中国内地以外设立的第一家分支机构。中国贸仲香港仲裁中心目前主要依据中国贸仲现行《仲裁规则》的规定受理两类案件：一是当事人约定提交"中国贸仲香港仲裁中心仲裁"的案件；二是当事人约定将争议提交中国贸仲在香港仲裁的案件。

#### 2. 国际知名仲裁机构入驻自贸区

2015年11月19日，香港国际仲裁中心在中国（上海）自由贸易试验区设立代表处，这是落户上海自贸区的首家境外仲裁机构。上海自贸区扩区之际就提出支持国际知名商事争议解决机构入驻，提高上海商事纠纷仲裁国际化程度，建立亚太仲裁机构交流合作机制，打造面向全球的亚太仲裁中心。③ 上海市商务委员会认为，商事争议解决的水平已成为衡量一个地区贸易投资环境的重要指标，积极引进商事争议解决机构既是上海自贸区深化改革的要求，也是优化上海贸易投资发展环境的重要举措。上海将进一步推动国际商事争议解决机构的集聚，将

---

① 《民诉法司法解释》第547条。
② 《民诉法司法解释》第548条。
③ 参见《香港国际仲裁中心在上海自贸区设立代表处》，新华网，http：//news. xinhuanet. com/ttgg/2015 – 11/19/c_ 1117201365. htm。

上海打造成为亚太乃至全球商事争议解决的重要枢纽。①

### 3. 境外仲裁机构来中国审理案件

境外仲裁机构来中国审理案件已经不是个案,在下文中的西门子国际贸易(上海)有限公司诉上海黄金置地(上海)有限公司案中,新加坡国际仲裁中心就选择在上海审理案件。而且在《最高人民法院关于申请人安徽省龙利得包装印刷有限公司与被申请人 BP Agnati S. R. L 申请确认仲裁协议效力案的请示的复函》② 中,最高院还发布了相关的司法解释,相关内容为:

> 本案为确认涉外仲裁协议效力案件。当事人在合同中约定,因合同而发生的纠纷由国际商会仲裁院进行仲裁,同时还约定"管辖地应为中国上海"(Place of jurisdiction shall be Shanghai, China)。从仲裁协议的上下文看,对其中"管辖地应为中国上海"的表述应当理解为仲裁地在上海。本案中,当事人没有约定确认仲裁协议效力适用的法律,根据《最高人民法院关于适用〈中华人民共和国仲裁法〉若干问题的解释》第 16 条,应适用仲裁地法律即中华人民共和国的法律来确认仲裁协议的效力。
>
> 《中华人民共和国仲裁法》第 16 条规定,仲裁协议应当具有下列内容:①请求仲裁的意思表示;②仲裁事项;③选定的仲裁委员会。涉案仲裁协议有请求仲裁的意思表示,约定了仲裁事项,并选定了明确具体的仲裁机构,应认定有效。

综上,不管是涉外仲裁机构"走出去",还是境外仲裁机构"引进来",都是中国国际商事仲裁快速发展的体现。"走出去"深层次的背景是中国经济雄厚的实力以及全球化的发展;"引进来"除了经济因素外,更离不开中国法治环境的改善。然而,仲裁机构国际化的发展方向也将会在仲裁协议的效力、仲裁裁决的撤销以及承认和执行方面带来诸多的挑战,这些问题目前尚未凸显。

## (二)中国贸仲及其原分委员会案件的司法审查问题

### 1. 中国贸仲及其原分委员会的更名问题

因中国贸仲于 2012 年 5 月 1 日施行修订后的仲裁规则以及原中国国际经济

---

① 《首家境外商事仲裁机构入驻上海自贸区》,http://www.shanghai.gov.cn/nw2/nw2314/nw2315/nw4411/u21aw1079246.html。
② 2013 年 3 月 25 日,〔2013〕民四他字第 13 号。

贸易仲裁委员会华南分会（现已更名为华南国际经济贸易仲裁委员会，同时使用深圳国际仲裁院的名称，以下简称华南贸仲）、原中国国际经济贸易仲裁委员会上海分会（现已更名为上海国际经济贸易仲裁委员会，同时使用上海国际仲裁中心的名称，以下简称上海贸仲）变更名称并施行新的仲裁规则，致使部分当事人对相关仲裁协议的效力以及上述各仲裁机构受理仲裁案件的权限、仲裁的管辖、仲裁的执行等问题产生争议，不断向法院请求确认仲裁协议效力、申请撤销或者不予执行相关仲裁裁决，引发诸多仲裁司法审查案件。

针对这些案件，2013年9月4日，最高人民法院向全国各高级人民法院下发《关于正确审理仲裁司法审查案件有关问题的通知》（法〔2013〕194号）。通知规定：

> 对于因上述争议产生的当事人申请确认仲裁协议效力的案件以及当事人申请撤销或者不予执行中国贸仲或者上海贸仲、华南贸仲作出的仲裁裁决的案件，人民法院在作出裁定之前，须经审判委员会讨论提出意见后，逐级上报至最高人民法院，待最高人民法院答复后，方可作出裁定。

### 2. 更名前后的管辖权争议

2002年，在倪来宝、刘冬莲诉Soudal Investment Limited案中，两原告向上海第二中级人民法院申请确认涉案仲裁协议的效力。涉案《股权购买合同》第11.2.2约定："任何因本合同产生或者与本合同有关的争议、诉讼或者索赔，包括合同的效力、失效、违约或者终止，均应提交至中国国际经济贸易仲裁委员会上海分会根据申请时有效的仲裁规则进行裁决。仲裁程序应由中、英文进行。仲裁裁决为终局裁决，对双方均具有约束力。"2014年12月31日，上海市二中院做出〔2012〕沪二中民认（仲协）字第5号民事裁定书，认定中国贸仲上海分会系依法设立的仲裁机构，现已经更名为上海贸仲；上海贸仲有权根据当事人签订的仲裁协议受理约定由"中国国际经济贸易仲裁委员会上海分会"仲裁的案件并做出裁决。之后，上海二中院做出了一系列类似裁定书，认可相关仲裁协议的效力。[①]

与此同时，在山东富宇蓝石轮胎有限公司诉深圳市年富实业发展有限公司案

---

[①] 诸如上海二中院分别于2015年1月8~9日做出编号为〔2013〕沪二中民认（仲协）字第14号、第17号以及〔2014〕沪二中民认（仲协）字第2号、第3号、第11号、第17号、第18号、第19号、第20号、第21号、第22号、第23号共计12份《民事裁定书》。

中,山东富宇蓝石轮胎有限公司要求确认涉案仲裁协议的无效。涉案《供应链服务协议》第9条"解决纠纷"规定:"双方同意,在执行本协议过程中所发生的纠纷应首先通过友好协商解决;协商不成的,任何一方均可提交中国国际经济贸易仲裁委员会华南分会,按照申请仲裁时该会现行有效的仲裁规则,仲裁裁决是终局的,仲裁适用中华人民共和国法律。"2015年1月6日,深圳中院做出〔2013〕深中法涉外仲字第133号民事裁定书,驳回了山东富宇蓝石轮胎有限公司确认仲裁协议无效的申请。

除了确认仲裁协议的效力,在执行程序中,法院也面临着类似的问题。在苏州丰裕机械工程有限公司诉肇庆国联金属制品厂有限公司案中,在华南贸仲就二者之间的争议做出〔2013〕D19号仲裁裁决后,肇庆国联金属制品厂有限公司申请不予执行该裁决。经过请示,2015年1月12日,广东省高级人民法院在请示了最高人民法院后发布了《关于就肇庆国联金属制品厂有限公司申请不予执行华南国际经济贸易仲裁委员会〔2013〕D19号仲裁裁决一案请示的复函》。[①] 复函的内容如下:

> 本案为申请执行国内仲裁裁决案件,应当根据《中华人民共和国民事诉讼法》第237条的相关规定进行审查。本案双方当事人在合同中约定"在本合同履行期间,双方发生争议,应友好协商解决。如果不能解决,则提交中国国际经济贸易仲裁委员会华南分会仲裁解决,裁决为最终定案"。根据中国贸仲华南分会在广东省司法厅予以登记的《中华人民共和国仲裁委员会登记证》及其事业单位法人证书等记载的内容,华南贸仲系依法设立的仲裁机构,其有权根据当事人签订的仲裁协议受理仲裁案件并作出裁决。肇庆国联金属制品厂有限公司关于华南贸仲无权仲裁,案涉仲裁裁决不应予以执行的理由不能成立。

之后,广东省肇庆市中级人民法院做出了执行裁定书。[②] 这是继最高院于2013年9月4日向全国各高级人民法院下发《最高人民法院关于正确审理仲裁司法审查案件有关问题的通知》(法〔2013〕194号)之后法院做出的相关裁定。据此推断,虽然最高院的相关批复仍未公开,但上海市二中院、深圳中院在

---

① 〔2013〕粤高法仲复字第10号。
② 〔2013〕肇中法民三执仲字第1号。

上述裁定中所持立场应是经过最高院答复并认可的。

**3. 最高院司法解释关于相关管辖权的分配**

为了进一步明确中国贸仲及其原分会等仲裁机构的管辖权纷争，2015 年 7 月 15 日，最高人民法院公布了《关于对上海市高级人民法院等就涉及中国国际经济贸易仲裁委员会及其原分会等仲裁机构所作仲裁裁决司法审查案件请示问题的批复》（以下简称《贸仲及其原分会案件的批复》）。① 其主要内容如下。

（1）更名之前的管辖权分配

根据《贸仲及其原分会案件的批复》第 1 条，当事人在华南贸仲更名为华南国际经济贸易仲裁委员会、上海贸仲更名为上海国际经济贸易仲裁委员会之前签订仲裁协议约定将争议提交"中国国际经济贸易仲裁委员会华南分会"或者"中国国际经济贸易仲裁委员会上海分会"仲裁的，华南贸仲或者上海贸仲对案件享有管辖权。当事人以华南贸仲或者上海贸仲无权仲裁为由请求人民法院确认仲裁协议无效、申请撤销或者不予执行仲裁裁决的，人民法院不予支持。

（2）更名之后的管辖权分配

根据《贸仲及其原分会案件的批复》，当事人在华南贸仲更名为华南国际经济贸易仲裁委员会、上海贸仲更名为上海国际经济贸易仲裁委员会之后（含更名之日）本批复施行之前签订仲裁协议约定将争议提交"中国国际经济贸易仲裁委员会华南分会"或者"中国国际经济贸易仲裁委员会上海分会"仲裁的，中国贸仲对案件享有管辖权。但申请人向华南贸仲或者上海贸仲申请仲裁，被申请人对华南贸仲或者上海贸仲的管辖权没有提出异议的，当事人在仲裁裁决做出后以华南贸仲或者上海贸仲无权仲裁为由申请撤销或者不予执行仲裁裁决的，人民法院不予支持。

当事人在《贸仲及其原分会案件的批复》施行之后（含施行起始之日）签订仲裁协议约定将争议提交"中国国际经济贸易仲裁委员会华南分会"或者"中国国际经济贸易仲裁委员会上海分会"仲裁的，中国贸仲对案件享有管辖权。

（3）法院与仲裁机构的管辖权问题

针对中国贸仲与其原分委员会相关案件，在法院与仲裁机构的管辖权等问题上，《贸仲及其原分会案件的批复》规定如下。

第一，仲裁案件的申请人向仲裁机构申请仲裁的同时请求仲裁机构对案件的管辖权做出决定，仲裁机构做出确认仲裁协议有效、其对案件享有管辖权的决定

---

① 2015 年 6 月 23 日最高人民法院审判委员会第 1655 次会议通过，自 2015 年 7 月 17 日起施行。

后，被申请人在仲裁庭首次开庭前向人民法院提起申请确认仲裁协议效力之诉的，人民法院应予受理并做出裁定。申请人或者仲裁机构根据《最高人民法院关于确认仲裁协议效力几个问题的批复》（法释〔1998〕27号）第3条或者《最高人民法院关于适用〈中华人民共和国仲裁法〉若干问题的解释》（法释〔2006〕7号）第13条第2款的规定主张人民法院对被申请人的起诉应当不予受理的，人民法院不予支持。

第二，在《贸仲及其原分会案件的批复》施行之前，中国贸仲或华南贸仲、上海贸仲已经受理的根据本批复第1条规定不应由其受理的案件，当事人在仲裁裁决做出后以仲裁机构无权仲裁为由申请撤销或者不予执行仲裁裁决的，人民法院不予支持。

第三，在《贸仲及其原分会案件的批复》施行之前，中国贸仲或者华南贸仲、上海贸仲受理了同一仲裁案件，当事人在仲裁庭首次开庭前向人民法院申请确认仲裁协议效力的，人民法院应当根据本批复第1条的规定进行审理并做出裁定。

第四，在《贸仲及其原分会案件的批复》施行之前，中国贸仲或者华南贸仲、上海贸仲受理了同一仲裁案件，当事人并未在仲裁庭首次开庭前向人民法院申请确认仲裁协议效力的，先受理的仲裁机构对案件享有管辖权。

## 四　无涉外因素案件国外仲裁问题

在中国，国际商事仲裁的案件通常是指具有涉外因素的案件。但如何界定"涉外因素"，法院之间认定不同，近年来在此问题上争议越来越突出。以下是几个重要的案件。

### （一）不具有涉外因素不得到境外仲裁

对于不具有涉外因素的争议不得到境外仲裁机构仲裁案件，最高院已经在多起案件中进行了回复，诸如如下两起案件。

一是江苏航天万源风电设备制造有限公司诉艾尔姆风能叶片制品（天津）有限公司申请确认仲裁协议效力案。[①] 该案中的江苏航天万源风电设备制造有限

---

[①] 《最高人民法院关于江苏航天万源风电设备制造有限公司与艾尔姆风能叶片制品（天津）有限公司申请确认仲裁协议效力纠纷一案的请示的复函》，2012年8月31日，载《涉外商事海事审判指导》（2012年第2辑·总第25辑），第126~131页。

公司（以下简称江苏万源公司）与艾尔姆风能叶片制品（天津）有限公司（以下简称艾尔姆天津公司）均为国内当事人。2005年12月23日，双方签订了风力发电机叶片的《贸易协议》。其"争议及适用法律"条款中约定，"争议事项可提交国际商会根据其仲裁规则仲裁"，并且，"仲裁地点为位于中华人民共和国北京双方约定的场所"。2011年，江苏万源公司申请南通市中级人民法院确认仲裁协议无效。江苏省南通市中级人民法院经审查，认为应确认仲裁协议无效，并逐级上报至最高人民法院。2012年8月31日，最高人民法院以〔2012〕民四他字第2号复函答复如下：

> 根据你院请示，当事人在《贸易协议》中订立了仲裁条款，约定有关争议事项可提交国际商会在北京仲裁。订立《贸易协议》的双方当事人均为中国法人，标的物在中国，协议也在中国订立和履行，无涉外民事关系的构成要素，该协议不属于涉外合同。由于仲裁管辖权系法律授予的权力，而我国法律没有规定当事人可以将不具有涉外因素的争议交由境外仲裁机构或者在我国境外临时仲裁，故本案当事人约定将有关争议提交国际商会仲裁没有法律依据。

二是北京朝来新生体育休闲有限公司申请承认和执行外国仲裁裁决案。[①] 北京朝来新生体育休闲有限公司（以下简称"朝来新生公司"）是在北京市工商行政管理局朝阳分局注册成立的有限责任公司（自然人独资）；北京所望之信投资咨询有限公司（以下简称"所望之信公司"）是在北京市工商行政管理局注册成立的有限责任公司（外国自然人独资）。2007年7月20日，双方签订《合同书》约定，双方合作经营位于北京市朝阳区的高尔夫球场，合同中写明签订地在中国北京市。合同还约定：如发生纠纷时，双方首先应进行友好协商，达成协议，对于不能达成协议的部分可以向大韩商事仲裁院提出诉讼进行仲裁，仲裁结果对于双方具有同等法律约束力。在经营过程中高尔夫球场土地租赁合同解除，双方因土地补偿款的分配问题发生纠纷。为此，所望之信公司于2012年4月2日向大韩商事仲裁院提起仲裁。

大韩商事仲裁院依据双方约定的仲裁条款受理了所望之信公司的仲裁申请及朝来新生公司反请求申请，适用中华人民共和国法律作为准据法，于2013年5

---

① 〔2013〕二中民特字第10670号。

### 中国促进国际法治报告（2015年）

月 29 日做出支持朝来新生公司的仲裁裁决。2013 年 6 月 17 日，朝来新生公司向北京市第二中级人民法院提出申请，请求法院承认上述仲裁裁决。由于涉及不予承认，在北京二中院做出决定前，按照报告制度层报最高人民法院。最高人民法院给北京市高级人民法院复函的主要内容如下：①

> ……订立《合同书》的双方当事人均为中国法人，《合同书》内容是双方就朝来公司在中国境内的高尔夫球场进行股份转让及合作，所涉标的物在中国境内，合同亦在中国境内订立和履行。因此，《合同书》没有涉外民事关系的构成要素，不属于涉外合同。该合同以及所包含的仲裁条款之适用法律，无论当事人是否做出明示约定，均应确定为中国法律。根据《中华人民共和国民事诉讼法》第 271 条以及《中华人民共和国合同法》第 128 条第 2 款的规定，我国法律未授权当事人将不具有涉外因素的争议交由境外仲裁机构或者在我国境外临时仲裁，故本案当事人约定将争议提交大韩商事仲裁院仲裁的条款属无效协议，且该仲裁协议之效力瑕疵不能因当事人在仲裁程序中未提出异议而得到补正，仲裁庭对本案争议不享有管辖权。根据《纽约公约》第 5 条第 1 款（甲）项的规定，被申请人提供证据证明仲裁条款依当事人作为协定准据之法律系属无效者，得拒予承认及执行仲裁裁决，故本案所涉仲裁裁决应不予承认……

2014 年 1 月 20 日，北京市第二中级人民法院做出〔2013〕二中民特字第 10670 号民事裁定书，驳回朝来新生公司要求承认大韩商事仲裁院仲裁裁决的申请。

类似的案件还有 2014 年 11 月 13 日审结的上海科匠信息科技有限公司与范丝堂（上海）文化信息咨询有限公司申请确认仲裁协议效力案，2015 年 3 月 9 日河北省高级人民法院审结的美铝渤海铝业有限公司与内蒙古霍煤鸿骏铝扁锭股份有限公司之间的供应协议纠纷案，② 等等。

---

① http://bjgy.chinacourt.org/article/detail/2015/03/id/1560588.shtml，2015 年 12 月 19 日访问。
② 裁判文书网，http://www.court.gov.cn/zgcpwsw/heb/ms/201506/t20150617_8719353.htm，2015 年 12 月 15 日访问。

## （二）上海一中院在"涉外因素"识别上的突破

在西门子国际贸易（上海）有限公司诉上海黄金置地（上海）有限公司案①中，西门子公司申请承认与执行新加坡国际仲裁中心做出的仲裁裁决。在该案中，西门子公司、黄金置地公司均为在我国注册设立的外商独资企业，属中国法人，双方的注册地均在上海自贸区。前述北京朝来新生体育休闲有限公司申请承认和执行外国仲裁裁决案已经认定中国法人之间的案件不得在国外仲裁机构进行仲裁，但法院对本案则做出了不同的认定。法院认为：

> 本案中，申请人西门子公司与被申请人黄金置地公司均为中国注册的公司法人，合同约定的交货地、作为合同标的物的设备目前所在地均在我国境内，该合同表面上看并不具有典型的涉外因素。然而，综观本案合同所涉的主体、履行特征等方面的实际情况，该合同当前存在与普通国内合同有明显差异的独特性，可以认定为涉外民事法律关系，主要理由有：第一，本案合同的主体均具有一定涉外因素。西门子公司与黄金置地公司虽然都是中国法人，但注册地均在上海自贸试验区区域内，且其性质均为外商独资企业，由于此类公司的资本来源、最终利益归属、公司的经营决策一般均与其境外投资者关联密切，故此类主体与普通内资公司相比具有较为明显的涉外因素。在自贸试验区推进投资贸易便利的改革背景下，上述涉外因素更应给予必要重视。第二，本案合同的履行特征具有涉外因素。合同项下的标的物设备虽最终在境内工地完成交货义务，但从合同的签订和履行过程看，该设备系先从我国境外运至自贸试验区（原上海外高桥保税区）内进行保税监管，再根据合同履行需要适时办理清关完税手续、从区内流转到区外，至此货物进口手续方才完成，故合同标的物的流转过程也具有一定的国际货物买卖特征。因此，本案合同的履行因涉及自贸试验区的特殊海关监管措施的运用，与一般的国内买卖合同纠纷具有较为明显的区别。综合以上情况，本院认为，本案合同关系符合《涉外法律适用法司法解释》第1条第5项规定的"可以认定为涉外民事关系的其他情形"，故系争合同关系具有涉外因素，双方当事人约定将合同争议提交新加坡国际仲裁中心进行仲裁解决的条款有效。

---

① 〔2013〕沪一中民认（外仲）字第2号民事裁定书。

## 五 结论

从前述的讨论可以看出，2015年中国国际商事仲裁的发展主要集中在如下几个方面。

一是制度的正式化。最高人民法院通过颁布新的司法解释，即《最高人民法院关于适用〈中华人民共和国民事诉讼法〉的解释》，对涉外仲裁进行了规定或者重述了以前案例或司法解释所确立的制度，并重点体现在仲裁保全、涉外仲裁裁决的承认与执行、临时仲裁的承认与执行、外国仲裁裁决的承认与执行的程序规范上。

二是关于中国贸仲及其原分委员会的管辖权纠纷，是中国仲裁界近年来的热点问题。2015年最高人民法院颁布的相关司法解释最终使这一纷争的处理有了法律依据。中国的国际商事仲裁机构进入群雄并起的状态。

三是随着中国国际商事仲裁的发展逐渐走向深入，一些新的问题，诸如"涉外因素"的判定成为晚近法院面临的问题。实际上，不管是国际商事仲裁中涉外因素的判断，还是法律选择中涉外因素的判断，随着上海自贸试验区、深圳前海自贸区等的建立，"涉外因素"的判断越来越复杂。传统上认为，外资在中国成立独资或合资企业即为中国法人，而这种中国法人之间的纠纷不能认定为具有涉外因素的做法，正面临挑战。

四是随着外国仲裁机构进驻中国，特别是进驻自贸区，中国国际商事仲裁案源的争夺将进一步加剧，而其带来的诸如管辖权、法律适用、仲裁地的确定以及仲裁裁决的承认与执行等新的问题，不仅会对传统中国民事诉讼法的相关规定带来挑战，而且将进一步要求中国修改目前已经漏洞百出的《仲裁法》。

# 第二十五章
# 中国与文化遗产保护、消费者保护及食品安全[*]

## 一 中国与文化遗产保护国际法治

### （一）概述

2014年3月27日，中国国家主席习近平在联合国教科文组织总部发表演讲，全面深刻阐述对文明交流互鉴的看法和主张，强调要让中华文明同世界丰富多彩的文明一道，为人类提供正确的精神指引和强大的精神动力。文化遗产是从古至今人类文明各种成就的形成与积累，包括了人类所创造的物质财富和精神财富。保护文化遗产就是保护人类曾经拥有的文明成果、历史记忆，保护文化遗产有益于加强人类的文明和文化意识。

从国际上看，对于打击文物贩运及流失文物返还而言，2014年是一个具有重要意义的年份。联合国毒罪办在奥地利审议并通过了《关于打击文化财产贩运的犯罪预防及刑事司法对策准则》。2015年5月，"1970年公约成员国大会附属委员会"通过1970年《关于禁止和防止非法进出口文化财产和非法转让其所有权的方法的公约操作指南》（简称《1970年公约操作指南》）。

从国内看，近年来我国政府及有关部门非常重视文化遗产的保护，积极制定、修订有关立法和部门规章，推动文化遗产保护的理论研究与实践发展，积极参加文化遗产保护的国际条约，开展多边和双边的国际交流与合作。2014~2015年，可圈可点的主要有：《文物保护法》大规模修法工作启动，重点是健全完善

---

[*] 本章作者郭玉军，法学博士，武汉大学国际法研究所教授，中国国际私法学会副会长兼秘书长，主要研究方向：国际私法、文化遗产保护法、国际民事诉讼法、国际商事仲裁法；杜志华，法学博士，武汉大学国际法研究所副教授，主要研究方向：国际私法、欧盟法、消费者保护法、食品安全法；乔雄兵，法学博士，武汉大学国际法研究所副教授，主要研究方向：国际私法、食品安全法。本文第一部分由郭玉军撰写，第二部分由杜志华撰写，第三部分由乔雄兵撰写。

文物管理体制;文化遗产保护工作向纵深发展,传统村落文化保护得到大力推进;2015年1月14日《博物馆条例》出台;双边交流与合作加大力度,中法文化遗产领域合作行政协议签署,与匈牙利签署展览交流框架协议;中国在国际文化遗产保护领域的影响力扩大,在敦煌成功举办"第四届文化财产返还国际专家会议",发表《敦煌宣言》;文化遗产申报工作取得重大进展,2014年6月22日,丝绸之路、大运河列入世界遗产名录,丝绸之路申遗项目系由中国与吉尔吉斯斯坦、哈萨克斯坦联合申报,是我国首次与外国合作申报成功的项目,中哈吉三国即将签署"加强丝绸之路协调保护管理三国协议",已经初步构建起了丝绸之路保护和管理的国际协调机制;2015年7月4日,湖北唐崖土司城遗址获准列入世界遗产名录,目前我国世界遗产项目达48个,居世界第二;中国民间文化遗产保护行动更加积极主动,2014年8月,中国民间组织"中国民间对日索赔联合会"首次通过日本驻华大使馆致函日皇明仁和日本政府,要求日本归还所掠中国文物"唐鸿胪井刻石",这是中国民间首次向日本皇室追讨文物。

### (二)规范性文件

据统计,目前我国现行有效的文物法律法规文件总量已经有600余件,主要包括全国人大常委会颁布的《文物保护法》,国务院颁布的《文物保护法实施条例》《长城保护条例》等行政法规,以及大量的地方性法规、部门规章、地方政府规章、规范性文件等。此外,我国已加入《保护世界文化和自然遗产公约》《保护非物质文化遗产公约》等文化遗产保护的国际公约,初步形成了一个文物保护法律制度框架体系,较为全面地构建了中国文物保护事业管理体制,使文物工作的各个方面基本做到了有法可依、有章可循。[①] 2012年全国人大常委会组织开展《文物保护法》颁布30年以来第一次执法检查,审议通过了关于修改《文物保护法》的决定,《文物保护法》修订纳入十二届全国人大五年立法规划和国务院立法工作计划。2015年4月24日,《文物保护法》修订草案通过,主要对第34、41、53、54条的内容进行修改,此次修改内容的主要目标是依法推进行政审批制度改革,加快文物保护中政府职能转变。

2015年12月28日,《中华人民共和国文物保护法修订草案(送审稿)》公开征求意见。送审稿强化了政府责任,明确文物保护是公共文化事业的重要组成部分,政府主导责无旁贷,各级人民政府应当将文物事业纳入国民经济和社会发

---

① http://www.sach.gov.cn/art/2014/9/5/art_ 722_ 113138.html,2016年1月3日访问。

展规划、城乡规划、财政预算；地方各级人民政府负责本行政区域的文物保护，并将文物保护纳入绩效考核内容，增加了地方人大、地方人民政府、有关管理部门对文物保护的监督检查职责；扩大社会参与，着力增加了社会力量参与文物保护的条款，鼓励设立文物保护社会公益基金；拓展活化利用，明确文物利用应当确保文物安全，与人民群众的生产生活相协调，防止不当利用、过度开发；按照国际公约和双边协定的规定，完善了文物进出境管理措施；强化了法律责任。

博物馆既是传承人类文明的重要场所，也是重要的公共文化服务机构。2015年1月14日国务院通过《博物馆条例》，自2015年3月20日起开始施行，标志着我国博物馆行业第一个全国性法规正式出台，对我国博物馆事业发展纳入法制轨道具有重要意义。条例明确博物馆在不违背其非营利属性、不脱离其宗旨使命的前提下，可以开展经营性活动；在法律层面明确了非国有博物馆的地位和属性；禁止博物馆取得来源不明或不合法的藏品。

《水下文物保护管理条例》修订进程加快。

2014年5月4日，国家发展和改革委员会、文化部联合印发《国家非物质文化遗产保护利用设施建设实施方案》。国家文物局制定颁布了系列文件，2014年1月17日《全国重点文物保护单位文物保护项目咨询评估机构管理办法（试行）》《全国重点文物保护单位文物保护工程申报审批管理办法（试行）》，2014年5月20日《文物保护工程勘察设计资质管理办法（试行）》《文物保护工程施工资质管理办法（试行）》《文物保护工程监理资质管理办法（试行）》，2014年8月1日《可移动文物修复管理办法》等开始实施。

非物质文化遗产保护地方性立法取得进展。2014年11月27日辽宁省通过《辽宁省非物质文化遗产条例》，2015年7月31日甘肃省通过甘南州报批的《甘肃省甘南藏族自治州非物质文化遗产保护条例》，2015年9月24日山东省通过《山东省非物质文化遗产条例》。

## （三）国际交流与合作

2014年6月27日，中国国家主席习近平和来访的缅甸总统吴登盛见证签署《中华人民共和国国家文物局与缅甸联邦共和国文化部关于促进文化遗产领域交流与合作的协议》。双方将在文物保护、博物馆管理、展览交流、世界遗产申报及打击文物走私等领域加强合作。

2014年10月21日，中法签署《中华人民共和国国家文物局局长与法兰西共和国文化与新闻部部长关于文化遗产领域交流与培训计划的行政协议》，该协议是中法高级别人文交流机制启动以来文化遗产领域的重要成果,是两国建交50年来在文化遗产领域的首个政府层面的专门合作文件,将中法间单个的项目合作形式提升到了两国文化遗产主管部门机制化合作的新高度。

中国积极参与国际组织促进文物返还的国际合作,进一步推动与外国政府签署防止盗窃、盗掘和非法进出境文化财产协定的工作,2014年1月中美续签为期5年的《关于旧石器时代到唐末的归类考古材料以及至少250年以上的古迹雕塑和壁上艺术实施进口限制的谅解备忘录》。截至2014年9月,中国与美国、瑞士、意大利、澳大利亚、印度、菲律宾、希腊、智利、塞浦路斯、委内瑞拉、土耳其、秘鲁、埃塞俄比亚、埃及、墨西哥、哥伦比亚、蒙古等18个国家签署防止盗窃、盗掘和非法进出境文化财产的双边协定。

作为文物流失大国,除了利用传统多边国际公约外,中国积极以签订双边协定的形式,促进流失文物返还,取得良好实效。联合国教科文组织从2011年开始对1970年《关于禁止和防止非法进出口文化财产和非法转让其所有权的方法的公约》(以下简称1970年公约)进行实质性改革,主要是加强公约的实施,目前正在制定的公约操作指南中,中国提出的"鼓励"各国签署双边协定的建议得到认可,已在附属委员会会议上通过。

2014年6月30日至7月2日,1970年公约成员国大会附属委员会第二次会议在巴黎举行,中国政府派员参加。会上中国政府代表就正在制定中的《1970年公约操作指南》提出建设性意见,中国代表建议对国家清册进行灵活解释,解释应符合公约目的及精神,克服1970年公约第7条第2款第1项的缺陷,以利于考古类文物的保护。中国在推动文物返还国际法律秩序的改革与完善方面发挥着重要作用。

2014年12月12日,中方代表在瑞士伯尔尼接收了瑞方交还的一尊非法流入瑞士的中国汉代彩塑陶俑。此次瑞方归还流失的中国文物是2014年1月8日两国《关于非法进出境文化财产及其返还的协定》生效后的第一次执法合作,中瑞双方共同推动瑞中文物保护领域合作迈上新台阶。

2014年9月2日,中国世界文化遗产预备名单遗产地联盟在杭州良渚成立,并达成《良渚共识》,这一联盟的成立对于今后的申遗工作具有重要意义。共识号召,坚定不移地加强依法保护、积极保护、以人为本、科学保护、整体保护,申遗工作遵守《联盟章程》和文物保护法律法规,遵循联合国教科文组织《保护世界文化和自然遗产公约》及其《操作指南》和国家文物局《世界文化遗产申报工作规程》,为促进我国世界文化遗产申报工作的规范有序,提高文化遗产保护管理水平，推动文化遗产保护事业的可持续发展做出积极的贡献。

2014年9月9~11日，第四届文化财产返还国际专家会议在敦煌召开。会议聚焦被盗出境的考古类文物的保护与返还。会议形成并通过了《关于保护和归还非法出境的被盗掘文化财产的敦煌宣言》，这是考古类文化财产返还领域第一个由中国主导起草的宣言性文件，对被盗出境的考古类文物的保护与归还提出建设性意见，如《宣言》首次提出，对具有突出历史、考古或文化价值的文物提出的超过其国内诉讼时效的返还请求，鼓励各国予以支持。同时，《宣言》鼓励各国依据权威科学报告、科学分析结论或有关文物专家出具的物证来源，支持针对此类文物的归还请求；各国可依据区域、年代或其他任何适当的可参照的考古信息，对上述文物分类，将其纳入国家文物清册。

2014年10月27~31日，红河哈尼梯田可持续发展国际学术研讨会在云南红河召开。会议是根据世界遗产委员会第37COM 8B.24决议要求召开的，中国将在红河哈尼梯田的可持续管理方面所做的工作和取得的经验分享给亚洲其他面临类似挑战的遗产地，会议就梯田文化景观的可持续保护、管理与发展达成了共识，形成了《关于梯田文化景观可持续发展红河倡议》。

中国一如既往地积极利用《打击跨国有组织犯罪公约》，借助刑事手段打击文物非法贩运等犯罪活动；建立被盗文物数据库，并计划与国际刑警组织被盗文物数据库链接。

2015年1月19~20日，第四届"中法文化遗产法研讨会"在法国图卢兹成功召开。会议主题是"文化和自然遗产保护：法律的作用及其未来走向"，与会者围绕"遗产与保护机构""遗产与大学""遗产与城市"三个主要议题，对文化和自然遗产保护中法律制度的建构以及如何更好地发挥法律的作用进行了深入交流和探讨。

2015年7月4日，第39届联合国教科文组织世界遗产大会上，湖北唐崖土司城遗址申遗成功，成为湖北省继武当山古建筑群和钟祥明显陵之后第三处世界文化遗产。

2015年9月21日，我国敦煌、织金洞列入世界地质公园网络名录。

2015年11月25日，联合国教科文组织成立70周年暨中国加入《世界遗产公约》30周年成果发布会在故宫博物院举办。自1985年加入《世界遗产公约》以来，中国致力于通过切实有效的方式实现保护世界遗产的使命。截至2015年11月，中国拥有世界遗产48项，位居世界第二。目前，已初步建立了具有中国特色的世界遗产保护体制与管理模式，在遗产保护和可持续发展方面积累了很多经验。此次发布的成果有：联合国教科文组织世界遗产资源手册（共4册）的中文版，包括《世界遗产灾害风险管理》《世界自然遗产管理》《世界遗产地申报筹备》《世界文化遗产管理》，以及《中国世界自然遗产事业发展公报（1985～2015）》《中国文化遗产30年》《联合国教科文组织—梅赛德斯—奔驰星愿基金—中国世界遗产地保护和管理项目成果报告书（2007～2015）》。

2015年7月20日，通过中法两国政府的友好合作和相关人士的积极努力，流失境外20余年的32件春秋时期秦国金饰片回归中国。这批文物具有独特的历史、艺术和科学价值，是研究秦国早期文化的宝贵实物资料，20世纪90年代初被非法盗掘、走私出境，后由法国相关人士购买并捐给法国国立吉美亚洲艺术博物馆。中法两国政府相关部门积极寻求文物返还的恰当途径，促成文物原捐赠人同意撤销对吉美博物馆的捐赠行为，再由原捐赠人将文物返还中国。这批文物回归中国，是中法两国多年合作的结果。

2015年12月10日，美国政府向中国政府移交中国流失文物和化石交接仪式在中国驻美大使馆举行。中国政府接收了包括16件（组）玉器、5件（组）青铜器、1件陶器在内的22件流失文物和1件古生物化石。

第二届"中国—中东欧国家文化合作论坛"于2015年11月13日在索非亚召开。与会各国代表围绕"当前文化遗产管理面临的挑战和文物交流的前景"等展开热烈讨论。中国希望与中东欧各国在展览项目、教育培训、学术科技、水下考古、文化遗产保护和修复等方面开展多方位合作。

"2015中国文化聚焦"系列文化活动在中国国内和非洲20余个国家陆续展开。随着中非对文化遗产保护的重视程度日渐加深，双方在非物质文化遗产保护领域的交流合作成为中非文化交流的一项重要内容。

## （四）实践活动

国家文物局组织的《国家文物博物馆事业发展"十二五"规划》实施情况中期评估工作顺利完成。"十二五"规划实施总体顺利，主要目标实现程度良好，各项重点战略任务稳步推进，文物保护利用和传承发展取得新进展，各项发展指标、主要任务、重大工程绝大多数达到或超过规划中期预期。但存在一些开创性、探索性工作推进缓慢，未纳入中央财政补助范围的项目进展迟缓，地方性投入差异较大，任务完成不均衡，保障规划实施的政策措施有待加强等问题。为解决上述问题，要采取的重要举措就是要完善法律体系，加快推进文物保护法的修订完善，推动将世界文化遗产、水下文化遗产、大遗址保护、考古勘探与发掘、文物安全、文物利用等纳入法律规范。强化专门立法、地方立法，全面提升文物执法效力和效能。

我国重视非物质文化遗产保护工作。2014年11月11日，国务院公布第四批国家级非物质文化遗产代表性项目名单。2015年10月开始启动第五批国家级非物质文化遗产代表性项目代表性传承人申报工作。2015年6月13日，是我国第十个文化遗产日，京津冀三地在全国农业展览馆联合举办非物质文化遗产展。2015年11月21日，首届中国长江非物质文化遗产大展在武汉开幕。来自长江流域11个省市区约400多个非遗项目、589位代表性传承人、1200多件非遗作品，以及近百名非遗保护工作者、专家学者汇聚一堂。

从国内实践看，一些地方重视文化遗保护工作，积极开展各种活动。

2015年4月，甘肃省政府披露，甘肃省将从2015年开始用6年时间实施文化遗产"历史再现"工程。这项工程将致力发展各类行业博物馆、专题博物馆、民办博物馆和"乡村记忆"博物馆，探索文物保护单位特别是大遗址展示利用模式和遗产资源富集地区博物馆规模化发展模式。

2015年5月，河北省张家口市宣化区开始对古城高远门进行修复，按照"原工艺、原形制、原材料、原做法"的原则在年内使城门城台恢复旧貌。宣化古城是中国北方历史悠久、规模宏大、地位重要的著名城池之一，是明长城九镇之首，共开七个城门，高远门是古城两个北门之一。

2015年6月14日，首个国家文物保护装备产业基地授牌暨项目签约仪式在重庆举行。

2015年7月3日，山东省政府公布了第五批省级文物保护单位共计418处，值得注意的是其中特别包括了77处抗战遗址、纪念设施。

2015年11月18日，南京利济巷慰安所旧址主体修缮完工，旧址将设置为以慰安妇为主题的博物馆，作为侵华日军南京大屠杀遇难同胞纪念馆的分馆，向公众开放，展示慰安妇血泪史。

### （五）反思与建议

中国拥有丰富的文化遗产资源，近年来中国文化遗产保护工作卓有成效，但也存在一些值得反思的问题，从国内层面看，有些方面的立法滞后、立法层级较低、立法内容有疏漏，执法水平有待提高。从国际层面看，在追索海外流失文物方面，对有关公约的实施以及利用公约外机制方面有待加强。为此建议如下。一是提高立法水平与质量，加大执法力度。二是构建多元海外流失文物追索机制，积极主动地制定流失文物追索战略与策略,强化追索意识,选择适当方式,积极主动追索。加强利用联合国教科文组织促进文化财产归还原属国或返还非法占有文化财产政府间委员会(ICPRCP)、双边协定、有关国家实施公约的国内法追索流失海外文物。此外,我们应当加强利用司法诉讼、协商、调解与仲裁等方式。三是进一步加大双边执法合作,同时针对多边条约、双边条约的实施,做好配套措施制定工作。

## 二 中国与国际消费者保护法治

### (一)消费者保护国际法治的发展

国际消费者协会(Consumers International,以下简称"国际消协")成立于1960年,截至2015年其会员机构分布于120个国家,总数超过250个。其致力于为消费者构建一个公平、安全、可持续发展的全球市场。

2015年是消费者保护国际法治迅猛发展的一年。国际消协发布新战略;第二十届国际消协世界大会于2015年11月18~21日在巴西巴西利亚召开,其主题为"激发消费者潜能:全球市场新视野"。大会成果颇丰,在国际消协和有关国际组织的倡议下,提出了一系列公约的建议草案。

1. 2015年国际消费者协会新战略

(1)建立(消费者)个人与经营者同样强有力的全球市场

在全球化与数字化飞速发展的时代,国际消协将汇聚其全球会员的共同力量与影响,以期建立消费者有能力挑战不公平、不安全、不道德的企业行为的全球市场(building a global marketplace where individuals are as powerful as the corporations)。新战略的核心是强调其会员在世界范围内展开深层次合作,其最大优势在于会员分布的广度与深度。国际消协将发挥各会员的能力、视野、专业技能及在动员消费者方面无可比拟的潜力,凝聚全球消费者运动的力量与智慧,以期在全球范围内激发消费者潜能。

(2)创建在线合作平台

为了充分利用数字时代带来的机遇,激励消费者自治和提高会员福利,国际消协将为全球消费者运动创建一个在线合作平台(creating a collaborative online platform)。此创新平台将使得针对全球市场中存在着的不公正现象的消费者能够在国际舞台上一同发声,而全球市场中消费者的数量之多使得他们能够更容易地得到跨国企业的注意。该平台将为会员及其支持者提供共享知识、最佳实践和资源的空间。不论国际消协会员的类别及大小，该平台都将对其开放并为其提供多种参与途径。

2. 呼吁《互联网人民宪章》的出台

在第 20 届世界大会上，国际消协与万维网基金会宣布展开合作，在向超过 120 个国家的 400 多个消费者组织机构广泛咨询的基础上，提出了出台《互联网人民宪章》（Calling for People's Charter for the Internet）的倡议。对国际消协全球会员的调查表明，76% 的会员认为在数字经济环境下对消费者的保护是低效的。宪章将致力于为形成自由的、开放的万维网而制定明确的国际原则。正如巴西国际消协世界大会所宣示的，对于全世界的消费者组织而言，这项合作是一次激动人心的发展。

3. 减少抗生素使用的运动

"事实上，后抗生素时代意味着我们所熟知的现代医学的终结。"世界卫生组织总干事陈冯富珍（Margaret Chan）如是说。

抗生素的滥用导致了抗生素耐药性的增强。全球生产的抗生素有近一半用于农业，而其中的一半不是用来预防和治疗疾病，而是被用于催速。尽管对抗生素的滥用全世界都已十分关注，但抗生素在农业领域的使用预计到 2030 年还将增加三分之二：从 2010 年的 63200 吨到 2030 年的 105600 吨。减少抗生素使用的行动（campaign to get antibiotics off the menu）在世界卫生组织"世界抗生素耐药性意识周"活动期间发起。世界卫生组织曾警告，不采取紧急行动，我们将步入后抗生素时代，也就是说，即使是很普通的感染和轻微的受伤都将可能导致死亡。

国际消协认为，就减少人类医用抗生素对农场动物的使用以及提高公众对此危机的意识而言，具有强大购买力的全球餐饮连锁企业比政府本身具有更大的影响力。早在 2014 年 3 月国际消协就发布了旨在减少农业领域使用抗生素的措施建议。2015 年 11 月 17 日国际消协更致函 McDonald's，Subway 和 KFC，呼吁这三家最大的国际餐饮连锁企业停止供应常规使用抗生素的禽肉类，并号召它们制订出有明确时间期限的逐步停止使用抗生素的行动计划。国际消协恳请三大公司于 2015 年 12 月 23 日前做出回应。

（二）我国的参与、立法与实践

1. 国际交流与合作

我国于 1987 年 9 月成为国际消协会员后，就积极参加其主持的各项活动。

中消协和上海消委会即派员参加了2015年第20届国际消协世界大会。

2015年10月31日，在中国国务院总理李克强和韩国总统朴槿惠的见证下，中国国家工商总局局长张茅与韩国公平交易委员会委员长郑在燦在韩国首都首尔共同签署《中华人民共和国国家工商行政管理总局和大韩民国公平交易委员会消费者权益保护领域合作谅解备忘录》。此后中国国家工商总局与韩国公平交易委员会将依据各自机构职责范围，就跨境交易中的消费者权益保护问题交换意见和信息并展开合作。

2015年3月12日，中国消费者权益保护法学研究会在北京召开2015年"3·15"年会。韩国消费者权益保护法学研究会会长徐熙锡、日本消费者法学会专家白出博之出席并介绍了日本消费者保护的相关经验。

2. 规范性文件

（1）广告法的修订

2015年4月24日修订通过的《中华人民共和国广告法》的主要变化有：第一，增加广告代言人作为广告主体，并明确其法律责任；第二，针对不同行业完善相关广告准则，特别增加规定了消费者密切关注的领域，诸如医药、保健食品、医用设备和仪器、教育培训以及不动产等方面的广告要求；第三，加大对相关广告主体的行政处罚力度，细化处罚标准；第四，确立"虚假广告"认定标准，明确做虚假广告者民事法律责任；第五，新增"监督管理"章节，明确工商行政管理部门的执法权限，完善广告监测制度。

（2）《侵害消费者权益行为处罚办法》

《办法》于2015年3月15日正式实施。作为配套措施，《办法》对新版《消费者权益保护法》（新《消法》）中的一些规定进行了细化，如不履行七日无理由退货义务行为的具体情形，消费者个人信息的范围，格式条款、通知、声明、店堂告示等不得包括的内容，"三包"义务的故意拖延或者无理拒绝的情形，经营者的虚假宣传行为。此外，《办法》弥补了服务业经营者侵害消费者权益行为处罚依据的空白。

（3）《关于加强金融消费者权益保护工作的指导意见》

《意见》于2015年11月13日公布，其规定主要涉及三个方面：一是明确规定金融机构的行为规范，并督促其围绕消费者的"八项权利"进行各项制度设计；二是要求监管机构完善相关立法，建立跨领域消费者教育、争议处理和监管合作机制，建立消费者投诉处理机制；三是为消费者建立金融知识普及长效机制。在包括金融管理部门、金融机构、相关社会组织推动消费者教育工作深入开展的同时，要求教育部将金融知识普及教育纳入国民教育体系。

(4)《关于加强和规范网络交易商品质量抽查检验的意见》

该《意见》于 2015 年 11 月 17 日公布，主要针对第三方交易平台就商品的质量抽检工作做了一系列规定：首先，明确抽检工作由第三方平台经营者所在地工商部门管辖；其次，要求制定抽检计划及实施方案以避免盲目性，对抽检工作进行全程记录以留取证据；最后，扩大了抽检结果的适用范围，其效力不仅及于被抽检的经营者、第三方交易平台上该商品的所有经营者，而且对辖区内线下经营者也有效。

**3. 实践活动**

2015 年我国消费者协会继续开展了"3·15"系列活动和年主题活动，公布了"消法二十年 3·15 打假维权九大典型案（事）例"，2015 年年主题为"携手共治，畅想消费"。

2015 年 10 月 23 日，"庆祝《中国消费者报》创刊三十周年暨互联网+时代的消费者权益保护运动展望"活动在北京召开。会议成果主要包括：第一，中国消费者报社、中国消费网、安全联盟（www.anquan.org）与 40 省市消协组织一起，现场发布了《加强消费者个人信息保护的倡议》《部分城市居民健康状况调查报告》《专车行业保护消费者权益状况调查报告》《呼吁在线旅游行业出台服务标准的建议》等；第二，中国消费网（中国消费者报官网，www.ccn.com.cn）改版启用，新版中国消费网分为"新闻吧""投诉吧""比较吧""点评吧""中国网民消费情绪指数"五大功能版块；第三，中国消费者报社、中国消费网、安全联盟与 40 个省市的消协组织还共同启动了"打击网络欺诈，确保消费安全"活动，并确定在 2016 年 3·15 前后发布活动成果及消费警示。

"打击网络欺诈，确保消费安全"活动启动之后，消费者除了可以到安全联盟举报专区，北京、上海等 40 个省市消协组织官网举报外，更可以到中国消费网"投诉吧"举报，不法网址都将被列入国内数十家主流互联网应用平台所采用的安全联盟的"网址黑名单库"，我国基本建立起了多平台举报、"全网拦截"网络欺诈的联动体系。

## （三）完善建议

**1. 注重发挥消费者协会，尤其是领先学术机构的智囊作用**

2015 年 12 月 25 日中国消费者协会在北京举行的专家委员会及律师团成员

聘任大会，可以看作发挥消协、学术机构及消费者保护实践专家智囊作用的最佳范例。专家委员来自消费政策、法律、维权战略、诉讼评估以及食品、化妆品、缺陷产品等研究领域，律师团则将为中消协保护消费者权益提供法律实务服务。

首批25家国家高端智库名单于2015年12月1日公布，武汉大学国际法研究所作为法学领域唯一的研究机构入选，其所设"全球消费者保护法律与政策研究中心"的作用值得期待。

### 2. 抓紧制定新《消法》实施条例

2015年11月26日，新《消法》宣贯与地方条例制定工作座谈会在上海召开，目前还只有上海等少数省市出台了新《消法》实施条例。

新《消法》规定，中国消费者协会以及在省、自治区、直辖市设立的消费者协会可以就侵害众多消费者合法权益的行为向人民法院提起诉讼。目前仅有浙江消协请求上海铁路局停止其"强制实名制购票后，遗失车票的消费者另行购票"的规定提起诉讼一案。法院受理消协提起公益诉讼的受案细则亟待明确。

新《消法》明确赋予了消费者撤销权，但是对退货条件，如"其他根据商品性质并经消费者在购买时确认不宜退货的商品""消费者退货的商品应当完好"等规定不明确。而对上述规定的模糊理解，如"不影响二次销售"、"未使用"以及"未破坏商品包装"等，很容易被经营者利用来随意扩大不予退货商品或服务的范围。个人信息被泄露、出售或者已被非法向他人提供的证明问题，对有关经营者的处罚问题等都亟须通过条例予以明确。

### 3. 修订完善其他相关法律法规

我国《涉外民事关系法律适用法》首次规定消费者合同，适用消费者经常居所地法律；消费者选择适用商品、服务提供地法律或者经营者在消费者经常居所地没有从事相关经营活动的，适用商品、服务提供地法律。为了保护消费者利益，建议增加规定："当事人做这种选择时，不得排除消费者经常居所地法律对消费者保护所做的专门的强制性规定。"

## 三　中国与国际食品安全法治

在过去几十年，食品安全问题的重要性日益凸显，在全球范围内得到普遍关注。中国政府不仅积极通过立法提高本国食品安全，还积极与有关国际组织合作，通过制定国际软法来促进全球的食品安全治理。

第二十五章　中国与文化遗产保护、消费者保护及食品安全

## （一）中国颁布新的《食品安全法》

为了保证食品安全，保障公众身体健康和生命安全，2015年4月24日，十二届全国人大常委会第十四次会议表决通过《食品安全法》修订草案。这是该法自2009年实施以来，我国立法机关对这一民生立法的重要修改，修订后的《食品安全法》较2009年实施的《食品安全法》增加了50条，分为十章154条，该法已经于2015年10月1日正式生效。修改后的《食品安全法》对生产、销售、餐饮服务等各环节实施最严格的全过程管理，强化生产经营者主体责任，规范网络食品安全，进一步完善了食品安全追溯制度。同时，该法建立最严格的监管处罚制度，规定了食品安全侵权的惩罚性赔偿制度，构成犯罪的依法严肃追究刑事责任。此外，该法加重了对地方政府负责人和监管人员的问责。新《食品安全法》的实施对于保护我国消费者的人身健康权，推动我国食品安全法律制度与国际接轨等都具有重大意义。

## （二）中国参与联合国粮农组织的工作

1945年10月16日，联合国粮农组织（Food and Agriculture Organization of the United Nations，FAO）在加拿大魁北克宣告成立，总部在意大利的罗马。其工作核心是实现人人粮食安全。主要目标是消除饥饿、粮食不安全和营养不良；消除贫困，为所有人推动经济和社会进步；以及为了当代和子孙后代的福祉，可持续地管理和利用自然资源，包括土地、水、空气、气候和遗传资源。联合国粮农组织现有189个成员国和1个成员组织（欧盟）。多年来，联合国粮农组织通过宣言、行动计划等对国际食品安全的规制带来影响。1992年12月，在联合国粮农组织召开的营养问题国际大会上通过的《世界营养问题宣言》第1段明确提出，"享有营养充足并且安全的食物是每个个体的权利"。1996年《关于世界粮食安全的罗马宣言》指出："所有国家都有义务实施旨在消除贫困和不平等，以及改善所有人的身体状况及经济条件的政策，实现人人享有充足的、营养丰富的安全食物。"该宣言的相关行动计划还进一步要求各成员国"采取措施，根据《实施卫生和动植物检疫措施的协议》及其他相关国际协议的要求，确保食物供应的质量及安全性，尤其是通过加强涉及人、动物及植物卫生及安全方面的规范及控制活动"。2002年6月，联合国粮农组织在世界粮食峰会上通过的宣言宣称：人人都享受安全和营养食物的权利。

2007年11月26～27日，联合国粮农组织和世界卫生组织联合在北京举行国

际食品安全高层论坛，论坛通过了《北京食品安全宣言》，宣言敦促所有国家：①在完整的从生产到消费的法律框架内设立食品安全职能部门，使之成为独立的、让人信赖的公共健康机构；制定以风险分析为基础的、透明的法规与其他措施，确保从生产到消费的食品供应的安全，并与食品法典委员会以及其他相关国际标准制定机构的指南相协调。②确保充分并有效地实施食品安全法律，尽可能地采用以风险为基础的方法，如危害分析及关键控制点方法。③制订与人和食用动物疾病监控体系相关联的食品与总膳食监测计划，以快速获取食品供应中食源性疾病和危害流行与发生的可信信息。④制定程序，包括与产业相关的追溯及召回体系，以便快速鉴别、调查和控制食品安全事件，并按《国际卫生条例（2005）》的规定通过国际食品安全网络（INFOSAN）和《国际卫生条例》国家联络点向世界卫生组织通报相关事件。⑤在制定、执行和审议食品安全政策与重要事项，包括教育和其他受到关注的问题时，与消费者、食品产业和其他利益攸关方进行有效且持续的沟通与磋商。⑥要通过发展中国家和发达国家之间，以及发展中国家之间有效的合作，来加快食品安全能力建设，以确保大家获得更安全的食品。

中国于1973年恢复在联合国粮农组织的合法席位后，积极参与和支持了联合国粮农组织举办的各项活动。在联合国粮农组织倡导的粮食安全特别计划框架下实施的南南合作中，中国多次捐赠款项，并先后派出了近1000名农业援外专家，成为联合国粮农组织最大的南南合作合作伙伴。2015年6月7日，中国与联合国粮农组织签署了中国向"粮农组织—中国南南合作信托基金"提供5000万美元资金的协定，旨在支持发展中国家建设可持续的粮食系统和具有包容性的农业价值链。

### （三）中国参与世界卫生组织的工作

1948年6月24日，世界卫生组织（World Health Organization，WHO）正式成立，总部在瑞士日内瓦。其宪章指出，其将协助政府部门加强与食品安全有关的服务；促进改善营养、卫生设备和环境卫生；制定食品国际标准；协助在大众中宣传食品安全。世界卫生组织自成立以来，通过召开国际会议，通过有关决议，推出食品安全的各种指南，在解决国际食品安全问题、促使各国加强食品安全保障等方面发挥了不可或缺的作用。自1976年以来，世界卫生组织就一直负责全球环境监测系统中的食品污染监测和评估规划，通常称GEMS/Food。它通过全球70多个国家参与的实验室网络，提供食品污染程度与趋势方面的信息。

为了在全球范围内更好地构筑起共同防范和应对食品安全事件的屏障,世界卫生组织于2004年与联合国粮农组织合作,共同建立了旨在促进食品安全信息交流及国家一级和国际一级食品安全当局之间合作的网络——国际食品安全网络(International Food Safety Authorities Network,INFOSAN)。该网络的任务是推动食品安全信息的交换以及加强各国与国际层面食品安全机构间的国际合作。

中国于1972年恢复了在世界卫生组织的合法席位,随后积极参与世界卫生组织的全球食品安全信息网络和食品污染监测与评估计划的各项工作。20世纪80年代,中国加入了食品污染物监测和评估计划。从2000年起,中国建立食品污染物监测网、食源性疾病监测网,并在全国范围内启动。2003年,中国卫生部在《食品安全行动计划》中,要求把"两网"纳入专项管理。经过十几年的努力,目前我国已基本在全国建立起覆盖各省、市、县并逐步延伸到农村地区的食品污染物和食源性疾病监测体系,食品中有毒有害物质的鉴定排查、风险监测、风险预警、风险评估和技术仲裁能力得到了提高,食品安全风险监测数据的收集、报送和管理能力也得到了加强。2015年5月18日,第68届世界卫生大会在日内瓦万国宫开幕,来自194个成员国及5个观察员的近3000名代表参加了大会。各方围绕世卫组织改革、埃博拉疫情、传染病、非传染性疾病、被忽视热带病、千年发展目标、《国际卫生条例(2005)》等50多项议题展开充分讨论,共通过了十余项决议和决定。中国卫生计生委李斌主任率中国代表团与会,中国常驻联合国日内瓦办事处和瑞士其他国际组织代表吴海龙大使出席会议。

### (四)中国参与国际食品法典委员会的工作

1961年11月,联合国粮农组织第11次会议通过决议决定成立国际食品法典委员会,并敦促世界卫生组织尽快共同建立FAO/WHO联合食品标准计划。1962年,FAO/WHO联合食品标准会议召开,决定成立国际食品法典委员会(Codex Alimentarius Commission,CAC)实施该计划,共同制定国际食品法典。1963年5月,世界卫生大会第16次会议通过国际食品法典委员会章程,国际食品法典委员会正式成立。多年来,国际食品法典委员会以统一的形式制定了大量的食品标准,大部分标准都是垂直性质的,涉及主要的食品,无论是加工、半加工或原材料。垂直性质的标准通常被称为通用标准,如有关预先包装食品的标准。除了食品通用标准以外,食品法典委员会还制定了一些推荐条款,如实践指引等。截至目前,国际食品法典委员会已经制定了212项食品标准、70项实践指引、47项工作守则。

中国于1984年加入国际食品法典委员会,并成立中国食品法典委员会,秘书处设在卫生部,成员单位包括卫生部、农业部、商务部、国家质检总局、国家粮食局、国家食品药品监督管理局等。2002年,中国首次作为标准牵头国,开展《减少和预防树果中黄曲霉毒素污染的生产规范》起草工作,2005年7月,该规范顺利通过。2006年7月,中国经国际食品法典委员会大会批准成为国际食品添加剂和农药残留两个法典委员会主持国,由卫生部和农业部分别承担相关工作。2007年4月和5月,中国作为主持国首次成功举办了第39届国际食品添加剂委员会会议和第39届农药残留委员会会议,随后又多次举办这两个会议。中国还牵头《食品添加剂通用法典标准》(GSFA)食品分类系统修订和GSFA前言部分等重大议题协调工作。此外,中国还作为5个起草国中唯一的发展中国家,参与了二噁英控制标准的起草工作,并以起草国身份参加丙烯酰胺国际标准的起草。2015年7月6日~7月11日,第38届国际食品法典大会在瑞士日内瓦召开。来自140个成员国家、1个成员组织(欧盟)和33个国际政府和非政府组织的代表出席了会议。中国派出了由国家卫生计生委、农业部、国家质检总局、工信部和香港食环署的20名代表参加了会议。经过讨论,会议通过了35项国际食品法典标准、19项标准新工作。通过的35项国际食品法典标准中,包括中国担任主持国的国际食品添加剂法典委员会和国际农药残留法典委员会所提交的上百项食品添加剂和农药残留限量标准,以及我国主导制定的《非发酵豆制品区域标准》。

## (五)中国参与国际标准化组织的工作

国际标准化组织(International Organization for Standardization,ISO)是当今世界上最大、最权威的标准化机构,由各国标准化团体组成的世界性联合会。其宗旨是在全球范围内促进标准化工作的发展,以利于国际资源的交流和合理配置,扩大各国在知识、科学、技术和经济领域的合作,其主要活动是制定国际标准。国际标准化组织制定了众多的国际标准,其中ISO22000是食品安全管理体系标准。该标准是国际HACCP体系标准,统一整合了国际上相关的自愿性标准,囊括了HACCP的所有要求,是建立和实施食品安全管理体系的指导性标准。将HACCP与卫生操作标准程序(SSOP)和良好操作规范(GMP)等结合,从不同方面控制食品危害。

1978年,中国加入国际标准化组织。2008年,中国成为国际标准化组织的常任理事国，为国际标准化组织的可持续发展和推进国际标准化事业的发展做出了应有的贡献。2013年9月，在俄罗斯圣彼得堡举行的第36届国际标准化组织大会上，中国鞍钢集团公司总经理张晓刚首次当选国际标准化组织主席。这是自1947年国际标准化组织成立以来中国人首次担任这一国际组织的最高领导职务。2015年9月16~18日，第38届国际标准化大会在韩国首尔召开。来自163个国家和地区的600多位专家代表参加会议，就有关国际标准的一系列问题进行了探讨。张晓刚作为国际标准化组织历史上首位中国籍主席主持了大会。同时，会议还决定2016年的国际标准化组织大会在北京举行。

# 第四部分 中国国际法的教学和传播

## 第二十六章
## 中国与国际法的教学和传播[*]

联合国视国际法为加强国际和平与安全及促进国家间友好关系与合作的手段。在世界范围内普及国际法并促进国际法的教学和传播是国际法治的重要内容,也是实现人权、发展与和平的必然要求。联合国国际法援助方案负责联合国国际法的教学、研究、传播和广泛了解,是联合国推广国际法活动的基石。联合国大会于1947年就通过了名为《国际法的教学》的第176号决议,强调"在所有大学的法律学科教学中,国际法应占有适当地位",并决定在联合国会员国范围内促进国际法的教学、研究与传播。1962年,联大通过第1816号决议《促进国际法的教学、研究、传播和更广泛了解的技术援助》,确立了联合国在这方面的工作方式、工作内容及其他相关事项。根据1965年第2099号决议,联大制定了国际法的教学、研究、传播和广泛了解援助方案,并决定由联合国法律事务厅编纂司负责执行。

坚持国际法治不仅是中国基于自身经历做出的郑重选择,而且是新中国

---

[*] 本章作者李雪平,法学博士,武汉大学国际法研究所教授,主要研究方向:国际公法;余敏友,法学博士,教授,武汉大学国际法研究所理事、武汉大学中国边界与海洋研究院常务副院长、武汉大学国家领土主权与海洋权益协同创新中心副主任,主要研究方向:国际公法、世界贸易组织法、海洋法、国际争端法。

(政府)一贯的外交实践,更是中国走和平发展道路的必然要求。中国深刻认识到国际法对建立和维护国际和平与安全的重要性。作为联合国安理会的常任理事国,中国十分重视国际法在中国的教学、研究与传播,国际法正以前所未有的重视程度在中国传播和发展,并在进一步深化改革和扩大开放中发挥着无可替代的作用。在这一过程中,有许多著名的国际法事件和伟大的国际法名家,尽管因篇幅所限而在此无法一一详说,但他们都是通过中国国际法教学和传播以促进国际法治的重要力量。

## 一 中国国际法教学和传播的历史与现状

### (一)中国国际法教学的历史与现状

一般认为,西方的国际法在晚清时期才正式传入中国,其标志是由北京同文馆翻译的包括惠顿《万国公法》在内的六部国际法著作。在西方传教士和西方国际法著作的影响下,晚清政府逐渐开始运用国际法处理其对外关系中一些事件,并由此开始影响中国国际法的教学。清末新政期间,归国的留日学生在新式学堂开展的国际法教学,使国际法知识逐步扩展到普通知识分子阶层。1905年日俄战争后,中国留学日本出现一个高潮,日本对中国国际法教学和教育的影响随着日本侵华尤其是"二十一条"的提出而更加凸显。

第一次世界大战之后,巴黎和会上的屈辱无奈和国际联盟的建立,促使中国学人进入直接向西方学习和借鉴的阶段。到欧美学习法学的人逐渐增多,他们学成回国任教于各大学的情况日渐普遍,原来分立的法政学堂逐渐融入新成立的"法学院",并成为我国法学教育的主要基地,其中包含国际法的教学和教育。第二次世界大战结束前后,中国作为最早遭受法西斯侵略的国家,不仅最先提出建立国际反法西斯统一战线,而且积极参与创建以联合国为核心的战后国际秩序。在联合国的创立中发挥了重大作用,其中,特别值得注意的是,中国在参加战后国际秩序构建中,大力支持殖民地的独立和维护弱小国家的利益。在1944年联合国筹备会议和1945年旧金山制宪会议上,中国提议并坚持将"一切会员国应尊重并维持彼此领土之完整及政治之独立","以和平方法且依正义及国际法的原则,调整或解决足以破坏和平之国际争端或情势"列为联合国的宗旨之一,并把"各会员国应以和平方法解决其国际争端,俾避免危及国际和平、安全及正义"列为联合国及其会员国都应遵守的原则。中国极力主张并坚持联合

### 中国促进国际法治报告（2015年）

国应"提倡国际法之逐渐发展与编纂"。中国是第一个在《联合国宪章》上签字的国家。《宪章》描绘了第二次世界大战后维护和平的世界蓝图，成为世界人民争取和平与平等、反对强权政治的法律依据。对此，中国的贡献举足轻重，不可替代。中国是联合国的创始会员国和安理会常任理事国，并开启了较为复杂的对外关系的历史，国际法教学因此变得愈加重要。

新中国成立初期，法学教育几乎是"一边倒"地学习苏联。在当时法律虚无主义的主导下，原有的法学院数量大减。1952~1954年的院系调整后，各大学法学院相继取消，或合并到新建的"政法学院"。到了1957年，原法学师资又遭到严重削弱。1966年，"文化大革命"爆发，法学教育彻底中断，高校的国际法课程被取消，教职员工被送往农村接受劳动改造。在"文革"期间，中国国际法学者几乎没有任何机会与其他国家的国际法学者联系。

1978年，中国共产党第十一届三中全会确立了改革开放的大政方针，国际交往逐渐增加，国际法课程才在高校恢复，新的国际法教科书开始编辑。当时情形下，国际法教学的目的是为大学法律学系培养教师和为科学研究机构培养研究人员，为外交部、外经贸部和司法部等政府国际法实务部门培训国际法人员。中国高校曾经向外国人关闭的法律系的大门打开了，开始邀请西方国家的法律工作者来中国大学从事国际法的教学，有些外国留学生也在中国大学的法律系学习国际法课程。从1979年开始，国内有些大学的法律系开设了国际法本科专业。

1998年，中国教育部全国高等学校法学教学指导委员会将法学本科专业从原来的法学专业、经济法专业和国际法（国际经济法）专业调整合并为单一的法学专业，并把国际公法、国际私法和国际经济法列入高等学校本科法学专业的十四门核心课程。其教学目的是使学生掌握国际法的基本知识和原理，使学生了解国际法的规则和原则、制定与适用的过程，使学生能理解国际法在国际事务中的作用、潜力与局限，从而适应现代社会发展的潮流，为成为高素质的复合型的法律从业人员打下坚实的基础。

进入21世纪以来，2001年美国发生"9·11"恐怖袭击事件，中国加入世界贸易组织。随着经济实力和综合国力的不断增强，中国在地区和全球的影响力也日渐增强，国际法在我国对外交流活动中的重要性日益彰显。近年来，中国推进实施企业"走出去"战略、发起建立亚洲基础设施投资银行、推动"一带一路"倡议等，不仅对我国运用国际法的能力提出了更多、更高、更新的要求，而且也凸显了我国的国际法教学比以往任何时候都更为重要。2014年教育部统计数据显示，我国1202所本科院校中一半以上（600多所）高校招收法学专业学生。截至2014年底，中国内地的576个研究生教育培养单位中，共有1个国家级研究生院（中国社会科学院）、102所高等学校招收国际法学专业（学术学位）的硕士研究生。

自2013年起，我国国内某些高校开始启动涉外卓越法律人才培养项目，这无疑是国际法教学的一个重要发展契机。该项目重点培养懂法律、懂经济、懂外语的厚基础、宽口径、高素质、强能力的国际化应用型、复合型人才，要求毕业生应当是具有较高法律理论水准以及较强实务能力的人才，在精通中国法律特别是涉外法律的同时，对国外法律有较为深入的研究，成为能够适应政治、经济、社会等全球化发展的综合型人才。除了传统的14门核心课程所包含的国际公法、国际私法和国际经济法外，该项目还开设研讨课程、案例研习课程、实务课程、法律诊所课程以及国际法、比较法和外国法等方面的选修课程，强化外语教学和双语教学，强化国际化学习，并支持符合条件的学生赴国外院校访问、参与国际学科竞赛、赴国际机构或者国际组织以及涉外机构进行专业实习等，使其成为具有国际视野、通晓国际规则，能够参与国际法律事务和维护国家利益的涉外法律人才。

总之，经过数十年的探索与实践，特别是经过改革开放新时期的继承、移植和创新，在师资力量、教材建设、教学内容、教学方法、教学手段等方面已形成了具有"中国特色"的国际法教学模式和教学格局，并成为中国传播国际法的主要途径。

### （二）中国国际法传播的历史与现状

伴随着19世纪西方列强对中国的武力侵略，来华传教士在中国进行的国际法著作翻译和国际法教学成为中国国际法传播的主要途径。但中西交往中的外交礼仪问题和来华外国人的司法管辖问题，曾引发中西世界秩序的分歧和对抗，使得晚清中国不得不开始正视西方的世界秩序及作为其核心规则的国际法。同时，中国外交人士、爱国知识分子将其所见所闻以笔记、评论等形式在国内发表，通过实际经验向人们介绍国际法知识，以引起国人的觉醒。此外，还通过组织学会交流和传播国际法，如1898年在湖南长沙成立的"公法学会"。

两次世界大战的残酷性不仅使世界各国认识到和平的珍贵，而且也为中国运用国际法和传播国际法提供了契机。"一战"之后的巴黎和会，正是因为中国代表积极运用国际法知识，大义凛然地拒签对中国不利的《凡尔赛条约》，不仅把所谓"中国问题"带到了世界最高论坛，也为山东问题在巴黎和会结束后的迅速解决提供了机会。"二战"之后,纽伦堡国际军事法庭和东京国际军事法庭对战争罪犯的审判以及中国代表的参与,都表明了传播、运用国际法的重要性。许多从国外回来的专家、学者等有志之士,投身到中国国际法的教学、教育和传播当中。他们通过撰写论文、评论、著作等,传播国际法,通过对中国涉外事件的国际法评价,让人们知晓国际法在处理国家间关系方面的重要地位和独特作用。

"文革"期间,中国国际法的传播因全国范围内法学专业遭遇重创而受阻。但自1979年中国恢复法学教育开始,新的国际法教科书以及相关的资料汇编开始出版发行。随着中国实行改革开放政策,涉外事务日渐增加,国际法的论文在中国学术期刊中也能经常看到。1980年建立的中国国际法学会,为国际法专家、学者提供交流平台,成为中国现代国际法教学和传播历史上的最重要的事件之一。

进入20世纪90年代,中国改革开放的步伐不断加大,对外关系的深度和广度也日益增加,中国国际法的传播变得愈加重要。从出版物看,除了法学杂志刊登国际法学的论文外,国际法著作较以往大为增加,北京大学、中国人民大学和武汉大学等大学出版社都隆重推出国际法著作的系列丛书,法律出版社、商务印书馆、社会科学文献出版社等制订了出版国际法专门成果的长期计划。从学术活动看,每年在全国各地召开的国际法学术会议和实务论坛,此起彼伏。政府更加重视国际法的运用,各种新闻媒体在报道国际事件时,也都较以往更加注重国际法的内容及其在相关事件中的作用,或者干脆就是报道国际法律事件和问题。此外,越来越多的国际法专业的毕业生奔赴政府、高校、企业等单位工作,国际法随之也更加广泛地传播开来。

进入21世纪以来,随着中国实力和外交地位的提升,凭借全球互联网技术的快速发展和应用,中国的国际法传播也呈现前所未有的景象。中国的大学依然是国际法传播的主要平台,各类出版物依然是传播国际法的主要手段。同时也出现了下列新发展。第一,在政府层面,不仅注重国际法在中国国内的传播,也协助联合国执行国际法的教学、研究、传播工作。中国国务院新闻办、外交部、商务部等部门例行召开的新闻发布会以及媒体的报道和国际法学者的点评,都是对国际法的传播。第二,在期刊方面,除了传统的中文期刊登载国际法成果外,还出版发行英文期刊,将中国国际法学人的成果推向世界;也有一些学者在欧美国家的法学刊物上发表国际法研究成果,让其他国家知晓中国的国际法研究状况以及国际法在中国传播的成果。第三,在传播途径上,除了原有的国际法网络课程外,微博、微信等电脑和手机个人界面已成为学习、传播国际法知识的重要渠道。第四,在学术成果出版方面,中国国际法学者应邀以英语、法语等外国语言在斯普林格、剑桥大学出版社、牛津大学出版社等世界著名的出版商出版其国际法著作。可以说,如今中国的国际法传播已走出了国门,走向了世界。

## 二 中国对国际法教学和传播的理解与运用

### (一)作为课程的国际法教学与作为学科的国际法教学

国际法教学是指国际法专业教师的教和学生的学所组成的一种特有的国际法人才培养活动。鉴于国家间法律关系内容的多样性和复杂性,中国的国际法教学也呈现不同侧重和不同特点。

**1. 作为课程的国际法教学**

首先,国际法是法学专业的核心课程。如前所述,1998年中国教育部全国高等学校法学教学指导委员会将国际公法、国际私法和国际经济法列入高等学校本科法学专业的十四门核心课程。作为课程的"国际法"教学,目的是使学生全方位掌握国际法的基本知识和原理,增强对国际关系、国际法律原则和规则的认识和理解,从而适应现代社会发展的潮流,为成为高素质的复合型法律从业人员打下坚实的基础。

其次,国际法是政治学专业的一门必修课程。政治学是一门以研究政治行为、政治体制以及政治相关领域为主的社会科学学科,包括国际政治、国际关系和外交学等二级学科专业。政治学的研究对象是国家或以国家为中心的各种政治现象和政治关系,国际法因其包含诸多处理国家间关系的原则、规则和制度而被此类学科专业列为一门必修课程。但由于政治学或者研究国家的活动、形式和关系及其发展规律,或者研究在一定经济基础之上的社会公共权力的活动、形式和关系及其发展规律,因而政治学专业开设的国际法课程通常限于国际公法。

再次,国际法是世界经济与国际贸易专业的一门必修课程。国家间的经济关系离不开国际法律规则的调整和约束,没有规则和秩序的国家间经济贸易关系很容易陷入纷争甚至冲突的境地。在学生的培养、教育中,世界经济和国际贸易专业知识固然十分重要,但若不了解国际经贸规则,就缺乏对国际经济环境的认知深度和广度。因此,世界经济与国际贸易专业通常都开设有"国际经济法"的必修课程,向学生讲授世界经济和国际经贸领域的原则、规则和制度以及由此确立的国际经贸秩序,为学生未来的职业提供更全面、更完整的知识基础。

最后,国际法是军事院校的一门公选课程。国际法作为我国军事院校的一门本科生公共选修课程,既有国际法的一般内容,又突出其军事特色。军队与国际法有着密切的联系,各国军队的行为不但要受其本国法律的约束,而且还要受国际法的约束。国际法中有许多直接规范军事行为的原则和规则,各国军队都依据这些国际原则或准则去规范自己的行为,并利用它去保护自身的权益。军事院校毕业的军事和文职官员在制定国家安全政策方面发挥重要作用,对他们进行国际法教育的目的也正在于此。在军事院校里,国际法的教学就在于揭示国际法和国家安全政策以及武装部队之间的内在联系,适应国际法对国家安全政策计划人员的日益增长的重要性。

2. 作为学科的国际法教学

在我国的法学(0301)学科体系中,国际法学是二级学科。为了适应我国对内改革、对外开放的需要,为了发挥我国在国际舞台上的应有作用,在研究生阶段,作为法学二级学科的国际法课程,分国际公法、国际私法和国际经济法三个教学和研究方向,教育、培养具有深厚而广博的国际法知识的专门人才。国际公法学是以国际关系其中主要是国家间的政治、经济、文化、外交关系为调整对象的一个独特的法律部门,通常包括国际公法的一般理论、条约法律制度、海洋法律制度、领土法律制度、空间法律制度、国际人权法律制度、国际组织法律制度、国际刑事法律制度、外交与领事关系法律制度、国际环境法律制度、战争与武装冲突法律制度及国际争端的和平解决法律制度等。国际私法学是以涉外民商事法律关系为调整对象,以解决法律冲突为核心任务的一个法律部门,主要研究国际私法的一般理论,着重研究国际冲突法与区际冲突法的基本理论、基本制度,同时还研究比较国际私法、中国国际私法、国际民事诉讼与国际商事仲裁制度等。国际经济法学是随着国际经济交往的发展而形成的,并以国际(和跨国)经济关系为调整对象的一个新兴法律部门,主要研究国际经济法的一般理论、国际贸易法律制度、国际知识产权法律制度、国际投资法律制度、国际金融法律制度、国际税收法律制度、国际经济组织法律制度、国际经济争议解决法律制度等。作为学科的国际法教学的基本目标是,培养学生掌握国际法学专业的基础知识、基本理论,掌握国际法学的基本分析方法和基本技能,具有较强的语言文字表达和口头表达能力,掌握国际法学文献检索、资料查询的方法,了解国际法学理论前沿和国际法治建设现状及发展趋势,熟悉我国相关的法律法规和政策,具有较强的综合分析问题和独立解决国际法律问题的能力,具有较强的创新精神和科学研究的能力。

## （二）中国国际法传播的场所和媒介

国际法的传播是指国际法知识信息的传递或国际法知识信息系统的运行，是国际法传播者传递国际法知识以影响接受者的行为的过程，目的是力图与他人（个人、团体、国家和国际组织）建立共同的国际法意识。

毫无疑问，中国的大学是最大的、最便捷的也是最有效的国际法传播场所。正如联大第176号决议所示："在所有大学的法律学科教学中，国际法应占有适当的地位。"根本原因如下。一是大学里聚集着许多国际法的专家、学者，他们为学生传授国际法专业知识和运用技能；此外，大学还经常邀请实务部门的专业人士来演讲，谈及实践中的国际法及其中存在的实际问题。毫无疑问，他们已成为中国国际法传播的源泉和强有力的支持者。二是大学里有丰富的国际法图书资料以及相关的数据库，成为传播国际法的重要物质支撑。三是大学生、研究生本身是很好的国际法专业知识和专业技能的接受者，他们还可以通过自身的习得和实践，传播国际法。四是对大学生、研究生进行的形式多样的专业考试或毕业考核是对国际法传播效果的基本评价或反馈，通常包括考查学生对国际法专业知识的掌握程度及对其运用的熟练程度等。五是大学除了日常的国际法课程教学活动外，还经常举办各种各样国际法的或者与国际法有关的学术活动，如讲座、会议、培训、比赛等，这些都是传播国际法的重要途径。

大学之外的国际法传播场所中最为突出和典型的是政府部门，特别是外交部、商务部针对某些热点国际问题举行的新闻发布会或者媒体记者会。在这样的场合常会涉及运用国际法来处理各种各样的国家间关系的问题，包括政治的、军事的、经济的、文化的、外交的等。而此类事项通过新闻媒体向公众发布，也就意味着国际法向大众的传播。可以断言，国际法的学习和研究离不开新闻媒体播报的国际热点问题。此外，国际司法机构对国家间各种争端的裁决，对国际法的传播也起到了前所未有的作用，使国际社会更加重视国际法的教学、教育、研究与传播。

就媒介来说，国际法的传播如同其他知识的传播一样，正处在一个印刷纸质版本和网络电子数据库并存的时代。传统上，国际法的各种成果皆通过报纸、期刊、图书等来传播，如教材、专著、学术论文、时政论文等。随着互联网技术的发展，国际法传播的载体也发生了一些根本性的变化，一方面为了补充数量有限的印制文本，另一方面为了加快人们了解国际法律问题或成果的速度，人们开始通过互联网和其他电子媒体传播相应的出版物和信息。但这并不妨碍印刷品在国际法的教学、研究和教育领域的独特价值，特别是对于互联网接入有限的地区而言。

## 三 中国对国际法教学和传播的参与与贡献

第一，中国国际法教学和科研的著作成果颇为丰硕，其对国际法领域无所不包，且种类繁多。根据在中国国家图书馆文津检索馆藏目录的结果，截至2015年11月10日，国内出版的国际法的教材、专著、专论、要论、辅导资料、参考资料、以书代刊等，共计92000条，广泛而细致地囊括了国际法的所有领域，诸如国家主权、国际（公）法、国际私法、国际经济法、国际法史、国际组织法、世界贸易组织法、联合国、联合国国际法委员会、国家责任、国际刑法、国际人权法、国际贸易法、空间法、国际法律职业道德、国际知识产权法、国际法案例、国际商法、涉外民事诉讼、反恐怖主义、国际商事仲裁、海上运输、跨国公司法律问题、海洋法、条约法、战争和武装冲突法、国际环境法、国际人道法、引渡与庇护、反垄断法、欧盟法、非常时期之国际法、军事国际法、和平解决国际争端，等等，从一个侧面凸显了中国对国际法的教学和传播的贡献。

第二，中国对国际法人才的培养既重量又重质。根据《国家中长期教育改革和发展规划纲要（2010～2020年）》，我国全面实施"高等学校本科教学质量与教学改革工程"，这无疑为国际法人才的培养带来了新的机遇。在数量上，由于中国人口基数大，国际法教学和传播的对象相对较多，特别是基于法学招生人数而开设的国际法课程以及培养的国际法专业的学生人数逐渐增多（前文已述），法学或国际法专业的毕业生分赴祖国各种岗位，为国际法的传播起到了应有的作用。从培养质量看，当今中国传承了近代国际法教学和传播的良好传统，不仅注重学生的专业知识素质的培养，更注重培养、训练他们在国际舞台上运用国际法的能力，许多国际法专业的毕业生已走进联合国组织（如国际法院、难民署等）、联合国教科文组织、国际民航组织、世界贸易组织、世界银行、国际仲裁机构等政府间国际组织以及红十字会、国际环保组织、国际消费者组织等非政府组织，运用所学的国际法知识服务于世界，并传播国际法。

第三，在国际法的活动方面，我国国内已组织、建立起了各种国际法的学会、协会或研究会。除了早年建立的中国国际法学会、中国国际私法学会、中国国际法经济法学会等全国性的国际法学术团体外，随着中国对外开放和涉外事务的需要，还陆续成立了中国国际法经济法研究会、中国法学会世界贸易组织法研究会、欧洲法律研究会、中国海洋法学会、中国海商法协会、航空法学研究会、海峡两岸法学交流促进会、港澳基本法研究会等国际法的学术组织。另外，全国各省（自治区、直辖市）也根据需要，设有地方性的国际法研究会。它们定期召开全国性的、地区性的研讨会或年会，或者就某些重大的国际法律事件或问题及时组织召开的临时性学术会议，都为全国范围内的专家、学者以及实务界人士等提供了交流教学经验、科研成果及其他教学和学术观点的平台和机会，提升了中国国际法教学的质量和国际法在中国传播的质量。

第四，在学术刊物方面，除了法学类、综合社科类、大学学报类等之外，我国一些高校和科研单位还创办了国际法的专门刊物。根据南京大学中国社会科学研究评价中心从全国2700余种中文人文社会科学学术性期刊中精选出的中文社会科学引文索引（CSSCI 2014-2015）来源期刊拟收录目录，法学期刊有21种，综合性社科期刊有50种，高校综合性学报期刊有70种。这里需要着重提及的是专门性国际法刊物多年来对国际法教学和传播的贡献，如《中国国际法年刊》、《中国国际私法与比较法年刊》、《国际经济法学刊》以及《武大国际法评论》、《国际法研究》、《西南国际法评论》等。

第五，中国对国际法教学和传播的参与和贡献还体现在对国际组织工作的支持上。中国是联合国推行的"国际法教学、研究、传播和更广泛了解"项目的重要支持者和实践者，不仅协助制订和实施该项目的执行计划，而且还推荐人员参加相关的培训项目。经过几十年的国际法教学和传播，中国在很多方面基本实现了与国际接轨。一些毕业于中国国际法专业的专家、学者、官员等已通过层层选拔考试或者竞选竞聘，进入国际组织的工作岗位，或从事国际法的编纂，或从事国际司法机构的审理，或协助联合国国际法的教学与传播。在联合国国际法院的15名法官队伍里，频频出现中国籍法官的名字；在联合国国际海洋法庭里，可见中国国际法学者的身影；在WTO秘书处的专家组指示名单和争端解决上诉机构专家名单中，中国国际法专家位列其中。在他们的周围，还活跃着一些中国国际法专业的毕业生，从事国际法的服务支持工作。甚至在联合国安理会，都有来自中国国际法专业的实习生。

## 四　中国国际法教学和传播的不足及改进建议

改革开放三十多年来，中国在国际法的研究、教学、人才培养、传播等方面取得了重大成就。但就中国如今全方位的快速发展及其持续增长的国际地位的需要看，中国国际法的教学和传播还存在某些不尽如人意之处。在归纳和总结国内诸多专家、学者有关的观点、评论、批评的基础上，我们认为存在的不足之处重点包括对国际法的认识和理念落后、国际法的教学方法滞后、缺乏对国际新闻时事的关注和运用以及国际法网络平台传播不够等。对此，提出以下改进建议。

第一，在思想和理念上，应认识到国际法对当今中国和当今世界的作用，重视国际法的教学与传播，拉近国际法与人们普通生活的距离。我国许多高校在设立国际法课程时，往往是从履行教育部要求出发，完成法学核心课程的教学任务，达到对国际法基本知识体系的"启蒙式"教育，而并非以国际法的传播和应用为目标。于是，在某些高校里，国际法在教学中陷入困境，学生不愿学、老师不愿教，计划教学学时不断缩减。这种症结的根源在于国际法理论教学与实践的脱节，在于将国际法置于"高大上而与我无关"的位置。要改变这种状况，须要结合中国对外开放的实际，以"我的国际法"为核心，对国际法的教学和传播理念进行重构。这不仅要着力于国际法对国家的价值，也要强调国际法对个体的价值，由此重构国际法的教学和传播目标，摆脱"国际法与我无关"的国内困境。

第二，要认识到中西思维的差异，着力培养学生的国际法律思维和国际法治思维的能力。"西人善演绎，国人长归纳"。中国从全盘接受西方国际法到如今对国际法的创新和发展，都表明了中国不断增长的国际法律思维和国际法治思维的能力。党的十八大提出建设法治国家，关键就是要提高领导干部运用法律思维和法治思维的能力。法治思维的核心是尊重和保障人权、促进社会公平正义、维护社会和谐稳定，这显然为我国的国际法学教学和传播提出了更高的标准和要求。中国正在成为"崛起中的大国"，国际法也应从一个边缘性学科走向一个热门学科；中国在国际社会中成为一个真正的大国，必然也应该是国际法的强国。这不仅需要通过教学来传播国际法的基本理论知识，通过教学来训练运用国际法的实务技能，而且还需要提高外语水平和使用能力，需要世界历史、国际关系史、国际政治等配套知识，由此锻造国际法律思维和国际法治思维的能力。

第三，要紧跟国际社会和国际法发展的步伐，结合中国对外开放的需要，改革和更新中国国际法的教学和传播内容。国际法教学和传播涉及的知识内容和层次结构庞杂，基本涵盖了人类活动的各个领域，而且涉及的相关国际条约、国际习惯、国际案例不胜枚举，同时也涉及我国在相关问题上的国际法实践。国际法是国际社会的法，国际社会是向前发展变化的，因而国际法的内容也应该随之发生变化，应增加新的思想、观点、理论。传统上，国际法课程可分为总论、主体论、客体论、行为论、救济论五个部分，但随着全球一体化的发展以及中国扩大对外开放，中国国际法的教学和传播内容应体现从国家间相互依存的国际法到国家间合作共进的国际法、从防止战争的国际法到人本化的国际法等发展趋势，应该体现"具有中国特色"的国际法观点、理论和实践。

第四，在中国国际法教学和传播方法上，可以汲取西方国家的先进经验和做法，尝试进行某些根本性的变革。近些年来，在我国政府的大力支持下，中国国际法学者中出国的人员显著增多，他们通过与国外同行的切磋、交流或者通过向国外国际法名家的学习、沟通，吸收西方国家国际法教学和传播经验，并将其用于我国大学的国际法课程教学当中，用于我国国内国际法的传播当中。除了传统的理论讲解和传授之外，应加大力度运用案例教学、模拟法庭教学、诊所式教学、辩论式教学等方法，激发学生的学习兴趣，激起对国际法的学习渴望，让学生变被动为主动去接受国际法知识。在国际法传播方面，应以更加务实和贴近实际的方法，不仅让人们能自然地关注国家和国际组织的活动，而且能让国际法知识融入人们的日常生活，使国际法成为活的国际法。

第五，集中优势资源，建立中国的国际法网络教育和传播平台，调动学生和国际法爱好者研习国际法的主动性和积极性。随着网络的飞速发展，网站和网络课程日渐盛行。通过网络，学生可以选修课程、安排学习计划、查看课程内容、提交作业、协作学习和交流、查看学习成绩等，教师可以管理教学、编辑课件、在线考试、审批作业、组织在线答疑、统计学生学习情况等。目前，我国绝大多数高校都建立了网络教学平台，但国际法的课程非常有限。在网络教学平台日益成为师生沟通的桥梁的今天，开设并丰富国际法网络课程，运用形式灵活的互动参与模式，可以使学生之间以及教师和学生之间根据教与学的需要进行讨论、交流，可以输送海量的国际法信息资料，可以改善国际法教学和传播资源的效率与质量，进而提高国际法教学和传播资源的利用率，从而实现高质量的教学和传播效果。

图书在版编目(CIP)数据

中国促进国际法治报告.2015年/曾令良,冯洁菡主编.--北京:社会科学文献出版社,2016.6
 ISBN 978-7-5097-8926-1

Ⅰ.①中… Ⅱ.①曾…②冯… Ⅲ.①国际法-国家责任-研究报告-中国-2015 Ⅳ.①D992

中国版本图书馆CIP数据核字(2016)第056902号

## 中国促进国际法治报告(2015年)

主　　编 / 曾令良　冯洁菡

出 版 人 / 谢寿光
项目统筹 / 高明秀
责任编辑 / 许玉燕　徐成志

出　　版 / 社会科学文献出版社·当代世界出版分社 (010) 59367004
　　　　　地址:北京市北三环中路甲29号院华龙大厦　邮编:100029
　　　　　网址:www.ssap.com.cn
发　　行 / 市场营销中心 (010) 59367081　59367018
印　　装 / 北京季蜂印刷有限公司

规　　格 / 开本:787mm×1092mm　1/16
　　　　　印张:19.5　字数:348千字
版　　次 / 2016年6月第1版　2016年6月第1次印刷
书　　号 / ISBN 978-7-5097-8926-1
定　　价 / 89.00元

本书如有印装质量问题,请与读者服务中心 (010-59367028) 联系

▲ 版权所有 翻印必究